CONGRÈS NATIONAL

DES

Sociétés Françaises de Géographie

XIVe SESSION — TOURS 1893

PRÉSIDENT : M. LE PRINCE D'ARENBERG

Président du Comité de l'Afrique française

COMPTE RENDU DES TRAVAUX DU CONGRÈS

TOURS

SIÈGE DE LA SOCIÉTÉ : PALAIS DU COMMERCE

RUE SAINT-FRANÇOIS-DE-PAULE

—

1894

CONGRÈS NATIONAL

DES

SOCIÉTÉS FRANÇAISES DE GÉOGRAPHIE

XIVᵉ SESSION — TOURS 1893

SOCIÉTÉ DE GÉOGRAPHIE DE TOURS

CONGRÈS NATIONAL

DES

Sociétés Françaises de Géographie

XIVe SESSION — TOURS 1893

PRÉSIDENT : M. LE PRINCE D'ARENBERG

Président du Comité de l'Afrique française

COMPTE RENDU DES TRAVAUX DU CONGRÈS

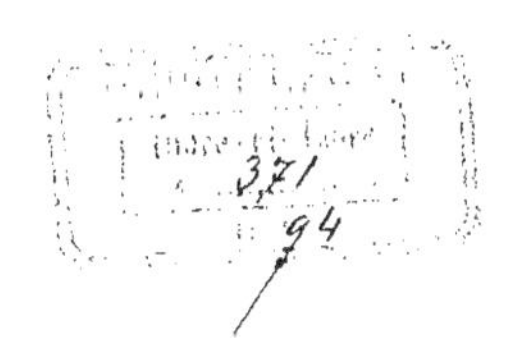

TOURS

SIÈGE DE LA SOCIÉTÉ: PALAIS DU COMMERCE

RUE SAINT-FRANÇOIS-DE-PAULE

1894

PROGRAMME

DU

CONGRÈS NATIONAL

DES

SOCIÉTÉS FRANÇAISES DE GÉOGRAPHIE

XIVᵉ SESSION — TOURS 1893

SOUS LA PRÉSIDENCE DE M. LE PRINCE D'ARENBERG

Président du Comité de l'Afrique française

LUNDI 31 JUILLET

2 heures 1/2 du soir. — Réunion des délégués des Sociétés françaises de Géographie au Palais de Justice (Chambre du Jury).

4 heures du soir. — Séance solennelle d'ouverture au Palais de Justice sous la présidence de M. le Prince d'Arenberg, Président du Comité de l'Afrique française.

9 heures du soir. — Réception des membres du Congrès, à l'Hôtel du Faisan, par la Société de Géographie de Tours.

MARDI 1ᵉʳ AOUT

9 heures du matin. — Séance générale pour l'exposé sommaire des travaux des Sociétés de Géographie.

2 heures du soir. — Séance consacrée aux communications personnelles.

4 heures du soir. — Visite à l'Imprimerie Mame.

8 heures 1/2 du soir. — Conférence.

MERCREDI 2 AOUT

9 heures du matin. — Séance consacrée à la discussion des questions portées au programme du Congrès.

2 *heures du soir.* — Séance consacrée aux communications personnelles.

4 *heures du soir.* — Visite au Musée.

8 *heures* 1/2 *du soir.* — Conférence.

Jeudi 3 août

Excursion aux châteaux des bords de la Loire.

Vendredi 4 août

9 *heures du matin.* — Séance consacrée à la discussion des
questions portées au programme du Congrès.

2 *heures* 1/2 *du soir.* — Séance consacrée aux communications
personnelles.

8 *heures* 1/2 *du soir.* — Conférence.

Samedi 5 août

9 *heures du matin.* — Séance consacrée à la discussion des
questions portées au programme du Congrès.

2 *heures* 1/2 *du soir.* — Réunion particulière des délégués des
Sociétés de Géographie pour la discussion des vœux formulés aux
cours du Congrès.

4 *heures du soir.* — Séance de clôture. — Communication des
vœux maintenus par le comité du Congrès. — Désignation des
villes où se tiendront les prochains Congrès.

QUESTIONNAIRE DU CONGRÈS

I. -- Géographie proprement dite :

1° *Utilité de l'heure universelle internationale.* (Question proposée par la Société de Géographie de Toulouse. — M. de REY-PAILHADE, rapporteur.)

2° *De l'équilibre à établir entre l'écoulement artificiel des eaux pluviales et les ressources que présentent les collecteurs naturels pour l'écoulement de ces eaux.* (Question proposée par la Société de Géographie de Tours. — M. le colonel BLANCHOT, rapporteur.)

3° *État général actuel du déboisement et du reboisement des Pyrénées ; son influence sur les crues et l'irrigation des versants pyrénéens.* (Question proposée par la Société de Géographie de Toulouse. — M. GUÉNOT, rapporteur.)

II. — Enseignement et vulgarisation de la Géographie.

1° *De l'opportunité de maintenir l'enseignement de la Géographie dans les attributions des Facultés des lettres ou de le faire passer dans le domaine des Facultés des sciences.* (Question proposée par la Société de Géographie de Tours. — M. le colonel BLANCHOT, rapporteur.)

2° *La Lexicologie géographique.* (Question proposée par la Société de Géographie de Nancy. — M. BARBIER, rapporteur.)

3° *Vulgarisation de la Géographie locale.* (Question proposée par la Société de Géographie de l'Aisne. — M. SOUCHON, rapporteur.)

III. — Cartographie.

De l'utilité de dresser une carte de France à très grande échelle pouvant servir à tous les services publics. (Question proposée par la Société de Géographie de Tours.)

IV. — Géographie commerciale et économique.

1° *Chemins de fer transpyrénéens. — État de la question. — Son avenir probable ou possible.* (Question proposée par la Société de Géographie de Tours.)

2° *Entreprise d'un canal interocéanique entre l'Océan et la Méditerranée dit* CANAL DES DEUX MERS. *— Étude géographique de la question aux divers points de vue : commercial, industriel et maritime. — De l'opportunité de l'entreprise.* (Question proposée par la Société de Géographie de Tours. — M. le colonel BLANCHOT, rapporteur.)

3° *De l'opportunité du devoir qui pourrait incomber aux Sociétés de Géographie d'appliquer la vulgarisation des sciences géographiques dans le grand public, en vue de l'éclairer sur les résultats à atteindre par les grandes entreprises ayant pour bases des considérations géographiques.* (Question proposée par la Société de Géographie de Tours. — M. le colonel BLANCHOT, rapporteur.)

V. — Colonisation.

1° *De la colonisation française à l'extérieur.*

2° *La colonisation du Tonkin.*

3° *Projet de création d'un Bureau colonial auprès des Sociétés de Géographie.* (Question proposée par la Société de Géographie commerciale de Bordeaux. — M. IMBERT, rapporteur.)

4° *Moyens à employer pour favoriser le développement de l'émigration française, spécialement en Algérie et en Tunisie.* (Question proposée par la Société de Géographie commerciale du Havre.)

5° *Création de Compagnies de Colonisation privilégiées.* (Question proposée par la Société de Géographie commerciale du Havre.)

6° *L'émigration indienne et chinoise dans les colonies.*

VI. — Rappel et examen des vœux formulés par le Congrès. — Leur renouvellement s'il y a lieu.

COMMUNICATIONS PERSONNELLES ET CONFÉRENCES

1° *La Géographie de l'anthropologie préhistorique. — État de la question, principalement dans le Centre de la France.* par M. E. BLANC, membre de la Société de Géographie de Paris.

2° *Les migrations intérieures des Français en France. — Échange de populations entre les départements et les provinces,* par M. TURQUAN, membre de la Société de Géographie commerciale de Paris.

3° *La question siamoise,* par M. CASTONNET DES FOSSES, membre de la Société de Géographie commerciale de Paris.

4° *Les Intérêts français en Syrie,* par M. CASTONNET DES FOSSES, membre de la Société de Géographie commerciale de Paris.

5° *Participation intellectuelle et matérielle des Lyonnais à la Colonisation : Algérie, Tunisie et Tonkin,* par M. CRESCENT, membre de la Société de Géographie de Lyon.

6° *L'Algérie et le Chemin de fer transsaharien,* par M. MONBRUN, membre de la Société de Géographie et d'Archéologie de la province d'Oran.

7° *Le nouveau canal de Nantes à la mer,* par M. DOBY, membre de la Société de Géographie de Nantes.

8° *La Géographie dans F. Rabelais. — Les voyages de Pantagruel,* par M. DUCROT, membre de la Société de Géographie de Tours.

9° *La Géographie de Tours et de ses environs à l'époque romaine,* par M. l'abbé L. BOSSEBŒUF, membre de la Société de Géographie de Tours.

10° *Essai sur les Tourangeaux qui se sont occupés de Géographie,* par M. l'abbé L. BOSSEBŒUF.

11° *Variétés géographiques relatives à la Touraine,* par M. l'abbé L. BOSSEBŒUF.

12° *De l'Oubangui au Niger*, conférence faite par M. Béhagle de la mission Maistre.

13° *L'Afrique avant le XVe siècle*, par M. Al. Boutroue, de la Société de Géographie de Paris.

14° *L'Algérie à travers les âges*, par M. Al. Boutroue.

15° *Des variations du lit de la Loire à son passage en Touraine*, par M. Aug. Chauvigné, secrétaire général adjoint de la Société de Géographie de Tours.

COMPOSITION DU CONGRÈS

Président : M. le prince d'ARENBERG

Président du Comité de l'Afrique française

MINISTÈRES REPRÉSENTÉS

Ministère de l'Intérieur, représenté par M. RICARD, ingénieur des Arts et Manufactures, agent-voyer en chef, à Tours (service géographique).

Ministère des Affaires étrangères, représenté par M. DU BOŸS, sous-directeur au Ministère des Affaires étrangères.

Ministère de l'Instruction publique, des Beaux-Arts et des Cultes, représenté par M. SEVIN-DESPLACES, bibliothécaire des Musées nationaux.

Ministère de la Guerre, représenté par M. le commandant MOËSSARD chef de la section de Topographie au service géographique de l'armée.

Ministère du Commerce, de l'Industrie et des Colonies, représenté par M. V. TURQUAN, chef de la statistique au Ministère du Commerce (direction de l'Office du Travail).

Ministère de l'Agriculture, représenté par M. ORFILA (Antoine), Inspecteur adjoint des forêts au Ministère de l'Agriculture (service central du reboisement des montagnes).

SOCIÉTÉS FRANÇAISES DE GÉOGRAPHIE REPRÉSENTÉES

Bordeaux. — *Société de Géographie commerciale;* délégué : M. LE COMMANDANT BONETTI.

Bourg. — *Société de Géographie de l'Ain;* délégué : M. DAGALLIER.

Dijon. — *Société bourguignonne de Géographie et d'Histoire;* délégué : .....

Douai. — *Union Géographique du Nord de la France;* délégué : M. HENRI CONS.

Havre. — *Société de Géographie commerciale*; délégué: M. Nicolle.

Laon. — *Société de Géographie de l'Aisne*; délégué : M. Souchon.

Lille. — *Société de Géographie*; délégué : M. Merchier.

Lorient. — *Société bretonne de Géographie*; délégué : M. le commandant Marquer.

Lyon. — *Société de Géographie*; délégué : M. Breittmayer.

Marseille. — *Société de Géographie*; délégué : M. le commandant J. de Pontevès-Sabran.

Montpellier. — *Société languedocienne de Géographie*; délégué : M. Malavialle.

Nancy. — *Société de Géographie de l'Est*; délégué : M. S.-V. Barbier.

Nantes. — *Société de Géographie commerciale*; délégué: M. Doby.

Oran. — *Société de Géographie et d'Archéologie de la province d'Oran*; délégué : M. Monbrun.

Paris. — *Société de Géographie*; délégué : M. Edouard Blanc.

Paris. — *Société de Géographie commerciale de Paris*; délégué : M. Ch. Gauthiot.

Rochefort. — *Société de Géographie de Rochefort*; délégué : M. le Dr Bourru.

Rouen. — *Société normande de Géographie de Rouen*; délégué M. Georges Renaud.

Roubaix. — *Société de Géographie de Roubaix (section de la Société de Géographie de Lille)*; délégué : M. Merchier.

Saint-Nazaire. — *Société de Géographie commerciale*; délégué : M. Gallet.

Toulouse. — *Société de Géographie*; délégué : M. S. Guénot.

Tourcoing. — *Société de Géographie (section de la Société de Lille)*; délégué : M. Delmasure.

Tours. — *Société de Géographie*; délégué : M. le colonel Blanchot.

Valenciennes. — *Société de Géographie*; délégué: M. Dautriaux.

AUTRES SOCIÉTÉS REPRÉSENTÉES

Paris. — *Comité de l'Afrique française*; délégués : M. le prince d'Arenberg et M. Perchier.

Tours. — *Société d'Archéologie d'Indre-et-Loire*; délégué : M. Palustre.

Tours. — *Société d'Agriculture, Sciences, Arts et Belles-Lettres d'Indre-et-Loire*; délégué : M. Aug. Chauvigné.

LISTE GÉNÉRALE DES ADHÉRENTS AU CONGRÈS

MM.

ARENBERG (Prince d'), président du Comité de l'Afrique française, à Paris.

BAILBY (D^r), membre de la Société de Géographie de Tours.

J.-V. BARBIER, secrétaire général de la Société de Géographie de l'Est, à Nancy.

BAUGE, membre de la Société de Géographie de Tours.

BEHAGLE (De), explorateur, à Paris.

BINET, trésorier de la Société de Géographie de Valenciennes.

BLANC, Edouard, explorateur, à Paris.

BLANCHOT (Le Colonel), président de la Société de Géographie de Tours.

BOISRAMÉ, Georges, trésorier de la Société de Géographie de Tours.

BONAPARTE (Prince Roland), à Paris.

BONETTI (Commandant), vice-président de la Société de Géographie commerciale de Bordeaux.

BOUCHERON, secrétaire des Séances de la Société de Géographie de Tours.

BOUQUET DE LA GRYE, membre de l'Institut, président de la Société des Etudes coloniales et maritimes, à Paris.

BOURRU (D^r), de la Société de Géographie de Rochefort.

BOSSEBŒUF (Abbé Louis), à Tours.

BOUTROUE, à Paris.

BOŸS (Du), sous-directeur au Ministère des Affaires étrangères, à Paris.

BREITTMAYER, membre de la Société de Géographie de Lyon.

BRUZON, membre de la Société de Géographie de Tours.

BUOT DE L'EPINE, Pierre, secrétaire de la Société de Géographie du Havre.

CAPUS, à Paris.

CASTONNET DES FOSSES, vice-président de la Société de Géographie commerciale, à Paris.

CHAUVIGNÉ, Auguste fils, secrétaire général adjoint de la Société de Géographie de Tours.

CHEVREL, Georges, secrétaire général de la Société de Géographie de Tours.

CONS, Henri, président de l'Union géographique du Nord de la France, à Douai.

CORDIER (Le Capitaine), membre de la Société de Géographie de Tours.

COSSON (le Colonel), membre de la Société de Géographie de Tours.

COURCELLE-SENEUIL, de la Société de Géographie de Rochefort.

CRAVOISIER, vice-président de section de la Société de Géographie commerciale de Paris.

CRESCENT, de la Société de Géographie de Lyon.

DAGALLIER, de la Société de Géographie de l'Ain.

Mlle DELANDE, membre de la Société de Géographie de Tours.

DELAVAUD, Louis, secrétaire d'Ambassade, à Paris.

DELMASURE, membre de la Société de Géographie de Tourcoing.

DOBY, secrétaire général de la Société de Géographie commerciale de Nantes.

DOUTRIAUX, président de la Société de Géographie de Valenciennes.

DRAKE DEL CASTILLO, député d'Indre-et-Loire, membre de la Société de Géographie de Tours.

DUBOZ, bibliothécaire de la Société de Géographie de Tours.

DUCROT, à Tours.

DUMAS, membre de la Société de Géographie de Tours.

DUPIN DE SAINT-ANDRÉ, président honoraire de la Société de Géographie de Tours.

DUPRÉ, Paul, membre de la Société de Géographie de Tours.

FOCK, ingénieur, à Constantine.

FROIDEVAUX, collaborateur aux « Annales de Géographie ».

GALLET, Charles-Edouard, secrétaire général de la Société de Géographie commerciale de Saint-Nazaire.

GASNAULT, membre de la Société de Géographie de Tours.

GAUTHIOT, Charles, secrétaire général de la Société de Géographie commerciale de Paris.

GUÉNOT, secrétaire général de la Société de Géographie de Toulouse.

HARRY-ALIS (Percher), secrétaire général du Comité de l'Afrique française, à Paris.

IMBERT, secrétaire de la Société de Géographie commerciale de Bordeaux.

LANTEIGNE, membre de la Société de Géographie de Tours.

LÉGER, Louis, professeur au Collège de France et à l'Ecole supérieure de Guerre, à Paris.

Le Neveu, membre de la Société de Géographie de Tours.

Mme Leriget, membre de la Société de Géographie commerciale de Paris et du Club Alpin français.

Lynier, président de la Société de Géographie commerciale de Nantes.

Malavialle, secrétaire général de la Société languedocienne de Géographie, à Montpellier.

Mame, Paul, membre de la Société de Géographie de Tours.

Marolles (Comte de), membre de la Société de Géographie de Tours.

Marquer (Commandant), membre de la Société bretonne de Géographie, à Lorient.

Mauras, membre de la Société de Géographie de Tours.

Merchier, secrétaire général de la Société de Géographie de Lille.

Mery, Gaston, explorateur, membre de la Société de Géographie de Toulouse.

Moëssard (Commandant), du service géographique de l'Armée, à Paris.

Monbrun, président de la Société de Géographie et d'Archéologie de la province d'Oran.

Ney, Napoléon, président de section à la Société de Géographie commerciale de Paris.

Nicole, Gustave, membre de la Société de Géographie du Havre.

Orfila, inspecteur adjoint des forêts au Ministère de l'Agriculture, à Paris.

Orgeval (Baron d'), membre du Conseil de la Société de Géographie commerciale de Paris.

Paimparé, membre de la Société de Géographie de Tours.

Palustre, président de la Société Archéologique de Touraine.

Paturet, secrétaire de section à la Société de Géographie commerciale de Paris.

Pesneau, membre de la Société de Géographie de Tours.

Pichon (D^r), à Paris.

Pontevès-Sabran (Commandant de), membre de la Société de Géographie de Tours.

Privat-Deschanel, à Paris.

Raveneau, membre de la Société de Géographie de Paris.

Renaud, Georges, directeur de la « Revue géographique internationale », à Paris.

Rey-Pailhade, membre de la Société de Géographie de Toulouse.

Ricard, agent-voyer en chef, à Tours.

Rolland, à Paris.

Sevin-Desplaces, bibliothécaire des Musées Nationaux, au Louvre, Paris.

Solms (De), membre de la Société de Géographie commerciale, à Paris.

Souchon, archiviste du département de l'Aisne, à Laon.

Sourdillon, vice-président de la Société de Géographie de Tours.

Tiétard, vice-président honoraire de la Société de Géographie de Tours.

Turquan, Victor, vice-président de section de la Société de Géographie commerciale de Paris.

Varigny (C. de), à Paris.

Vibert, Paul, président de l'Association nationale de Topographie, à Paris.

Wolff (Dr), vice-président de la Société de Géographie de Tours.

PROCÈS-VERBAUX DES SÉANCES

SÉANCE D'OUVERTURE

Lundi 31 juillet 1893

PRÉSIDENCE DE M. LE PRINCE D'ARENBERG

La séance solennelle d'ouverture du Congrès a lieu à 4 heures, dans la grande salle des assises, au palais de justice de Tours, élégamment décorée de tentures bordées d'or et de drapeaux.

M. le prince d'Arenberg préside la séance. A ses côtés prennent place M. Gouin, sénateur ; M. Maurice, président du tribunal civil ; M. Bonnefons, vice-président du conseil de préfecture, M. le colonel Blanchot, président de la Société de Géographie de Tours ; M. Pic-Paris, maire de Tours ; M. le chef d'escadrons de cuirassiers de Pontevès-Sabran ; M. Dagallier, procureur de la République.

L'auditoire très nombreux se compose des membres de la Société de Géographie de Tours, des délégués des ministères et des sociétés adhérentes au Congrès. MM. les généraux Ollivier et Crétin, beaucoup d'officiers et de dames en brillantes toilettes rehaussent par leur présence l'éclat de cette solennité, pendant laquelle la musique du 32ᵉ de ligne, sous l'habile direction de son chef, M. Rutain, a fait entendre les meilleurs morceaux de son répertoire.

M. Georges Chevrel, secrétaire général de la Société de Géographie de Tours, remplit les mêmes fonctions auprès du Congrès.

En ouvrant la séance, M. le colonel Blanchot s'exprime ainsi :

ALLOCUTION DE M. LE COLONEL BLANCHOT

MESDAMES, MESSIEURS,

Je suis heureux d'être l'interprète de la Société de Géographie de Tours et de vous exprimer toute sa gratitude pour votre gracieux empressement à assister à l'ouverture des assises de la Science géographique qui se tiennent cette année dans notre ville.

Messieurs les délégués des ministères, Messieurs les délégués des sociétés de géographie. Messieurs les Géographes de France, je vous remercie d'avoir bien voulu vous associer à nos travaux, et je vous souhaite la bienvenue au nom de la Société de Géographie de Tours ; nous ferons tous nos efforts pour vous témoigner toute la sympathie, tous les égards qui vous sont dus et pour vous rendre aussi agréable que possible votre séjour dans la Touraine. (*Applaudissements.*)

Et maintenant je n'ai plus qu'à m'effacer et à donner la parole à l'une des personnalités géographiques les plus éminentes de France, à l'un des hommes qui ont rendu et qui rendent tous les jours les plus grands services à la cause de la Science et de la Patrie, à M. le président du Comité de l'Afrique française, dont le nom seul indique les hautes pensées qui l'animent.

La parole est à M. le président du Congrès, à M. le prince d'Arenberg. (*Vifs applaudissements.*)

DISCOURS DE M. LE PRINCE D'ARENBERG,

Président du Congrès

Mesdames, Messieurs,

Le grand honneur qu'on m'a fait en me donnant la présidence du XIVᵉ Congrès national de géographie, m'inspire une profonde reconnaissance. Je ne possède point les qualités des hommes éminents qui ont présidé les précédents congrès, mais à défaut de ces qualités je vous apporte un attachement déjà bien ancien aux principes et aux idées qui vous ont conduits ici.

Aucune œuvre n'est plus patriotique que la vôtre, messieurs, aucune œuvre par conséquent n'est plus digne de dévouement, car ce dévouement, c'est à la France, à la patrie, que nous le consacrons. (*Applaudissements.*)

Malgré le vif intérêt, malgré le puissant attrait qui me faisaient désirer d'assister à votre congrès, je craignais de ne pas en avoir la liberté. Mais votre honorable président, M. le colonel Blanchot, et M. Edouard Blanc ont des arguments qui ne tiennent aucun compte de la liberté d'autrui ; ils vous enveloppent et ils vous séduisent de façon qu'au bout de peu de temps on se trouve pieds et poings liés entre leurs mains (*on rit*), que l'on est sous leur charme et que l'on se met à leur disposition. (*Très bien ! très bien ! et nouveaux rires.*)

Je me suis donc échappé de Bourges ; mais je suis tout de suite obligé de vous présenter mes excuses et mes regrets de ne pouvoir prendre part, autant que je le voudrais, aux discussions dont le questionnaire que j'ai sous les yeux indique le programme.

J'aurais aimé à m'instruire en écoutant les orateurs qui prendront la parole sur les différents points de ce programme. Ce grand plaisir me sera refusé, car le candidat propose et l'électeur dispose. (*Rires.*)

J'aurais désiré en particulier entendre traiter par vous ce sujet inépuisable de la vulgarisation de la géographie.

Il y a quelques jours, je lisais un excellent article de notre savant historien M. Lavisse, rappelant les progrès accomplis dans la science géographique depuis 1870. Vous vous le rappelez, messieurs, on a dit que nos revers étaient dus en partie à notre ignorance de la géographie. Je continue à croire, pour mon compte, que si nous avons été battus, c'est surtout parce que nous étions trop inférieurs en nombre.

Quoi qu'il en soit, c'est depuis la guerre qu'un véritable réveil s'est opéré dans l'étude de la géographie. A cette époque, M. Levasseur a rédigé pour les professeurs une instruction remarquable dans laquelle il montrait la coordination des phénomènes géographiques.

A cette époque aussi et depuis, des chaires de géographie furent créées dans les facultés. A la Sorbonne, M. Himly, puis M. Marcel Dubois, le titulaire récent de la chaire de géographie coloniale, ont réuni autour d'eux toute une phalange de jeunes gens acharnés au travail. A l'Ecole Normale, M. Vidal-Lablache a donné un tour nouveau à l'enseignement de la géographie. A Lyon, après M. Barboux, M. Gallois a, lui aussi, fondé une école.

Ceci m'amène à remarquer dans votre programme la question suivante :

De l'opportunité de maintenir l'enseignement de la géographie dans les attributions des facultés des lettres ou de le faire passer dans le domaine des facultés des sciences.

Sans préjuger en quoi que ce soit l'opinion qui résultera de vos délibérations, permettez-moi de dire que ces deux enseignements doivent à mon sens se compléter ; car, si la géographie touche par beaucoup de côtés aux lettres, elle comporte, d'autre part, la connaissance du sol, de l'atmosphère, des races, et ce sont là assurément des connaissances scientifiques. (*Approbation.*)

A Paris, un cours de géographie physique est professé par M. Velain. A Lyon, M. Deperret enseigne la géographie appliquée.

Tous ces efforts ont déjà produit des résultats. Dans le même article auquel je faisais allusion tout à l'heure, M. Lavisse faisait l'éloge de la thèse soutenue en Sorbonne par M. Henry Schirmer. Je n'en ai lu que le compte rendu ; mais aujourd'hui même en chemin de fer, j'ai voyagé avec un de nos collègues qui a lu cette thèse remarquable, qui porte sur l'étude du Sahara. M. Schirmer a traité de la formation du désert, de la flore et de la faune, de l'homme dans ses rapports avec le climat, du nomade, du sédentaire, enfin des voies de communication, du commerce européen, de la culture européenne et des relations que nous pourrons entretenir dans ces régions. C'est là une question qui nous intéresse au premier chef, car le Sahara est la grande route où passera la domination de la France. (*Applaudissements.*)

Combien peu de jeunes gens, se préparant à l'agrégation, auraient pu, il y a quelques années, soutenir une thèse semblable ! Je dis que cette question du Sahara est une de celles qui nous préoccupent et qui nous intéressent le plus : je ne parle pas de ces admirables provinces de l'Algérie et de la Tunisie, que l'on ne peut plus appeler des colonies, ni du Sénégal et du Soudan, que nous pénétrons de tous les côtés. Mais le Sahara lui-même est pour nous l'objet de graves et multiples problèmes : si, malgré les études consciencieuses de M. Rolland, on ne peut pas dès à présent en drainer tout le trafic au moyen d'un chemin de fer, on peut du moins prolonger la ligne de Biskra jusqu'à Ouargla, afin d'atteindre ces ports situés au milieu d'une mer de sable, où doivent s'arrêter toutes les caravanes qui viennent du Bornou, du Sokoto, du Kanem, du Baghirmi, en un mot de toutes les riches contrées qui entourent le lac Tchad. (*Vifs applaudissements.*)

J'espère que bientôt, — et je le dis avec conviction — tout le commerce des caravanes, qui a été détourné vers Tripoli, reviendra vers nos possessions méditerranéennes. (*Nouveaux applaudissements.*)

Ce n'est pas de ce côté seulement que nous devons tourner nos regards, car la France, par l'étendue de ses côtes, est forcément une nation coloniale ; elle doit avoir une marine marchande et une flotte de guerre. Ce n'est pas d'aujourd'hui qu'elle a dirigé ses vues de ce côté.

Depuis François I⁰ʳ jusqu'à Henri IV, elle prend pied en Amérique : en 1535, Jacques Cartier pénètre dans le Canada ; puis viennent les explorateurs du Mississipi et de la Louisiane.

Richelieu crée la marine de guerre et, pendant trente ans, nos flottes sont maîtresses de l'Océan. Colbert porte notre puissance coloniale à un des plus hauts points de prospérité auxquels elle ait jamais atteint.

A la fin du xviiᵉ siècle, nous avons devancé les Anglais partout : au Canada, dans la Louisiane, dans l'Amérique septentrionale et dans l'Amérique centrale, aux Indes, à Madagascar, partout flotte notre pavillon.

Hélas ! le xviiiᵉ siècle a été le témoin de notre décadence. On peut dire que chaque traité nous arrache un lambeau de nos colonies. Le traité de Ryswick, le traité d'Utrecht, le traité d'Aix-la-Chapelle, enfin le traité de Paris, livrent aux Anglais tout ce qui nous avait coûté tant de peine, mais aussi procuré tant de gloire.

La guerre d'Amérique nous rend un peu de prestige au dehors ; mais pendant les guerres de la Révolution et de l'Empire, si notre drapeau se promène triomphalement à travers toutes les capitales de l'Europe, sur mer notre puissance est détruite, — et toujours par l'Angleterre.

Depuis 1815, notre pavillon reparaît sur toutes les mers, et notre force navale est reconstituée. Mais, excepté la prise d'Alger, en 1830, il n'y a pas eu de grandes expéditions coloniales. A partir de ce moment, les Anglais‚ ont été en quelque sorte les paisibles possesseurs de toutes les colonies. Mais la seconde moitié de notre siècle a vu l'événement économique le plus considérable de l'histoire du monde : la pénétration de l'Afrique. (*Très bien ! très bien !*) Assurément, la conquête de l'Amérique a joué un rôle considérable au xvie siècle, mais je ne crains pas de dire que la pénétration de l'Afrique sera au moins aussi importante pour l'avenir. (*Vives marques d'approbation.*)

Alors vous avez vu les Anglais sortir de cette quiétude à laquelle ils paraissaient s'être habitués ; alors aussi les Russes qui semblaient, en Asie, ne pouvoir s'éloigner des steppes et des glaces dont ils étaient entourés, ont franchi la mer Caspienne et cherché, à travers le Turkestan, la route des Indes, dont les sépare à peine aujourd'hui la longueur d'une épée.

Les Allemands, qui ne possèdent presque pas de côtes, depuis qu'ils sont devenus puissants, hélas ! ont senti le besoin, indispensable pour tout pays européen, d'avoir des colonies, car la question économique prime aujourd'hui toutes les autres, depuis que chaque peuple produit ce qui lui est nécessaire, qu'il n'est plus obligé de s'approvisionner chez son voisin, et qu'il s'enferme chez lui, au point de vue douanier, comme dans une muraille de Chine.

Les Allemands ont donc compris cette nécessité, et M. de Bismarck, que nous avons le droit de détester, mais auquel nous ne pouvons pas contester un esprit supérieur, a envoyé en Afrique un de ceux qui connaissent le mieux cette vaste contrée : le Dr Nachtigall a planté le drapeau allemand sur la côte occidentale, en des points qui paraissaient inoccupés. D'autres établissements ont été créés sur la côte orientale, en face de Zanzibar. Les Anglais, qui avaient des prétentions sur ces contrées, ont été obligés de s'incliner devant leurs puissants rivaux.

L'Italie elle-même a voulu avoir un point d'appui du côté de l'Abyssinie, et elle tente de s'y établir.

Et la France, que faisait-elle pendant ce temps ? Je ne parle pas de René Caillé, dont le voyage, à travers le Soudan et le Sahara, remonte déjà à 1828. — La France, grâce à cette pléiade d'hommes, — les Brazza, les Binger, les Mizon, les Monteil, les Crampel, les Maistre, pour n'en citer que quelques-uns, — a pu prendre pacifiquement possession d'une grande partie du continent africain. (*Applaudissements.*)

Vingt-trois ans après la guerre néfaste qui l'a mutilée, la France s'est relevée ; elle n'a pu admettre un seul instant que son commerce extérieur, que sa puissance maritime disparussent, et aujourd'hui, grâce à ses efforts, elle possède de nouveau un puissant empire colonial, un empire plus étendu qu'il ne l'était du temps même de Colbert. (*Nouveaux applaudissements.*)

Hier encore, le gouvernement de la République française savait imposer avec fermeté sa volonté à ceux qui avaient insulté notre pavillon. (*Bravos.*)

Je ne me rappellerai pas, messieurs, ce qui vient de se passer au Siam, où nos rivaux ont été obligés de s'incliner. (*Applaudissements répétés.*)

Aussi voudrez-vous rendre hommage avec moi aux vaillants ouvriers de l'œuvre que je viens de rappeler, à ces explorateurs qui ont tenu si haut et si ferme le drapeau de la France, en particulier dans les régions de l'Afrique centrale, parce qu'ils ont puissamment contribué à faire reprendre à notre pays la glorieuse mission qu'il a accomplie à travers les âges etqu'il n'abdiquera jamais. (*Bravos répétés.— Double salve d'applaudissements.*)

La parole est à M. Merchier, secrétaire général et délégué de la Société de Géographie de Lille, pour rendre compte des travaux du treizième congrès national.

M. MERCHIER, *secrétaire général de la Société de Géographie de Lille, secrétaire général du XIIIe Congrès, s'exprime en ces termes :*

MONSIEUR LE PRÉSIDENT, MES CHERS CONFRÈRES, MESSIEURS,

Les Congrès de géographie forment une sorte de chaîne ininterrompue qui représente les progrès de la science géographique. Chacun de nos congrès est un anneau de cette chaîne dont nous allons forger à Tours, — à force de travail, je n'en doute pas, — le quatorzième anneau brillant. (*Très bien ! très bien !*)

Il est d'usage qu'au commencement de chaque congrès la Société qui, précédemment, a eu l'honneur de recevoir les congressistes, dépose sur le bureau de la Société sœur le compte rendu des travaux du dernier congrès.

La Société de Géographie de Lille a reçu, l'année dernière, le congrès national des sociétés de géographie réuni pour la treizième fois: elle m'a fait à moi, son secrétaire général, l'insigne honneur de me charger de remettre ce volume sur le bureau du congrès : je m'exécute. (*Très bien très bien !*)

M. le Président de la Société de Géographie de Lille m'a chargé également de transmettre à ses collègues de Tours et en particulier à votre président, M. le colonel Blanchot, tous nos vœux, toutes nos sympathies. toute l'assurance de notre amitié, car nous savons bien que si, en 1892, le colonel Blanchot n'a pas été des nôtres, cela n'a pas dépendu de sa volonté. Nous sommes convaincus, à Lille, que le XIVe Congrès national, qui se tient à Tours, aura un très grand éclat. (*Applaudissements.*)

Nous autres, géographes, nous avons lu dans les livres classiques que la Touraine est le jardin de la France. Nous sommes heureux de nous trouver tous réunis dans ce beau jardin, et votre présence, mesdames, prouve que nos petites géographies n'ont pas menti. (*Rires et applaudisse-ments.*)

M. le Président. — La parole est à M. le commandant de Pontevès-Sabran, délégué de la Société de Géographie de Marseille.

M. le commandant de Pontevès-Sabran lit la communication suivante, fréquemment interrompue par les applaudissements.

Monsieur le Président, mon Colonel, Messieurs les Membres du
Congrès, Mesdames, Messieurs,

Délégué de la Société de Géographie de Marseille, que j'ai le grand honneur de représenter auprès de vous, je veux, tout d'abord, adresser au pays de Touraine (ma patrie de fortune), le fraternel salut de la terre provençale (ma patrie de toujours), et lui dire les vœux que forment pour la réussite de son Congrès les Phocéens mes compatriotes, descendants de Protis, d'Euthymène et de Pythéas, les premiers parmi nos navigateurs, partant les premiers parmi nos géographes.

Ici, je prie respectueusement les très gracieuses dames qui ont bien voulu apporter à nos travaux le précieux et réconfortant appoint de leurs sympathies, aussi, l'ensoleillé décor de leur présence, d'observer que c'est par pure déférence pour elles, afin de ne pas les fatiguer, afin de ne pas les décourager surtout, qu'à propos de navigateurs, je ne remonte pas plus avant, au déluge, à Noé, pensant qu'un voyage par delà vingt-quatre siècles en amont, suffirait à les pleinement édifier sur l'antiquité de la navigation et de la géographie.

De plus, comme je me pique de philosophie (mes amis me le reprochent assez !) je me plais à reconnaître le premier que les héros des périples en question sont d'une authenticité contestable, — comme d'ailleurs tout ce qu'ennuage la nuit des temps.

Cette réserve faite, j'en reviens à mon sujet. J'ai dit que je tenais pour un honneur grand de faire partie de votre Congrès ; j'ajoute que je compte y prendre une très réelle satisfaction personnelle, étant un défenseur passionné, fanatique, de la foi géographique, un apôtre aussi infime que convaincu de cette maîtresse science, qu'en bon Français, j'ai été accoutumé, dans ma jeunesse, à traiter de quantité négligeable — tout comme la Chine !...

La géographie !... les langues vivantes (qui en sont les auxiliaires), disait-on volontiers avant 1870, il fait bon laisser cela aux étrangers : aux Allemands, aux Anglais, par exemple !

Hélas ! la réponse à cette hérésie scolaire ne s'est pas fait longtemps attendre. Et mon cœur se serre douloureusement au souvenir de la terrible leçon de géographie, de chorographie, de topographie et de langues étrangères que les premiers ont donnée à notre bien aimé pays, — leçon qui, *sinistro fato adjuvante*, nous a coûté deux provinces, sans compter des flots de sang et d'or, et la meilleure part de notre universel prestige — aujourd'hui reconquis, cependant, grâce à Dieu et à notre infatigable activité, jamais démentie.

Quant aux seconds, il y a belle lurette que partout, à la périphérie de notre domaine colonial, ils nous octroient, avec une incomparable virtuosité, des répétitions du même désagréable genre, qui nous coûtent aussi cher qu'elles nous rapportent peu.

Pour mémoire, je rappelle que la dernière se nommera dans l'histoire l'*Occupation de l'Égypte*, et je continue.

Oui, la géographie est la première des sciences pour ceux qui se targuent (et ils sont innombrables de nos jours) de faire partie des classes dirigeantes ; car tout, selon mon humble avis, tout sur la machine ronde, est affaire de latitude, de longitude, d'altitude : les diversités des phénomènes climatériques et telluriques, les variétés de la flore, de la faune, les particularités anthropométriques des différentes populations, leurs coutumes, leurs vêtements, leurs habitations, leurs idiomes, leurs aptitudes, leurs tempéraments, leurs sentiments, leurs affinités, leur politique, leurs lois, leurs religions, celle du Christ exceptée, parce que, étant divine, elle est universelle.

Si bien que, selon moi toujours, les nationalités, sauf celle d'Israel, ne sont que les conséquences forcées des accidents géographiques ambiants, baptisés du caractéristique nom de frontières naturelles.

En hâte, quelques exemples : choisissons-les ethnographiques, si vous voulez.

Bretons et Anglais ont une origine commune, relativement récente ; or, voyez, cependant, combien de toutes manières ils diffèrent déjà les uns des autres : — affaire de latitude.

Nous-mêmes et les Hindous provenons de la même souche aryenne ; les savants l'affirment, il le faut croire.

Néanmoins, un aveugle seul confondrait un Tourangeau avec un Radjpout : — affaire de longitude.

Enfin, dans chaque pays, les montagnards et les habitants de la plaine forment deux types distinctement tranchés : — affaire d'altitude.

En m'attaquant à la flore, à la faune, à l'habitat, etc., je pourrais multiplier ces exemples à l'infini et rendre ma thèse beaucoup plus palpable.

Mais je pense qu'elle a été suffisamment comprise ; je la résume donc, en maintenant que toutes les nationalités ne sont que le tassement des divers éléments humains en des lieux géographiques à leurs convenances, — tassement qui ne s'est pas fait sans soubresaut, sans lutte, sans combat, sans mixture, par conséquent, d'éléments étrangers, ou trop à l'étroit en leurs personnels milieux, ou en quête de pillage, ou désireux de se venger, ou simplement assoiffés de gloire... tassement non encore terminé, nous le savons par expérience, nous Franco-Gaulois, dont la frontière naturelle orientale est le Rhin.

Et tant que nous n'aurons pas recouvré, par la diplomatie ou autrement... cette frontière que les traités de 1815 nous avaient reconnue, la géographie et la sagesse nous défendent de nous consacrer exclusivement à la culture de l'olivier de paix... Tel un fleuve puissant ne peut couler un pacifique cours que lorsque, définitivement, il a creusé son lit. Puisque donc le temple de Janus reste pour nous toujours entr'ouvert — pour cause de frontière naturelle en carence, — l'étude de la science géographique doit être, je le répète, l'objet de notre constante sollicitude, tant au point de vue militaire qu'au point de vue diplomatique et gouvernemental.

Peut-on, en effet, assumer la périlleuse charge de gouverner un pays, de diriger sa diplomatie, de commander à ses flottes et à ses armées, si, géographe d'élite, on ne possède pas une connaissance approfondie de *l'assiette* de son pays (métropole et colonies), aussi la même connaissance de l'assiette de toutes les autres nations : — celles au contact étant virtuellement des ennemies, celles plus lointaines pouvant, — devant devenir des alliées ?

Et c'est seulement ainsi, en ferme possession de l'universel échiquier géographique, que l'on a toute autorité pour raisonner de la paix et de la guerre, pour conclure des alliances, pour entreprendre des conquêtes, pour exiger des excuses : — toutes choses aléatoires, toujours, mais que toujours favorablement disposent les traditions, l'expérience, l'éducation, la dignité et le savoir.

Regardons autour de nous. Dès que l'héritier présomptif d'un trône est en âge de comprendre les responsabilités qui pèseront un jour sur sa tête avec la couronne, il part, ayant mission de reconnaitre de visu jusqu'aux derniers confins de son futur royaume. Puis il pousse plus loin, il fait le tour du monde, — comme jadis les *compagnons* avant de produire leur *chef-d'œuvre* ; et partout, grâce aux éminents conseils qui l'entourent, comparant les supériorités et les infériorités territoriales, maritimes et politiques des différentes nations avec la sienne propre, — aussi leur fort et leur faible militaires, — il forme expérimentalement son jugement et revient plus apte à gouverner que s'il avait pâli, pendant des années, en son palais, à étudier les rapports les mieux faits de ses ambassadeurs et de ses ministres. Un artiste fait-il autre chose, quand il se recule pour mieux juger de la valeur de son œuvre ?

D'ailleurs, l'histoire est là pour nous montrer que tous les grands capitaines, que tous les diplomates célèbres, que tous les hommes d'État vraiment dignes de ce nom, que *les conducteurs de peuples*, en un mot, ont été des maîtres géographes.

Vous m'excuserez, je pense, si je choisis mes exemples de préférence parmi les hommes de guerre. Uniforme oblige : — je regrette très fort qu'il ne fasse pas le moine !... Rassurez-vous en même temps. Je ne me permettrai pas de vous narrer par le menu la prestigieuse trajectoire d'Annibal, de Carthagène à Cannes, par delà les Pyrénées, par delà les Alpes; vous savez ces faits mieux que moi. Je me contenterai seulement de prendre à témoins Cornelius Nepos, Plutarque et le colonel du génie Hennebert, que cette marche sur Rome avait été longuement étudiée par les officiers du service topographique du fils d'Amilcar, qui, envoyés en missions secrètes, plusieurs années à l'avance, avaient levé des plans, étonnamment précis, de tous les pays où devait s'immortaliser le plus grand des Carthaginois. Je ne m'attarderai pas davantage à faire la preuve que César avait une connaissance détaillée et complète de la géodésie et de la topographie de la Gaule, de l'Espagne et de l'Afrique (pour ne parler que de ces trois provinces). Les voies de pierre dont il les a balafrées attestent assez haut, encore de nos jours, de quelle impeccable main il savait tracer les *directives* de ses armées.

Toutefois, je halterai quelques instants, face à face avec ce stratège sans égal et ce prodigieux géographe qui fut Napoléon.

Voyez avec quelle sûreté géniale ce Corse à cheveux plats, à peine sorti de son île, embrasse d'un seul coup d'œil l'universel échiquier géographique ! Et il n'a que vingt ans !

La coalition harcèle la France. En moins de deux années, il l'amène à merci, prouvant d'une mémorable manière à Beaulieu, à Wurmser et à l'archiduc Charles, qu'il connaît mieux qu'eux-mêmes la topographie de leur pays. Mais le continent est pour lui chose trop terre à terre, chose trop facile ; d'ailleurs, sa supérieure conception de la carte du monde lui a déjà montré la main de l'Angleterre tramant, en toute science raisonnée et tenace, le réseau des coalitions contre la France. En effet, grâce à sa puissante flotte, n'est-ce pas elle qui devra recueillir la plus large part de sa succession coloniale ?

Mais où atteindre cette insaisissable ennemie, qu'il a jadis délogée de Toulon ? Aux Indes !...

Et le voilà en Egypte, dont il veut faire une base d'opérations, afin de plus sûrement porter la guerre dans l'Hindoustan, quand il aura une flotte, pour remplacer celle qui va disparaître devant Aboukir.

Plus tard, toujours dans le même but, il enverra en Perse le général Gardanne, pour traiter avec Feth-Ali Chah d'une alliance contre les Anglais, au besoin contre les Russes ; et il fera relever la route de Téhéran à Méched, — la route d'invasion d'Alexandre !

C'est sur les lieux mêmes, en allant quérir le titre de « Méchédi », que j'ai eu la confirmation de ce fait.

Ce n'est pas tout ; il propose au Directoire une descente en Angleterre, à l'aide d'une flottille... idée qu'il reprendra bientôt, — vainement toujours.

Ce vaste plan échoue. Ah ! s'il avait eu une flotte ! Ah ! s'il avait eu un Nelson ! Ah ! s'il avait eu au moins la Russie avec lui ! la Russie, — cette autre adversaire née de l'Angleterre... ! Il l'aura. Déjà, il a fait sonder les dispositions de Paul Ier. Et, comme cet empereur hésite, il lui renvoie gracieusement, après Zurich, 8,000 prisonniers habillés, équipés et armés aux frais de la France. Paul Ier est dès lors son allié. Et aussitôt, pour lui montrer sans doute de quelle virtuosité chorographique il est doué, il désigne à l'avance la plaine de Marengo comme devant être le théâtre d'une de ses plus glorieuses victoires. Mais, avec une énergie sans pareille, l'Angleterre relève le défi du blocus continental C'est son va-tout qui est en jeu. Et voici que William Pitt ameute de nouveau contre la France tous ses ennemis d'antan, — y compris la Russie.

Alors, à Trafalgar, Napoléon répond par Austerlitz, par Iéna, par Auerstædt, par Eylau, par Friedland..., jusqu'à ce que, définitivement conquis, Alexandre Ier lui donne le titre de frère, à bord du radeau de Tilsitt.

Hélas ! à partir de ce moment, si, tacticien toujours incomparable, Napoléon va se surpasser encore, comme géographe d'envergure il me faut l'abandonner.

Une ambition démesurée, inouïe, folle, — inévitable écueil de tous ceux qui sont parvenus trop vite, trop haut, — a oblitéré son génie et terni son étoile.

Il a brûlé ses cartes, il a brisé ses boussoles, il ne s'oriente plus : c'est la fin. Des hauteurs où il planait, ainsi que l'aigle, son emblème, il ne distinguait plus tout en bas, sur la croûte terrestre, ni planimétrie, ni nivellement... ; les peuples, les nations, les continents, tout lui apparaissait confondu en une colossale entité cosmique, désirable plus que sa couronne, — désirable plus que la vie...

Et ce grand tout, c'était son bien, c'était sa chose, et ce grand tout serait à lui, — à lui tout seul !...

Comment donc reprocher à ce sublime géographe déchu de n'avoir pas aperçu, en cette aveuglante folie de gloire, — du côté de l'horizon où s'éteignent les soleils et les héros, — une petite île anglaise... que le doigt de l'immanente justice avait fait un jour surgir de l'Océan !...

Mais, je l'ai dit : il ne regardait plus, il ne voyait plus, il n'entendait plus. Il voulait cela seulement : l'empire du monde ! il serait plus grand que Charlemagne, il serait plus grand que César, plus grand qu'Alexandre !

N'avait-il pas déjà la France, l'Espagne, la Belgique, la Hollande, l'Italie, l'Allemagne ?

Il lui fallait maintenant la Russie, et demain il aurait l'Angleterre et le reste, tout le reste ensuite...

Demain, demain, répétait-il...

> Sire, vous pouvez prendre à votre fantaisie,
> L'Europe à Charlemagne, à Mahomet l'Asie ;
> Mais tu ne prendras pas demain à l'Eternel !

Demain, vous le savez, fut pour lui Sainte-Hélène...

Venons à notre époque.

A tout entendre, nous sommes aujourd'hui, à peu de détails près, dans la même situation qu'il y a juste cent ans.

N'avons-nous pas, en effet, à nos portes, sous le nom de *triplice*, une autre coalition ?

Elle est momentanément amorphe, c'est entendu, mais le vent peut changer !

Et l'Angleterre ! Croyez-vous qu'elle nous affectionne plus qu'en 1793 ?

Je ne le pense pas. D'ailleurs, ses intérêts (donc sa politique) lui défendent d'aimer jamais qui que ce soit...

Et cela est si vrai que le noble empereur, dont le trône est à Moscou, — encore un géographe hors de pair, celui-là ! — voyant que le plateau occidental de la balance européenne était trop léger pour que la paix pût être longtemps maintenue, n'a pas hésité — au *titre de la solidarité des intérêts communs* — à le lester du poids de son formidable sceptre.

Et ainsi, par ce geste mémorable, commandant, jusqu'à nouvel ordre... *repos !* à l'Europe, Alexandre III a mérité la reconnaissance de l'humanité tout entière, — aussi notre personnelle gratitude.

Mesdames, afin de me faire pardonner d'être resté un aussi long temps aux prises avec Napoléon, je veux, à votre intention spéciale, vous conter une petite anecdote personnelle. Tout d'abord un prologue est nécessaire. Voici. Peut-être quelques-unes parmi vous ignorent ce qu'en terme de marine on appelle *faire le point?* Oh ! rien de celui d'Alençon, de Malines ou de Venise.

Faire le point, en langage marin, consiste à déterminer rigoureusement la position du navire qui vous porte.

On mesure simultanément la longitude et la latitude, et l'on a le point.

Cela est facile à dire, mais est très délicat à faire : il faut prendre la hauteur du soleil, aussi sa table de logarithmes... aussi beaucoup de patience.

Peu importe, d'ailleurs ; il vous suffit de savoir, pour l'intelligence de mon récit, que tous les jours, en pleine mer, on opère ainsi, afin de connaître et de rectifier, si besoin est, la route suivie, qui se déroule ainsi sur la carte comme une sorte de chapelet, dont les grains sont les points successifs.

Entre parenthèse encore, quand on navigue sur le Cher, même sur l'Indre, ce petit travail éclimétrique n'est pas indispensable.

Je continue. Donc, à bord, chaque jour à midi, le point est relevé par les soins du commandant, qui, gracieusement, le fait afficher sur le pont, afin que nul passager n'en ignore, et le porte sur sa carte, si bon lui semble.

Cet affichage est même la principale distraction de la journée, et donne lieu à toutes sortes de paris, de poules, de *philippines*, etc., etc.

Or voici ce qui m'advint, à ce propos, comme je me rendais à Ceylan, en l'an de grâce 1884. Nous étions, ce jour-là, par le travers de l'archipel des Maldives, s'il m'en souvient bien, et je venais de noter le point fraîchement affiché, quand je vis, à côté de moi, une jeune fille anglaise, de dix à onze ans, qui, son atlas sur les genoux, traçait avec beaucoup de sérieux ses coordonnées, et s'apprêtait à piquer le point à leur intersection, suivant la méthode classique.

Comme, malgré mon grand âge... j'avais la précieuse faveur d'être de ses amis, je crus pouvoir lui faire observer, — sans taquinerie aucune, qu'elle avait mené son parallèle de quelques minutes trop près de l'Équateur, — qu'elle devait donc relever d'autant son point pour qu'il fût exact (ce qui, entre nous et tout bas, était la vérité).

Mais elle, me regardant avec infiniment de grâce (selon son habitude), mais avec encore plus de malice, planta énergiquement son crayon à l'endroit même que sa petite tête peluchée d'or avait précédemment choisi, et referma son atlas presque... sur mon doigt.

Vous avez deviné, sans doute, mesdames, le sentiment qui avait fait agir cette jeune enfant vis-à-vis de moi. Je le résume :

— Un Français, c'est tout juste bon pour flirter, mais c'est bien le dernier étranger (j'appuie sur le mot) à qui je me fierais dans une question de géographie.

La moralité de ce très minime fait divers est qu'un pays qui sait inspirer à ses nationaux, — même à peine sevrés, — une telle illimitée confiance en soi, est un pays digne de toute admiration, et surtout de toute... *haute surveillance géographique*.

Français et Françaises, apprenons donc la géographie, puisque c'est le fonds qui nous manque le plus, et vous, frères d'armes, faites et refaites des voyages à l'étranger, puisque nous avons la rare bonne fortune d'avoir un ministre de la guerre qui nous y encourage.

J'aurais voulu clore mon plaidoyer sur la géographie par cette anecdote gracieuse, — le qualificatif n'est pas outré, puisqu'une jeune fille en est l'héroïne, — mais je n'en ai pas le droit.

Si la géographie a ses jours de gloire, de succès, de joie, ses triomphateurs et ses héros, elle a aussi ses soirs de défaites, de déboires, de deuils, ses vaincus et ses martyrs.

Et c'est l'un de ceux-là, — le dernier jusqu'à demain, celui qu'un navire français ramène, dans un cercueil, à sa mère, que je veux respectueusement saluer avant de finir. On a dit, on a redit que Jacques de Crussol, duc d'Uzès, avait été jeune, très jeune, trop jeune... Soit ! mais que les moralistes les plus sévères s'apaisent : Jacques d'Uzès n'est plus jeune... il est mort... mort pour la patrie.

Ah ! c'est que la France n'est pas toujours facile à vivre, à vivre utilement surtout, pour les descendants de ceux qui ont le plus contribué, jadis, à la faire grande, très grande... et qui ont enluminé de leur sang et de leurs hauts faits chaque page de son histoire !...

En revanche, les aventuriers de toute grimace, de tout pigment et de tout fumet, — qui, intarissablement, sucent ses trop généreuses mamelles, en s'efforçant, en retour, de les mordre et de les déchirer, n'en peuvent pas dire autant !... Et voyez, l'armée, si vaste soit-elle, ne peut cependant pas contenir tous les Français. Quant aux autres carrières, combien elles sont souvent épineuses à ceux qui ne veulent pas brûler ce que leurs pères ont adoré !

Alors, que devenir, quand on n'a pas pu ou qu'on n'a pas su trouver une place à l'ombre du glorieux drapeau de la patrie, si un jour on veut lui prouver que, bon sang ne sachant pas mentir, on l'aime quand même et que quand même on la veut honorer, que quand même on la veut servir ?...

Alors, on part, vers l'inconnu, vers le danger, vers la gloire, plein de vie, de santé, d'espérance, de foi, et, au lieu de toutes ces lumineuses choses, on ne trouve parfois qu'un linceul.

Sur la terre d'Afrique, Jacques d'Uzès n'a recueilli qu'un linceul, mais un linceul glorieux entre tous, et qui, moderne pennon de Crussol, digne de ses aînés, jalonne là-bas, vers le Tchad, la venue de la France.

C'est pourquoi la France devra une branche de laurier et une couronne civique à ce Gaulois de race, qui l'a aimée au point de payer, de ses propres deniers, le droit et l'honneur de mourir, à vingt-quatre ans, pour elle.

Et maintenant, messieurs et honorés collègues, un dernier mot: *Laboremus.*

Ç'a été le « garde à vous » suprême de l'empereur romain à son lit de mort ; c'est le mot d'ordre de l'humanité : qu'il soit celui de notre congrès.

M. LE COLONEL BLANCHOT fait connaître l'ordre du jour de la prochaine séance.

La séance est levée à cinq heures.

SÉANCE DU MARDI MATIN

1ᵉʳ août 1893

PRÉSIDENCE DE M. EDOUARD BLANC.

La séance est ouverte à neuf heures sous la présidence de M. Edouard Blanc, délégué de la Société de géographie de Paris.

Prennent place au bureau, en qualité d'assesseurs :

M. le chef d'escadrons d'artillerie Moëssard, délégué du ministre de la guerre ;

M. du Boÿs, délégué du ministre des affaires étrangères ;

M. Ricard, délégué du ministre de l'intérieur :

M. Gallet, délégué de la Société de Géographie de Saint-Nazaire ;

M. EDOUARD BLANC, *président*, prononce l'allocution suivante :

DISCOURS PRONONCÉ PAR M. ÉDOUARD BLANC

MESSIEURS ET CHERS COLLÈGUES,

En prenant possession de la présidence de cette première séance, fonction que me vaut non pas ma propre ancienneté dans la Géographie, mais l'ancienneté de la Société que j'ai l'honneur de représenter, la Société de Géographie de Paris, je reçois un double honneur.

C'en est un pour moi que d'être appelé à présider la première des délibérations du Congrès. Mais c'en est aussi un autre, et que j'apprécie tout spécialement — permettez-moi d'employer quelques instants à le dire, — que de succéder dans cette place au Président du Comité de l'Afrique française, qui a dirigé hier notre séance solennelle d'ouverture, comme président du Congrès tout entier.

Nous sommes ici, en effet, messieurs, ne l'oublions pas, un Congrès *national* de Géographie, c'est-à-dire que nous devons nous occuper des questions patriotiques et des intérêts français en même temps que des questions purement scientifiques auxquelles sont forcés de se limiter les congrès internationaux.

Eh bien, au point de vue national, au point de vue français, s'il est une association qui ait rendu, dans ces derniers temps, des services à la France sur le terrain géographique et colonial, c'est assurément, entre toutes les sociétés qui sont ici représentées, celle qui porte le nom de Comité de l'Afrique française. C'est ce que toutes les autres Sociétés de Géographie ont compris, et c'est pourquoi la présidence du Congrès a été, à l'unanimité, offerte au Président du Comité de l'Afrique française, à M. le Prince d'Arenberg.

Je crois n'être que l'interprète des sentiments des représentants de toutes les Sociétés de Géographie de France en rendant un hommage public à celle d'entre elles qui, plus qu'aucune autre, a, dans ces trois dernières années, servi au loin les intérêts du pays.

C'est comme simple porte-parole de la plus ancienne des Sociétés de Géographie françaises, de celle qui a l'honneur et la bonne fortune d'être l'aînée et même la mère de toutes les autres, que je rends ici cet hommage à l'une des dernières venues, à celle qui s'est donné pour tâche de faire obtenir à la France sa part légitime dans le partage du continent noir.

Cette année, le but poursuivi par elle depuis plusieurs années a été atteint, au moins en majeure partie : des résultats considérables sont dorénavant acquis, appréciables pour tous. Une première étape a été franchie : espérons qu'elle ne sera pas la dernière.

Dans la séance de ce matin, qui va être consacrée en partie à passer en revue les travaux accomplis et les progrès réalisés dans le cours de l'année par les diverses Sociétés de Géographie, je ne crois faire injure à personne en disant qu'entre toutes les tâches exécutées par les unes ou les autres, aucune n'a eu autant d'utilité pour les intérêts français, aucune n'a comporté autant d'initiative que l'œuvre du comité de l'Afrique française, qui a envoyé et soutenu Mizon, Monteil, Crampel, Dybowski, Maistre et ses compagnons, et qui a cherché, avec une infatigable activité, à faire prévaloir sur d'immenses territoires encore laissés pour bien peu de temps, par les autres nations, au plus hardi et au premier occupant, des droits qui sans cela auraient été périmés ou seraient devenus lettre morte.

Assurément cette œuvre, entreprise avec tant de hardiesse, exécutée avec tant d'énergie et de succès, dépasse par ses résultats ce qu'ont pu faire, pendant la même période sur le même terrain, au point de vue exclusivement français, les autres sociétés, sans en excepter les plus autorisées et les plus anciennes, limitées forcément, par leur programme et par leur but même, à un terrain plus vaste et plus international, celui des sciences géographiques en général.

Il serait à souhaiter que l'exemple donné en Afrique par cette Société fût suivi dans d'autres parties du monde.

Ce sera un grand succès pour la Géographie nationale et pour tous ceux qui en sont les apôtres, si d'autres groupes, fondés par l'initiative privée, parviennent à gagner pour la France, dans le partage du globe, la part à laquelle elle a droit, et lui permettent de lutter à armes égales avec les autres nations, auxquelles les grandes compagnies coloniales, reconnues et soutenues par leurs gouvernements respectifs, ont permis d'acquérir au delà des mers des empires bien supérieurs au nôtre.

Peut-être n'est-il pas trop tard pour que nous puissions trouver encore, à côté des conquêtes de ces nations rivales, la part qui légitimement nous est due, celle qui est en rapport avec l'importance européenne de la France, et qui est la garantie de son avenir dans le futur équilibre des peuples.

Espérons que ce résultat pourra encore être obtenu en Asie, peut-être dans une certaine mesure en Océanie, et qu'en Afrique, où plus qu'ailleurs le champ est encore libre, et où nous avons lutté avec plus de chances de succès que dans les autres parties du monde, l'étape franchie grâce à l'initiative privée et au dévouement de tous à la patrie ne sera qu'une première étape.

Espérons que le gouvernement, en donnant des points d'appui solides à l'initiative privée, en sanctionnant sans retards les résultats acquis par elle, en les maintenant énergiquement vis-à-vis des étrangers, et en profitant de la bonne volonté de tous, mettra les géographes militants, les pionniers d'avant-garde, en mesure de franchir une seconde étape.

C'est le vœu que je me permets d'exprimer devant les délégués que les différents ministères ont bien voulu envoyer au Congrès pour les représenter, et qui nous font ici l'honneur de nous écouter et de s'intéresser à nos travaux. (*Applaudissements.*)

Exposé sommaire des Travaux des Sociétés de Géographie

M. LE PRÉSIDENT. — L'ordre du jour appelle l'exposé sommaire des travaux annuels des différentes sociétés de géographie qui sont représentées au Congrès.

La parole est à M. Gauthiot, secrétaire général et délégué de la Société de Géographie commerciale de Paris.

M. GAUTHIOT. — Le Congrès voudra, j'en suis sûr, que ce soit le délégué de la Société de Géographie de Paris, la doyenne et la plus importante des Sociétés de Géographie de France, qui commence l'exposé de ces travaux. (*Assentiment.*)

Je prie donc notre président de prendre le premier la parole.

Société de Géographie de Paris

M. Edouard Blanc, *président*. — Messieurs, je serai bref. La Société de Géographie de Paris a tenu, comme d'habitude, ses séances de quinzaine qui ont été très suivies et dans lesquelles de nombreux voyageurs ont rendu compte de leurs explorations.

Elle a entendu l'exposé des voyages de M. Charles Rabot à l'île Jean-Mayen et au Spitzberg ; de M. Alex. Boutroue en Algérie et en Tunisie ; de M. le Docteur Yersin en Indo-Chine (de la côte d'Annam au Mé-Kong); de M. Marcel Monnier, de la côte d'Ivoire au Soudan méridional (mission du capitaine Binger) ; de M. Héliodore Candelier à la Péninsule Goajire (Etats-Unis de Colombie). M. J. Janssen, de l'Institut, a exposé, avec sa compétence toute spéciale, l'importance des observations à faire sur les points les plus élevés du globe ; il a expliqué les travaux en cours de préparation pour l'établissement d'un observatoire au sommet du Mont-Blanc. M. Fournereau a rendu compte de sa mission archéologique au Siam, et M. Jules Claine de son dernier voyage dans les Antilles espagnoles; M. Charles Vélain a entretenu la Société des îles Saint-Paul, Amsterdam et Kerguelen ; M. Fernand Foureau et M. Gaston Méry lui ont présenté les résultats respectifs de leurs dernières missions chez les Touareg ; M. le vicomte de Brettes a parlé de ses derniers voyages à travers la Colombie ; enfin M. le Dr Verneau lui a montré l'état actuel de nos connaissances sur les Pygmées.

Toutes ces communications ont été accompagnées de projections à la lumière oxhydrique. De grandes cartes murales dressées par M. Hansen, spécialement en vue de ces séances, ont permis à l'auditoire de suivre aisément les explications données par les orateurs.

Au mois de juillet 1892, la Société avait reçu en séance extraordinaire, dans le majestueux amphithéâtre de la nouvelle Sorbonne, M. Mizon, lieutenant de vaisseau, de retour de son voyage du Niger au Congo français par la Bénoué et les affluents de la Sanga. — Le 18 novembre de la même année, elle recevait, dans le grand amphithéâtre de la vieille Sorbonne, M. Jean Dybowski, de retour de la mission qui l'avait conduit au secours de Paul Crampel. — Le 29 janvier de cette année, elle recevait, dans le grand amphithéâtre de la nouvelle Sorbonne, le commandant Monteil qui venait d'accomplir au cœur de l'Afrique une mission d'une importance exceptionnelle pour la science et pour les intérêts français. Le lendemain de cette séance, elle offrait, à l'Hôtel Continental, un banquet à M. le commandant Monteil. — Le 9 juin 1893, la Société fêtait le retour de la mission de M. Casimir Maistre, dans une séance extraordinaire tenue au grand amphithéâtre de la vieille Sorbonne.

La Société ne devait pas rester indifférente en présence des fêtes données à l'occasion du quatrième centenaire de la découverte de l'Amérique :

elle a donc pris part aux fêtes de Gênes et de Huelva ; à Gênes, elle était représentée par MM. Émile Levasseur et le Dr Hamy, membres de l'Institut, et par M. Henri Cordier. A Huelva, ses délégués étaient son Président, MM. Antoine d'Abbadie, de l'Institut, le Dr Hamy, M. Henry Cordier et le Prince Roland Bonaparte. — La Société a fait déposer sur la tombe de Christophe Colomb, par M. Charpentier, consul général de France à Gênes, une couronne aux couleurs françaises avec inscription commémorative.

Elle a de plus tenu, en l'honneur du centenaire, une séance spéciale dans laquelle M. Levasseur l'a entretenue des conséquences morales et matérielles de la découverte de l'Amérique ; M. le Dr Hamy a relaté ensuite les souvenirs de son voyage en Italie et en Espagne sur les traces de Christophe Colomb.

Comme les années précédentes, la Société a distribué ses prix aux voyageurs et géographes, indépendamment des prix qu'elle attribue chaque année aux lauréats des lycées et collèges de Paris, aux écoles militaires de la Flèche et de Saint-Maixent. La grande médaille d'or a été attribuée à M. le commandant Monteil pour son fructueux et difficile voyage du Sénégal à Tripoli par le lac Tchad.

En 1891, la Société avait créé des groupes d'étude, aux réunions desquels sont présentées les questions d'ordre scientifique, impossibles à traiter et à discuter en présence du public toujours nombreux qui assiste aux séances de quinzaine. Ces groupes, grâce à l'activité dévouée de leur secrétaire, M. J. Vallot, ont fonctionné du 20 février au 12 juin dernier.

Parmi les sujets présentés, il faut signaler les suivants : une communication sur les Indiens qui vivent actuellement dans la basse Californie et sur les Indiens Yaquis, par M. Léon Dignet ; sur les traces de l'existence de l'homme de la pierre polie dans le nord de l'Hérault, par M. J. Vallot ; sur l'introduction à l'étude de la Géographie, par M. le Docteur Charbonnier ; sur les grands traits de la structure géologique des Pyrénées, par M. Emmanuel de Margerie ; sur l'étude topographique et hypsométrique du massif pyrénéen, par M. Franz Schrader ; sur les végétaux utiles et les plantes exploitables de l'Afrique centrale, par M. J. Dybowski ; sur le développement des chemins de fer aux Etats-Unis, par M. Daniel Bellet ; sur les espèces zoologiques domestiques et sauvages du Congo de l'Afrique centrale, par M. J. Dybowski ; sur l'autruche et la colonisation, par M. Jules Forest.

Au nombre des documents géographiques publiés dans le Bulletin trimestriel de la Société, il convient de citer, par ordre chronologique : une étude sur l'hydrographie du bassin de l'Ancien Oxus, par M. Edouard Blanc ; les observations et notes météorologiques sur l'Asie centrale et notamment les Pamirs, par M. Guillaume Capus ; le voyage dans le pays des Trarzas et dans le Sahara occidental, par M. Léon Fabert ; l'exploration chez les Moïs, par M. R. Humann ; le voyage en Perse de M. Jacques de Morgan ; un travail de M. Henri Coudreau sur les Tumne Humac et l'exploration de M. Henri Duveyrier de Tlemcen à Mélilla. Ces travaux sont accompagnés de cartes originales dressées avec grand soin, à l'aide des derniers documents, par M. Jules Hansen.

Les comptes rendus des séances renferment les lettres et les nouvelles des voyageurs, les faits géographiques les plus importants et des indications bibliographiques.

La Société, qui a pris part, en 1892, à l'Exposition de géographie et au Congrès de zoologie et d'anthropologie de Moscou, où elle s'est fait représenter par M. Edouard Blanc, s'est fait aussi représenter au Congrès international de géographie et au Congrès africain qui ont lieu cette année à Chicago. Elle s'est fait un devoir d'adresser au Congrès africain les numéros de son Bulletin qui renferment les relations des voyageurs français en Afrique. La Société a joint à cet envoi onze ouvrages relatifs à des voyages français en Afrique que les explorateurs eux-mêmes ont, sur sa demande, mis à la disposition de la Société pour le Congrès africain de Chicago. Ces publications représenteront au Congrès une partie de la contribution des Français à la découverte des diverses contrées de l'Afrique.

La Société avait célébré, en 1888, le centenaire de la mort de Lapérouse, elle célébrera cette année le centenaire de la mort de Bruni d'Entrecasteaux. A cette occasion, une notice sur le grand navigateur sera rédigée par M. le Baron Hulot et publiée par la Société.

La bibliothèque de la Société de Géographie, libéralement ouverte aux travailleurs, s'est accrue cette année d'un grand nombre d'ouvrages dont plus de deux cents proviennent de la succession de Henri Duveyrier. Ils ont été donnés à la bibliothèque en mémoire de ce regretté voyageur par M. Mannoir. Les instruments d'observation qui avaient servi à M. Duveyrier dans ses voyages, ainsi que ses manuscrits, ses notes et ses carnets de voyages, auxquels il faut ajouter les manuscrits du Dr H. Barth, légués naguères à M. Duveyrier, ont été également offerts à la Société par son secrétaire général.

La Société de Géographie de Paris a entretenu cette année, comme les précédentes, les meilleures relations avec toutes les autres Sociétés de Géographie, dont elle est la doyenne, et notamment avec les sociétés françaises.

Elle se fera toujours un devoir d'être utile et agréable, dans les limites de ses moyens, aux Sociétés françaises de Géographie, dont elle est heureuse de constater le développement.

Société de géographic commerciale de Paris

M. Gauthiot, *Secrétaire général et délégué de la Société.* — Messieurs, je tâcherai d'être aussi bref que mon collègue, en vous exposant ce que la Société de Géographie commerciale a fait cette année pour arriver au but en vue duquel elle a été formée.

Notre doit et notre avoir peuvent s'établir facilement. Notre doit est indiqué comme suit par l'article 1ᵉʳ de nos statuts :

« La Société de géographie commerciale de Paris est instituée pour concourir au développement des entreprises commerciales de la France sur tous les points du globe. »

Quelles sont les entreprises commerciales que nous avons directement ou indirectement concouru à développer, que nous avons encouragées ? Une organisation que désigne un mot fort à la mode aujourd'hui, celui de syndicat, est la forme qu'adoptent volontiers les entreprises commerciales qui visent à l'exploitation des diverses parties du globe. Or les membres de la Société de Géographie commerciale ont contribué à la création de trois syndicats : les deux premiers déjà en très bonne voie, le troisième à son point de départ.

Le syndicat du Haut-Laos a été créé à Paris, il y a deux ans, par une société qui semble se charger d'appliquer les idées que nous défendons et qui a déjà fait parler d'elle avantageusement, la Société d'Economie industrielle et commerciale. Il possède actuellement dans la péninsule indo-chinoise quatre comptoirs. Les chefs de deux d'entre eux, nos collègues, hommes actifs et excellents patriotes, ont malheureusement été victimes, dans ces derniers temps, de cet envahissement siamois dont vous connaissez maintenant la fin ; mais il est peu probable que l'œuvre entreprise soit par là arrêtée, et, dès que l'indemnité à payer par le Siam aura été réglée, M. Maccy et ses compagnons reprendront leurs travaux.

Le second syndicat est celui du Soudan français. La direction en est confiée à un homme qui a passé trois ans au Congo et sur la côte d'Afrique : j'ai nommé M. Béchet. Ce syndicat a donné des résultats plus satisfaisants encore que le premier, et toutes les personnes qui en font partie s'en félicitent au point de vue patriotique, commercial et financier.

Le troisième syndicat est en train de se former ; il aura pour champ d'action l'Amérique du Sud et la Guyane ; son chef est suffisamment connu dans les annales de l'exploration : c'est M. Henri Coudreau.

D'autres entreprises, telles que la création d'exploitations agricoles en Algérie, en Tunisie et en Annam, l'organisation de compagnies industrielles au Tonkin et dans l'Amérique du Sud, la pêche en Tunisie, ont encore occupé l'attention de la Société et sont en voie de développement.

En second lieu, la Société doit « propager les connaissances relatives à la géographie commerciale du globe ».

Pour accomplir cette partie de notre programme, nous usons des moyens de publicité ordinaires, qui sont nos séances et la publication de notre *Bulletin*. — Ceux qui lisent régulièrement ce bulletin prétendent qu'il donne de bons renseignements, c'est vrai, mais qu'il a le défaut de ne pas paraître assez fréquemment. C'est du moins ce qu'on a dit souvent à son rédacteur en chef. Il ne faut pas oublier que la Société de Géographie commerciale de Paris ne dispose pas de ressources financières aussi grandes que la puissante et célèbre Société dont elle est en partie issue, sa cotisation étant très faible.

Par des séances de section très fréquentes, elle arrive à suppléer, du reste, à l'insuffisance de son Bulletin. En effet, elle comprend actuellement six sections, qui se réunissent chacune une fois par mois. La moyenne des auditeurs, dans chacune de ces sections, est de quarante environ, et la séance mensuelle réunit 500 membres, ce qui indique un déplacement mensuel de 750 personnes, chiffre fort satisfaisant. Le Bulletin tire en ce moment 2.400 exemplaires, et pénètre sur tous les points du globe. C'est ainsi qu'il est répondu au second paragraphe des statuts.

Le troisième est ainsi conçu : « La Société provoque ou encourage les voyages qui peuvent offrir de nouveaux débouchés. »

Nous atteignons ce but par plusieurs moyens. Et d'abord, grâce à la bienveillance des Grandes Compagnies de navigation et de chemins de fer, nous pouvons alléger à nos chargés de mission les frais de voyage. Et puis, l'explorateur qui veut entreprendre un voyage demande-t-il l'appui de la Société, sa demande est examinée par le Conseil ou par une commission spéciale. Et des recommandations pour nos collègues lui sont données, ainsi que les instructions nécessaires pour recueillir les indications industrielles ou commerciales dont le besoin se fait sentir. De plus, lorsque nos finances nous le permettent, nous accordons aux explorateurs soit des instruments, soit les quelques billets de cent francs dont nous pouvons disposer, grâce à la générosité de la digne veuve d'un de nos collègues, M. Pierre Félix Fournier. Ces dons en argent ou en instruments, bien que fort légers, sont toujours accueillis avec reconnaissance. Grâce à la Société d'encouragement pour le commerce d'exportation, nous pouvons faire avancer aux hardis commerçants les frais de leur voyage quand ils veulent s'établir à l'étranger. Enfin les huit médailles d'or ou de vermeil dont nous disposons chaque année, sont devenues des témoignages recherchés de notre reconnaissance pour les services rendus. Nous espérons qu'on nous dispensera de donner ici les noms des nombreux collègues auxquels nous avons donné, par ces divers moyens, des marques d'intérêt qui ont tourné au profit de la France.

Le quatrième paragraphe de nos statuts porte que la Société a pour objet « d'étudier les voies de communication existantes ou à créer, de signaler les richesses naturelles et les procédés manufacturiers utilisables par le commerce et l'industrie ; de s'occuper de toutes les questions relatives à la colonisation et à l'émigration. »

Ces paragraphes indiquent les points sur lesquels s'est certainement le plus exercée l'activité de la Société de Géographie, que nous avons appelée commerciale à l'origine, mais que nous aurions, si le mot eût été mieux compris alors, appelée Société de Géographie économique. C'est là son vrai nom, celui qu'elle devait porter. Société de Géographie commerciale n'est peut-être pas aussi exact, mais nous conservons ce titre, qui lui a porté bonheur.

Précisément parce que nous étions une Société de Géographie économique, nous devions donner, — et nous l'avons fait, — toute notre attention aux questions concernant les voies de communication, les richesses naturelles, les procédés manufacturiers, la colonisation et l'émigration. Notre *Bulletin*, auquel nous renvoyons, porte témoignage du fait en ce qui touche les trois premiers points ; relativement aux deux derniers, il y aura cet après-midi une discussion qui donnera l'occasion de dire ce que nous avons pu faire. Nous avons l'honneur de posséder à ce congrès M. de Varigny, qui nous fera, je l'espère, connaitre le résultat de ses études approfondies sur la matière, et nos autres collègues donneront aussi leur avis en se reportant aux discussions de la Société ou à ses actes. Mais je dois rapidement indiquer que nous nous sommes occupés de chacun des pays sur lesquels notre attention était appelée et que nous avons établi un service de renseignements, absolument gratuit, je n'ai pas besoin de le dire, et absolument personnel, en ce sens que le collègue désintéressé qui donne le renseignement en prend toute la responsabilité. Ce service nous permet de répondre sommairement, mais aussi exactement que possible, au grand nombre de demandes qui nous sont adressées, et j'ai la profonde conviction qu'il a déjà empêché bien du mal et fait beaucoup de bien. Nous avons reconnu comme absolument nécessaire, au moment où, pour divers motifs, un assez bon nombre de compatriotes veulent chercher un établissement et la fortune ailleurs qu'en France et ne connaissent pas les difficultés au devant desquelles ils courent, qu'une association comme la nôtre donnât, par l'intermédiaire de membres jouissant d'une réputation bien établie de science, de probité et de désintéressement, les renseignements sur l'émigration qui lui seraient demandés, afin que les Français qui désireraient se rendre aux colonies ou à l'étranger ne fussent pas obligés de demander ces renseignements à des agents d'émigration.

Le service très simple qui a été organisé fonctionne comme suit. Toute lettre contenant une demande de renseignements est renvoyée par le secrétariat général à l'un des membres du conseil ou du bureau connaissant plus spécialement la matière ou le pays dont il est question dans la demande. Ce membre fournit alors, sous sa responsabilité, les renseignements que transmet à l'intéressé, après en avoir pris note, le secrétariat général. Il continue même, s'il y a lieu, des rapports avec le solliciteur, mais toujours par l'intermédiaire du secrétariat. Organisation fort simple, on le voit, qui est à recommander à toutes les Sociétés de Géographie et dont ceux qui veulent émigrer retirent un réel avantage.

Quant à la colonisation elle-même, une des questions qui ont le plus préoccupé cette année-ci la Société de Géographie commerciale, en dehors des projets de Compagnies à Charte, est celle qui vient de recevoir une solution si satisfaisante pour tous les Français et en particulier pour tous ceux qui s'intéressent à l'Indo-Chine. Je veux parler de l'affaire de Siam.

Depuis deux ou trois ans, la Société recevait d'Indo-Chine des lettres qui attiraient l'attention sur ce qui se passait dans cette contrée. Elles nous disaient en somme : « Prenez garde. Les Siamois avancent sur la rive gauche du Mékong, et bientôt ils nous jetteront à l'eau. » Encore l'année dernière, il avait été fait des démarches pour obtenir du gouvernement la répression de cette invasion siamoise ; elles n'avaient pas eu de succès.

Cette année-ci, nous nous sommes adressés, pour arriver à nos fins, à tous ceux de nos collègues, sans distinction de parti, qui, mus par le seul intérêt patriotique, ont bien voulu appuyer nos réclamations.

C'est M. Le Roy, député de la Réunion, et M. Martineau, député de la Seine, qui, à la Chambre des députés, ont attaché le grelot en déposant une demande d'interpellation sur les affaires de Siam. Dans la presse, deux autres de nos collègues et amis sont intervenus dans la même question d'une façon très énergique ; je veux parler du prince Henri d'Orléans et de M. Bonvalot. Après conférence avec les membres du groupe colonial de la Chambre et avec le rapporteur du budget des colonies, M. Chautemps, député de la Seine, nous avons vu nos idées approuvées par le Parlement dans un ordre du jour dont la conséquence a été l'expulsion à main armée des bandes de Siamois qui envahissaient la rive gauche du Mékong, de cette grande artère indo-chinoise qu'ont faite française les explorations des Garnier, Doudart de la Grée, Harmand, Néis, Gauthier, Massie, Pavie, etc., etc.

C'est là un résultat heureux dont a pu, avec raison, se féliciter la Société de Géographie commerciale. (*Applaudissements.*)

Nos statuts nous imposent encore, messieurs, l'obligation d'établir des correspondances avec les Sociétés commerciales industrielles et savantes, comme avec tous les groupes et les personnes qui peuvent éclairer nos études.

J'ai déjà cité deux des Sociétés avec lesquelles nous sommes en rapport particuliers. La première est la Société d'encouragement pour le commerce d'exportation, qui a pour but d'envoyer à l'étranger un certain nombre de jeunes gens en leur accordant soit une pension annuelle, soit un secours de route, soit le prix du passage à bord des paquebots, afin d'étudier le commerce des différents pays et de s'y créer une situation commerciale.

La deuxième est la Société d'économie industrielle et commerciale, qui a été le point de départ des syndicats, dont j'ai parlé tout à l'heure. Comme la Société de Géographie commerciale s'interdit toute opération commerciale, elle a été heureuse de trouver une association, composée en majeure partie de ses propres membres, qui traduit pratiquement les idées exposées dans ses séances et réalise, pour en tirer les bénéfices qu'ils comportent, les projets formés et discutés dans les séances générales ou de sections.

Les Sociétés de Géographie des départements n'en sont plus à se demander, nous l'espérons, quelles sympathies elles rencontrent chez nous, et nous entretenons les meilleures relations avec toutes les Sociétés étrangères.

Il me reste à indiquer rapidement, — mon excuse pour vous retenir encore est que je vous ferai ainsi passer la revue des faits géographiques de l'année écoulée, — quels sont les sujets qui, pour répondre au paragraphe des statuts qui parle de la vulgarisation des connaissances géographiques, ont été traités, soit en séances générales de la Société, soit en séances des sections.

Notre année a commencé par la célébration du centenaire de Christophe Colomb. La Société de Géographie commerciale ne pouvait se dispenser de fêter le souvenir de l'homme qui a découvert l'Amérique et ouvert au commerce français un aussi vaste champ d'exploitation. C'est M. Castonnet des Fosses, notre vice-président, qui s'est chargé de la conférence.

Parmi les questions d'ordre général traitées, je signalerai le travail de M. Pardon, ancien gouverneur colonial, sur la propriété immobilière aux colonies, et une communication de M. Pouchet sur l'île Jean Mayen et le Spitzberg.

La Géographie postale (M. Vannacque); les cartes murales (MM. Gaillardon et Levy); la population française (M. Turquan); les Glaciers (prince Roland Bonaparte), sont les sujets relatifs à la France qui ont été traités.

Pour l'Europe, nous avons eu les travaux de M. Pinard sur la péninsule des Balkans et la Serbie.

Si nous passons en Asie, nous trouverons que M. Gaston Deschamps a parlé du vilayet d'Aïdin-Chio et de la Syrie et l'Asie Mineure ; M. Diamanti, de la Perse contemporaine ; M. le Dr Martin, de la Chine; M. Boell du Yang-tsé ; M. Regelsperger, du commerce de Turkestan ; M. Edouard Blanc, des progrès des Russes dans l'Asie centrale ; M. Pelletier, de la question du Siam ; M. de Pouvourville, des progrès économiques du

Tonkin ; M. Chaffanjon de la Cochinchine et du Cambodge ; M. le capitaine Rivière, de la province de Kham-mou.

La part du lion dans nos conférences a été naturellement prise par l'Afrique. Voici l'énumération des sujets traités : Fleuves, rivières et lacs d'Afrique, par le capitaine Cameron, l'éminent explorateur, venu spécialement à Paris ; L'Algérie, par M. Saint-Germain, député d'Oran ; La Mission Binger, par M. Marcel Monnier ; Vers le Tchad, par M. Jean Dybowsky ; De Saint-Louis à Tripoli, par le commandant Monteil ; L'Algérie, par M. Louis Vignon ; Madagascar, par M. Garaud ; Les Ports d'Algérie, par M. Renaud ; Le Sénégal et la Petite-Côte, par M. Noirot ; L'Egypte contemporaine, par M. Teissonnière ; La Tunisie, par M. Ney ; La Tunisie du Sud, par M. Edouard Blanc, aussi intrépide explorateur de l'Afrique que de l'Asie ; Madagascar, par M. de Mahy ; Le Soudan, par M. Béchet ; La côte du Dahomey, par M. Poussié ; Sainte-Marie de Madagascar, par M. Castaing ; La Tunisie, par M. Paulard ; Relations commerciales avec le Sahara, par M. Fabert ; Le rapport de M. Jules Ferry sur l'Algérie, par M. Wahl ; Les colons algériens, par M. Vignon ; La côte occidentale d'Afrique, par M. Brally ; Le Gabon-Congo, par M. Cerisier ; L'or à Grand-Bassam et à Assinie, par M. Chaper ; La Tunisie et la Tripolitaine, par M. Combes ; La question religieuse en Afrique, par M. Kruger ; Du Congo au Niger, par MM. Maistre, Clozel et de Behagle.

Pour l'Amérique et l'Océanie, je dois citer les travaux suivants :

Les trois Guyanes (Verschuur) ; Les races des Guyanes et la Guyane du Sud (Henri Coudreau) ; Les pêcheries de Terre-Neuve (Laroche) ; En Californie (Rogniat) ; Les Antilles et le Mexique (Claine) ; Colonisation française au Canada (Aubry) ; L'exposition de Chicago (Lourdelet) ; A Java (Castonnet des Fosses) ; Nouvelle-Calédonie (Pardon) ; Nouvelles-Hébrides et iles Salomon (François) ; Taïti (Raoul) ; Nouvelle-Guinée (Thomson).

Vous voyez, messieurs, par la diversité des sujets traités, que la Société de Géographie commerciale s'efforce de ne laisser dans l'ombre aucun sujet digne d'être traité et d'exécuter le programme qu'elle s'est tracé.

Je n'ai plus qu'un mot à ajouter. En dépit des difficultés, des obstacles qu'a pu rencontrer et que trouve encore l'organisation et l'administration, — confiées à la collaboration toute gratuite et désintéressée de ses membres — d'une Société comme la Société de Géographie commerciale, qui bientôt comptera autant de membres que la vieille et illustre Société de Géographie fondée en 1832, nous avons la grande satisfaction de terminer notre vingtième année dans des conditions réellement satisfaisantes. L'estime publique nous est acquise ; nous avons des amitiés fidèles ; et, malgré tous nos sacrifices pécuniaires, grâce à notre économie et à des dons généreux, nous avons en caisse une réserve qui dépasse 45.000 fr. C'est un résultat qui fait grand honneur à la direction, confiée, depuis la création de la Société, à un homme dont l'intégrité, le mérite, les services, la distinction et la bienveillance sont connus de tous ceux qui l'ont approché : j'ai nommé M. Meurand, directeur honoraire des consulats et des affaires commerciales au Ministère des affaires étrangères, membre du conseil et grand officier de la Légion d'honneur, notre président. (*Vifs applaudissements.*)

Société de Géographie de Bordeaux

M. LE PRÉSIDENT. — La parole est à M. le commandant Bonnetti, délégué de la Société de Géographie commerciale de Bordeaux.

M. LE COMMANDANT BONNETTI.— Messieurs et chers collègues, je serai bref, et il me sera facile de ne pas dépasser les limites de temps imposées par le règlement aux orateurs.

Je m'excuse tout d'abord de représenter si faiblement la Société de Géographie de Bordeaux, qui m'a envoyé dans une assemblée aussi imposante que celle qui m'entoure. C'est qu'à l'époque où ce Congrès a lieu, nos collaborateurs les plus érudits se trouvent retenus par la fin de l'année scolaire, par les distributions de prix et par les examens. En effet, la plupart d'entre eux sont professeurs dans les facultés ou dans les lycées. Notre sympathique Secrétaire général est lui-même directeur de l'École supérieure de commerce et d'industrie de Bordeaux. C'est pour ces raisons, messieurs, que je suis chargé de vous rappeler en quelques mots ce qu'est la Société de Géographie de Bordeaux, ce qu'elle a été depuis près de dix-huit ans qu'elle existe.

Cette Société, vous le savez, se compose de sept sections, qui forment le groupe du Sud-Ouest ; ces sections sont très bien soudées entre elles, et nous pouvons dire qu'elles embrassent toute la région du Sud-Ouest, à l'exception des Basses-Pyrénées.

Nos sections bénéficient de tout ce qui se fait à Bordeaux, et nous ne saurions trop remercier l'honorable M. Gauthiot, qui a bien voulu nous envoyer les conférenciers que nous n'avions pas à notre disposition. Notre situation géographique nous permet en effet non seulement de souhaiter bon voyage aux explorateurs qui quittent la France, mais encore de recevoir de notre mieux ceux qui reviennent. Nous avons aussi la primeur, je ne dirai pas de la relation de leurs voyages, mais de certaines communications. Aussi notre Bulletin, qui est tiré à près de 2,000 exemplaires, est-il rempli des notes les plus intéressantes, qui nous parviennent directement.

Les conférenciers que nous avons entendus ont rendu les plus grands services à la vulgarisation de la géographie dans la région que je représente ici. Ceux qui viendront encore à Bordeaux et dans la Gironde recevront le meilleur accueil, parce qu'ils agissent en patriotes. M. le président sait en outre que la municipalité de Bordeaux, ainsi que les autorités du département, se joignent à la Société de Géographie pour rendre cet accueil plus chaleureux dans les grandes circonstances, comme pour le Congrès qui se tint à Bordeaux en 1882.

C'est à ce titre, messieurs, que je vous demande de décider que la réunion du Congrès, en 1895, ait lieu à Bordeaux.

J'ai appris que la Société de Géographie de Saint-Nazaire avait formulé antérieurement le même vœu. Aussi, avant de faire ma proposition, me suis-je entretenu avec le délégué de cette Société de Géographie, et je crois pouvoir dire que nous sommes arrivés à peu près à une entente.

Puisque j'ai parlé du Congrès de 1882, qu'il me soit permis de rappeler qu'à cette époque M. le commandant Bartet, de la Société de Rochefort, avait prévu, onze ans d'avance, les événements qui devaient se dérouler au Siam et au Cambodge.

En 1885, vous vous le rappelez, il n'y a pas eu, à cause du choléra, de Congrès national en France. Le groupe du Sud-Ouest eut alors l'idée de faire un Congrès régional. Ce Congrès, auquel prirent part plusieurs autres Sociétés, se réunit à Bergerac. Et, puisqu'il est aujourd'hui question de la géographie locale, j'indique pour mémoire que nous avions eu soin, à Bergerac, d'inviter les instituteurs à faire des travaux eux-mêmes ou à en faire exécuter par leurs élèves. Nous avons ainsi reçu des études remarquables sur certains cantons et même sur certains arrondissements de la Dordogne.

Depuis l'année dernière, sur la proposition de M. Manès, nous accordons des bourses de voyage.

En terminant, messieurs, je renouvelle ma demande que le Congrès de 1895 se réunisse à Bordeaux. En 1894, nous voulions faire une exposition universelle, comme en 1882. Nous avons dû renoncer à notre idée à cause de l'Exposition qui aura lieu en 1894 à Lyon. Nous en avons ajourné la réalisation à 1895. Il importe que cette année-là Bordeaux soit le siège du Congrès.

QUELQUES MEMBRES. — Cette question ne sera résolue que samedi.

M. LE COMMANDANT BONNETTI. — Je suis chargé de vous exprimer le désir de la Société de Géographie de Bordeaux. Comme je ne serai pas ici samedi, je prends les devants.

Je rappelle que l'exposition universelle qui fut organisée à Bordeaux, en 1882, obtint un grand succès et qu'elle se solda par des bénéfices. En 1895, nous avons l'intention de faire mieux encore.

M. LE PRÉSIDENT. — Le Congrès prend acte de la demande qui est

faite au nom de la Société de Géographie de Bordeaux. Sans empiéter sur les attributions du Congrès de 1894, auquel il appartient de
fixer définitivement le siège du Congrès de 1895, la commission
des délégués, qui se réunira samedi prochain, aura à examiner la
proposition de la Société de Géographie de Bordeaux ; je ne doute
pas qu'elle n'en tienne le plus grand compte.

M. Barbier. — Puisque notre honorable collègue ne pourra pas
assister à la séance des délégués, qui aura lieu samedi, ne pourrait-on pas mettre cette question en tête de l'ordre du jour de la
séance de ce soir, qui serait alors avancée d'une demi-heure ?

M. Georges Chevrel.— La Société de Géographie de Lyon demande
aussi à prendre rang, et je crois savoir que son délégué ne sera pas
ici pour la séance de deux heures.

M. le Président. — Vu l'absence possible d'un certain nombre de
membres du Congrès dans les derniers jours de la semaine, je vais
mettre aux voix la proposition de M. Barbier, quitte à reprendre la
discussion plus tard, si aucune résolution définitive n'est prise dans
la séance de cette après-midi.

M. le commandant Bonnetti. — Je remercie M. Barbier de sa proposition. Mais je n'ai pas la prétention d'être ce soir plus éloquent
que ce matin. J'ai formulé ma demande. Quand le moment sera
venu, le Congrès l'examinera. Ce n'est pas ma présence qui pourra
modifier sa décision.

M. Barbier. — Dans ces conditions, je ne maintiens pas ma proposition.

Société de Géographie de Marseille

M. le Président.— L'ordre du jour appelle le compte rendu de la
Société de Géographie de Marseille. Le délégué de cette société,
M. le commandant de Pontevès-Sabran, m'a fait savoir qu'il était
très souffrant aujourd'hui et qu'il lui serait impossible d'assister
à la séance. Il a fait déposer sur le bureau son rapport, qui sera
joint aux actes du congrès.

Ce rapport est ainsi conçu :

Messieurs,

Pour la Société de Géographie de Marseille, les années se suivent et se
ressemblent. Fidèle au programme qu'elle s'est tracée, il y a dix-huit ans,

elle continue bravement et sans bruit son œuvre de vulgarisation.

C'est par ses conférences, par son cours populaire, par son Bulletin trimestriel, par les prix qu'elle distribue aux divers établissements d'instruction, par sa bibliothèque généreusement ouverte à tous les travailleurs, qu'elle affirme sa vitalité, et les résultats qu'elle a jusqu'ici obtenus ne peuvent que l'encourager à persévérer dans la tâche qu'elle s'est imposée.

Comme les années précédentes, et par suite de circonstances locales que nous avons déjà indiquées, les conférences n'ont pas été aussi nombreuses que chez la plupart des sociétés sœurs. Nous avons eu cependant la bonne fortune d'applaudir le commandant Monteil nous retraçant son magnifique voyage du Sénégal à Tripoli par le lac Tchad.

Par contre, toutes les semaines, notre cours populaire attire un public de plus en plus nombreux autour de la chaire de notre collègue, M. Masson. Cette année, le sympathique professeur a étudié les ports du littoral africain. De tout temps Marseille a entretenu des relations commerciales avec la partie du monde qui lui fait face. Aujourd'hui, plus que jamais, ces relations se multiplient. Aussi le cours de M. Masson a eu tout l'intérêt d'un sujet d'actualité.

C'est aussi l'Afrique qui est le plus souvent le thème des mémoires publiés dans notre Bulletin. Notre collègue, M. E. Fallot, nous y a dit ce qu'ont fait dix années de protectorat en Tunisie. Les lettres sur la Tripolitaine que nous avons publiées nous ont appris à connaître cette région si peu fréquentée.

En Asie, M. Ed. Lecointe déchirait pour nous le voile qui couvre encore la civilisation persane. Une mort prématurée nous a ravi cet excellent collègue et nous a privés d'une précieuse collaboration. M. le marquis de Croizier nous a promenés dans le bazar de Boukhara et nous a énuméré les marchandises qui y sont étalées.

Aux antipodes, un des brillants officiers de la Compagnie des Messageries M. Georges Bourge, après avoir montré ce qu'a fait dans ces derniers temps l'industrie maritime pour l'exploitation de l'Australasie, a commencé pour nous la monographie de ses différents ports et nous a fait assister à la naissance de ses places de commerce, Abbany, Adélaïde, etc.

Les questions locales ont aussi leur place dans notre Bulletin. Le bassin à lignite des Bouches-du-Rhône y a été décrit par M. J. Combet, et notre président. M. J.-C. Roux, y a rompu plus d'une lance en faveur de l'utilisation de l'étang de Berre et de la création du canal du Rhône à Marseille.

Notre Société continue à s'imposer de réels sacrifices pour encourager l'étude de la géographie dans les divers établissements d'instruction du département. L'autorité universitaire se plaît à constater les progrès obtenus. C'est à nos efforts qu'elle attribue en partie la vogue permanente que l'enseignement de la géographie obtient autour de nous.

Notre bibliothèque est toujours de plus en plus fréquentée. Les négociants, les armateurs, les industriels, y trouvent de nombreux renseignements sur les diverses parties du globe où se porte leur activité, et l'on s'habitue à Marseille à considérer la Société de Géographie comme un bureau de consultation où l'on vient chercher des documents précis sur les pays lointains.

Nous tâchons de répondre le mieux que nous pouvons à cette confiance de nos concitoyens, heureux de pouvoir affirmer ainsi une fois de plus l'utilité de notre œuvre.

Société de Géographie de Nancy

M. LE PRÉSIDENT. — La parole est à M. Barbier, secrétaire général de la Société de Géographie de Nancy.

M. BARBIER donne lecture du rapport suivant :

MESSIEURS,

« Heureux les peuples qui n'ont pas d'histoire », dit un vieil adage. Il a été vrai, il l'est peut-être encore aujourd'hui, car l'histoire coûte parfois bien cher aux peuples.

Toujours est-il que la Société de Géographie de l'Est est dans une situation analogue à celle qu'indique l'adage, c'est-à-dire que son histoire, qui remonte aujourd'hui à quatorze ans, est depuis quelques années à peu près la même. Elle poursuit son œuvre de vulgarisation géographique, — comme la plupart de toutes ses œuvres du reste, — tranquillement mais vaillamment, non sans lutter avec énergie, — ce en quoi elle n'est point toujours heureuse, — contre la plaie de toutes les associations de ce genre, de toutes les associations de notre temps : l'indifférence, la lassitude et le découragement.

Bulletins et conférences, prix décernés à diverses écoles de l'État ou des municipalités : tels sont, — toujours, comme pour les sociétés sœurs, — nos moyens de propagande.

Les *Bulletins* sont sortes de choses que l'on ne recommande pas ; c'est en les lisant que l'on peut en apprécier la valeur. Nos conférences ressemblent un peu à toutes celles des sociétés françaises de géographie, puisqu'en somme, — sauf des conférences faites sur la géographie régionale, — ce sont nos voyageurs et nos explorateurs qui portent la bonne parole chez les unes comme chez les autres.

Il est encore une autre moyen de propagande, l'un des plus sérieux et cependant l'un de ceux qui, — chez nous du moins, — ne donnent point tous les fruits qu'ils devraient porter. Cependant nous sommes bien con=

vaincus qu'il constituera, dans l'avenir, — alors que même, ce qu'à Dieu ne plaise, la Société de Géographie de l'Est disparaitrait, — le monument le plus considérable et le plus propre à perpétuer son œuvre autant que son souvenir : je veux parler de notre *Bibliothèque*. Elle fait l'objet tout à la fois de notre sollicitude et de nos sacrifices. A côté de quelques dons volontaires, — hélas ! qui ne sont point à comparer, pour l'abondance du moins, à ceux que reçoivent nos sœurs ainées de Paris et des grands centres, — nous ne laissons point échapper l'occasion d'acquérir toutes les œuvres géographiques de quelque valeur de France et de l'étranger : elle fournirait certainement, à elle seule, une exposition intéressante.

Aussi avons-nous caressé l'espoir, bien vague encore, — car sa réalisation est subordonnée à une quantité de considérations locales fort embarrassantes, — de profiter du prochain concours régional, en mai 1894, pour organiser une exposition géographique spéciale qui marquerait l'étape entre l'exposition de 1889 et celle de 1900 (1). Alors nous convierions nos collègues des sociétés de géographie à lui faire une visite qu'agrémenteraient quelques excursions appropriées à la saison. Ce serait une occasion précieuse de les faire ressouvenir qu'il y a encore, en Lorraine, où ils sont venus en 1880, puis en 1885, des amis sincères qui seraient heureux de les recevoir en la bonne ville des anciens ducs et du roi Stanislas, dans la pratriotique cité qu'une portée de canon sépare à peine aujourd'hui de la frontière.

Ce rapport ne serait point complet si je ne vous disais un mot de nos sections. La plus ancienne, la section vosgienne, tend à sortir d'une période d'atonie ; la plus jeune, la section meusienne, toujours vaillante, poursuit son œuvre avec succès. L'une et l'autre forment avec la société mère un faisceau solide, comme il convient à un groupe d'avant-garde.

Société de Géographie de Lorient

M. LE PRÉSIDENT. — La parole est à M. le commandant Marquer, délégué de la Société de Géographie de Lorient.

M. LE COMMANDANT MARQUER. — Messieurs, la Société Bretonne de Géographie, étant en majeure partie composée de négociants-armateurs et d'officiers des différents corps de la marine, a une tendance naturelle à diriger principalement son étude sur les pays d'outre-mer.

Depuis notre fondation, nous avons toujours été les partisans résolus

---

(1) Ce rapport était écrit avant que je susse qu'il y aurait une exposition universelle à Lyon en 1894, et une autre à Bordeaux en 1895, qui coupent court à notre projet.

d'une politique coloniale ferme et active, avec la conviction profonde que là est l'avenir de notre pays ; mais nous n'avons cessé de demander que, dans les expéditions coloniales, les efforts soient toujours proportionnés au but à atteindre, que le gouvernement se montre aussi parcimonieux que possible de notre or et surtout du sang de nos soldats, enfin que nos colonies, rendues plus maîtresses d'elle-mêmes, soient délivrées du fardeau toujours croissant du fonctionnarisme, que la métropole lui impose en échange de subventions dont elles se passeraient très bien avec un régime plus libéral.

Si attrayantes, si pleines d'actualité que soient ces questions, la Société Bretonne de Géographie ne s'y est point complètement absorbée. Elle s'est très vivement intéressée à ce que j'appellerai la *Géographie maritime locale*, en appuyant de son concours le plus dévoué, et sous toutes les formes, un de ses membres, M. Victor Guillard, qui s'efforce d'entraîner nos pêcheurs sur des espaces inexplorés au large des zones côtières aujourd'hui dévastées par un usage immémorial et constant du chalut et autres engins de pêche.

Enfin, à l'exemple de plusieurs sociétés, nous avons, cette année, constitué une commission chargée de préparer une géographie du Morbihan, département pauvre en industrie, mais riche en souvenirs et en légendes, et dont nous serions désireux de faire prochainement les honneurs aux membres du Congrès.

Société de Géographie du Havre

M. LE PRÉSIDENT. — La parole est à M. Nicolle, délégué de la Société de Géographie du Havre.

M. NICOLLE donne lecture de la communication suivante :

La Société de Géographie commerciale du Havre est entrée depuis deux mois dans sa dixième année d'existence. Sa prospérité a toujours suivi une marche ascendante pendant cette période, et aujourd'hui ses ressources, qui sont relativement importantes, lui permettent de faire beaucoup actuellement et d'envisager avec confiance l'avenir et les nécessités qu'il pourrait amener.

Quelques chiffres vous convaincront de ce que j'avance.

Le nombre de ses membres dépasse aujourd'hui 800, ce qui lui assure un budget annuel d'environ 10,000 fr. Si on considère qu'à de très rares exceptions près tous ces membres appartiennent à la population havraise, qui est de 120,000 habitants, que c'est en peu d'années que notre Société a atteint ce chiffre, on nous permettra de nous en féliciter.

Grâce à la sage administration de ses finances, notre Société se trouve dans une situation très favorable, puisque son fonds de réserve, qui s'augmente d'ailleurs chaque année, atteint aujourd'hui 7,000 francs placés en valeurs de tout repos rapportant intérêts.

La seule subvention que nous recevions nous est accordée par le Conseil général de la Seine-Inférieure : elle est de 600 francs.

Nos dépenses sont nombreuses : nous avons notre Bulletin, qui paraît tous les deux mois et qui comporte soixante-quatre pages ; nous organisons de fréquentes conférences publiques avec projections, où nous avons d'ailleurs la satisfaction de réunir un public toujours nombreux ; nous avons institué un concours annuel de géographie pour lequel nous décernons des prix nombreux ; nous souscrivons fréquemment à des appels qui nous sont faits pour des monuments, des statues ; puis les dépenses d'ordre privé : local, employés, reliures, achat de livres et cartes pour notre bibliothèque ; cette dernière, soigneusement composée, comprend un ensemble d'ouvrages du plus haut intérêt. Les lecteurs dépassent le chiffre annuel de 1,200, et ce nombre tend à augmenter encore.

Ces conférences, ces publications de Bulletin, cette bibliothèque, constituent un moyen de propagande on ne peut plus actif, adopté généralement d'ailleurs par les Sociétés de Géographie. La nôtre cependant en a créé un qui lui est spécial et sur lequel je me permets d'attirer l'attention, étant donnée les résultats obtenus ; je veux parler de la publicité qu'elle a organisée dans la grande salle de la Bourse, où elle expose toutes les cartes à mesure qu'elles sont publiées, ou celles relatives aux événements les plus récents ; cette sorte de propagande a été très favorable à la Société et à la Géographie.

Nous croyons donc, messieurs, avoir répondu à la mission de vulgarisation qui nous incombe ; mais nous pensons également, avec notre cher et et infatigable secrétaire général, M. Loiseau, que là ne doivent pas s'arrêter nos efforts. Plusieurs créations sont à l'étude, quelques-unes près d'aboutir ; je citerai, entre autres, des excursions semblables à celles qui se font à Lille ; la création d'une section coloniale ; la création d'une sorte de cercle où les membres de notre Société pourront se rencontrer à dates fixes et s'entretenir des travaux de la société et des questions qui l'intéressent, etc.

C'est ainsi que notre Société ouvre son champ d'action, donne carrière à son activité, et elle espère que les résultats obtenus donneront satisfaction au Congrès qui porte tant d'intérêt aux efforts des sociétés de géographie qui le composent.

Société de Géographie de Lille

M. LE PRÉSIDENT. — La parole est à M. Merchier, secrétaire général de la Société de Lille.

M. MERCHIER donne lecture du rapport suivant :

MESSIEURS,

La Société de Géographie de Lille, après avoir eu l'insigne honneur de recevoir l'an dernier le congrès national, n'a pas voulu s'endormir... je n'ose pas dire sur ses lauriers. Sous l'énergique impulsion de son président, M. Paul Créfey, elle s'est remise avec ardeur à son œuvre... qui est surtout de vulgarisation.

Elle a donné à ses 1800 membres 17 conférences pendant la saison d'hiver ; vous me dispenserez de vous en faire l'énumération. Toutefois je veux rappeler que l'Afrique a été l'objet d'une véritable prédilection. Le commandant Monteil, membre d'honneur de notre Société, nous a raconté son prestigieux voyage ; avant lui, l'explorateur Dybowski nous avait fait entrevoir les rives du Chari, dont le vaillant Maistre a pris possession, comme nous le racontera M. Behgle son collaborateur. Je voudrais que notre ami Marcel Monnier fût ici, au lieu de parcourir la presqu'île d'Alaska, pour vous redire avec quels applaudissements nous avons accueilli la relation si humouristique de son voyage avec Binger. Mais je m'arrête, car je vois que je vais verser dans l'énumération que je veux éviter.

Notre concours annuel entre concurrents des deux sexes a été affronté par 283 candidats. Pour la première fois, nous avions organisé une section de Saint-Cyr où les questions étaient posées et les copies corrigées par des officiers de l'armée. Cette innovation a eu de très heureux résultats.

Notre Bulletin *mensuel* paraît régulièrement à 2200 exemplaires. Il reproduit les conférences, des communications variées, des nouvelles intéressant surtout la géographie commerciale. Nous donnons même le portrait d'explorateurs qui ont bien voulu poser devant notre photographe attitré, tel, par exemple, le commandant Monteil.

Une des parties les plus originales de notre œuvre consiste dans les excursions qu'organisent de dévoués sociétaires pendant la saison d'été. Onze excursions sont déjà faites à l'heure actuelle, sans parler de celles qui sont en voie d'organisation.

Ici encore je serai bref. Permettez-moi cependant de vous dire que nous prenons de la hardiesse avec l'âge. Jadis nous ne sortions guère de notre département. Cette année, une de nos excursions a poussé jusqu'à Naples, en visitant toute l'Italie ; une autre a parcouru l'Afrique et la Tunisie : et même un des touristes, photographe amateur, a pris le portrait de ses camarades costumés en Arabes très féroces : celui du milieu est M. Duhem, l'organisateur du voyage. Tout récemment encore un groupe de géographes lillois parcourait la Lorraine et visitait les Vosges sous la conduite de MM. Derache et Fernaux. Vous dirai-je, Messieurs, avec quel enthousiasme ils ont admiré ces sites pittoresques, dont ils ont voulu fixer le souvenir par la photographie prise sur place ? Voici quelques-uns de nos amis réunis autour de la cascade du Tandon ; voici la fontaine de la place Stanislas photographiée par nous... Mais, ce que je ne puis redire, c'est la chaude et cordiale réception qui leur fut faite par la Société de Nancy. Cela n'est point pour vous surprendre, vous qui connaissez tous le secrétaire général de Nancy, M. Barbier, un vétéran de nos congrès, avec le colonel Blanchot, le digne président de Tours.

Société de Géographie de Saint-Nazaire

M. LE PRÉSIDENT. — La parole est à M. Gallet, délégué de la Société de Saint-Nazaire.

M. GALLET donne lecture du rapport suivant :

MESSIEURS,

Délégué près de vous par la Société de Géographie commerciale de Saint-Nazaire, j'ai l'honneur de vous présenter l'exposé sommaire des travaux de cette Société, faisant suite au rapport que j'ai lu à la séance du Congrès national de Rochefort, le 4 août 1891.

CONFÉRENCES

Nous avons continué à donner des conférences qui ont obtenu un légitime succès.

Le capitaine Brosselard-Faidherbe, gendre de l'illustre gouverneur du Sénégal, nous a fait connaître les résultats de son voyage dans le Soudan.

Chacun comprend l'importance de la lutte engagée entre la France, l'Angleterre, l'Allemagne et la Belgique, au centre du continent noir. Il est de toute nécessité pour nous de relier ensemble par une voie ferrée nos possessions d'Algérie, du Sénégal et du Congo, afin d'empêcher nos rivaux de les couper en trois tronçons isolés.

C'est dans ce but que M. Brosselard-Faidherbe a exploré les rives de la Casamance et étudié le tracé d'un chemin de fer destiné à relier la côte avec le Niger, de façon à y amener toutes les productions qui se trouvent le long du fleuve. Le Soudan français semble appelé à un grand avenir, et déjà les capitaux de la mère patrie se dirigent de ce côté. Il est évident que l'Algérie, la Guinée, le Sénégal et le Soudan, une fois reliés par des voies rapides, formeront dans l'avenir un immense empire qu'on a déjà baptisé les *Indes noires*.

C'est pour atteindre ce résultat que s'est formé le comité de l'Afrique française. C'est lui qui envoie jusqu'aux bords du lac Tchad des explorateurs tels que Binger, Mizon, Monteil, Maistre, Dybowski, grâce auxquels le plan qui coûta la vie à Crampel est bien près d'être réalisé, savoir : la réunion, sur le bord du lac central, de nos colonies africaines. C'est ce qui ressort du récit que nous a fait M. Jean Dybowski de son expédition aventureuse à travers l'Afrique, à la recherche des restes de la mission Crampel.

Grâce à l'énergie avec laquelle il a vengé le massacre de nos compatriotes, toutes les routes intérieures nous sont ouvertes, et le commandant Monteil a pu pénétrer partout sans tirer un coup de fusil.

Les intérêts que nous avons en Afrique ne sauraient nous faire oublier ceux que nous avons dans l'extrême Orient, c'est-à-dire en Cochinchine et au Tonkin.

Pénétrée de ce principe, notre Société a fait venir le docteur Yersin, attaché à la compagnie des Messageries maritimes, qui a entrepris à ses frais, en mars 1892, un voyage d'exploration en Indo-Chine. Il est parvenu à dresser une carte exacte des régions qu'il a parcourues et à relever le cours complet du fleuve *Sé-Bang-Kane*, un des gros affluents du *Mékong*, depuis sa source jusqu'à son confluent.

M. Jules Desfontaines, notre collègue, nous a donné deux conférences. Dans la première, il nous a transportés en Egypte et en Nubie; dans la seconde, il nous a promenés à travers la Floride, la Louisiane, le Texas, l'Arizona et la Californie.

A tous ceux qui ont lu ou entendu le charmant auteur de *Dix-huit mille lieues à travers le Monde*, je n'apprendrai rien en disant qu'il nous a tenus sous le charme de sa parole élégante et poétique, soit en décrivant les villes et les paysages de la terre des Pharaons, le Nil, les Sphinx, les Pyramides; soit en faisant la satyre humoristique des mœurs yankees, le *flirtage* et la chasse au mari, le *puffisme*, autrement dit la réclame, les manœuvres électorales et autres usages dont on ne se fait pas idée dans la vieille Europe.

BULLETINS

Nos huitième et neuvième bulletins ont paru en 1892 et 1893 ; le dixième est sous presse.

Outre l'exposé de nos travaux et de notre situation financière, et le résumé de nos conférences, ils contiennent divers articles intéressants parmi lesquels :

Un Pèlerin pauvre à Jérusalem, par M. Jules Desfontaines, le jeune explorateur que vous connaissez tous ;

Les Gyps de formation actuelle de la Loire-Inférieure, par M. Charles Barret, un savant naturaliste de Nantes ;

De Marseille en Annam, notes et impressions par M. Barbara, président de notre Société, et ancien chef du service des douanes franco-annamites à Qui-nhon ;

Enfin *Trente Jours à travers la Suisse et l'Italie*, par M. René Kerviler, auteur de plusieurs ouvrages remarquables d'histoire, de critique et d'archéologie.

RÉCOMPENSES

Notre Société a obtenu à l'exposition universelle de 1889 deux Mentions honorables (Groupe II, classes n°s 8 et 16) pour son Bulletin et pour une carte des *Atterrages de la Loire*, dressée par M. Jehan, son ancien et regretté Secrétaire général.

De notre côté, pour obéir à l'article II de nos statuts, nous avons, malgré l'exiguïté de nos ressources, affecté une somme de 100 francs pour récompenser, au moyen de médailles d'argent ou de bronze, les meilleures notices sur les communes de notre arrondissement. Un jury décernera les prix aux meilleures monographies qui devront être établies d'après un programme déterminé.

Nous avons en outre fondé deux prix annuels en faveur des élèves du collège communal de Saint-Nazaire qui auront fait les meilleures compositions en géographie. Ces prix ont été décernés pour la première fois à la distribution solennelle du collège de l'année scolaire expirée. Ils consistent en deux volumes richement reliés, l'un intitulé : *La Route du Tchad*, par M. Jean Dybowski, et l'autre formé de la collection de nos Bulletins. Espérons que ces récompenses constitueront pour les jeunes élèves un puissant encouragement à l'étude d'une science trop négligée jusqu'ici et qui est cependant de la dernière importance pour notre relèvement national.

MUSÉE COMMERCIAL

Notre but essentiel avait été jusqu'ici de créer à Saint-Nazaire un Musée commercial avec le concours de la Chambre de commerce qui, dès la fondation de notre Société, en 1886, s'était préoccupée de la question.

Nous avons rencontré des difficultés imprévues qui nous ont empêchés d'aboutir. Toutefois le projet n'est pas complétement abandonné, et nous conservons l'espoir qu'une étude plus approfondie nous permettra de le réaliser.

CONGRÈS

Quelques-uns de vous peuvent se souvenir, Messieurs, que j'avais été délégué au Congrès de Rochefort, avec la mission d'inviter le Congrès suivant à se réunir à Saint-Nazaire. Deux villes avaient alors la priorité :

Lille et Tours. Lille a reçu le Congrès en 1892, et Tours le reçoit aujourd'hui. Nous sommes donc en première ligne, et je suis chargé, Messieurs, de vous renouveler notre invitation.

Grâce au concours du Conseil municipal, de la Chambre de Commerce, qui déjà nous a voté 1.000 francs, et des grandes compagnies de navigation, nous espérons être en mesure de vous recevoir dignement, si vous voulez bien nous faire l'honneur de venir siéger à Saint-Nazaire en 1894.

Nous avons beaucoup de choses à vous montrer. Indépendamment de nos chantiers de construction, d'où sont sortis les immenses paquebots qui s'appellent la *Bourgogne*, la *Gascogne*, la *Touraine* et la *Navarre*, et des cuirassés, comme le *Jemmapes* et le *Valmy*, vous pourrez voir le commencement des travaux destinés à faire de Saint-Nazaire un des premiers ports maritimes de France.

Comme excursions, vous pourrez admirer les plages de la Baule, de Pornichet, du Pouliguen, du Croisic, qui ne le cèdent en rien comme confort et comme agrément aux autres plages de Bretagne et de Normandie.

Société de géographie de Nantes

M. LE PRÉSIDENT. — La parole est à M. Doby, délégué de la Société de Nantes.

M. DOBY donne lecture du rapport suivant :

MESSIEURS,

La Société de géographie commerciale de Nantes, qui m'a fait l'honneur de me déléguer à ce congrès, vient tout récemment d'accomplir sa onzième année d'existence. Simple et modeste société de province, elle ne saurait prétendre à un bien grand rôle : toutefois, après avoir contribué à créer dans l'ouest de la France, avec ses sœurs cadettes, les Sociétés de Tours, de Saint-Nazaire et de Lorient, un mouvement favorable à l'essor de la géographie, elle contribue à l'entretenir par les mêmes moyens qui ont réussi à les créer. L'enseignement de la géographie dans les écoles de notre région se ressent toujours de l'impulsion vigoureuse qui lui fut donnée aux environs de 1886, alors qu'elles se préparaient à figurer avec honneur à l'Exposition géographique, qui, vous vous le rappelez, accompagna le huitième Congrès.

Cette année encore, notre sollicitude pour cet objet s'est manifestée avec la même libéralité, et de nombreux prix offerts aux principaux établissements d'instruction de notre ville sont venus récompenser les efforts des meilleurs élèves en géographie.

Des conférences publiques et solennelles ont été faites sous notre patronage par MM. Dybowski, Capus, les PP. Dorgère et Lecron, Jules Desfontaines, etc., qui ont successivement parlé, avec toute l'autorité qu'ils possèdent, des diverses parties du monde qu'ils ont visitées.

Des membres de notre Société se sont empressés de seconder ce mouvement par des communications sur les sujets les plus actuels de l'expansion coloniale française en Afrique et en Indo-Chine. Parmi eux je ne saurais passer sous silence M. l'abbé Chevillard, ancien missionnaire au Siam, qui nous a entretenus de ce pays et surtout des curieux monuments qu'il renferme.

Notre bibliothèque géographique s'enrichit de jour en jour, et notre musée commercial s'est tout récemment augmenté d'une riche collection ethnographique provenant des bords de la Sangha, explorés par notre compatriote, M. J. Cholet, qu'une mort prématurée vient d'enlever à Loango, où il était chef de poste. Tous nos efforts, enfin, dans notre modeste sphère d'action, tendent à répandre le goût et la connaissance des choses de la géographie, persuadés que nous sommes de l'efficacité de ce moyen pour travailler avec fruit à étendre et fortifier l'action de la France au dehors.

Société de géographie de Tourcoing

M. LE PRÉSIDENT. — La parole est à M. Delmazure, délégué de la Société de Tourcoing.

M. DELMAZURE lit le rapport suivant :

La Société de géographie de Tourcoing, section de la Société de Lille, tient à honneur de se faire représenter dans le Congrès de Géographie.

Depuis neuf années qu'elle existe, elle s'est accrue dans des proportions considérables ; elle compte aujourd'hui environ 280 membres qui suivent les conférences avec une assiduité remarquable qu'il nous est facile de constater, puisque nos conférences sont ouvertes à nos seuls membres.

Cette année, dans un local qui est notre propriété, nous avons entendu d'excellents conférenciers qui ont parlé du cours de l'Amazone, de la République Argentine, du Japon, du Canada, de l'Algérie et des questions africaines, du mont Saint-Michel. M. Turquan lui-même nous a fait une statistique très intéressante des mouvements de la population française.

Outre cela, Messieurs, nous avons pensé qu'il y avait lieu d'élargir les idées de notre public de commerçants et d'industriels, en matière de géographie, et nous avons inauguré un véritable cours de six conférences sur la géographie coloniale, et, messieurs, ces cours ont été faits les dimanches devant un public toujours grossissant où se trouvaient de nombreuses dames qui désertaient le sermon pour le seul plaisir de s'instruire et d'applaudir l'éloquente parole de notre conférencier.

Nous recevons le bulletin de la Société de Lille, et nous prenons part à ses excursions en trouvant chez elle les sentiments qu'une grande sœur témoigne à sa sœur cadette.

Voilà, messieurs, ce que la Société de Tourcoing a fait, et son seul but, le souci de son président, M. Masurel, et de tous les membres du comité, est de faire mieux encore dans l'intérêt de la science et de la patrie.

Société de Géographie de Tours

M. LE PRÉSIDENT.— La parole est à M. G. Chevrel, secrétaire général de la Société de Géographie de Tours.

M. GEORGES CHEVREL.— Messieurs, la Société de Géographie de Tours entre dans sa dixième année. Tous les mois, elle tient une réunion mensuelle; au début de la séance, un rapport présenté par le secrétaire général met les membres de la Société au courant de tous les faits géographiques qui se sont passés depuis la dernière réunion.

La lecture de ce « mouvement géographique » est suivie de causeries. Elles ont été faites cette année par M. le Dr Wolff, notre vice-président, qui a raconté son voyage à Constantinople, et par divers autres membres.

Nous avons à notre disposition un appareil à projections, dont nous nous servons dans toutes nos causeries. Nous faisons nos clichés nous-mêmes. M. le Dr Wolff avait bien voulu nous remettre les photographies qu'il a rapportées de son voyage. Un de nos collègues, M. Lesourd, a fait les clichés à projections et les a projetés lui-même à nos séances. C'est ainsi que, lorsque M. Coudreau est venu faire une conférence à Tours, nous avons pu prendre les photographies de l'explorateur à son arrivée et les projeter le soir même, à 8 heures, devant 1,200 personnes. (*Applaudissements.*)

Nous avons généralement quatre ou cinq grandes conférences par an. Cette année-ci, nous avons dû en restreindre le nombre afin de réaliser des économies pour recevoir plus dignement les membres du Congrès. Nous avons eu néanmoins le plaisir d'entendre M. Dybowski.

Notre bulletin est mensuel; mais, pour la raison que je viens d'indiquer, il n'a paru que deux fois en 1893. Il se compose en général de trente-deux pages.

Nous décernons deux prix tous les ans, l'un au lycée de Tours, l'autre au collège de Chinon. A Tours, le prix est donné à l'élève qui s'est fait le plus remarquer aux cours de Saint-Cyr et de mathématiques élémentaires.

La Société de Géographie de Tours se compose de 260 membres environ. (*Applaudissements.*)

Société de Géographie de l'Aisne

M. LE PRÉSIDENT. — La parole est à M. Souchon, délégué de la Société de Géographie de l'Aisne.

M. SOUCHON. — Messieurs, lorsque la Société de Géographie de l'Aisne m'a fait l'honneur de me déléguer au Congrès de Tours, il avait été convenu que je ferais un exposé de ses travaux et que j'indiquerais ce qu'elle a fait pour développer l'étude de la géographie locale.

Lorsque j'ai reçu le programme du Congrès, j'ai vu que cette question y était inscrite. Comme j'avais terminé mon rapport, je n'ai pas voulu le modifier. Je le lirai donc tel qu'il est, si vous voulez bien le permettre. (*Assentiments*).

MESSIEURS,

Le rapport que j'ai l'honneur de vous présenter ne sera guère que le développement du programme que la Société de géographie de l'Aisne s'est imposé depuis sa fondation, et qui est celui-ci : étudier et vulgariser la géographie locale.

Au début, ce programme avait été adopté un peu par nécessité. Nous ne pouvions en effet songer à imiter les grandes sociétés, riches en ressources de tout genre, et nous aurions eu mauvaise grâce à vouloir pénétrer dans le domaine de l'érudition géographique : la plupart de nos sociétaires n'ont guère de loisirs, et surtout il leur manque les instruments de travail indispensables. Il nous a donc fallu afficher des prétentions plus modestes ; mais peu à peu, ce qu'on avait envisagé comme une contrainte devint une occupation des plus agréables, et la société, animée par la pensée qu'elle allait être à même de rendre de grands services, non seulement à l'enseignement, mais encore à ceux de nos concitoyens qui désirent bien connaître leur département, se mit courageusement à l'ouvrage.

On a commencé par publier une géographie du département de l'Aisne, qui a paru par fragments dans le Bulletin de la Société, et qui est achevée à l'heure actuelle. Elle est divisée en plusieurs chapitres : géographie physique, histoire, géographie économique, voies de communication : chacun de ces chapitres a été élaboré par un comité comprenant des membres du bureau et de la commission administrative qui s'est étudié à donner, sous une forme abrégée, des notions claires et complètes résumant tout ce qu'il convient de savoir sur le département où l'on habite. Cette géographie est particulièrement destinée aux instituteurs qui n'ont pas toujours à leur disposition livres et documents, et qui étaient souvent embarrassés pour chercher un renseignement qu'ils trouveront désormais sans peine.

Parallèlement à ce travail, qui n'a d'autre prétention que celle d'être utile, la Société en a entrepris un autre, beaucoup plus considérable, en décidant de publier des monographies communales. Vous vous rappelez, Messieurs, qu'à l'occasion de l'Exposition universelle de 1889, les instituteurs furent invités à faire figurer au Palais des Arts libéraux, à côté des devoirs de leurs élèves, leur production personnelle, c'est-à-dire l'histoire de la commune où ils enseignaient. Dans le département de l'Aisne, on répondit à cet appel avec empressement, et aussi avec bonheur, puisqu'une médaille d'or fut décernée à l'ensemble des monographies rédigées par nos instituteurs. Pour leur faciliter la besogne, la Société de géographie avait établi un questionnaire que le jury de l'Exposition a proclamé dans son rapport, « le plus complet de tous les questionnaires proposés (1) ». Aussi a-t-elle le droit de revendiquer une petite part du succès.

Il eût été dommage de laisser ces monographies inédites. Toutes n'étaient évidemment pas des chefs-d'œuvre, mais toutes coûtèrent certainement à leurs auteurs de très longues recherches. Vous savez, Messieurs, qu'en général les communes — au moins celles de l'Aisne, — n'ont que de bien pauvres archives, et, vraiment, certains instituteurs ont dû, pour amasser les documents nécessaire à l'histoire de leur localité, faire preuve d'une grande patience et d'une réelle ingéniosité. La plupart avaient donné à leur œuvre de tels développements qu'il était impossible de les reproduire *in extenso*. Le bureau de la Société fut alors amené à décider qu'on procéderait pour chacune à une révision approfondie, mais absolument discrète. Cette revision, sans altérer le moins du monde l'unité du travail, devait avoir pour résultat de le rendre plus intéressant encore par l'élimination des détails et le groupement scientifique des matériaux. En appliquant ce système, nous avons pu, en moins de quatre ans, faire paraître une douzaine de monographies, prises respectivement dans chacun des arrondissements, et choisies de manière à donner une idée générale de l'ensemble. Cette innovation, j'ose le dire, a excité dans notre département un très vif intérêt.

Enhardie par ce succès, la Société de Géographie résolut de fournir de nouvelles preuves de son activité. Quelques-uns de ses membres avaient émis l'idée que, dans un département où l'agriculture, le commerce et l'industrie sont infiniment prospères, il serait assez utile de développer l'étude de la géographie économique. Mais on peut envisager cette étude de différentes façons, et il en est qui ne sont pas bonnes. Nous ne voulions pas, par exemple, que notre Bulletin ressemblât à ces Manuels (destinés aux candidats à un examen quelconque) dont les auteurs, quand ils

_____

(1) Rapport du Jury International de l'Exposition universelle, Groupe II, première partie, p. 446.

traitent de la géographie économique, se bornent à énumérer le nombre
de têtes de bétail que produit telle région, ou la quantité de houille
extraite annuellement de tel charbonnage. La Société n'eut pas de peine à
se convaincre qu'il fallait considérer la géographie économique dans ses
rapports avec la géographie physique et avec l'histoire ; agir autrement
eût été se vouer à une tâche ingrate et stérile. Seulement, comme l'entreprise était hardie, on n'hésita pas à faire appel aux connaissances spéciales de tous les membres de la Société. Dans cette pensée, le bureau
proposa un questionnaire très détaillé qui fut envoyé dans les communes
importantes, et auquel on donna la plus grande publicité. Pour montrer
dans quel esprit il avait été rédigé, je me permettrai, Messieurs, de citer
quelques-unes des questions portée au programmes.

La seconde question était celle-ci : Rechercher comment le relief a
favorisé ou entravé les progrès de] l'agriculture dans l'arrondissement
de... ? Quel genre de culture a-t-il déterminé? Or tout le monde sait que
le département de l'Aisne a été, dès le moyen âge, un riche pays vignoble,
au moins dans la partie centrale et méridionale, où l'on rencontre plusieurs chaines parallèles de hautes collines, favorablement exposées, et
tout à fait propres à ce genre de culture. La vigne est aujourd'hui
moins en honneur qu'autrefois. Cela tient peut-être à une modification
des conditions météorologiques, mais il conviendrait aussi d'examiner si
l'on n'a pas abandonné la vigne pour pratiquer d'autres cultures moins
pénibles et plus rémunératrices. Autant de questions intéressantes qui se
greffent sur la première.

Prenons maintenant la quatrième question : Rechercher si les conditions naturelles du pays (géologie, relief, climatologie, hydrographie) ont
été favorables ou nuisibles à la production animale dans l'arrondissement
de... ? Un habitant de l'arrondissement de Vervins n'aura pas été embarrassé pour répondre. En effet, dans cette région, le climat est rigoureux,
sensiblement plus froid que dans le reste du département. On ne pouvait
donc cultiver en grand les légumes et certains fruits ; quant à la culture
intensive du blé et de la betterave, le sol ne s'y prête pas. Au contraire,
le pays étant largement arrosé par de nombreux cours d'eau, les prairies
naturelles y sont florissantes, et nourrissent un bétail fort recherché.

Je mentionnerai encore la dixième question : Influence du voisinage des
houillères du Nord et de la Belgique sur les progrès de l'industrie dans
l'arrondissement de... ? Il est impossible de nier cette influence, tandis
qu'il est bien facile de constater les résultats qu'elle a produits. Autrefois,
l'industrie du tissage était centralisée à Saint-Quentin : aujourd'hui la
grande ville est obligée de compter avec les petites cités du Nord du département, voisines des houillères du Nord. A Bohain, principalement, on ne
se contente pas de tisser la laine; on fabrique des étoffes de soie qui peuvent rivaliser avec les articles similaires de Lyon; je ne parle bien entendu

que des articles courants. Voilà une région où l'industrie était dans l'enfance il y a cinquante ans ; à l'heure actuelle, elle y est solidement établie, et elle se trouve outillée comme l'exigent les progrès de la science moderne.

J'arrête ici cette énumération, car je me reprocherais, Messieurs, d'abuser de votre attention bienveillante. Toutefois, je crois en avoir assez dit pour prouver que, si nous obtenons des réponses à toutes les questions proposées — et on nous en a déjà adressé de très complètes, — nous aurons assez de matériaux pour insérer dans notre Bulletin de nombreux articles de fond, consacrés à la géographie économique et aussi variés qu'attachants.

Je n'ai plus qu'à mettre fin à ce rapport sommaire, où j'ai essayé d'exposer, tant bien que mal, la méthode employée par la Société de Géographie de l'Aisne pour vulgariser la géographie locale et en développer l'étude. On trouvera peut-être que j'ai insisté sur beaucoup de détails qui n'étaient pas de conséquence ; c'est que je voulais montrer que notre Société, quoique jeune encore, a déjà consciencieusement travaillé. Elle a été d'abord soutenue dans sa tâche par les adhésions qui lui sont venues en grand nombre depuis sa fondation. Elle a reçu l'année dernière à Lille de puissants encouragements au Congrès des Sociétés françaises de Géographie. Aujourd'hui, Messieurs, rien ne la rendrait plus fière que de conquérir vos suffrages, que de voir ses modestes travaux jugés dignes de votre haute approbation. (*Très bien! très bien!.. Applaudissements.*)

M. LE PRÉSIDENT. — Les délégués des Sociétés de géographie de Lyon, Montpellier, Oran, Toulouse, Bourg, de la Société normande et de l'Union géographique du nord de la France n'assistent pas à cette séance. Nous publierons le compte rendu de leurs travaux quand ils nous seront parvenus.

Vulgarisation de la géographie locale

M. LE PRÉSIDENT. — L'ordre du jour appelle la vulgarisation de la géographie locale. (Question proposée par la Société de Géographie de l'Aisne).

Le rapport que vient de lire M. Souchon contient en substance la question inscrite à notre ordre du jour. Quelqu'un a-t-il des observations à ajouter ?

M. BARBIER. — Je demande la parole.

M. le Président. — La parole est à M. Barbier.

M. Barbier. — Messieurs, je ne veux pas engager de discussion sur un sujet qui ne me paraît guère en comporter. Le rapport de M. Souchon prouve la bonne volonté et la vitalité de la Société de Géographie de l'Aisne. Je veux simplement constater qu'elle a été précédée dans son entreprise de vulgariser la géographie locale à la fois par la Société de Bourg, qui a presque achevé sa géographie de l'Ain, par les Sociétés de Lorient et du Nord, je pourrais ajouter par la Société de Géographie de l'Est, qui, elle aussi, a provoqué la rédaction des monographies des 565 communes du département de Meurthe-et-Moselle.

L'ensemble de ces monographies est de valeur très inégale, car elle dépend de la compétence, de la bonne volonté, de l'initiative des instituteurs auxquels on a confié la rédaction de ses différentes parties. Mais cet ensemble constitue un dossier monumental de la géographie de notre département. Et vraisemblablement, lorsque nous trouverons dans les autorités départementales et municipales un concours financier suffisant, nous entreprendrons la publication d'une géographie qui, sans atteindre le développement de la géographie des Vosges, comprenant cinq volumes, et, due à l'initiative des membres de la Société de ce département, donnera néanmoins les renseignements les plus complets sur le département de Meurthe-et-Moselle.

La Société de Géographie de l'Aisne me paraît avoir très bien étudié les conditions dans lesquelles doivent être conçues et rédigées ces monographies locales. Et je crois que le Congrès doit prendre acte de ce qu'ont fait jusqu'à ce jour certaines Sociétés de géographie pour encourager les autres à suivre leur exemple. Tel est le vœu que je formule.

M. Froidevaux. — On peut également rappeler que la Société languedocienne a préparé une géographie en quatre volumes du département de l'Hérault. Le premier fascicule est publié ; le second est sur le point de paraître.

M. Merchier. — Je vous avoue, Messieurs, que je ne suis qu'un écolier en matière de géographie économique, — écolier professeur, puisque j'ai eu l'honneur de l'enseigner à l'Ecole supérieure de commerce de Lille. Je sais combien cette étude m'a demandé de travail, de recherches parfois pénibles et infructueuses.

Je constate que la Société de Géographie de Laon a dressé un questionnaire très intelligent, et je reconnais que nous ne saurions trop encourager cette spécialisation de la géographie, surtout si l'on sait donner à ces monographies un côté pratique, en y insérant des renseignements commerciaux et industriels.

Dans ces conditions, je ne cache pas que, pour ma part, je remporterai du Congrès de Tours un grand enseignement et que je pousserai mes collègues à entrer dans la voie indiquée par la Société de Géographie de l'Aisne.

M. Georges Chevrel. — La Société de géographie de Tours s'est aussi préoccupée depuis longtemps de l'étude de la géographie locale. Dès 1887, un instituteur du département d'Indre-et-Loire, M. Bardet, était lauréat de notre Société pour une étude de géographie locale. Tous les ans, nous proposons certaines questions au concours, et le mémoire qui est classé le premier est imprimé aux frais de la Société.

Enfin, je rappelle qu'en 1887, aidés par une subvention du conseil général, nous avons édité une carte hypsométrique du département d'Indre-et-Loire.

M. Gauthiot. — Permettez-moi, messieurs, de vous soumettre un vœu, auquel je vous demanderai de vous associer.

Le questionnaire dont vient de parler M. Souchon, d'après la déclaration même de M. Merchier, est très bien rédigé. Pourquoi n'en serait-il pas tiré un nombre d'exemplaires suffisant pour en donner connaissance aux sociétés qui ne l'ont pas et qui le désireraient ?

M. Souchon, *rapporteur.* — Ce questionnaire a été imprimé, il y a deux ans, dans le Bulletin de la société de géographie de l'Aisne.

M. Barbier. — Je propose le vœu suivant :

Le Congrès invite les Sociétés françaises de géographie qui ne l'ont pas encore entrepris à réunir les matériaux d'une géographie régionale, en s'inspirant de ce qui a été fait ou est en cours d'exécution, et en particulier du questionnaire de la Société de géographie de l'Aisne.

M. Gauthiot. — La proposition de M. Barbier est très vaste. Je demande simplement à M. Souchon s'il serait possible d'envoyer un exemplaire du questionnaire à chaque Société.

M. Souchon, *rapporteur.* Non seulement c'est possible, mais ce sera fait, je crois pouvoir en prendre l'engagement au nom de ma société.

M. le président. — Je crois être l'interprète des sentiments unanimes du Congrès en remerciant M. Souchon de sa promesse, car ce questionnaire pourra servir de modèle à toutes les sociétés de géographie. (*Assentiment unanime.*)

Toutefois, rien n'empêche de mettre aux voix le vœu dont M. Barbier a donné lecture.

(Le vœu de M. Barbier est mis aux voix et adopté.)

M. LE PRÉSIDENT. — Ce vœu sera inséré dans les actes du Congrès.

M. GAUTHIOT. — J'ai commis tout à l'heure une infraction au règlement, car j'ai parlé plus d'une demi-heure. J'en demande pardon à mes collègues.

Voix nombreuses. — Non ! non ! Vous avez bien fait.

M. GAUTHIOT. — C'est pour donner le bon exemple. *(On rit.)*

M. LE PRÉSIDENT. — Au nom de tous les membres du Congrès, je remercie M. Gauthiot de l'infraction qu'il a pu commettre au règlement. *(Très bien ! très bien ! et nouveaux rires.)*

L'ordre du jour de la séance est épuisé. Je rappelle que la prochaine séance, qui aura lieu à 2 heures, est consacrée à la discussion des questions concernant la colonisation.

La séance est levée à 11 heures.

Société Languedocienne de Géographie

Rapport déposé par M. MALAVIALLE, délégué.

MESSIEURS,

La Société Languedocienne de Géographie, que j'ai l'honneur de représenter devant vous, a continué cette année les travaux auxquels elle s'est consacrée dès le début, travaux dont l'utilité et l'heureuse direction est constatée, non seulement par l'approbation du Comité de travaux historiques et scientifiques du Ministère de l'Instruction publique et les comptes rendus de diverses revues savantes qui ont bien voulu les louer et les proposer comme modèle à suivre aux Sociétés régionales analogues, mais encore par l'article que vous avez eu l'excellente idée, sur la proposition de la Société de Géographie de l'Aisne, M. Souchon rapporteur, d'insérer dans votre questionnaire, titre II, chapitre III, *l'ulgarisation* (ou plutôt constitution) *de la géographie locale.*

Sans se désintéresser en aucune façon de la géographie générale, qui a trouvé sa place, dans la conférence de M. le commandant MONTEIL, sur *son voyage au Soudan*; dans un article de M. DEPONCHEL, notre président, sur *la Circulation des vents et des pluies dans l'atmosphère* (XV, I, III pages) travail important et remarquable que M. le Ministre et le Comité hydrographique de la marine ont loué et fait insérer dans la Revue coloniale et maritime ; dans une communication de M. PÉLISSIER, notre secrétaire, sur *Un Document inédit sur l'ambassade en Perse de MM. de Lalain et de La Boulaye ;* dans d'autres conférences mensuelles, analyses et comptes rendus, variétés et chroniques ; dans le compte rendu du Congrès de Géographie de Lille, elle s'est spécialement consacrée aux études de Géographie locale et régionale et a publié dans son Bulletin à cet égard les articles suivants, *tous originaux :*

MALAVIALLE. *Excursion dans la Montagne Noire* (XV, 112-149, 269-330, 429-530). — *Les Cévennes et les Causses* (XVI, 1-52). — *Coup d'œil sur l'Histoire de la ville et du port de Cette* (XVI, 147-171).

Dᴿ COSTE. *Les Transformations de Montpellier depuis la fin du* XVIIᵉ *siècle jusqu'à nos jours* (XV, 150-178, 269-282 ; XVI, 53-67, avec cartes et planches).

FERNAND VIALA. *Formation basaltique de Montpellier et des environs* (X V, 531-386).

TWIGHT. *La Rivière souterraine du Liron* (XVI, 172-175), avec plan et planche.

DAUTHEVILLE ET DELAGE. *La Grotte du Jaur* (XVI, 176-185).

De plus elle a continué son travail de la *Géographie générale du département de l'Hérault*, en publiant deux fascicules nouveaux qui complètent le premier volume. Savoir :

Météorologie, par M. CROVA, professeur à la Faculté des sciences de Montpellier, 158 pages in-8° avec 9 planches dans le texte et une carte.

Botanique, par M. FLAHAULT, professeur à la Faculté des sciences de Montpellier, 176 pages avec planches et une carte.

C'est par ces travaux qu'elle a mérité et obtenu l'appui du gouvernement, de l'administration départementale et municipale, dont le concours l'aide puissamment dans cette œuvre de création et de vulgarisation scientifiques, et qu'elle tient à remercier en cette circonstance solennelle.

SÉANCE DU MARDI SOIR

1er août 1893

Présidence de M. GAUTHIOT

La séance est ouverte à 2 heures, sous la présidence de M. Gau-thiot, délégué de la Société de Géographie commerciale de Paris.

Prennent place au bureau :

M. le commandant Moessard, délégué du Ministre de la Guerre.

M. Sevin-Desplaces, délégué du Ministre de l'instruction publique et des Beaux-Arts.

M. Dagallier, délégué de la Société de géographie de Bourg.

M. Ricard, délégué du Ministre de l'intérieur.

M. le Dr Wolff, Vice-Président de la Société de Géographie de Tours.

M. Tiétard, Vice-Président honoraire de la Société de Géographie de Tours.

Monsieur le Président, en quelques mots, présente des considérations générales sur la colonisation française à l'extérieur.

Projet de création d'un Bureau Colonial auprès des Sociétés de Géographie

M. le Président. — L'ordre du jour appelle la création d'un Bureau Colonial auprès des Sociétés de Géographie. (Question proposée par M. Imbert, délégué de la Société de Géographie commerciale de Bordeaux.)

La parole est à M. Imbert.

M. Imbert donne lecture du rapport suivant :

Messieurs,

Après l'exposé que vous venez d'entendre, dans lequel l'honorable M. Gauthiot a si clairement résumé l'état actuel de la question, je n'ai pas besoin de développer devant vous des considérations préliminaires sur ce sujet. Je vais aborder immédiatement le fond de la question que je dois traiter aujourd'hui.

L'un des moyens pratiques pour arriver au but que nous poursuivons est la création d'un *bureau colonial* auprès de nos Sociétés de géographie, en France.

I

BUREAU COLONIAL

Définition. — Voici ce que j'entends par Bureau colonial :

Une section établie dans chaque Société de Géographie, au siège social, ayant pour mission spéciale d'étudier et de faire connaître au dehors, particulièrement dans sa région, les diverses questions intéressant nos colonies au point de vue de la géographie commerciale, industrielle et agricole, sous le rapport de la pratique.

Ce Bureau devrait rechercher le plus grand nombre de relations avec les possessions françaises ; il pourrait au besoin créer un mouvement de correspondance par l'intermédiaire de ses membres ou des membres de la Société, à titre privé, avec des personnes habitant les pays d'outre-mer.

Par Bureau colonial, nous n'entendons pas une sorte d'administration d'émigration ou de colonisation, mais simplement un fragment, un groupe, un cercle de membres de la Société réunissant l'ensemble des renseignements recueillis, des travaux accomplis, et par-dessus tout faisant connaître ces renseignements autour d'eux.

But. — Il s'établirait ainsi entre ce Bureau et nos diverses colonies un courant d'informations qui permettrait à nos Sociétés de connaître ces pays comme si elles les habitaient elles-mêmes.

Nous pourrions tenir nos compatriotes au courant des questions ayant un intérêt pour eux ; nous rendrions service aux futurs colons qui pourraient, dans ce cas, avant de partir pour l'étranger, savoir exactement ce que vaut tel ou tel pays, au lieu de quitter la France pour aller au loin à l'aveuglette, pour ne pas dire à l'aventure.

Le Bureau colonial n'aura pas à favoriser l'émigration ; peut-être même, dans certains cas, il aura le devoir de l'empêcher ; mais il éclairera les Français sur les régions vers lesquelles ils voudront diriger leurs pas, et leur procurera des données exactes, sincères et désintéressées sur tous les pays où flottent nos pavillons, où brille notre influence.

Le Bureau colonial rendra par ce fait un grand service à la patrie et favorisera les colonies, qui verront ainsi venir à elles des hommes pénétrès d'avance des notions nécessaires pour réussir et prospérer par le travail et le courage, par la patience et l'amour du devoir.

A un autre point de vue, le courant d'informations établi par le Bureau permettra aux amis de l'étude et de la science géographique de puiser à la source même les documents intéressant telle ou telle colonie.

Organisation. — Le Bureau colonial serait composé d'un certain nombre de membres (5, 7, 9 par exemple), nommés par la Société en assemblée générale.

Il tiendrait des séances périodiques (mensuelles ou bi-mensuelles) : dans ces réunions, où seraient convoqués tous les membres de la Société, on discuterait telle ou telle question coloniale ; on ferait des communications d'intérêt colonial.

Chacun des assistants, prenant part à la discussion, communiquerait les renseignements qu'il posséderait sur la région à l'ordre du jour.

Les divers renseignements seraient ensuite groupés par les soins du Bureau et seraient tenus à la disposition de ceux qui s'y intéresseraient.

Chaque Société pourra, suivant la région où elle est établie, poursuivre ses études plus spécialement sur tel ou tel pays.

Bordeaux, par exemple, entretient par son commerce des relations suivies avec la côte occidentale d'Afrique et l'Amérique du Sud ; aussi les questions intéressant ces pays sont-elles traitées avec fruit et intérêt dans la région du Sud-Ouest.

Marseille, par son commerce actif avec la côte orientale d'Afrique, l'Inde et l'Indo-Chine, est à même de recueillir des données très étendues sur ces régions.

Enfin Paris, par ses relations avec le monde entier, pourra fournir au Bureau colonial des indications on ne peut plus intéressantes sur nos colonies.

Un résumé des travaux de ces Bureaux dans chaque Société pourra être communiqué chaque année au Congrès national des Sociétés de Géographie, et ce sera un véritable profit pour la cause des colonies françaises.

II

RENSEIGNEMENTS A RECUEILLIR

Situation actuelle de nos colonies ; avantages que les Français peuvent y trouver. — Inconvénients qui s'y rencontrent. — Émigration. — Colonisation. — Avenir offert au commerce, à l'industrie, à l'agriculture.

Quel est le prix de la main-d'œuvre ? Situation des ouvriers dans les villes, dans les campagnes.

Quelques données pratiques sur le climat de chaque pays, sur les précautions et mesures hygiéniques qui doivent être prises suivant les régions pour supporter le climat et conserver la santé.

Beaucoup de nos compatriotes ne peuvent vivre dans nos colonies parce qu'ils ne tiennent pas assez compte des recommandations et des conseils du sage à ce sujet.

Ce sera un devoir pour le Bureau de nous mettre à même d'éclairer utilement les Français sur ces questions.

Nous dirons aux jeunes gens qui veulent aller dans nos colonies de l'Afrique ou de l'Indo-Chine que le climat exige certaines précautions, une vie régulière et sagement remplie.

La santé est à ce prix et, si plus tard leurs efforts sont couronnés du succès de la réussite, ils remercieront nos Sociétés de leur avoir donné de bons conseils.

En résumé, nous rechercherons tous renseignements utiles pour les répandre.

La circulaire de M. le sous-secrétaire d'État des colonies du 17 août 1892 adressée aux gouverneurs des colonies est intéressante à consulter à cet égard. — Nous en détachons l'extrait suivant :

« Les besoins qui se font sentir dans chacune de nos colonies sont le plus souvent ignorés de ceux qui auraient intérêt à les connaître. — De là des hésitations et des craintes qui arrêtent bien des entreprises utiles. — Indiquer les divers emplois de la main-d'œuvre, le nombre des travailleurs qui y sont occupés, ceux qui lui seraient nécessaires, les divers genres d'industries ou de commerce qui pourraient y être créés ou développés, les ressources et avantages de toute nature que les émigrants pourraient y rencontrer. » *(Journal officiel,* 18 août 1892.)

Pour couronner d'une manière pratique les efforts que nous ferons, il sera bon d'avoir dans chaque Bureau colonial un registre de demandes et offres d'emplois dans les colonies françaises, les pays de protectorat et d'influence française. — Ce registre, tenu constamment à jour et mis à la disposition des intéressés, rendrait de réels services à notre jeunesse d'abord et à nos colonies ensuite.

Pour ceux qui ne sont pas partisans de l'émigration, nous dirons que notre but n'étant pas de pousser à l'émigration, nous pourrions éclairer, instruire ceux qui, pour une raison ou pour une autre, veulent aller dans les colonies. — Nous devrons mettre en garde nos compatriotes contre les illusions et les erreurs qui circulent trop souvent sur certaines régions mal connues ; nous empêcherons des départs pour des pays qu'on a dépeints sous des couleurs trompeuses, et nous éviterons ainsi à des malheureux la misère qui les aurait frappés là-bas.

III

VOIES ET MOYENS

Grouper et classer les renseignements concernant nos colonies, d'après les revues, ouvrages spéciaux, publications périodiques, dont les indica. tions seront reconnues justes et exactes.

Utilisation des relations personnelles de chacun des membres de la Société.

Chacun de nous a parmi ses parents, amis ou connaissances des personnes habitant une colonie ou ayant, dans l'un de ces pays, des intérêts qui leur permettent d'être tenus au courant des affaires de la région et les mêlent, en quelque sorte, à la vie de chaque jour dans ces contrées.

Chaque membre de la Société pourrait, aux réunions du Bureau colonial, apporter une donnée, un renseignement ; si petit qu'il soit, il aurait son utilité.

De la discussion, de la conversation, sortiraient des renseignements pratiques qui, recueillis par le Bureau, deviendraient une source certaine de services à rendre à nos compatriotes.

Quelques-uns d'entre nous pourront créer des relations spéciales écrites avec les missionnaires, explorateurs, commerçants, sociétés, institutions locales ; avec les divers groupes de l'Alliance française, les patronnés de la Société d'encouragement pour le commerce français d'exportation et enfin avec les grandes Compagnies de navigation.

Ces relations écrites auront un caractère privé ; mais que de lumière, que d'études, que d'enseignements pourront jaillir de ces entretiens, de ces causeries organisées par les amis du Bureau colonial où chacun pourra puiser des notions utiles et pratiques !

Il faudra ensuite faire connaître ces renseignements au public.

Cela se fera dans chaque région au moyen de notices, publications dans les journaux, bulletins et revues ; par des conférences organisées dans nos villes à certains moments ; par des monographies précises et substantielles sur telle ou telle colonie que le Bureau adressera de temps en temps à MM. les curés, maires et instituteurs des communes de France, en les priant de vouloir bien les répandre autour d'eux dans les campagnes.

Ces renseignements répandus dans nos villages éclaireront les futurs colons sur les pays qu'ils auront l'intention d'aller habiter.

Ce sera un grand service à rendre à notre patrie que de permettre à ceux qui veulent s'établir au loin d'avoir à l'avance, avant leur départ, des données exactes et désintéressées sur la contrée à habiter.

En outre, le Bureau colonial tiendra dans les villes où siège la Société de Géographie, à la disposition des émigrants, des renseignements concernant nos colonies.

M. Barbier. — La Société de Géographie de l'Est ne possède, à
mon avis, ni éléments d'appréciation ni éléments d'exécution nécessaires pour mener un tel projet à bien dans notre région lorraine ;
pour ma part, je ne le crois pas possible, et j'avoue n'en point encore
saisir l'utilité dans cette même région. Il me semble que les sociétés
où cette utilité est démontrée devraient, — et elles n'ont pas
besoin de notre avis pour cela, — faire l'essai d'une organisation
de ce genre ; puis, d'après les résultats obtenus, nous convaincre par
leur exemple et nous donner du même coup les moyens de l'imiter.

M. Frondevaux. — Vous savez, messieurs, qu'on a créé récemment
à la Sorbonne une chaire de géographie coloniale, dont le titulaire,
M. Marcel Dubois, soumet son plan aussi bien au ministère de l'instruction publique qu'au sous-secrétaire d'État aux colonies.

Il sortira de là une étude très approfondie des colonies en général, et, d'autre part, toute une série d'études locales qui seront, si
j'en crois les journaux, publiées dans un Bulletin spécial. Ce bulletin pourrait dans une certaine mesure répondre aux désiderata formulés par M. Imbert.

D'un autre côté, il existe à la Sorbonne une petite section de
géographie qui travaille beaucoup et qui étudie spécialement ces
question coloniales. Elle a commencé — c'était l'essentiel — par
dresser une bibliographie coloniale : elle étudie maintenant certains
points sur lesquels la France pourrait étendre pacifiquement son
influence.

Il y a là le germe d'un bureau colonial, qui ne pourra que se
développer avec le temps. J'ajoute que le cours de géographie coloniale ne s'ouvrira qu'au moins de janvier prochain. C'est tout ce
que j'avais à dire, tout en étant d'accord avec M. Imbert sur le fond
de la question.

M. Merchier. — L'œuvre que propose d'entreprendre M. Imbert
est très vaste, et elle suffirait à elle seule à occuper l'activité de
plusieurs ministres.

Il ne faut pas, messieurs, nous faire d'illusion sur notre force et
même sur notre compétence. Nous sommes avant tout des sociétés
de vulgarisation, et nous n'avons pas à prendre une aussi grave initiative que celle qui nous est proposée. Pour ne parler que de la
Société de Lille, à laquelle j'appartiens, très peu de nos amis connaissent les conditions d'établissement aux colonies : il nous serait
donc impossible de fournir les renseignements qu'on nous propose

de donner. Je crois qu'il en serait de même pour beaucoup de Sociétés de l'intérieur. Dans la section de la Société de géographie de Lyon, à laquelle on a fait allusion tout à l'heure, je crois savoir qu'on a été un peu indécis.

Je ne connais guère que la Société de Géographie de Boulogne qui pourrait fournir des renseignements — et encore assez inexacts — sur ces questions coloniales.

Il faut remarquer qu'on demanderait aux Sociétés de Géographie un travail énorme. Ceux de leurs membres qui s'y livreraient devraient y consacrer tout leur temps et tout leur soin, au détriment de leurs occupations habituelles. Or, dans les Sociétés de Géographie, nous sommes des volontaires qui consacrons à l'étude et à la vulgarisation de la géographie les moments dont nous pouvons disposer ; mais nous ne pouvons nous atteler à une besogne aussi considérable.

Je crois donc que nous ne devons pas nous engager dans la voie indiquée par M. Imbert, et je voterai contre le vœu qu'il propose parce que ce vœu ne me paraît pas réalisable.

M. LE COMMANDANT BONNETTI. — Je me reprocherais de ne rien dire dans cette discussion, comme délégué de la Société de Géographie de Bordeaux, alors qu'un membre de cette Société vous fait une proposition et formule un vœu.

Comme on l'a fait remarquer, la Société de Bordeaux ne s'est pas engagée à appuyer ce vœu. Cependant, s'il m'est permis de faire connaître mon opinion personnelle, qui est un peu celle de la Société, je dirai que la proposition ne me paraît pas aussi impraticable que l'a déclaré l'honorable délégué de Lille. En somme, elle pourrait être restreinte au point de ne pas exiger la création d'un ministère spécial. La raison pour laquelle nous ne nous sommes pas prononcés en faveur du vœu, c'est qu'il nous a paru qu'il engageait l'action de la France et non pas seulement l'action d'une Société de géographie. Aussi nous en rapportons-nous à l'opinion du Congrès, devant lequel la question est aujourd'hui portée.

M. IMBERT — L'honorable M. Barbier a déclaré tout à l'heure que les Sociétés qui ont leur siège dans l'intérieur de la France n'avaient pas d'intérêt dans la question.

M. BARBIER. — Elles n'ont pas le moindre intérêt.

M. Imbert. — En attendant que cette affirmation soit exacte, il n'en est pas moins vrai que des renseignements quelconques, si faibles qu'ils soient, arrivant au siège des Sociétés de géographie, trouveraient de l'écho parmi les populations avoisinantes et leur rendraient de grands services.

Supposons qu'à Nancy peu de personnes s'occupent de l'Indo-Chine, du Sénégal ou du Soudan. Il peut arriver cependant que quelques-unes, à un moment donné, s'intéressent aux affaires qui se traitent dans ces colonies ou dans d'autres. L'argument de notre honorable collègue peut donc avoir une certaine valeur, mais il n'est pas décisif.

La preuve que la création du Bureau colonial que nous proposons est bonne, c'est que le service créé par la Société de Géographie commerciale de Paris, ainsi que l'a dit M. Gauthiot, a été fort utile en procurant des renseignements sur nos différentes colonies. Si ce service, tel qu'il est constitué à Paris, est bon, pourquoi serait-il mauvais, je ne dis pas dans toutes les Sociétés de géographie, mais à Lyon, à Marseille, Montpellier, Bordeaux, Le Havre ou Saint-Nazaire ?

On a parlé de la chaire de géographie coloniale qui a été fondée à la Sorbonne, mais qui n'est pas encore inaugurée. C'est là évidemment un commencement, le noyau de renseignements à répandre dans la France entière ; c'est la mise en pratique de ce Bureau colonial dont je parle.

M. le commandant Bonnetti ayant répondu à l'allégation de M. Merchier, à savoir que c'est là une entreprise trop vaste, je n'ai rien à ajouter à ses observations.

Il me suffira de faire remarquer que, si le Bureau colonial ne recueille par an que deux ou trois renseignements très petits, de très faible importance, ce sera déjà un premier avantage ; car, au bout de dix ans, on aura 30 renseignements, au bout de trente ans, on en aura 100, de telle sorte qu'on sera très heureux dans l'avenir, par suite de l'établissement de ces bureaux coloniaux, d'avoir enfin la connaissance précise et exacte de colonies auxquelles nous avons consacré tant d'or et tant de sang.

Le vœu que j'ai proposé n'a pas d'autre but que d'établir des bureaux coloniaux fonctionnant dans un an ou deux. En formulant ce vœu, j'ai voulu simplement mettre la question à l'ordre du jour, c'est-à-dire la répandre parmi tous ceux qui veulent bien reconnaître que le principe en est bon.

Les Sociétés de géographie seront ensuite libres d'organiser ou non ces bureaux coloniaux suivant qu'elle les jugeront utiles dans l'étendue de leur circonscription.

Mais, vous ne direz pas, messieurs, que la défense de nos colonies est une mauvaise cause : qu'il ne faut pas soutenir le nom, le drapeau, l'honneur de la France au delà des mers. C'est au nom de la patrie que je m'adresse à vous en ce moment. Nous sommes ici le Congrès national des Sociétés françaises de géographie. A ce titre, ne devons-nous pas défendre le pavillon qui flotte dans les pays lointains, soutenir les intérêts de nos compatriotes qui vont là-bas ouvrir de nouveaux débouchés à notre commerce et à notre industrie ?

Nous sommes réunis ici dans une commune pensée de patriotisme : je ne vous demande, Messieurs, que d'accueillir mon vœu, de lui donner votre haute approbation morale, et je vous en remercierai toujours. (*Vifs applaudissements sur divers bancs.*)

M. LE PRÉSIDENT. — Ce que M. Imbert paraît désirer avant tout, c'est que les Sociétés de Géographie s'intéressent aux Français qui veulent aller dans nos colonies et qu'elles leur donnent les renseignements dont ils peuvent avoir besoin. Et, à cette fin, il demande la création, au sein de chaque Société, d'un Bureau colonial chargé de donner ces renseignements.

Sans entrer dans la discussion, je demanderai à M. Imbert comment se composerait ce Bureau ou cette section. Il est bon de s'entendre sur ce sujet avant de voter.

M. IMBERT. — Cette section serait simplement composée de membres de chaque Société, comme la section d'Émigration et de Colonisation de la Société de Géographie commerciale de Paris. Ainsi les Sociétés de Bordeaux, de Marseille, de Lyon, nommeraient dans une réunion spéciale un certain nombre de membres qui seraient chargés de former le bureau colonial.

Il va sans dire que chacun de ces membres s'occuperait, selon son goût, des contrées qui l'intéresseraient plus particulièrement, l'un de l'Asie, l'autre de l'Afrique ou de l'Amérique. Tous les renseignements concernant une région seraient groupés par la même personne. A certains jours déterminés, le bureau se réunirait et chacun ferait part à ses collègues des renseignements qu'il aurait ainsi recueillis. Je crois qu'on retirerait de grands avantages de ces travaux.

Vous avez vous-même, Monsieur le Président, très bien exposé ce matin le fonctionnement de la Section instituée par la Société de Géographie commerciale de Paris. Il suffirait de prendre exemple sur cette Section.

M. Barbier. — Notre honorable collègue peut croire que, pour l'amour des colonies, pour l'intérêt qui s'attache à tout ce qu'on y fait, l'Est ne le cède en rien aux autres régions de la France. Mais il faut serrer la question d'un peu près.

Or il semble résulter des observations qui viennent d'être échangées que M. Imbert n'est pas encore parvenu à persuader de l'utilité de sa proposition la Société de Géographie commerciale de Bordeaux elle-même, bien qu'elle soit dans un milieu des plus favorables à la création d'un bureau colonial. S'il n'est pas parvenu à convaincre cette Société, comment pourrait-il nous convaincre nous-mêmes ?

Sur la question de l'expansion coloniale, de la vulgarisation des connaissances en tout ce qui concerne nos possessions lointaines, nous sommes tous d'accord. Mais ce sont là des mots ; il faut les traduire en fait. Le fait est celui-ci :

Si j'étais secrétaire d'une Société de Géographie établie dans un grand port de commerce, je commencerais par organiser un bureau colonial, parce que le milieu est très propice à cette création ; puis je dirais aux membres du Congrès :

« Ce n'est pas d'un simple projet que je vous entretiens ; nous avons toute une organisation qui fonctionne en ce moment chez nous ; mais, comme elle est isolée, elle ne rend pas tous les services qu'on est en droit d'en attendre.

« Si les autres Sociétés imitent notre exemple, nous aurons un ensemble de renseignements que pourront consulter tous ceux qui veulent se rendre aux colonies. Ces renseignements auront toute autorité, parce qu'ils auront été recueillis de toutes parts et qu'ils se contrôleront les uns les autres.

« Mais, comme vous n'avez pas encore persuadé la Société de Bordeaux de prendre l'initiative de cette création, je m'abstiendrai de prendre part au vote. »

M. Doby. — Il y a quelques années, j'ai voulu organiser moi-même, au sein de la Société de Géographie de Nantes, un bureau colonial se rapprochant beaucoup de celui qui nous est proposé, et je dois déclarer que j'ai rencontré une vive opposition auprès des négociants de notre place.

L'un d'eux me disait : « Nous ne demanderions pas mieux que de renseigner les Sociétés de Géographie sur ce qui peut se faire aux colonies, sur les avantages qu'on peut y trouver, sur le commerce qu'on peut y faire. Mais qui profitera de ces renseignements ? Nos concurrents. (*Assentiment.*)

« Moi qui m'occupe de sucre, ajoutait ce négociant, si je fais une bonne affaire aux Antilles ou à Haïti, je ne livrerai pas mes renseignements à une Société de Géographie, car un de mes nombreux concurrents s'en emparerait de suite et chercherait à en profiter ».

Ce qu'on m'a déclaré à Nantes pourrait se répéter ailleurs. Par conséquent, la proposition, tout en ayant un but utile apparent, ne me paraît pas très pratique. Je m'excuse, messieurs, d'avoir traité la question à un point de vue un peu personnel, mais je crois qu'il était utile d'ajouter ces détails. (*Très bien ! très bien !*)

M. LE PRÉSIDENT. — Je crois que M. Doby s'est écarté un peu de la discussion. M. Imbert ne propose en effet que de donner des renseignements sur les ressources des pays dans lesquels les Français veulent émigrer, mais non sur le commerce de ces contrées. (*Mouvements divers.*)

Je demande à M. Doby de dire si j'interprète mal sa pensée. J'ai présenté cette observation pour éviter que la discussion ne s'égarât.

M. LE COLONEL BLANCHOT. — Je tiens à dire simplement deux mots. Je reconnais que notre confrère M. Doby est un peu sorti de la question ; c'est à son observation que je veux répondre.

L'argument qu'il a fait valoir n'est pas concluant, au contraire ! Les négociants qui font des affaires en Afrique ne sont pas pressés de faire connaître leurs relations et d'indiquer les moyens qu'ils emploient pour fournir des marchandises en France. Je le comprends, ils ne veulent pas qu'on sache, quand ils achètent le café vingt sous, qu'ils le revendront six francs. (*On rit.*)

C'est une raison au contraire pour établir un bureau colonial. C'est tout ce que je voulais dire.

M. DOBY. — Mon observation tendait à démontrer qu'il serait impossible d'obtenir certaine catégorie de renseignements.

M. LE COLONEL BLANCHOT. — On ne les demandera pas aux intéressés.

M. Doby. — A qui les demandera-t-on ?

M. le colonel Blanchot. — A nos agents consulaires.

M. le Président. — Messieurs, ne faisons pas dévier le débat.
La parole est à M. Imbert.

M. Imbert. — Je désire répondre à l'observation que vient de présenter M. Barbier. Notre honorable collègue m'a demandé pourquoi je n'avais pas soumis ma proposition à la Société de Géographie de Bordeaux avant de la formuler devant le Congrès.

Je dirai que la Société de Géographie de Bordeaux a été saisie de la question au mois de novembre dernier. J'ai prié à ce moment mes collègues de ne pas la discuter, parce que je l'étudiais personnellement, que j'avais l'intention de soumettre un projet au Congrès et qu'il ne fallait pas gêner les discussion du Congrès. C'est pour cela que la question est restée en suspens.

Je puis déclarer toutefois que le président de la Société de Géographie de Bordeaux est partisan de la création de ce bureau colonial. Or tout le monde sait que M. Maurel est un négociant éminent, qui occupe à tous égards une des premières places à Bordeaux ; il se livre au commerce d'exportation et d'importation, et il ne craint pas la concurrence. L'objection de notre collègue tombe donc.

M. Tiétard. — Il s'agit d'émettre simplement un vœu assez platonique ; tout le monde est en effet d'accord pour reconnaître que, si un bureau colonial fonctionnait, il pourrait rendre de réels services.

Si l'on imposait à toutes les sociétés l'obligation de créer ce bureau, je comprendrais leur résistance. A Tours, par exemple, il ne sera pas possible d'installer un bureau de ce genre pour mille et une raisons : le manque d'argent, le défaut de bonne volonté, etc. *(Mouvements divers.)*

Mais, si la Société de Bordeaux prenait l'initiative de cette création, nous serions heureux d'en profiter comme tout le reste de la France.

La vraie question me paraît être celle-ci : Y a-t-il une objection vraiment sérieuse à formuler contre le vœu purement platonique présenté par M. Imbert ? Je déclare que, quant à moi, je n'en vois pas.

M. Merchier. — Les Congrès sont-ils institués pour émettre des vœux platoniques ?

M. Tiétard. — Il me semble qu'il faut laisser à toutes les bonnes volontés la possibilité de se produire et ne pas les arrêter dès le début.

M. LE PRÉSIDENT. — La parole est à M. Maurat, de la Société de Tours.

M. MAURAT. — Messieurs, il n'y a, à mon avis, que les sociétés de géographie établies dans les villes maritimes qui peuvent s'occuper des questions d'émigration.

Regardons ce qui se passe autour de nous. Chacun n'a-t-il pas un parent, un ami qui a émigré? Or que voyons-nous ? Nous, qui restons en France, nous ne les oublions pas ; mais il n'est que trop vrai qu'ils ne pensent souvent plus à nous ; ils cessent de correspondre avec leur famille, surtout quand ils n'ont pas réussi et que leur amour-propre est engagé. J'ai eu un frère dans ce cas.

Il y a dans la République Argentine plus de 10,000 émigrants qui ne seront plus Français avant peu, si déjà ils n'ont cessé de l'être. La loi militaire les épouvante ; ils se sont réfugiés à l'étranger pour se soustraire à ses obligations. (*Rumeurs sur divers bancs.*) Je pourrais citer de nombreux exemples.

S'il y avait un bureau colonial dans les sociétés de géographie, ces Français, qui se sont séparés de leur famille, quelquefois dans de mauvaises conditions, correspondraient avec lui et conserveraient ainsi des points d'attache avec la mère patrie.

La Société de Géographie de Tours n'a pas de section coloniale, mais les étrangers ont dans notre ville des agents d'émigration qui font de la propagande pour inviter nos compatriotes à s'expatrier.

S'il existait un bureau colonial n'ayant rien d'officiel, absolument libre, donnant des renseignements sous sa propre responsabilité, j'estime qu'il rendrait de grands services. On éviterait ainsi que les habitants de certaines contrées, tels que les Basques, se rendent en aussi grande quantité dans l'Amérique du Sud, sans guide, sans indication, pour ainsi dire au hasard.

M. BARBIER. — Messieurs, je veux appeler votre attention sur ceci : c'est en émettant des vœux platoniques que les Congrès sont détournés de leur vrai but et se perdent. Voilà quatorze ans que j'assiste à nos réunions, et je constate que nous sommes arrivés peu à peu à nous débarrasser de cette tendance. Les vœux platoniques ne signifient rien, parce qu'ils n'ont pas de sanction.

Commencez par créer un bureau colonial. Nous verrons les

résultats qu'il produira. Ce sera alors un exemple vivant, et tout le monde l'imitera.

M. LE COMMANDANT MARQUER. — Contrairement à ce qu'a dit M. Merchier tout à l'heure, je crois que l'action du gouvernement est insuffisante. Je ne sais si quelqu'un de vous, messieurs, a fait cette expérience ; je l'ai faite pour ma part. Ainsi, j'avais entendu dire que toutes les communes de France avaient des renseignements sur la colonisation en Algérie. Je les ai demandés dans ma commune, et l'employé de la mairie m'a regardé d'un air tout étonné.

UN MEMBRE. — Il n'y a pas de renseignements sur l'Algérie.

M. LE COMMANDANT MARQUER. — De même, si vous demandez à un fonctionnaire de l'administration centrale comment on peut se rendre dans telle colonie et ce qu'on y trouvera à faire, il vous fera attendre à la porte d'un grand bureau ; mais vous attendrez en vain les renseignements cherchés. (*On rit.*)

Je suis de l'avis de M. Barbier ; je voudrais qu'on commençât par créer un bureau colonial dans les ports maritimes. A cet égard, le Congrès peut émettre un vœu qui ne l'engagera en aucune manière.

Dans les ports, en effet, on a toute facilité pour obtenir des renseignements. Ceux qui veulent émigrer en profiteront-ils ? J'en doute. J'ai vu des habitants de Meurthe-et-Moselle aborder avec le marquis de Rays à Port-Breton, et vous savez quel a été leur sort : quelques-uns sont revenus, mais d'autres ont été mangés là-bas.

M. BARBIER. — Ce n'étaient pas des membres de la Société de Géographie de l'Est.

M. LE COMMANDANT MARQUER. — Trop souvent les gens partent sans savoir où ils vont. Il y a quelques mois, j'étais chez le consul de France à Capetown, lorsque nous vîmes arriver un individu qui nous demanda : « Où est le chemin de la mine ? — Quelle mine, mon ami ? — N'importe laquelle, mine d'or ou d'argent. — Les mines, lui dit-on, sont à plus de 1,200 kilomètres. Parlez-vous anglais ou hollandais ? — Non ! — Qu'est-ce que vous êtes ? — Je ne suis plus rien ; j'étais employé à l'octroi de Paris, j'ai donné ma démission pour venir ici chercher de l'or ou des diamants. »

Ce malheureux était arrivé avec une valise ; mais il n'y avait rien dedans ; la valise était destinée à remporter son or ! Je fus obligé de le ramener au Gabon comme indigent. En général, les gens qui vont aux colonies ne demandent de conseils à personne, ou, s'ils en demandent, ils ne les suivent pas.

M. LE PRÉSIDENT. — La morale de cette histoire est qu'il y a quelque chose à faire pour renseigner ceux de nos compatriotes qui vont à l'étranger.

J'ai déjà indiqué le système qui est suivi à la Société de Géographie commerciale de Paris. Je me permets d'insister sur les considérations que vient de faire valoir M. le commandant Marquer et qui démontrent à nouveau combien il serait utile de donner des renseignements aussi précis que possible à tous les Français qui veulent s'expatrier.

Il ne faut pas nous le dissimuler, messieurs; la question que nous traitons en ce moment est importante.

La plupart de nos compatriotes qui vont à l'étranger ne savent pas comment ils gagneront leur vie dans le pays où ils se rendent. On peut ajouter que, sur vingt émigrants, dix-huit ignorent même s'ils pourront faire usage de leurs forces physiques, s'ils ne seront pas, dès leur arrivée ou plus tard, terrassés par les maladies. Ils ne pensent qu'à s'en aller. (L'orateur donne ici des exemples de l'ignorance des solliciteurs et de leur mécontentement quand on les dissuade de se rendre sur certains points.)

En dépit de tout, les conseils sont nécessaires, utiles : mais comment les donner ? Notre collègue, M. Imbert, croit qu'on y arriverait par la création d'un bureau colonial. Je demanderai à notre collègue de modifier sa proposition : car je ne crois pas beaucoup à l'efficacité d'un bureau, c'est-à-dire d'un rouage administratif dans une société composée uniquement d'hommes de bonne volonté. c'est vrai, mais libres de leurs mouvements. (*Marques d'approbation.* Ce qu'il pourra obtenir, c'est, comme cela a été fait à la Société de Géographie commerciale de Paris, qu'il soit dressé dans chaque Société de Géographie, une liste des membres ayant résidé dans une colonie ou dans une contrée déterminée, que les demandes de renseignements parvenant à la Société soient renvoyées à tel ou tel des membres compétents et que les réponses, faites sous la responsabilité personnelle de leurs rédacteurs, soient adressées sans retard et gratuitement aux solliciteurs. C'est en ce sens que j'engagerais M. Imbert à rédiger sa proposition, qui me paraît rencontrer l'assentiment de bon nombre des membres du Congrès.

M. LE COMMANDANT BONNETTI. — La Société de Géographie de Bordeaux a pensé que ce qu'elle pourrait faire par elle-même serait insuffisant.

Un de nos collègues a dit que le vœu serait platonique. Mais tous nos vœux sont platoniques. Quelle sanction pouvons-nous leur donner?

Le bureau colonial créé dans un port de commerce peut recueillir des renseignements, mais non les donner aux émigrants. Il faudrait qu'il y eût une certaine entente entre les pays du centre que quittent les émigrants et les ports où ils s'embarquent.

Il me semble qu'on a beaucoup élargi la question. Il s'agit surtout de l'émigration dans les colonies françaises. Or, sur ces colonies on peut avoir des renseignements un peu plus précis qu'on ne le suppose.

On pourrait, comme je l'ai dit, laisser toute liberté aux Sociétés pour créer des bureaux coloniaux. J'ai voulu simplement dégager la Société de Géographie de Bordeaux de l'obligation de prendre cette initiative.

M. IMBERT. — Je m'associe pleinement aux paroles de M. Bonnetti, qui a parfaitement résumé la question, telle que je l'entends.

M. DUBOIS. — Il semble résulter de la discussion que personne ne conteste en principe l'utilité de la création d'un bureau colonial qui fournirait des renseignements aux personnes désireuses d'émigrer. On soulève simplement des difficultés de forme, d'organisation, et on vous demande de voter un principe.

Voter un principe dans la question actuelle, Messieurs, c'est dire ceci : Il serait utile que ces bureaux fussent constitués. Et M. Imbert vous demande d'émettre ce vœu pour pouvoir, à la faveur de votre vote, se mettre à l'œuvre. D'autres Sociétés imiteront peut-être son exemple, et l'an prochain, elles vous diront : « Nous avons réussi, et voici l'organisation qu'il faut adopter » ; ou : « Nous n'avons pas réussi, et en voici les raisons. »

Dans ces conditions, le Congrès ne peut pas se refuser à émettre un vœu reconnaissant qu'il est utile d'instituer auprès de chaque Société de Géographie un bureau de renseignements sous le titre de Bureau colonial. (*Applaudissements.*)

M. IMBERT. — Je maintiens purement et simplement le vœu que j'ai eu l'honneur de présenter au Congrès. Il me paraît être bien le résumé des paroles que vient de prononcer M. Dubois.

M. LE PRÉSIDENT. — Pour que la rédaction de votre vœu fût conforme à vos propres conclusions, vous pourriez dire : « Le Congrès engage les Sociétés de Géographie françaises à organiser dans leur sein un service de renseignements aux émigrants. »

M. LE COLONEL BLANCHOT. — J'ajouterai : « ... un service de renseignements *aux émigrants dans les territoires français.* » C'est-à-dire aux personnes qui vont dans les colonies françaises et rien qu'à celles-là. Nous n'avons pas à renseigner ceux qui vont au Chili ou dans la République Argentine.

« Il n'y a que trop, en France, de sociétés qui poussent à l'émigration de nos concitoyens vers les territoires étrangers ! Il ne sera pas dit qu'on trouvera des Sociétés de Géographie pour donner des renseignements sur ces contrées. En précisant que nous ne visons que les Colonies françaises, nous restons dans notre rôle. J'insiste donc pour qu'on ajoute les mots « dans les territoires français. »

M. LE PRÉSIDENT. — Voici le vœu que soumet à l'approbation des membres du Congrès notre collègue, M. Imbert, de la Société de Géographie de Bordeaux.

Le XIVe Congrès de Géographie, réuni à Tours, engage les Sociétés à organiser dans leur sein, dans l'intérêt français, un service de renseignements aux émigrants français.

Je mets aux voix cette proposition.

(*Le vœu de M. Imbert est adopté par 19 voix contre 7*).

Dénombrement des étrangers en France

M. LE PRÉSIDENT. — Je donne la parole à M. Turquan.

M. TURQUAN. — Messieurs, je suis chargé, par M. le Ministre du commerce, de l'industrie et des colonies, de déposer sur le bureau du Congrès un volume qui vient de paraître ce matin et qui est édité par mon service. C'est le *Dénombrement des Étrangers en France*.

J'ai pensé que le moment était opportun pour présenter ce volume au Congrès de géographie, attendu qu'il concerne l'émigration. On trouve, en effet, dans un chapitre spécial, une comparaison entre l'émigration française à l'étranger et l'émigration des étrangers en France.

Vous savez qu'au moment du dénombrement, chaque habitant, français ou étranger, inscrit sur un bulletin son nom, la date de sa naissance, sa nationalité, son état civil (marié, veuf ou célibataire) et sa profession. C'est la mise en œuvre des bulletins concernant les étrangers, au nombre de 1.130.000 qui a produit ce volume.

C'est la première fois que l'administration a procédé à un dénombrement spécial des étrangers; je suis heureux de vous présenter personnellement ce volume. J'en ai rédigé l'introduction dans un esprit absolument impartial pour démontrer certains faits.

Ce qui peut fournir le prétexte de parler de ce livre dans un Congrès de géographie, c'est qu'il est pour ainsi dire rempli de cartes, et de diagrammes se rapportant à des faits intéressant la géographie. C'est presque une œuvre de géographie. Vous trouverez dans une série de cartes la distribution géographique des étrangers de toutes nationalités par département et par arrondissement, la proportion de ces étrangers par 1,000 habitants. J'ai considéré cette proportion comme un relief de terrain, et j'ai pu, à l'aide de cette fiction, que l'on me permettra, dresser une sorte de carte topographique des étrangers en France par arrondissement; elle est assez intéressante à consulter, principalement sur la frontière, où il y a le plus d'étrangers.

De plus, il y a des cartes relatives à la distribution géographique des Anglais, des Italiens, des Belges, des Russes, des Allemands, des Suisses, des Espagnols.

Ce volume, je le répète, est tout à fait nouveau; aussi ai-je tenu à ce que le Congrès en eût la primeur. D'un autre côté, c'est pour la première fois que les étrangers ont été recensés suivant leurs professions. Il en résulte une série de cartes donnant la répartition géographique des patrons, des ouvriers, des employés étrangers, des membres de la famille, de façon qu'on peut savoir comment les étrangers se comportent chez nous au point de vue économique et au point de vue de la famille.

De plus, j'ai pu dresser des cartes par profession : l'on trouvera, dans ce document, la carte agricole, la carte industrielle des étrangers, celle des étrangers qui exercent des professions libérales, des rentiers, etc. Je crois que c'est à Tours qu'il y a le plus de ces derniers; c'est une très grande source de richesse pour la Touraine. C'est aussi là qu'il y a le plus de domestiques étrangers. Les étrangers apportent ici leur argent, tandis que, sur la frontière de l'Est et sur celle du Nord, ils prennent notre argent en échange de leur travail.

Il y a une annexe sur les étrangers à Paris où sont examinés les effectifs de différentes nationalités ainsi que les étudiants étrangers inscrits dans les diverses facultés.

Je voudrais appeler simplement votre attention sur les coefficients de l'immigration et de l'émigration pour certains pays. J'ai étudié, par exemple, le nombre des Suisses en France et le nombre des Français en Suisse, puis j'ai comparé les coefficients différents de la France dans son expansion vers la Suisse et de la Suisse dans son expansion vers la France. De même pour le mouvement d'échange entre la Belgique et la France, entre l'Amérique et la France, et ainsi de suite pour tous les pays.

Il y a, par exemple, 130.000 Français dans l'Amérique du Nord et 7.000 Nord-Américains en France ; 150.000 Français dans l'Amérique du Sud et 3 ou 4.000 Sud-Américains en France. Il n'y a pas équilibre, dans l'échange d'hommes entre les deux pays, tandis qu'il y a au contraire 83.000 Suisses habitant chez nous et 53.000 Français en Suisse.

Les Belges sont au nombre de près de 400.000 en France, et il y a 50.000 Français en Belgique. En Italie, l'on compte 10.000 Français, contre près de 300. 000 Italiens en France.

Les personnes que ces questions intéressent pourront se reporter aux développements de ce volume. Je suis, messieurs, personnellement à votre disposition pour vous le procurer. Vous n'avez qu'à en faire la demande au ministre qui l'enverra aux Sociétés de géographie qui ne font pas encore l'échange de leurs documents avec le Ministère du commerce et de l'Industrie. (*Applaudissements.*)

M. LE PRÉSIDENT. — L'Assemblée tout entière vous remercie, mon cher collègue, par ses applaudissements de l'intéressante et savante communication que vous venez de lui faire.

Moyens à employer pour favoriser le développement de l'émigration française, spécialement en Algérie et en Tunisie.

M. LE PRÉSIDENT. — L'ordre du jour appelle l'examen des moyens à employer pour favoriser le développement de l'émigration française spécialement en Algérie et en Tunisie (Question proposée par la Société de géographie commerciale du Havre).

Je donne la parole à M. NICOLLE, délégué de la Société de géographie commerciale du Havre.

M. NICOLLE donne lecture de la communication suivante :

La Société de Géographie du Havre a fait choix de cette question parce qu'elle lui a semblé, au moment où le pays s'intéresse si vivement aux questions de colonisation, être de la plus grande importance pour arriver dans cette voie à des résultats pratiques et satisfaisants. Placée pour être renseignée sur la valeur des agences d'émigration en général, sur les résultats obtenus, sur l'état lamentable de nos malheureux compatriotes à la Plata même, qui leur paraissait la contrée la plus favorable, la Société de Géographie du Havre est d'avis qu'il est de toute nécessité de pousser par tous les moyens possibles l'émigration, en particulier celle des classes pauvres, vers les colonies françaises d'occupation ou de protectorat.

Certes, il semble plus aisé de porter ses pénates au milieu d'une nation que l'on dit prospère, il est aisé aussi de suivre un courant établi par des institutions qui y sont intéressées, et c'est contre ce courant, contre ces exploitations, que le gouvernement et l'initiative privée doivent réagir. Quelles désillusions attendent nos émigrants à l'étranger, dans l'Argentine, par exemple, où ils se sont portés en masses ! La langue, les mœurs, sont différentes, les lois sont faites surtout pour les fils du pays, et ces derniers sont loin d'être sympathiques à l'étranger. Il est notoire, de plus, que pour se créer une situation à la Plata il faut y arriver avec des fonds, sous peine de s'exposer à végéter dans la misère et une misère noire et bien décourageante.

M. LE PRÉSIDENT — La phrase que j'ai prononcée il y a un an et que l'orateur vient de citer, avait à cette époque une valeur que je ne lui reconnais plus aujourd'hui.

M. NICOLLE. — La commission organisée au sein de notre Société s'est occupée plus intimement des moyens de favoriser l'émigration vers l'Algérie et la Tunisie ; la première de ces colonies surtout a été l'objet de ses études, et elle a fait paraître une brochure qui a été publiée dans le bulletin de la Société. D'autres ont fait devant un public nombreux et éclairé quelques conférences dont les comptes rendus ont été publiés également dans notre bulletin.

Il est certain que nous émigrons volontiers vers nos colonies nord-africaines, mais l'éloquence de certains chiffres mis en comparaison nous a frappés sur l'insuffisance de ce mouvement.

En effet, la population française, qui était en 1876, d'après la statistique générale du Gouvernement de l'Algérie, de 198,792 personnes, n'était en 1891, quinze ans après, d'après la même statistique générale, que de 216,071, soit 17,279 de plus, et par an 1,152 personnes (les autres Européens pendant le même laps de temps immigraient en Algérie à raison de 2,850 par an). Il y a urgence à diriger les colons vers l'Algérie, il y aurait même, comme on peut voir, danger à ne pas le faire.

Un raisonnement à priori montre l'intérêt qu'y trouverait le pays quand on pense que les 420,000 Français et Européens d'Algérie font un chiffre d'affaires de plus d'un demi-milliard et qu'il y a place dans le Sahel et le Tell pour une population décuple. Quand je dis de la place, j'entends qu'elle existe matériellement, mais on sait que, dans la situation actuelle, il est difficile, sinon impossible de s'en procurer ; les Européens ont occupé les terres laissées à leur disposition, et ils sont dans l'impossibilité de traiter avec les Indigènes pour les autres terres, la propriété de ces derniers n'étant pas établie ou étant collective. Il y a plus de demandes de concessions qu'il n'est possible d'en satisfaire.

Plusieurs moyens s'offrent pour amener l'acquisition de terres, et, bien que peu partisan de l'immixtion de l'Etat dans la colonisation dès que son rôle est achevé et que ses mesures sont prises pour assurer la possession la plus pacifique des conquêtes de la nation, il semble que son intervention soit indispensable pour régler cette question dans la position actuelle des Européens vis-à-vis des Indigènes.

Donc il nous paraît nécessaire que l'Etat, qui a des ressources et qui peut attendre, qui peut, au besoin, revenir sur certains décrets ou en promulguer de nouveaux, se charge de traiter avec les chefs arabes. Il réunirait des lots de plusieurs milliers d'hectares qui seraient vendus ensuite aux Colons, aux sociétés d'exploitation, au prix coûtant et cela dans la région du Nord où seulement il est possible à l'Européen de coloniser lui-même : on pourrait même compléter l'œuvre ci-dessus en établissant une répartition bien définie des terres aux Indigènes, ce qui amènerait l'établissement d'un cadastre. On le ferait succinct, très libéral, très favorable aux Arabes, puis on morcellerait les espaces qui échéeraient à ces derniers. Il en résulterait, par la suite, la possibilité pour les Européens de traiter avec les Indigènes en connaissance de cause, et on éviterait l'inconvénient qui existe maintenant, ou de ne pouvoir acheter, ou d'acheter quelquefois à des spéculateurs sans scrupules, prétendus propriétaires des terres qu'ils vendent quand leurs titres de possession se bornent le plus souvent à un acte extorqué à un cadi-notaire quelconque.

Il ne suivrait pas de ces mesures, comme des personnes pourraient le craindre, une condition pour les Arabes inférieure à celle qu'ils ont actuellement ; l'expérience faite en Algérie démontre surabondamment que l'Arabe gagne et s'instruit, au contact, au voisinage de l'Européen agricole et travailleur ; ceux des Indigènes qui conserveraient leurs lots de terres en tireraient un parti considérable, ceux qui préféreraient s'en défaire trouveraient à être employés auprès des Européens, et l'on sait que dans ces conditions ils gagnent actuellement 2 fr., 2 fr. 50 et 3 fr. par jour, salaires relativement élevés pour eux. Leurs terres, devenant la possession d'un Européen ou d'un Indigène laborieux, n'en seraient pas moins cultivées. Il résulterait que ce mélange forcé amènerait un certain rapprochement de l'Arabe qui continue et continuera longtemps encore à nous regarder comme des conquérants barbares qui se sont emparés par la force de son territoire. Une administration sage, pratique, expéditive, débarrassée des paperasses qui l'encombrent, qui créerait des écoles aux programmes simples, professionnelles autant que possibles, agricoles surtout, où on obligerait à venir s'instruire la jeunesse arabe, cette administration, dis-je, serait favorable à ce rapprochement pour la période actuelle et celle à venir.

S'il est à désirer que l'administration de l'Algérie soit réformée, plus encore que pour la raison ci-dessus, c'est au point de vue de la colonisation, pour attirer les Européens, faciliter leur installation ; aussi voyons-nous, avec satisfaction, le Parlement s'occuper de cette question. On l'a souvent répété : un tort chez nous est d'appliquer à un pays neuf, de mœurs tout autres, des lois et des règlements faits pour un pays civilisé, vieux dans l'histoire du monde et dressé de longue date à les endurer. Une erreur que l'on reconnaît généralement aussi consiste à faire permuter sans calcul les fonctionnaires de nos colonies ; il est nécessaire de s'attacher, et pour longtemps, par un traitement de faveur le personnel auquel on aura reconnu les aptitudes à l'administration de telle colonie ; à ce sujet, la suppression du quart colonial a été une erreur.

Le principal objet de la réforme à l'étude est l'attribution au gouvernement de l'Algérie de plus de pouvoirs, de plus d'initiative ; nous nous en félicitons.

« Ce qui précède étant bien établi, que ferons-nous pour mettre en valeur les terres acquises, pour venir en aide au colon ? Il est de première importance de le pourvoir d'eau, de lui permettre les communications, le ravitaillement, l'écoulement de ses produits, etc., etc. Le pli est pris de faire en Algérie de la colonisation officielle, mais elle est faite sur un pied trop petit et qui reléguerait bien loin nos espérances de voir décupler sa population puis son chiffre d'affaires. Le crédit de la colonisation, actuellement de 2,370,000 fr., sert en effet : 1,000,000 à des travaux complémentaires dans des centres déjà créés, et le reste, 1,370,000, à en établir 3 ou 4 nouveaux. Or un exemple pris dans le Dahra Oranais ouvrira les yeux sur les résultats obtenus ; 4 centres : Cassaigne, Ouillès, Bosquet et Renault, créés en 1872, époque à laquelle ils avaient 892 habitants, ne sont parvenus, tout en prospérant, qu'au chiffre insuffisant de 1,485 en 1891.

Il faut donc s'y prendre autrement, et nous avons accueilli favorablement dans une de nos séances un projet présenté par un de nos membres, M. Charvet, propriétaire en Algérie, qui consisterait à autoriser le gouvernement futur d'Algérie à contracter un gros emprunt permettant de faire grand une fois pour toutes. Afin de répartir également ces ressources sur tous les points de l'Algérie, afin que le moindre centre, la moindre parcelle favorable à l'établissement d'une colonie en profite, nous nous sommes rangés à l'idée de la création de conseils cantonaux, proposés également par notre honorable collègue. Ces conseils amèneraient la suppression des sous-préfectures, ils seraient par conséquent en relations directes avec les chefs-lieux des départements. Le principal rôle de l'Administrateur cantonal nommé par le gouvernement général serait, aidé de son conseil, l'amélioration de son canton : travaux hydrauliques, agricoles, d'assainissement, plantations, reboisements, barrages, chemins de fer, chemins vicinaux, ports, hospices, écoles, etc., etc., toutes créations de première urgence : le reboisement rétablirait le régime des eaux et contribuerait ainsi à féconder des terres arides aujourd'hui. Des écoles économiques et nombreuses rendraient les services que nous avons signalés. Enfin dans la création des centres on s'attacherait à réunir des colons issus d'une même région, si possible d'un même village, comme l'a fait cette Société protestante qui a emmené en Algérie des Vaudois dont le village avait été fortement éprouvé par un cataclysme.

Les ressources de ces conseils cantonaux consisteraient en impôts qu'ils auraient la faculté de créer, en emprunts qu'ils feraient approuver. Cette administration, au moyen de conseils cantonaux, semble devoir être plus profitable que celle actuelle de maires, trop souvent livrés à eux-mêmes et se laissant aller volontiers à des mesures arbitraires ou d'intérêt personnel. De plus, étant plus directement en relation avec l'Administration supérieure, les mesures prises par celles-ci auraient une portée plus immédiate, et du même coup elles seraient répandues jusque dans l'intimité des colonies.

L'*Akbar* d'Alger et divers organes ont très chaudement accueilli cette idée et lui sont très favorables.

On compte environ 90 cantons, à chaque administrateur desquels on pourrait donner 3 à 4,000 fr. Le budget n'aurait donc pas à souffrir de cette création nouvelle, qui amènerait, comme je l'ai dit, la suppression des sous-préfectures et par suite celle des traitements qu'elles entraînent.

M. LE PRÉSIDENT. — La question posée est celle-ci : Des moyens à employer pour favoriser l'émigration en Algérie. Je vous prie d'indiquer ces moyens.

M. NICOLLE. — En ce qui concerne l'Algérie, la question est très complexe. Mon travail a pour but d'exposer les moyens d'aplanir les difficultés actuelles.

M. LE PRÉSIDENT. — C'est toute une nouvelle organisation de l'Algérie que vous proposez.

Veuillez indiquer seulement les moyens qui, selon vous, favoriseraient l'émigration.

M. NICOLLE. — Je propose toute une série de moyens. Dans les conditions où se trouve actuellement l'Algérie, il est certain que le nombre de colons que j'indiquais tout à l'heure ne peut pas être dépassé. Cependant, grâce aux ressources énormes dont elle dispose, l'Algérie nourrit une population d'émigrants beaucoup plus considérable. C'est pour favoriser ce mouvement d'émigration que je suis obligé de toucher à la réorganisation de l'Algérie.

M. LE PRÉSIDENT. — Je vous demande pardon d'insister. Je voudrais connaître vos conclusions.

M. NICOLLE. — Ces conclusions, Monsieur le président, sont indiquées dans la suite de mon travail. Si vous voulez bien le permettre, je vais en achever la lecture :

Enfin, pour que tous ces efforts et tous ces sacrifices ne soient pas stériles afin de faire autour de ces créations, de ces facilités nouvelles, la propagande nécessaire, il faut que l'initiative privée ou collective se mette en mouvement. Nous avons applaudi à la création des bureaux coloniaux auprès des Sociétés de Géographie ; leur activité, leur vigilance et leur compétence sont appelées à rendre les plus grands services. Nous demandons cependant qu'il soit créé un moyen d'information plus complet, plus immédiat que celui-là : nous préconisons la création à Paris d'un centre qui recueillerait du gouvernement d'Algérie les renseignements les plus circonstanciés, les plus détaillés sur les terres disponibles ou devenues telles, sur leurs prix, les travaux créés, les ressources qu'on y trouve, les cultures ou exploitations à y faire, etc. Ce même centre qui aurait des attaches officielles, répandrait ces renseignements en France jusque dans les cantons où ils seraient affichés au même titre que les renseignements analogues concernant ces cantons eux-mêmes. La mesure, du reste, pourrait s'étendre aux autres colonies, et nous avons la conviction qu'elle amènerait tôt ou tard un mouvement vers nos colonies, mouvement voulu, réfléchi, de travailleurs agricoles, industriels ou commerçants, et que nous verrions l'Algérie, la Tunisie et toutes nos belles colonies peuplées de bons Français plutôt que d'Italiens ou d'Allemands. Il s'ensuivrait la richesse et la prospérité de notre domaine colonial et en même temps celles de la France.

J'émets donc le vœu que le gouvernement hâte la réorganisation de l'Algérie sur une base libérale, expéditive et conforme à ses mœurs, qu'il l'autorise à souscrire un fort emprunt et qu'il adopte le système des conseils cantonaux ; qu'il soit créé un moyen officiel d'information pour l'émigration vers les colonies françaises. »

M. BOUTROUE. — Je demande la parole.

M. LE PRÉSIDENT. — Vous avez la parole.

M. Boutroue. — Je répondrai, messieurs, aux propositions de l'honorable préopinant en laissant de côté sa personne, que je respecte sans avoir l'honneur de le connaître, mais je dois m'exprimer sévèrement sur ses idées et sur le nouveau système de colonisation qu'il vient d'exposer.

Tous ceux qui ont lu le rapport de M. Burdeau sur l'Algérie, qui a été déposé en avril 1891 sur le bureau de la Chambre, et qui est dans son genre un véritable monument, ont amèrement regretté les faux pas, les démarches vaines, si malheureuses, si onéreuses pour les finances de notre pays, qui ont été faits. Depuis que nous avons entrepris de la coloniser, l'Algérie nous a coûté 3 milliards 800 millions, et il ne faut pas oublier que cette situation est due, dans une large mesure, aux projets trop hâtifs qu'ont élaborés si souvent, dans des sens opposés, des hommes qui connaissaient mal l'Algérie et ses populations, qui n'étaient pas allés dans le pays, et qui, par conséquent, étaient incapables de formuler des idées pratiques.

Si je voulais montrer l'intérêt qu'il y a à renoncer aux idées préconçues, aux systèmes bâtis de toutes pièces, aux réformes intempestives, il me suffirait de rappeler ce que nous avons fait depuis douze ans en Tunisie. Fort heureusement, éclairés par l'exemple de l'Algérie, nous avons agi autrement dans la Régence, et nous avons laissé se dérouler les événements à la faveur du régime existant, car nous n'étions pas les maîtres, mais seulement les protecteurs du pays.

Cette situation nous a forcés à respecter certaines institutions que nous avions trouvées établies, qui avaient leur raison d'être au milieu de populations dont la religion, les mœurs et les coutumes sont différentes des nôtres. Nous nous en sommes si bien trouvés que la Tunisie suffit à toutes ses dépenses alors que, comme j'aurai l'honneur de le dire ce soir, le budget de l'Algérie ne se boucle, aujourd'hui encore, qu'avec un déficit de 70 à 80 millions fournis par la métropole.

Ce régime de liberté, ce respect relatif de l'état social existant dans le pays où nous sommes établis, nous ne les avons malheureusement pas pratiqués en Algérie, et c'est en grande partie parce qu'on a discuté avec trop de bienveillance dans les Chambres, sous les divers gouvernements qui se sont succédé dans notre pays, qu'on a conçu des opinions fausses, élaboré des projets irréalisables, comme celui dont on vient de parler, et que je crois avoir le droit de caractériser de cette façon sans qu'il soit besoin d'entrer dans de plus amples détails.

On a dit tout à l'heure avec juste raison que le Congrès devrait s'abstenir d'émettre des vœux platoniques et que nous sommes réunis ici pour faire une œuvre sérieuse, scientifique qui puisse se manifester par des résultats.

Si un vœu platonique pouvait cependant être émis en ce qui concerne l'Algérie, ce serait précisément de souhaiter que les novateurs cessent de nous présenter des projets. Je les renverrai à la lecture de ce rapport de M. Burdeau, dont je parlais, où se trouvent rappelés tous les faux pas, toutes les dépenses stériles que nous avons faits en Algérie.

Un véritable homme d'État, mort il y a peu de temps, M. Jules Ferry, qui avait visité l'Algérie, avait été bien mieux inspiré. Voyant combien de réformes avaient été tentées inutilement, il a compris qu'il fallait fortifier le gouvernement de l'Algérie et fermer le robinet, si je puis ainsi dire, des réformes nouvelles en étendant les pouvoirs du gouverneur général. Et il avait déposé en ce sens un projet sur le bureau du Sénat.

Par conséquent, mes chers compatriotes de France, je vous en prie, ne vous occupez pas avec trop de sollicitude des affaires de l'Algérie et de la Tunisie ! Aujourd'hui les affaires y vont tant bien que mal ; laissez faire le gouvernement central résidant à Paris. Dieu veuille que ce gouvernement fortifie les pouvoirs du gouvernement général qui réside là-bas et qui est entouré de conseils pour accomplir sa tâche parfois difficile ! Et gardons-nous de proposer des réformes nouvelles, comme celles qui nous sont aujourd'hui présentées.

Je propose l'ordre du jour pur et simple. (*Applaudissements.*)

M. Nicolle. — Messieurs, les idées que je n'ai fait qu'indiquer ont été exposées par un Algérien dans un travail qui, contrairement à l'opinion de M. Boutroue, a rencontré une vive approbation en Algérie. Je rappelle que moi-même je me suis montré très favorable au projet de M. Jules Ferry, qui tend à laisser une plus grande initiative au gouverneur général.

Le vœu que je formule est très simple. Il est ainsi conçu :

Le Congrès émet le vœu :

Que le pays, par des mesures d'ordre privé ou officielles, pénétré de la nécessité de diriger l'émigration française sur nos colonies, emploie tous les moyens pour y arriver ;

Afin d'atteindre ce but pour l'Algérie en particulier, le Congrès demande que le gouvernement hâte la réorganisation de ce pays sur des bases libérales, expéditives et conformes à ses mœurs et à ses besoins.

M. BOUTROUE. — Cette formule contient une pétition de principe. Vous dites qu'il faut augmenter le nombre des émigrants, et vous n'indiquez aucun moyen.

M. LE PRÉSIDENT. — Je mets aux voix le vœu tel qu'il m'a été remis.

(Ce vœu, mis aux voix, n'est pas adopté.)

De l'influence de la femme sur l'émigration à l'étranger

M. LE PRÉSIDENT. — Messieurs, je suis frappé, pour ma part, de ce fait que les moyens à employer pour favoriser notre émigration semblent encore insuffisants à nombre de personnes. Le Congrès est honoré de la présence d'un homme dont les connaissances en cette matière sont très étendues. Il a déjà exprimé dans la presse ses idées : il serait bon, à mon avis, qu'il nous les fît connaître ici. Si je ne craignais d'abuser de son obligeance, j'inviterais M. de Varigny à nous parler d'un sujet qu'il a traité d'une façon remarquable, je veux parler de l'influence de la femme sur l'émigration à l'étranger. Je suis certain que le Congrès l'écouterait avec grand plaisir et profit.

M. DE VARIGNY. — Je réponds à votre appel, Monsieur le Président. Je n'ai pas d'autres titres pour prendre la parole que dix-huit années passées à l'étranger. J'ai étudié les procédés de la colonisation dans l'Amérique du Sud et l'Australie, dans le Centre-Amérique, aux États-Unis, en Océanie ; je suis arrivé à certaines convictions, et je vais tâcher de les résumer aussi brièvement que possible.

Hier soir, dans un de ces toasts humoristiques dont il est familier, M. Gauthiot a réclamé le concours des femmes pour le succès de la cause géographique. Je lui ai dit, en sortant de notre réunion, qu'il y avait une profonde vérité philosophique dans son toast, vérité qu'on pourrait développer utilement. Voici comment :

J'ai vu beaucoup de nos compatriotes à l'étranger ; j'ai vu beaucoup d'Anglais, beaucoup d'Allemands ; j'ai été à même de comparer les différents moyens de colonisation, et je suis arrivé aux conclusions suivantes :

L'émigration anglaise et l'émigration allemande se développent sans cesse. J'ai vu, en Océanie, l'émigration allemande grandir peu à peu. C'était d'abord un petit comptoir, alimenté par quelques produits de Brême ou de Hambourg, qui se fondait ; puis ce comptoir étendait de proche en proche ses opérations. Quelques années plus tard, c'était une maison de commerce, plus tard encore une maison de premier ordre.

J'ai examiné, étudié, causé avec ces Allemands. A cette époque, nous n'étions pas ennemis. Je comptais parmi eux des amis, des gens qui m'intéressaient ; je les questionnais, et je me rendais compte de leurs moyens de réussite.

Race essentiellement adaptable, — ce qui est un *criterium*, — race bien douée pour les luttes de la vie, les Allemands arrivaient, humbles, modestes, se pliant facilement aux exigences du climat et de l'existence ; facilement ils apprenaient la langue indigène, canaque, polynésienne ou autre ; ils se montraient doux avec ces populations, leur faisaient crédit et étendaient le cercle de leurs opérations. Rien de la morgue britannique, rien de ce dédain avec lequel les Anglais considèrent les races de couleur. Peu à peu, discrètement, ils dépossédaient l'Anglais. Dans beaucoup de ces comptoirs de l'Océanie — je parle des Samoa, de Taïti, des Loyalty, — les Allemands poussaient l'Anglais dehors, prenaient sa place et la gardaient.

J'ai vu pendant quatorze ans grandir cette émigration, décroître celle de l'Angleterre. Cette hauteur, ce dédain qu'elle affirme vis-à-vis des races de couleur répondaient à une singulière colonisation.

On a souvent dit que nous, Français, nous n'étions pas colonisateurs. Permettez à un homme qui a passé dix-huit années à l'étranger de dire que nous avons été le peuple colonisateur par excellence, que le génie français, profondément humain et profondément sympathique aux petits, aux faibles, aux déshérités, a fait si grand le nom de la France, partout où elle a passé il y a deux siècles, qu'on trouve encore aujourd'hui sa trace visible profonde et que, chez les descendants de ces sauvages auxquels nos missionnaires ont jadis porté la bonne parole, nous retrouvons le souvenir de la France aussi vivace qu'aux premiers jours.

Vous le voyez au Canada, où les 70,000 Français abandonnés par nous, à la suite du malheureux traité de Paris, sont aujourd'hui 1,800,000 et tiennent les Anglais en échec. Vous le voyez en Louisiane, aux Antilles, aux Indes, où le nom de Dupleix est resté légendaire. (*Vifs applaudisse-ments.*)

L'Anglais n'est pas colonisateur. Plus encore que la race espagnole, la race anglo-saxonne ne comprend la colonisation que comme une œuvre de superposition de la race supérieure sur la race autochtone.

Voyez en Australie, où les derniers vestiges de la race autochtone traînent une existence misérable et précaire ! Voyez aux Etats-Unis, où le proverbe est resté : *Good Indian, dead Indian*, bon Indien, l'Indien mort.

Ce n'est plus de la colonisation ; c'est la conquête, c'est sa prise de possession, c'est la substitution d'une race à une autre. Ainsi a fait l'Espagne, quand elle a passé comme un vent de colère sur l'Amérique du Sud. On a vu alors la dynastie des Incas et les populations indiennes disparaître, fondre comme la neige au soleil. Il n'en reste que très peu aujourd'hui ; mais l'Espagne a récolté ce qu'elle avait semé ; elle avait semé le vent, elle a récolté la tempête, et ce pays si grand, qu'à un moment il projetait son ombre sur l'univers entier, a perdu peu à peu toutes ses colonies et, dans cette Amérique envahie par l'Espagne. l'Espagne ne possède plus un pouce de terre.

Tout autre a été notre œuvre, et tout autre le résultat. Qu'est-ce que l'émigrant français ? Ce n'est pas un être abstrait. Ce sera peut-être demain votre fils ou votre gendre, ce sera un homme de notre race. Remarquez que notre émigration à l'étranger se recrute aujourd'hui presque exclusivement parmi les ouvriers. Or l'homme qui a un métier entre ses mains, ne vous inquiétez pas de lui : il se tirera d'affaire.

Où donc est la difficulté pour l'émigrant de la classe moyenne ? Il y a un an, je discutais avec un vieil ami, que je viens de perdre, et dont le nom vous est bien connu, avec M. H. Taine, une question qui nous a toujours, et à juste titre, préoccupés. Il me disait : « Comment vois-tu la vie pour nos fils ? Comment les classes moyennes, en France, arriveront-elles à placer leurs enfants ? » Il faisait allusion à cette fraction de la population française qui vit de ses rentes ou qui exerce les carrières libérales, dont le revenu peut osciller entre 20,000 et 8,000 fr. de rentes au minimum et dont les fils sont naturellement destinés aux professions libérales.

« Oui, me disait-il, comment les établirons-nous ? Car enfin il y a déjà trop d'avocats, trop de médecins, trop d'architectes en France. Reste l'émigration. Tu connais cette question : qu'en penses-tu ? »

Je lui répondais : L'émigrant français se heurtera toujours à une difficulté que l'émigrant allemand ne connaît pas. Cette difficulté, la voici : il se heurtera à l'opinion publique pour laquelle l'émigrant est un homme aventureux. D'aventureux à aventurier, il n'y a qu'un pas ; il en est de même d'aventurier à déclassé.

L'esprit public en France n'est pas favorable à l'émigrant. Si, parmi vous, Messieurs, il en est qui aient un fils, un neveu, un cousin désireux d'émigrer, écoutez ce qui se dit autour de lui ! On ne l'attaquera pas, on ne le découragera pas, tant qu'il ne demandera pas appui, mais on murmurera : Pourquoi s'en va-t-il? Ne peut-il donc faire rien autre chose? Ne peut-il pas trouver où se placer? Pierre qui roule n'amasse pas mousse. Oui! nous avons un certain nombre de proverbes du genre de celui-là. (*Nombreuses marques d'approbation.*)

En France, l'opinion n'est pas sympathique à l'émigrant. Il n'en est pas ainsi en Angleterre. J'ai connu beaucoup d'émigrants appartenant à la classe moyenne dont je parle et aussi aux classes dites supérieures. C'étaient les fils cadets de familles plus ou moins riches. L'aîné est l'héritier de la fortune ; quant aux cadets, à eux de se tirer d'affaire ! La plupart de ces jeunes gens avaient vécu sur le domaine patrimonial ; ils avaient passé par le collège, passionnés pour les exercices du corps, ils avaient conscience de leurs forces physiques et intellectuelles.

Ils partaient pour l'Australie. J'en ai connu qui se faisaient gardiens de moutons, qui débutaient dans une ferme, dans un *rancho*. Ils commençaient à travailler à gage et même sans gage pour acquérir l'expérience nécessaire. Quand ils l'avaient, leur famille leur allouait quelques milliers de francs au moyen desquels ils achetaient du bétail et louaient des terres. C'est ainsi que l'Australie s'est peuplée et colonisée, qu'elle est devenue ce qu'elle est aujourd'hui.

Ces jeunes gens prenaient leur point d'appui dans l'opinion publique ; j'en ai connu dont les fiancées attendaient patiemment le retour en Angleterre. Eh bien! je vous le demande : Si vous aviez une jeune fille en âge d'être mariée, la fianceriez-vous à un jeune homme qui vous dirait : « Je vais chercher fortune à l'étranger. Me donnerez-vous votre fille, si je réussis ? »

La mère, prudente, répondrait aussitôt : Non ! Le père dirait : Je ne veux pas que ma fille s'en aille au loin ; je serais trop triste de savoir ma fille fiancée à un jeune homme qui est en Asie ou en Océanie.

C'est ici que nous devons solliciter le concours de la femme. Mieux que nous, elle peut orienter l'opinion. Le jour où les femmes françaises comprendront qu'il y a intérêt pour le pays à ce que l'émigration se développe, le jour où il leur sera possible, à force de réflexion, d'entrer dans l'ordre d'idées que j'indique, le jour où elles se diront : après tout, parce qu'un jeune homme va chercher fortune à l'étranger, il n'est pas pour cela un aventurier, un déclassé ; c'est au contraire un être que l'on doit suivre de ses vœux, encourager de ses sympathies, ce jour-là un grand pas aura été fait.

Car il ne faut pas se faire d'illusion, Messieurs. J'ai beaucoup voyagé et observé. Qu'ai-je vu dans nos colonies ? Nous créons des colonies que nous ne peuplons pas ; nous fondons des villes que nous n'habitons pas ; nous ouvrons des chemins sur lesquels nous ne passons pas ; nous demandons à la métropole des crédits pour encourager l'industrie de ces pays nouveaux ; mais le plus sage d'entre nous refuserait de mettre une parcelle de ce qu'il possède dans ces opérations, qu'il désire voir entreprendre par l'État, et il s'attend néanmoins à voir surgir du sol des plantations, réussir des entreprises auxquelles il se refuse à coopérer.

Voilà en résumé où nous en sommes. Nous voulons faire de la colonisation, étendre notre territoire ; mais, sauf les fonctionnaires, auxquels l'estampille gouvernementale donne un cachet devant lequel chez nous on s'incline toujours, nous n'encourageons pas les émigrants, nous ne faisons rien de ce qu'il faut pour développer notre expansion coloniale.

Pourtant, je le répète, nous avons été le peuple colonisateur par excellence. Je désire que nous reprenions un peu possession de nous-mêmes, que nous nous souvenions de ce qu'ont fait nos ancêtres, que nous marchions sur leur trace, que nous ne répudions aucune de leurs gloires. Nous sommes aujourd'hui la deuxième puissance coloniale du monde. Le jour peut venir où, par suite d'un échec de l'Angleterre aux Indes, de l'autonomie de l'Australie, nous reprenions le premier rang ; car enfin ce n'est pas le nombre qui fait la puissance coloniale. On répète, et j'ai entendu dire souvent ceci : Vous choisissez bien mal votre heure. Comment ! c'est au moment où l'on voit décroître la population française, que vous parlez d'émigration ! C'est au moment où la vertu prolifique de la race semble s'affaiblir que vous voulez envoyer nos enfants au loin !

Il faut pourtant s'entendre. Qu'est-ce que le nombre a affaire dans tout ceci ? Est-ce donc lui qui gouverne le monde ? Rome ne comptait que 180,000 citoyens à l'époque où le monde était dans sa main ; l'Angleterre, avec 30,000 hommes, tenait, avant 1870, 200 millions d'Indiens en échec. La Hollande, qui n'a que 33,000 colons ou fonctionnaires de toute nature dans les îles de la Sonde, gouverne des millions de Malais, c'est-à-dire la race la plus difficile du monde à gouverner.

La supériorité intellectuelle mènera toujours le monde. Cette supériorité, nous l'avons à un haut degré à cause de nos méthodes d'instruction et d'éducation. On m'a demandé souvent : Êtes-vous convaincu de l'excellence de ces méthodes, de l'utilité d'apprendre le grec et le latin ? Et je répondais : Certes, c'est très utile, car, ayant appris le latin et le grec, j'ai appris facilement l'espagnol et l'anglais. La discipline intellectuelle, les méthodes, le travail, restent, de même que restent, chez tous ceux qui les ont pratiquées, les idées générales et les idées généreuses. C'est là le véritable objectif de toute éducation supérieure, la condition première du succès. (*Bravos et applaudissements.*)

M. le Président. Je remercie très vivement M. de Varigny des
éloquentes paroles qu'ils vient de prononcer. Il a justifié complètement notre attente. Il me paraît, toutefois, que la discussion n'est
pas épuisée et qu'il y a encore des observations à ajouter à celles
qui ont été faites jusqu'ici sur la colonisation. Je vous propose donc,
messieurs, vu l'heure avancée, de lever la séance et de renvoyer à
demain la suite de la discussion. (*Assentiment.*)

La séance est levée à 4 heures et demie.

SÉANCE DU MERCREDI MATIN

2 août 1893

Présidence de M. BARBIER

La séance est ouverte à 9 heures, sous la présidence de M. Barbier, secrétaire général de la Société de géographie de l'Est.

Prennent place au bureau :

M. Souchon, délégué de la Société de Géographie de l'Aisne :

M. Palustre, président de la Société archéologique de Touraine :

M. Ricard, délégué du Ministre de l'Intérieur :

M. le prince Roland Bonaparte.

M. Georges Chevrel, *secrétaire général*, donne lecture des procès-verbaux des deux dernières séances.

Le procès-verbal est adopté après une observation de M. Imbert.

M. le président. — Avant d'appeler la première question à l'ordre du jour, je donne la parole à M. le colonel Blanchot, président de la Société de géographie de Tours.

M. le colonel Blanchot. — Messieurs les membres du Congrès, je dois vous donner lecture de diverses lettres de personnes qui désireraient prendre part aux travaux du Congrès et qui avaient envoyé leur adhésion.

C'est d'abord une lettre de M. Meurand, président de la Société de Géographie commerciale de Paris, qui nous exprime tous ses regrets de ne pouvoir se rendre à Tours, ainsi qu'il en avait l'intention formelle.

J'ai reçu une seconde lettre de M. Linyer, président de la Société de géographie commerciale de Nantes, qui, pour des raisons de famille, ne peut pas se déplacer en ce moment.

M. Napoléon Ney, pour des motifs également très impérieux, ne peut pas assister à nos séances.

M. Levasseur, qui est en quelque sorte un des présidents d'honneur du Congrès, puisqu'il a été un de ses présidents, m'écrit de New-York que son éloignement l'empêche de prendre part aux travaux du Congrès.

Puis enfin c'est une lettre du prince Henri d'Orléans, et de M. Lud. Drapeyron présentant aussi leurs excuses.

Voici, messieurs, les prospectus relatifs au monument à élever à Cassini. Je prie M. le secrétaire général de les mettre à la disposition de MM. les membres du Congrès.

Enfin maintenant voici deux brochures offertes par leur auteur. Je les dépose sur le bureau du Congrès.

M. le Président. — Pour faire suite à ces communications. j'ai l'honneur de déposer sur le bureau, au nom de l'auteur et au mien, un ouvrage de M. Auerbach, professeur de géographie à la faculté des lettres de Nancy, intitulé *le Plateau Lorrain*, pour lequel j'ai dressé quelques cartes et profils.

C'est un premier essai de géophysique, qui n'a point la prétention d'atteindre la perfection. Mais des tentatives de ce genre sont d'autant plus louables qu'elles sont consciencieuses et qu'elles émanent d'un homme de la plus haute compétence.

Je dépose également sur le bureau quelques exemplaires d'une brochure dont je suis l'auteur et relative au Congrès de Berne.

Il s'agit de la question de l'orthographe, du moins géographique, et j'ai eu la satisfaction de voir mes idées partagées par la majorité des membres de la section spéciale de ce Congrès.

Suite de la discussion relative aux questions coloniales.

M. le Président. — L'ordre du jour appelle la suite de la discussion des questions coloniales.

Votre Président d'aujourd'hui, messieurs, est loin d'avoir, dans cet ordre de questions, la compétence qui distinguait ses deux prédécesseurs. Il réclame donc votre indulgence et il fait appel à votre bon vouloir pour l'aider à simplifier la discussion et à déblayer le terrain.

Nous avons eu hier, à la fin de la séance, un modèle pour la façon dont ces questions doivent être traitées: c'est la communication de M. de Varigny qui, au point de vue de la clarté, de la netteté des vues, ne laisse rien à désirer.

M. Tiétard. — Je demande la parole.

M. le Président. — Vous avez la parole.

M. Tiétard. — Messieurs, je voudrais vous proposer un vœu très simple.

Il résulte de l'unanimité des témoignages qui ont été recueillis dans cette discussion qu'il est à peu près impossible d'obtenir des renseignements à ceux de nos compatriotes qui veulent aller soit en Algérie ou en Tunisie, soit dans les colonies françaises.

On a cité hier une foule de faits. Pour ma part, voici ce que j'ai vu, il y a une douzaine d'années. J'habitais alors le département de la Drôme et, à ce moment, le phylloxera dévastait cette riche région. Quantité de gens, possédant une petite fortune de 3,000. 4,000 ou 5,000 francs, éprouvaient le besoin de quitter une terre qui ne pouvait plus les nourrir. Dans l'arrondissement où je résidais, près de 300 familles demandèrent à aller en Algérie ; elles s'adressèrent successivement au ministre de la marine, au ministre de l'intérieur et au ministre de la guerre pour avoir des renseignements ; il leur fut impossible d'en obtenir.

Il est alors arrivé ceci, qui, à mon avis, constitue un grand danger : une foule d'agents d'émigration du Cap ou d'Amérique se sont rendus auprès de ces familles et leur ont donné des renseignements bons ou mauvais sur les pays qu'ils les sollicitaient d'habiter.

C'est ainsi qu'à ma connaissance personnelle, plusieurs d'entre elles, qui seraient allées volontiers en Algérie, sont parties pour le Cap ou pour la République Argentine.

Je me demande s'il ne serait pas possible de créer, pour ceux de nos concitoyens qui veulent émigrer, un bureau officiel de renseignements dans chaque préfecture. Ce bureau ne donnerait pas des conseils, mais des renseignements. Il se composerait d'une petite pièce, avec quelques vitrines ; il ne serait pas confié à un chef de bureau, mais à un ancien employé retraité, auquel on allouerait 400 ou 500 francs par an. Ce ne serait pas une grosse dépense.

Je voudrais que ce bureau pût renseigner les émigrants en dehors des agents d'émigration, qu'il reçût des différents ministères toutes les circulaires concernant l'émigration et notamment les affiches relatives à la vente de terrains en Algérie, et quelques cartes coloniales.

Les Compagnies de navigation, dûment sollicitées, s'empresseraient certainement de communiquer leurs itinéraires et leurs horaires.

Je ne veux pas entretenir plus longtemps le Congrès de ma proposition.

Je demande simplement que l'institution d'un bureau de renseignements officiels dans chaque préfecture soit mise à l'étude du prochain Congrès.

M. LE PRÉSIDENT. — La parole est à M. Imbert.

M. IMBERT. — Messieurs, ou je me trompe fort, ou la proposition qui nous est faite rentre purement et simplement dans le projet que j'ai eu l'honneur de soumettre hier au Congrès. Je demandais la création d'un Bureau colonial auprès des Sociétés de Géographie, parce que celles-ci me paraissent plus compétentes en ces matières. On veut aujourd'hui instituer ce Bureau auprès de chaque préfecture. Le but est le même. Cela démontre simplement que mon projet est susceptible d'une étude plus approfondie.

M. LE PRÉSIDENT. — Je ne crois pas qu'on puisse confondre les deux propositions. M. Tiétard demande la création d'un bureau officiel, ayant un caractère bien défini que n'aurait pas un Bureau institué auprès des Sociétés de Géographie. Ces deux institutions ne me paraissent donc pas faire double emploi. D'ailleurs, en fût-il ainsi dans des centres tels que Bordeaux, Marseille ou Lyon, qu'il en serait tout autrement dans d'autres régions. De plus, il n'existe qu'une vingtaine de Sociétés de Géographie, et il y a 86 départements.

Si la proposition de M. Tiétard était adoptée, nous pourrions, en retournant dans nos départements, consulter nos préfets et leur demander comment on pourrait créer administrativement ces bureaux de renseignements. En général, vous le savez, l'administration est rebelle à toute innovation et surtout à toute augmentation de crédit. Mais je crois qu'on pourrait trancher la question d'une manière fort simple : en ne demandant pas les deniers de l'État.

J'entre dans la discussion, mais vous me permettez, messieurs, de donner cette indication. C'est aux Conseils généraux qu'il faudra s'adresser. Ceux-ci ont en effet tout intérêt à ce que les habitants qui veulent quitter le département n'aillent pas à l'aventure et ne traînent pas la misère en pays étranger. Aussi voudront-ils créer ce bureau de renseignements, afin de diminuer autant que possible les risques de ceux qui vont hors de France chercher à gagner leur pain.

M. Tiétard. — J'émets un simple vœu, réservant au prochain Congrès le soin de lui donner une forme pratique.

A mon avis, la grosse difficulté, c'est la constitution officielle d'un bureau de renseignements coloniaux. Ce bureau, fût-il à l'état embryonnaire, rendrait dès le début de tels services que le perfectionnement de son organisation et de son fonctionnement s'imposerait à bref délai et qu'il deviendrait rapidement un facteur important de la colonisation.

Pour la France, les journaux d'annonces, les agents d'information, etc., abondent ; pour les colonies, tous renseignements à la portée du public font défaut.

Le gouvernement fait-il des ventes ou des concessions de terres, adjuge-t-il des travaux publics ; des sociétés industrielles, ayant besoin d'agents et d'ouvriers européens, se créent-elles : ni l'État ni les compagnies ne peuvent, avec l'outillage actuel, se mettre en relation avec le public d'une façon économique, pratique et honnête.

Quant à l'émigrant possible, apprît-il que, sur un point de nos colonies, il pourrait trouver l'emploi de ses forces, de son capital, de ses facultés, il ne sait comment atteindre ce point... et les difficultés qu'il rencontre, avant de prendre une décision, sont telles que les plus intrépides hésitent.

C'est en grande partie au mal que je signale qu'il faut attribuer la faible part qui revient à nos colonies dans l'émigration française. La France est le seul pays colonisateur qui se désintéresse de l'émigration.

En présentant mon vœu, je n'ai eu qu'un but : attirer l'attention du Congrès sur une situation digne de toute sa sollicitude et de son patriotisme.

M. le Président. — C'est ici que les sociétés de géographie pourraient intervenir avec quelque utilité. Elles restreindraient ainsi la dépense et feraient acte de participation à l'installation de ces bureaux.

M. DE VARIGNY. — M. Tiétard parle-t-il de l'émigration en général ou de la colonisation française ?

M. TIÉTARD. — Je ne vise d'abord que l'émigration, sauf à faire intervenir plus tard la question de colonisation. Je demande seulement dans le présent qu'on indique à l'émigrant le moyen de savoir où il peut aller et à qui il doit s'adresser.

Ainsi, en ce qui concerne les concessions de terre en Algérie, moi qui ai eu à m'occuper un peu de cette question, je ne sais encore à quelles portes il faut aller frapper. Les bureaux dont je propose la création fourniraient gratuitement au public tous les renseignements que les ministères leur enverraient relativement à l'émigration.

M. DE VARIGNY. — Les émigrants qui vont dans les colonies françaises s'y rendent en général parce qu'ils y ont déjà des amis, des connaissances, des gens de leur département le plus souvent, qui leur écrivent et les renseignent.

Quelques-uns vont au hasard ; on en a cité des cas hier ; j'en connais aussi, mais ils sont rares. On va presque toujours soit en Algérie, soit au Tonkin, soit aux États-Unis ou dans la République Argentine parce qu'on y a été appelé, parce que des parents, des amis, ont réussi à y faire fortune et ont envoyé des renseignements favorables.

M. DU BOŸS, *délégué du ministre des Affaires étrangères.* — Il existe un bureau de l'Algérie au ministère de l'Intérieur.

M. DE VARIGNY. — Alors l'émigrant pourra s'adresser au maire de la commune, lequel écrira au ministre de l'intérieur.

M. TIÉTARD. — Dans ce cas, les formalités sont longues ; je voudrais qu'on pût trouver à la préfecture tous les renseignements dont on a besoin.

M. DE VARIGNY. — En ce qui concerne les ventes de terre, quand il s'en présente, le ministre de l'Intérieur pourrait en informer les préfets qui renseigneraient les populations.

M. TIÉTARD. — Trop souvent, quand on demande un renseignement à la préfecture, on vous renvoie de bureau en bureau. Ce que je demande, c'est la création d'un petit bureau spécial, uniquement chargé de renseigner les émigrants. Ceux-ci apprendraient alors toujours au moins à qui adresser leurs demandes et la voie à suivre pour aboutir.

M. DE VARIGNY. — Vous voudriez qu'un bureau de ce genre existât dans chaque préfecture ?

M. TIÉTARD. — Oui ! Ce bureau faciliterait singulièrement les recherches des émigrants, qui ne seraient pas obligés de s'adresser au ministère de l'Intérieur et d'attendre parfois longtemps une réponse.

M. DE VARIGNY. — Votre vœu peut se résumer ainsi : prier les Ministres de l'Intérieur, du Commerce et des Affaires étrangères de transmettre tous les renseignements concernant l'émigration à un bureau spécial qui serait établi dans chaque préfecture ?

M. TIÉTARD. — Parfaitement !

M. LE COLONEL BLANCHOT. — Tout à l'heure, M. Imbert a déclaré que la proposition de M. Tiétard était identique à celle qu'il avait présentée lui-même. Je ne le pense pas. M. Tiétard demande la création d'un bureau d'émigration ; ce n'est, à mon avis, qu'une partie du bureau colonial.

M. TIÉTARD. — Je demande un bureau d'émigration pour les colonies françaises.

M. LE COLONEL BLANCHOT. — Je trouve votre but parfait ; mais ce n'est qu'une partie de la proposition de M. Imbert. Celle-ci vise toutes les relations des colonies, leur commerce, leurs productions, leurs échanges. C'est une question très vaste.

M. LE PRÉSIDENT. — Il n'y a pas de confusion possible entre les deux propositions.

M. IMBERT. — M. le colonel Blanchot a raison. Il est certain que ma proposition est plus vaste que celle de M. Tiétard. Mais je ne suis pas, en principe, partisan de la tutelle de l'État, et je crains que les émigrants ne trouvent pas tous les renseignements dont ils auraient besoin dans un bureau officiel, dépendant du ministère, installé à la préfecture et organisé administrativement.

Cependant, sous cette réserve, je voterai la proposition de notre collègue, parce que je suis disposé à adopter tous les moyens qui contribueront à favoriser, dans l'intérêt de la France, l'émigration dans nos colonies.

M. le Président. — Si la tutelle de l'État peut être dangereuse dans certains cas, ici l'État remplira simplement le rôle d'intermédiaire, et d'intermédiaire utile.

M. Edouard Blanc. — Je demande la parole.

M. le Président. — Vous avez la parole.

M. Edouard Blanc. — Messieurs, la proposition de M. Tiétard me paraît parfaitement fondée et surabondamment motivée.

Je me permettrai toutefois d'ajouter encore un argument à l'appui de ceux qu'on a déjà présentés.

Assurément tous les documents dont il est question existent, soit au ministère de l'Intérieur, soit dans d'autres ministères. Peut-être se trouvent-ils aussi dans les préfectures, mais ils ne sont pas à la portée de ceux qui ont besoin de les consulter.

En ce qui concerne par exemple les concessions ou les ventes de terrains domaniaux qui se font en Algérie ou aux colonies, — c'est une question qui intéresse au plus haut point les émigrants, — il y a peut être un exemplaire du cahier des charges et de l'affiche dans les préfectures, et encore je ne crois pas qu'on les trouve dans tous les départements. Mais, si quelqu'un demande la communication de ces pièces qui constituent un dossier volumineux, il est certain qu'il ne parviendra jamais à les obtenir.

Que serait-ce, si, au lieu de l'Algérie, il s'agissait d'une colonie plus lointaine ?

Ces renseignements se trouvent, dit-on, au ministère de l'Intérieur. Mais faudra-t-il que pour chaque demande de renseignements formulée par un particulier le maire écrive au ministère de l'Intérieur en disant :

« Un habitant de ma commune veut aller en Algérie ; il désire savoir quels sont les terrains à vendre, les conditions de vente, d'installation et d'existence ? »

Lui répondra-t-on ? Or le chef de bureau compétent au ministère de l'Intérieur ne fera certainement pas copier le dossier pour chaque postulant. Il faudrait donc qu'on pût consulter librement et facilement ces pièces. Il est impossible assurément d'en répandre dans le public un nombre d'exemplaires suffisant pour que chacun soit renseigné.

Mais on peut faire de ces dessins 80 copies, qui seraient déposées dans les chefs-lieux de départements, ou mieux encore dans chaque sous-préfecture, où tout aspirant émigrant pourrait en prendre connaissance.

Les questions que les émigrants ont à adresser aux autorités compétentes sont souvent très complexes. S'il fallait y répondre par lettre, toute une série d'employés n'y suffirait pas. Au contraire ces renseignements pourraient être facilement donnés de vive voix dans chaque sous-préfecture par un seul employé les jours de foire ou de marché.

Ces renseignements sont de premier ordre, et il est très difficile de les obtenir, je le constate, après m'être occupé de ces questions sur place, en Algérie et en Tunisie. Je n'en donnerai qu'un exemple frappant. Nous sommes tous ici des géographes. Nous sommes, par nos études préalables, par nos connaissances spéciales, plus au courant que la moyenne des Français de toutes les questions concernant la colonisation et l'émigration. Nous sommes, en outre, par nos professions ou nos antécédents, mieux placés que bien d'autres pour obtenir des pouvoirs publics des renseignements sur ces matières. Eh bien ! si l'on demandait à l'un de nous :

« Comment faut-il s'y prendre pour avoir une concession en Algérie ? Où faut-il la demander ? Quelle est la meilleure voie à suivre ? Quelles sont, dans la colonie, les localités les plus avantageuses et les plus susceptibles d'avenir au point de vue des émigrants de chaque profession ? Quels sont en ce moment les terrains vacants ou disponibles ? »

Je crois bien que très peu d'entre nous pourraient, avec tous les moyens dont nous disposons, obtenir la réponse à ces questions dans un délai de huit jours. Il y a là une lacune à combler.

J'ajouterai, en réponse aux observations de M. Imbert, que les renseignements dont il s'agit ont un caractère officiel, et qu'ils pourront être fournis très facilement par le gouvernement, si c'est lui qui en est chargé. Il est douteux par contre qu'une agence privée, affranchie de la tutelle de l'État, comme on l'a dit, soit tenue au courant de toutes les modifications introduites, par exemple, dans les cahiers de charges ou dans les affiches en ce qui concerne les ventes de terrains domaniaux aux colonies. Ces modifications font l'objet de circulaires ou d'affiches volumineuses. Mais, en France, les particuliers ne peuvent se les procurer ; on pourrait conserver ces pièces officielles dans toutes les préfectures où il sera facile de les consulter.

Par tous ces motifs, je crois que nous devons nous rallier à la proposition de M. Tiétard. (*Très bien! très bien!*)

M. LE PRÉSIDENT. — Le vœu présenté par M. Tiétard est ainsi conçu :

« Le Congrès émet le vœu :

« Que la création d'un bureau de renseignements coloniaux officiels auprès de chaque préfecture soit mise à l'étude du prochain Congrès. »

J'ajoute que les conseils généraux vont se réunir très prochainement en session ordinaire. Chacun de nous pourrait, dans son département, saisir de ce vœu l'assemblée départementale et rechercher, d'accord avec le préfet, les moyens de le réaliser. Nous recueillerions ainsi des indications précieuses pour le prochain Congrès.

M. LE COLONEL BLANCHOT. — Je trouve les mots « renseignements coloniaux » un peu vagues. M. Tiétard veut parler de renseignements concernant l'émigration. Je voudrais que cette idée fût exprimée très clairement. (*Marques d'approbation.*)

M. LE PRÉSIDENT. — Le vœu pourrait être ainsi rédigé :

Le Congrès émet le vœu :

Que la création d'un bureau de renseignements officiels sur l'émigration aux colonies françaises auprès de chaque préfecture soit mise à l'étude du prochain Congrès.

VOIX NOMBREUSES. — C'est cela !

M. LE PRÉSIDENT. — S'il n'y a pas amendement à ce texte, je le mets aux voix.

(*Le vœu proposé par M. Tiétard est mis aux voix et adopté.*)

M. LE PRÉSIDENT. — La parole est à M. le commandant Marquer sur la colonisation.

M. LE COMMANDANT MARQUER. — Messieurs, la séance d'hier a été close sur une ravissante causerie au cours de laquelle M. de Varigny nous a exposé les modes respectifs de colonisation employés par les divers peuples de l'Europe. Il nous a montré notamment les Anglais et les Allemands actuellement aux prises dans la lutte com-

merciale sur les différents points du globe. Ce tableau est très
exact. Un employé allemand se présente : il est obséquieux, travailleur, se contente d'un salaire réduit, et... l'Anglais est évincé souvent. A la suite du personnage, apparaît la marchandise de son
pays. Il y a quelques mois, le consul de France à Malaga me faisait
une comparaison du même genre entre les procédés des représentants de commerce français et allemands à l'étranger, et arrivait
à la même conclusion.

Cependant je dois dire que, chez les Allemands, cette souplesse
n'est qu'un masque. Quand ils se sentent chez eux, leur brutalité
est bien plus révoltante que celle des Anglais. C'est ce que j'ai vu
à Kameroan, où ils se sont fait détester. Non seulement l'explorateur
Zintgraff n'a pu pénétrer dans l'intérieur et s'est laissé envelopper
par le lieutenant Mizon, mais, aux environs même de leur principal
établissement, les nègres de la montagne reçoivent les Allemands
à coups de fusil, et le gazon est fraîchement remué sur les restes
du baron von Graveureuth, envoyé là-bas comme chef d'expédition
et tué trois jours après son débarquement dans le pays.

Cela dit, je voudrais demander à M. de Varigny s'il a exactement
traduit sa pensée en disant hier que nous sommes, nous Français,
le peuple colonisateur par excellence. Je voudrais lui demander s'il
ne serait pas plus exact de dire que nous fûmes ce peuple colonisateur. Je ne sais pas en effet si notre passion pour l'égalité ne nous
a pas amenés à introduire dans notre législation une disposition
qui est fatale à l'essor colonial. Pour être plus précis, je demanderai à M. de Varigny de vouloir bien, avec sa haute compétence,
nous donner son opinion sur l'influence que la restriction apportée
par le Code civil à la liberté de tester a pu avoir sur notre développement colonial.

M. de Varigny. — J'ai dit hier en terminant que nous avons été le
peuple colonisateur par excellence grâce au génie profondément
humain de notre race. Maintenant, nous ne le sommes plus en ce
sens que nos mœurs ont changé. Nous sommes devenus sédentaires,
casaniers : nous nous sommes désintéressés pendant trop longtemps de ce qui touche à notre expansion coloniale. Grâce à l'essor
donné par les Sociétés de Géographie, à l'impulsion imprimée à
l'enseignement de cette science par des hommes comme M. Levasseur ou par d'intrépides explorateurs, nous reprenons peu à peu,
depuis quelque temps, le terrain perdu. Mais il est certain que

nous ne sommes plus aujourd'hui le peuple colonisateur par excellence. Toutefois, nous pouvons le redevenir, parce que nous avons gardé toutes nos qualités. Cela ne dépend que de nous.

Vous venez de soulever une grosse question : celle de la liberté de tester. Je n'ai pas l'autorité suffisante pour me prononcer. Cependant, à mon avis, le Code civil a beaucoup enrayé notre mouvement colonial.

Il est incontestable que, à ce point de vue, ce qui fait la force de l'Angleterre, ce sont ses cadets de famille. Ainsi que je le disais hier, ces jeunes gens, qui ont été élevés dans l'opulence, sont obligés de se mettre au travail pour se constituer à leur tour une fortune. Si, dans les temps passés, nous avons eu un si grand renom colonial, ne l'oublions pas, nous le devions, nous aussi, le plus souvent à nos cadets de famille. Ce sont eux qui ont colonisé le Canada et la Louisiane.

Aujourd'hui nous ne pouvons pas mettre en question le Code civil et les conquêtes de 89. Un peuple ne revient pas en arrière, et nos sentiments d'égalité seraient froissés par les anciennes dispositions relatives à la liberté de tester, et surtout au droit d'aînesse.

Il faut donc savoir passer sur les inconvénients que nous constatons, et y suppléer par les autres facteurs que j'indiquais hier. (*Très bien ! très bien ! et applaudissements.*)

M. IMBERT. — Comme conclusion de la discussion, j'ai l'honneur de déposer sur le bureau du Congrès quelques exemplaires du Bulletin de la Société de Géographie de Bordeaux, dans lequel nous avons publié la réponse de la Chambre de commerce de Haïphong (Tonkin) à l'étude demandée par le sous-secrétaire d'Etat des colonies dont j'ai parlé hier. (Numéro du *1er mai 1893*).

Cette publication est très intéressante d'abord, parce qu'elle donne des renseignements nouveaux sur la colonisation au Tonkin, ensuite parce qu'elle émet sur cette question des idées peu connues en France.

M. LE PRÉSIDENT. — Le Congrès donne acte du dépôt que vient de faire M. Imbert. Ces bulletins sont à la disposition de ceux de nos collègues qui voudraient les consulter.

De l'équilibre à établir entre l'écoulement artificiel des eaux pluviales et les ressources que présentent les collecteurs naturels pour l'écoulement de ces eaux.

M. LE PRÉSIDENT. — L'ordre du jour appelle la question suivante :

« De l'équilibre à établir entre l'écoulement artificiel des eaux pluviales et les ressources que présentent les collecteurs naturels pour l'écoulement de ces eaux. » (Question proposée par la Société de Géographie de Tours.)

La parole est à M. le colonel Blanchot, rapporteur.

Incident

M. LE COLONEL BLANCHOT. — Messieurs, la question de la colonisation comporte des points très nombreux. A l'ordre du jour de la séance d'hier, que nous reprenons ce matin, figuraient la « Colonisation du Tonkin », la « Création de compagnies de colonisation privilégiées », et « l'Émigration indienne et chinoise dans les colonies. »

Ce sont là des points précis qui n'entrent pas dans le cadre de la discussion un peu générale à laquelle nous avons assisté. Je crois qu'avant de passer à un autre sujet, c'est-à-dire celui pour lequel M. le Président vient de me donner la parole, il serait utile, je crois, de traiter ces questions, notamment celle qui concerne la création de compagnies privilégiées et qui est proposée par la Société de Géographie commerciale du Havre.

M. MERCHIER. — Cette question a été discutée très longuement au Congrès de Lille, ainsi que le constate le compte rendu de ce Congrès. Les conclusions très nettes et très précises qui ont été adoptées et dont je n'ai pas le texte présent à l'esprit, peuvent se résumer ainsi : création de compagnies privilégiées recevant des concessions de territoire à la charge pour elles d'y entretenir une force de police, d'y entreprendre des routes, d'y installer des warfs, des appontements, en un mot d'y faire toutes les installations de nature à faciliter l'exploitation du sol.

Ce vœu a été remis par le président du Congrès à M. Émile Jamais, sous-secrétaire d'Etat des colonies, qui a été frappé de ses considérants et qui a promis de le prendre en sérieuse considération.

Mon collègue du Havre, M. Nicolle, voulait simplement proposer le rappel du vœu. Je ne crois donc pas qu'en l'espèce il y ait lieu de reprendre la discussion.

M. LE COLONEL BLANCHOT. — On veut rappeler le vœu émis au Congrès de Lille. Je demande que l'on en fasse au moins la proposition.

M. SEVIN-DESPLACES. — L'observation de M. Merchier n'enlève rien à la valeur de celle qu'a présentée M. le colonel Blanchot. De ce que le Congrès de Lille a émis un vœu sur une question, il n'en suit pas que le Congrès de Tours ne puisse pas donner son opinion sur la même question. Un congrès n'engage pas la décision des Congrès suivants. Nous avons le droit de revenir constamment sur la même question pendant dix ans, s'il y a lieu, sans avoir à exprimer sans cesse la même opinion.

Que le vœu adopté par le Congrès de Lille ait été transmis au sous-secrétaire d'Etat des colonies et que celui-ci ait exprimé le désir de l'examiner avec intérêt, cela n'a rien que de naturel. Mais cela n'engage, encore une fois, en aucune façon, l'opinion que nous pouvons avoir à exprimer sur ce sujet. La question reste donc entière, à mon avis, et l'observation de M. le colonel Blanchot me paraît très juste : si quelqu'un demande la parole sur la création de compagnies de colonisation privilégiées, le Congrès ne peut pas refuser de l'entendre. (*Assentiment.*)

M. LE PRÉSIDENT. — Le Congrès ne refuse pas d'entendre les orateurs. Mais, en général, les questions qui sont soumises au Congrès ont fait l'objet d'une étude préalable.

Je suis tout disposé, pour ma part, à donner la parole à M. Nicolle, s'il la demande.

M. MERCHIER. — Notre collègue a été obligé de s'absenter aujourd'hui.

M. LE PRÉSIDENT. — J'ajoute qu'il doit y avoir, à la fin du Congrès, un rappel des vœux anciens. Nous aurons à choisir, parmi les vœux émis par le précédent Congrès, ceux que nous voulons maintenir et à rayer ceux qui nous paraissent irréalisables ou qui ont perdu tout intérêt d'actualité.

Ce vœu pourra donc être repris à notre dernière séance.

M. Sevin-Desplaces. — C'est bien ainsi que la question se pose. La discussion est réservée parce que celui de nos collègues qui avait demandé que la question fût mise à l'étude et inscrite à l'ordre du jour de ce Congrès, n'est pas présent en ce moment.

M. le Colonel Blanchot. — On vient de parler du rappel du vœu émis par le Congrès de Lille sur la création de compagnies de colonisation. Cela prouve que ce vœu n'a pas encore reçu satisfaction. Comment peut-on réaliser un vœu? C'est en accomplissant l'œuvre ou en prenant les mesures qu'il propose. Qu'on ait porté ce vœu à un ministre : cela ne prouve pas qu'il a reçu une sanction efficace. Or, tant qu'il n'a pas été réalisé, nous avons, je crois, le droit de présenter des observations à son sujet. (*Très bien! c'est cela!*)

M. le Président. — Ce droit n'est pas contesté.

M. le Colonel Blanchot. — Il ne faudrait pas que la discussion s'égarât dans les Congrès. Si une Société de Géographie demande qu'on reprenne une question traitée dans un congrès précédent, pourquoi l'écarter *a priori?* Il peut se produire des arguments nouveaux qui auraient pour but de modifier le texte primitif et de donner au vœu déjà formulé, mais non suivi d'effet, une forme susceptible de le mettre peut-être plus facilement à exécution.

Je serais donc désireux qu'on voulût bien relire la rédaction adoptée à Lille ; nous verrions alors si elle répond bien à la question proposée ; ce dont je ne suis pas bien certain.

M. Merchier. — Je me suis sans doute mal exprimé. Je n'ai pas entendu contester le droit qu'a le Congrès de Tours de reprendre un vœu émis au Congrès de Lille. J'ai voulu dire ceci: notre collègue du Havre, obligé de s'absenter aujourd'hui, m'a déclaré que la Société de Géographie qu'il représente demandait simplement le rappel du vœu.

M. le Colonel Blanchot. — Dans ce cas, c'est la Société de Géographie du Havre qui a mal posé la question. L'ordre du jour porte en effet ces mots :

« Création de compagnies de colonisation privilégiées. » Question proposée par la Société de Géographie commerciale du Havre.

Elle n'avait qu'à dire qu'elle demandait le rappel du vœu.

M. le Président. — Nous épiloguons sur la proposition d'un collègue momentanément absent.

M. le Colonel Blanchot. — Je ne proteste que contre un enterrement de première classe. (*On rit.*)

M. le Président. — Je propose l'ajournement de la discussion jusqu'au moment où le délégué du Havre sera présent. (*Assentiment général.*)

L'ordre du jour d'hier comprenait un certain nombre de questions posées un peu en l'air, permettez-moi de le dire, sans indication de Société ou d'auteur. Je vais les rappeler :

« 1° De la colonisation française à l'extérieur :

« 2° La colonisation du Tonkin :

« 3° L'émigration indienne et chinoise dans les colonies. »

Quelqu'un demande-t-il la parole sur ces différentes questions ?...

Puisque personne ne demande la parole, nous reprenons la suite de l'ordre du jour :

« De l'équilibre à établir entre l'écoulement artificiel des eaux pluviales et les ressources que présentent les collecteurs naturels pour l'écoulement de ces eaux. »

La parole est à M. le colonel Blanchot.

M. le colonel Blanchot, *rapporteur.* — Messieurs, la question qui m'amène à prendre la parole a déjà figuré au programme du Congrès de Bourg sous les auspices de la Société de Géographie de Tours ; mais le rapporteur chargé de la soutenir n'avait pu se rendre au Congrès, et celui de nos collègues qui avait accepté le mandat de le remplacer ne put présenter que pour la forme le rapport préparé ; il n'en soutint pas la discussion. de sorte que le but proposé n'a pas été bien saisi et le vœu formulé par le Congrès n'a pas répondu à l'esprit qu'en avait conçu la Société de Tours.

Il a donc paru nécessaire que la question fût présentée à nouveau au Congrès devant se réunir ici, où elle est particulièrement intéressante, sur les rives de notre grand fleuve ; car elle y trouve son application complète et pleine d'intérêt, puisqu'elle touche à l'intégralité de notre territoire, à son salut peut-être !

Nous avons, dans nos précédentes séances, étudié avec juste raison la grande question de la colonisation ; nous avons reconnu la nécessité d'acquérir de nouveaux territoires pour étendre notre expansion commerciale ; mais il me paraît tout au moins logique de commencer par défendre le sol qui nous a vus naître et sur lequel nous entendons vivre.

Alors que, renonçant à nous maintenir sur le large terrain du Géographe, nous nous contenterions de rester les simples riverains d'un grand fleuve, nous présenterions la question à ce simple point de vue, et nous demanderions qu'on prenne des mesures pour qu'à un moment donné, le fleuve ne reçoive pas plus d'eau qu'il n'en peut contenir et qu'à d'autres moments il contienne ce qu'il convient pour conserver réellement le nom de *Cours d'eau*. Eh bien ! puisqu'il n'en est pas ainsi et que les personnalités qui sont chargées d'entretenir la vie régulière de nos fleuves se désintéressent de la question sous prétexte que leur mission ne s'étend pas au-delà des collecteurs eux-mêmes, ainsi qu'il a été dit au Congrès de Bourg, il me paraît qu'il nous appartient de la prendre en main et de signaler les causes d'où proviennent les effets contre lesquels ils ne peuvent lutter et qui ont leur origine non pas dans le Thalweg dont les gardiens ne croient pas devoir sortir, mais dans le bassin tout entier que dessert le collecteur général.

Je précise de nouveau la question posée : « Il convient de maintenir l'équilibre entre la masse des eaux tombées sur le sol et la capacité des collecteurs chargés de les conduire à la mer. »

Pour atteindre ce résultat, il faut s'efforcer d'obtenir deux résultats : diminuer d'une part, et le plus possible, la masse des eaux faisant irruption dans le lit du collecteur destiné à les recevoir, et d'autre part maintenir le maximum de capacité de ce lit.

Or je crois pouvoir affirmer que nous ne faisons rien pour remplir cette double obligation, que nous faisons même tout le contraire.

En effet, les eaux de pluie, en atteignant la surface terrestre, sont soumises à trois phénomènes : l'évaporation, l'absorption ou l'infiltration, enfin l'écoulement.

Les deux premiers phénomènes sont restreints dans une proportion considérable, presque supprimés en France par le déboisement et la destruction de la végétation haute et épaisse ; l'infiltration même est en partie diminuée par l'industrie humaine, et enfin l'écoulement, qui s'accroît par la suppression ou la diminution des autres phénomènes, est encore augmenté, accéléré par les pratiques de notre industrie imprévoyante.

L'harmonie que la nature entretenait dans le régime des eaux n'existe donc plus, et chaque jour même nous nous efforçons de nous en éloigner davantage. Cette œuvre funeste ne tend qu'à s'accroître à mesure que ce que l'on nomme *civilisation* se développe et s'étend ; et, ce qui est plus regrettable à constater, c'est que cette œuvre est presque exclusivement accomplie par l'homme intelligent et que le *sauvage* y reste à peu près étranger.

Je n'examinerai pas en ce moment les conséquences produites par le déboisement pour arriver à conclure à la nécessité de rétablir l'assiette forestière détruite ; car cette question fait l'objet d'une étude spéciale présentée par la Société de Toulouse et sera soutenue par son délégué spécial, qui n'est pas encore arrivé. Je ne considérerai que les conditions faites à l'écoulement des eaux à la surface du sol.

Non contente d'avoir détruit le manteau protecteur que constitue la grande végétation contre l'action destructive des eaux pluviales et avoir augmenté la masse de ces eaux arrivant à certains moments sur les terres conquises et transformées en pâturages ou en labeurs, l'industrie humaine recherche tous les moyens possibles de se débarrasser des eaux qui ne sont plus qu'encombrantes. Elle agit du reste avec une certaine apparence de raison, mais elle détourne de leur but les éléments destinés à l'évaporation et à l'infiltration.

La seule préoccupation des cultivateurs, et même de l'industriel quand il n'en a plus besoin comme force motrice, s'applique à rejeter au loin les eaux qu'il trouve gênantes autour de lui et même à s'approprier des surfaces où la nature a constitué des dépôts d'eau permanents ; et ce que nous appelons le génie humain s'attache à détruire les lacs, les étangs, les marais, les mares, ces réservoirs mis judicieusement par l'architecte de la nature, sur les paliers de la surface du sol, afin de servir de modérateurs à la vitesse des eaux parcourant des plans inclinés et à diminuer ainsi la rapidité de leur écoulement.

J'ai mis en cause le génie humain, c'est plutôt la cupidité de l'homme qu'il faut incriminer, car c'est elle qui s'efforce de faire produire au sol le plus qu'il peut et transforme les étangs, mares et marais en terrains de culture pour obtenir un revenu plus considérable. Non seulement l'agriculture s'acharne à se débarrasser des eaux stationnant en certains points déterminés, mais encore elle assèche le sol par des drainages qui doivent chasser au loin les eaux déjà infiltrées.

La tendance constante et générale est donc de chasser les eaux de pluie le plus rapidement possible et de les envoyer dans les collecteurs qui ont mission de les conduire à la mer. Mais alors, il serait de la plus simple prévoyance d'approprier ces collecteurs à ce surcroît de travail, d'agrandir même, si c'était possible, leur capacité naturelle. L'a-t-on fait, l'essaye-t-on ? Non, on a fait et on fait chaque jour le contraire ! On comble leur lit en y portant tous les débris que l'homme produit autour de lui, tous les matériaux qui l'encombrent ; et ce travail se fait pour tous les cours d'eau, grands ou petits, même dans les torents de montagnes, où les conséquences sont encore plus graves, car les matériaux sont plus rapidement entraînés vers les régions inférieures. Et là, c'est par masses énormes que les agents chargés de l'entretien des voies de communication jettent dans le torrent voisin tous les matériaux, terres ou rochers, qu'ils arrachent à la montagne.

D'une part, donc, on fait partout le nécessaire pour encombrer le lit des cours d'eau et, d'autre part, on applique tout son art, toute sa science à le rétrécir en l'enfermant dans des digues dont le plus grand effet consiste à accélérer encore leur comblement ; car, dans les crues, ces cours d'eau ne peuvent plus aller déposer lentement et régulièrement sur les plaines riveraines les matières qu'ils portent en suspension ; et même, lorsque les crues s'élèvent au-dessus des digues, les fleuves portent au-dehors de leur lit leurs eaux dévastatrices, mais ils gardent au-dedans leurs matériaux de comblement.

Regardons la Loire qui est à côté de nous. Est-ce un fleuve ou simplement le lit d'un fleuve ? Après quelques semaines de sécheresse sur tout son bassin, on n'y trouve pas assez d'eau pour s'y noyer ; mais, dès qu'il a plu abondamment, la Loire devient un gigantesque torrent qui ravage toute la vallée et, même dans ses crues modestes, elle envahit les caves de la ville de Tours, pour mettre de l'eau dans notre vin ! (*On rit !*)

Est-ce logique ? En tout cas, ce n'est pas supportable.

Mais, si à Tours le fleuve ne peut actuellement porter d'une de ses rives à l'autre une simple barque, que se passe-t-il en aval, là-bas près de l'Océan ? Je demande à nos collègues de Nantes et de Saint-Nazaire s'ils sont satisfaits de cet état de choses et quelles sont les conditions faites à la navigation dans l'estuaire du fleuve. Je ne crois pas offenser notre grand port de la Loire en disant qu'à Saint-Nazaire les transatlantiques talonnent quelquefois en entrant en rivière. Que sera-ce donc dans vingt ans ? Attendrons-nous qu'il n'entre plus un navire dans nos estuaires pour nous émouvoir et chercher un remède qui arrivera trop tard ? Au Havre, il en est de même, et pourtant la Seine n'est pas un fleuve travailleur comme la Loire, comme la Gironde !

La situation dans laquelle se trouvent nos fleuves est donc déplorable pour le présent, inquiétante pour l'avenir, et c'est notre faute. C'est l'homme qui détruit volontairement et méthodiquement les conditions matérielles et naturelles destinées à assurer dans le régime des eaux l'équilibre nécessaire à la bonne conservation du sol qu'il exploite et où il veut vivre ainsi que des fleuves qui assurent ses transactions, équilibre qui enfin doit garantir sa propriété et sa propre existence.

C'est contre cette œuvre qu'on a déjà du reste commencé la lutte, et c'est sur cette lutte que nous avons voulu appeler l'attention du Congrès de Géographie : car les conditions matérielles, économiques et même sociales avec lesquelles il faut compter dans cette question des eaux sont solidaires de la Géographie et font partie de son domaine. Or les Sociétés de Géographie ne peuvent borner leur mission à la vulgarisation de la connaissance de notre Terre et des moyens à employer pour exploiter ses richesses ; elles ont encore pour devoir plus sage et surtout plus utile de défendre contre l'usure ce capital naturel mis par la création à la disposition de l'humanité. C'est, en conséquence, aux sociétés de Géographie qu'incombe le rôle de demander aux gouvernements le concours indispensable qu'ils peuvent apporter dans cette grande entreprise de conservation terrestre; c'est aussi et surtout à elles que revient le devoir d'amener l'esprit public à reconnaître qu'il faut sacrifier la satisfaction d'une partie de sa cupidité et mettre un frein à son imprévoyance dans l'exploitation des richesses naturelles, pour garantir et assurer la vie aux générations futures, et de seconder enfin les efforts que font les gouvernements pour atteindre ces résultats.

Pour ces raisons, nous avons cru devoir porter cette grave question de vie ou de mort devant les assises de la Géographie, et nous demandons au Congrès de vouloir bien la prendre en main et d'appeler l'attention des pouvoirs publics ainsi que celle des populations sur les mesures qui s'imposent pour préserver la surface du sol et sauver nos rivières. Ces mesures seraient les suivantes :

1° Arrêter la destruction de la grande végétation et rétablir celle-ci sur toutes les surfaces, si petites qu'elles soient, dont la production actuelle est nulle ou inférieure à celle que procurerait cette végétation.

2° Empêcher la suppression des réservoirs naturels des eaux (étangs, marais, mares) et rétablir des réservoirs partout où les conditions du terrain s'y prêtent sans porter préjudice à la production actuelle.

3° S'opposer par tous les moyens possibles à l'encombrement du lit des cours d'eau, grands ou petits, par l'apport naturel ou artificiel de matériaux ou de débris de quelque nature qu'ils soient.

4° Débarrasser, dans la mesure du possible, les collecteurs des eaux des matières qui les ont envahis.

Tels sont, Messieurs, les considérations et les désiderata que je devais vous présenter. Je n'ai pas rédigé de vœu. Mais, si vous partagez nos sentiments et si vous approuvez les conclusions de la Société de Tours, vous voudrez bien le manifester. Je vous proposerai alors une formule que le Congrès discutera; je n'ai indiqué que l'esprit du vœu à exprimer. (*Très bien! très bien!*)

M. LE PRÉSIDENT. — La parole est à M. Malavialle, Secrétaire général de la Société de Géographie languedocienne.

M. MALAVIALLE. — Messieurs, cette question est du plus haut intérêt; cependant il est nécessaire de faire de nombreuses distinctions. On peut envisager successivement le point de vue agricole, celui de la police des rues, puis le point de vue géographique, qui nous intéresse directement et que nous pouvons étudier. Sur le reste, notre rôle doit se borner à attirer l'attention des pouvoirs publics; sinon, la discussion risquerait de s'égarer.

M. LE COLONEL BLANCHOT. — L'observation de notre collègue est très juste. J'ai indiqué seulement l'esprit du vœu que je soumettrai au Congrès; les termes en seront discutés dans une séance ultérieure. J'ai traité la question à un point de vue général. Nous sommes des géographes ; à ce titre nous demandons la défense des cours d'eau ainsi que la conservation des étangs et des réservoirs naturels. Ce sont bien là des questions du ressort des géographes ou plus exactement des topographes.

M. MALAVIALLE. — J'ai voulu dire ceci : dès qu'il s'agit de construire des quais ou des digues, la question n'est plus de notre compétence.

M. LE COLONEL BLANCHOT. — C'est évident ! Je ne demande pas aux membres du Congrès de creuser le lit de la Loire. A chacun son métier ! (*On rit.*) Mais il faut que ceux à qui une tâche est confiée la remplissent, et, comme cette tâche est indispensable au maintien du rôle naturel des cours d'eau pour assurer les conditions topographiques qu'il convient de conserver, nous géographes, nous demandons aux agents d'exécution technique de vouloir bien remplir la mission qui leur incombe ; c'est-à-dire de maintenir les fleuves en état de conduire les eaux à la mer et non de les déverser dans les plaines riveraines.

M. LE PRÉSIDENT. — M. Malavialle a simplement formulé une réserve. Mais M. le colonel Blanchot a toujours le droit de présenter un vœu dont le Congrès discutera les termes.

M. MALAVIALLE. — La réserve que j'ai formulée me paraissait nécessaire. Les Congrès de Géographie ont une tendance assez naturelle, que je trouve fâcheuse, à sortir trop souvent de leur rôle. Je crois utile de les y rappeler en toutes circonstances.

M. LE COLONEL BLANCHOT. — Je prierai plusieurs de nos collègues, notamment M. Malavialle, de m'aider dans la rédaction de ce vœu.

M. EDOUARD BLANC. — Les questions qui viennent d'être mises en jeu sont évidemment, pour la plupart, du ressort de l'Administration des ponts et chaussées et du département des travaux publics en général.

Pour nous en tenir à un problème de géographie physique et pour limiter le champ des observations très vastes que vient de présenter M. le colonel Blanchot, je crois que nous pourrions nous attacher aux deux points que voici :

L'année de sécheresse exceptionnelle que nous traversons nous a permis de faire une remarque que nous n'avions pas eu l'occasion de faire depuis l'existence de ces Congrès. Les grands travaux d'assainissement exécutés en France depuis quelques années et différentes autres causes naturelles qui sont indépendantes des hommes ont eu pour effet d'amener le dessèchement graduel du sol de la France. Or, jusqu'à présent, on ne s'est pas beaucoup occupé en France, comme on l'a fait dans certaines parties de l'Europe méridionale et de l'Algérie, de l'aménagement des eaux au point de vue de leur emmagasinement et de leur utilisation agricole. On s'est soucié de drainer les marais et d'envoyer les eaux à la mer. On est parti de cette idée qu'on aurait toujours assez d'eau pour les cultures et que les pluies suffiraient toujours à fournir au sol le minimum d'humidité nécessaire à la végétation. Les cultivateurs arabes ne pensent pas comme nous, et vous savez que les Romains emmagasinaient avec soin toute l'eau qu'ils pouvaient capter pour l'utiliser dans les périodes de sécheresse. Dans plus de la moitié des pays du globe, l'eau emmagasinée constitue un des deux facteurs essentiel de la culture et de la propriété, et il est considéré comme aussi important que l'autre élément, la terre. L'agriculture française actuelle, gâtée par une surabondance de richesse à cet égard, a tout à fait perdu de vue ce point, qui cependant a une grande importance.

Il me semble qu'on pourrait obtenir des résultats efficaces de deux manières : d'abord par l'établissement de réservoirs artificiels ou par la reconstitution des réservoirs naturels que nous avons détruits, puis par la création de syndicats agricoles d'irrigation. Ces syndicats agricoles ne sont pas dans nos usages ; nos paysans ne les connaissent pas, en général : on les trouve seulement chez les peuples du midi de l'Europe.

Nous serions peut-être dans notre rôle en appelant d'une part l'attention des pouvoirs publics, d'autre part celle des populations sur les avantages qu'il y aurait à créer, dans un grand nombre de régions de la France, des Syndicats d'irrigation et à établir des canaux de distribution dont l'eau serait empruntée aux rivières.

Les simples particuliers ne peuvent pas entreprendre une pareille tâche, qui exige des expropriations et de gros capitaux. L'association est donc nécessaire. Si des Syndicats de ce genre avaient fonctionné cette année, la France aurait évité la perte de plusieurs centaines de millions. L'initiative individuelle et le bon sens de chacun ne suffisent pas pour conduire à l'application de ce procédé très utile.

De tels réseaux d'irrigation ne peuvent pas s'improviser en quelques mois. Ils exigent un plan d'ensemble, une coopération et souvent des expropriations, c'est-à-dire le sacrifice partiel des intérêts ou des commodités de quelques-uns à l'intérêt général. Si des années pluvieuses succèdent à une période de sécheresse, on oublie bientôt ses malheurs jusqu'à ce que l'on éprouve une perte nouvelle. Notre rôle consiste donc à appeler l'attention des pouvoirs publics sur cette question et à la mettre à l'ordre du jour de nos Congrès. Les Sociétés de Géographie feront ainsi connaître aux populations la cause du mal, et elles leur indiqueront le remède. (*Très bien! très bien!*)

M. LE COLONEL BLANCHOT. — M. Blanc a exprimé les mêmes pensées que moi sous une forme plus précise. J'ai sous les yeux une phrase ainsi conçue à l'égard des Français:

« Nous avons la terre, nous avons l'eau, il nous reste à apprendre à nous en servir. »

C'est la confirmation des paroles de M. Blanc.

M. LE PRÉSIDENT. — M. Tiétard a la parole.

M. TIÉTARD. — Je tiens à faire remarquer que M. Blanc a commis une certaine exagération en disant que les Syndicats d'irrigation sont inconnus en France. Ces Syndicats existent dans toute la région des Pyrénées depuis les Romains. Dans les environs de Lourdes, il y a le canal d'Alaric, qui recueille les eaux des torrents de la montagne. Le lac Bleu et le lac d'Ourrec envoient par un canal leurs eaux sur le plateau de Lannemezan.

Ces canaux sont très bien entretenus. Le Syndicat indique aux habitants à quel jour et à quelle heure ils peuvent profiter de l'eau et quelle quantité ils doivent en prendre.

Dans une autre région que je connais, je veux parler du département de la Drôme, le canal de la Bourne a été créé pour fournir de l'eau aux cultivateurs.

Il faudrait demander aux pouvoirs publics de ne pas s'arrêter dans la voie où ils s'étaient engagés et de favoriser autant que possible la création de ces Syndicats. Le gouvernement s'est arrêté aussi dans la surélévation de certains lacs, comme cela avait été fait aux environs de Lourdes. Un vœu qui serait émis dans ce sens aurait, à mon avis, plus de chance d'être accueilli qu'un vœu demandant qu'on crée de nouveaux marais ou qu'on empêche le dessèchement et le drainage des terres.

Il faut distinguer en effet entre le dessèchement pur et simple des terres et le dessèchement pour cause d'assainissement. J'ai habité sur les bords de la Claise, qui coule aux environs de Châteauroux. Les populations de la Brenne commençaient à se remettre de l'état où les avaient trop longtemps tenus les marais. La statistique avait démontré qu'une famille arrivant, à un moment donné, dans la Brenne avait complètement disparu au bout de cent ans ; elle ne se maintenait que par l'arrivée successive de nouveaux émigrants. On a desséché les marais de la Brenne et augmenté ainsi la richesse de la France. Il faut donc distinguer entre les dessèchements et les assèchements.

M. LE COLONEL BLANCHOT. — Je n'ai parlé évidemment que des assèchements.

M. EDOUARD BLANC. — Je me suis mal exprimé tout à l'heure, ou mes paroles ont dépassé ma pensée, si j'ai dit que les Syndicats d'irrigation n'existaient pas en France. On en trouve dans certaines contrées qui ont gardé les traditions romaines, en Provence, dans les Pyrénées. Le terme *syndicat d'irrigation* existe dans notre langue et dans nos lois, ce qui prouve bien que cette notion n'est pas nouvelle. Mais cette institution n'est pas entrée dans les usages des cultivateurs d'une grande partie de la France, notamment dans le Centre. Nos Sociétés de Géographie provinciales feraient bien, à mon avis, de rendre cette notion plus usuelle parmi les populations qui ne la connaissent encore qu'imparfaitement.

En ce qui concerne les marais, il est évident que l'assainissement des pays marécageux est très utile ; on ne peut pas s'opposer à des mesures de ce genre qui sont aussi fécondes que nécessaires à la salubrité publique. Il faut reconnaître cependant que les marais de la Brenne par exemple, tout malsains qu'ils étaient, servaient à emmagasiner les eaux et que, lorsqu'on les a supprimés, les régions comprises dans le même bassin fluvial, surtout en aval, se sont trouvées privées de certains apports d'eau durant les époques de sécheresse.

Par conséquent, lorsque l'on entreprend des dessèchements, il y a lieu de tenir compte des circonstances physiques et de la topographie générale de la région. Il conviendrait d'établir des barrages ou tout au moins des ouvrages d'art qui auraient pour but de remettre les pays situés en aval dans les conditions économiques où ils se trouvaient avant les travaux d'assainissement entrepris dans les pays d'amont. C'est ce qu'on paraît avoir négligé de faire.

En général, la construction de réservoirs ne serait nécessaire que dans les pays de montagne. Dans les plaines, ces travaux coûteraient trop cher, et la surface ainsi perdue serait trop considérable, elle aurait trop de valeur par conséquent. M. Tiétard a parlé des aménagements du lac Bleu et du lac d'Orrédon, qui ont été entrepris dans ces dernières années. Ces aménagements n'auraient pas été faits s'il ne s'était agi d'empêcher les dévastations partielles de la Neste.

M. Tiétard. — Je vous demande pardon. On a voulu surtout, je crois, donner de l'eau aux usines et moulins installés sur les petites rivières qui prennent leur source sur le plateau de Lannemezan et qui sont à sec pendant l'été.

M. Edouard Blanc. — Si les habitants de la vallée de la Neste ne s'étaient pas plaints des ravages causés dans leurs champs par les inondations, il est probable que la considération industrielle n'aurait pas suffi à elle seule pour provoquer l'exécution de travaux publics aussi importants.

En fait, quand il ne pleut pas, nos paysans se contentent de se plaindre; ils ne remarquent pas qu'ils ont beaucoup plus d'eau qu'il ne leur en faut pour se garantir de la sécheresse. En Algérie, où il pleut bien moins qu'en France, et où le dessèchement par évaporation est bien autrement considérable, les cultivateurs obtiennent pourtant de belles récoltes parce qu'ils ne laissent pas l'eau aller se perdre dans la mer. Les Arabes eux-mêmes, qui, dans les pays non soumis aux Européens, sont presque toujours en guerre de tribu à tribu, s'entendent pour entretenir certains canaux communs, qui recueillent toute l'eau des thalwegs et la portent sur les champs de culture.

Lorsque nous voyons l'Algérie produire du blé dans une année de sécheresse, il est ridicule que nous en soyons réduits, en France, à la famine, parce qu'il a plu un peu moins que dans les années précédentes. Les Orientaux trouveraient l'humidité de l'année actuelle surabondante et ne comprendraient pas les plaintes et l'insuccès de nos paysans. Il y a là une lacune à combler, des mesures à prendre, des travaux à exécuter: ces questions sont du ressort du ministère des travaux publics. Mais l'action morale à exercer sur les populations, la vulgarisation de ces idées nous appartiennent. Peut-être aussi devrions-nous, soit par des vœux, soit autrement, exercer une pression discrète sur les pouvoirs publics en leur montrant que nous sommes d'accord avec eux et que l'opinion publique partage nos idées. Nous représentons en effet une fraction importante de l'opinion publique; nous sommes les délégués des Sociétés de Géographie, et ces Sociétés se composent elles-mêmes des hommes les plus compétents en ces matières dans les diverses régions de la France. A ce titre, nous ne sortons pas de nos attributions ni du but de nos congrès en traitant ici les questions dont il s'agit. (*Applaudissements.*)

M. Dubois. — A l'appui des observations présentées par M. Tiétard, je puis dire ceci: En ma qualité de publiciste agricole, j'ai dû m'informer de la situation de la Touraine au point de vue des irrigations. Je me suis adressé à un conducteur des ponts et chaussées, et celui-ci m'a déclaré que l'administration tenait à ne fournir aucun renseignement sur cette question.

J'exprime donc le vœu que l'administration française ne reste pas ainsi fermée à tous ceux qui lui demandent des renseignements dans l'intérêt de notre agriculture.

M. le Colonel Blanchot. — Il en est de même au Congrès de Bourg où le service des ponts et chaussées, je l'ai su, a fait la déclaration que voici: « La Loire, les grandes rivières, c'est notre affaire; nous n'avons pas à discuter ces questions avec d'autres. »

M Malavialle. — Je dois ajouter quelques renseignements à ceux qui ont été donnés par MM. Tiétard et Edouard Blanc sur les canaux d'irrigation. Depuis quelque temps, on a créé un grand nombre de canaux de ce genre dans le Midi pour irriguer les vignes; mais, de tout temps, des Syndicats d'irrigation ont existé chez nous, parce que ce sont des terrains secs et que le besoin d'irrigation s'y est toujours fait sentir.

On ne les voit pas fonctionner ici parce que, avant les mesures d'assèchement qui ont été prises, on avait assez et même trop d'humidité.

Le rôle du Congrès doit consister à signaler la nécessité d'instituer, dans les pays aujourd'hui asséchés, des Syndicats d'irrigation comme il en existe partout ailleurs. Mais il ne me paraît pas juste de dire que les pouvoirs publics se sont toujours désintéressés de cette question ou qu'ils s'y sont systématiquement opposés.

M. le Colonel Blanchot. — Personne n'a dit cela.

M. Malavialle. — On ne devrait même pas dire qu'il est indispensable d'attirer l'attention des pouvoirs publics sur ces questions, car, depuis longtemps, elles ont été étudiées et résolues dans beaucoup de régions de la France.

M. le Colonel Blanchot. — Je crois que nous nous éloignons de notre point de départ. Mon confrère me reproche de m'égarer dans les questions agricoles; nous nous égarons maintenant dans les questions d'administration et de compétence : il est temps de se placer sur le terrain géographique. Que voulons-nous défendre ? Nos rivières, nos fleuves, nos estuaires, nos grands ports, nos montagnes. C'est de la géographie pure. J'ai montré quels sont les principaux agents destructeurs de nos ports et de nos cours d'eau : j'aurais pu en citer bien d'autres. J'ai simplement voulu indiquer les questions qu'il faut résoudre pour sauvegarder l'aspect physique de notre sol. Si l'eau nous envahit, il n'y aura plus à s'occuper de topographie, tout au plus restera-t-il à faire un peu d'hydrographie. (*On rit.*)

Je voudrais donc appeler l'attention des pouvoirs publics et des populations sur ces graves questions. C'est surtout aux populations qu'il convient de s'adresser ; il faut leur montrer le danger qu'elles courent. C'est là un rôle de vulgarisation qui appartient aux Sociétés de Géographie. C'est tout ce que je demande ; tel est le but du vœu que je proposerai.

M. le Président. — En principe, tout le monde est d'accord. M. Malavialle demande simplement que le vœu ne soit pas rédigé sous une forme impérative pour les pouvoirs publics.

M. Dubois. — Je n'ai pas parlé du gouvernement, mais de l'administration des ponts et chaussées.

M. Tiétard. — On a parlé de deux ordres de faits différents. D'une part, M. le colonel Blanchot a visé la défense de nos fleuves et de nos estuaires; d'autre part, il a été question des irrigations. Je voudrais que le vœu distinguât bien entre ces deux idées.

M. le Colonel Blanchot. — M. Tiétard pose très bien la question. Je n'avais pas dit un mot des irrigations. J'avais simplement déclaré ceci: On cherche à se débarrasser le plus vite possible des eaux que les paliers naturels du sol ont emmagasinées : on n'a qu'un souci, c'est de les précipiter dans les grands collecteurs, sans se demander s'ils peuvent les recevoir et les conserver dans leur lit.

A ce propos, on a parlé des irrigations : mais ce n'est pas moi qui ai fait la digression.

Du moment que les paliers n'existent plus, l'eau se précipite en bas des étages élevés et dévaste tout, aussi bien dans le bassin de la Garonne que dans celui de la Loire. J'ai demandé qu'on maintînt les réservoirs naturels; je n'avais qu'un but: sauver les cours d'eau ; mais je ne m'occupais pas de la culture des betteraves. (*On rit.*)

M. LE PRÉSIDENT. — Personne ne demande plus la parole?

M. le colonel Blanchot voudra bien présenter un vœu dans une séance ultérieure.

M. le Président règle l'ordre du jour de la prochaine séance, qui est fixée à deux heures.

La séance est levée à 11 heures.

SÉANCE DU MERCREDI SOIR

2 août 1893

La séance est ouverte à 2 heures, sous la présidence de M. Malavialle, secrétaire général de la Société de Géographie languedocienne.

Prennent place au bureau :

M. Turquan, délégué du ministre de Commerce ;

M. de Varigny ;

M. Doby, délégué de la Société de Géographie commerciale de Nantes ;

M. Froidevaux.

Présidence de M. MALAVIALLE.

M. le Président. — Messieurs, la première question inscrite à l'ordre du jour de notre séance est celle-ci :

« De la nécessité d'étudier à nouveau les moyens de pénétration dans le Gourara, le Touat et le Tidikelt, par M. Privat-Deschanel, membre de la Société de Géographie de Paris. »

M. Privat-Deschanel, ayant été retenu à Paris par ses occupations, je donne la parole à M. Turquan, chef de la Statistique générale au ministère du commerce, de l'industrie et des colonies, qui veut bien nous entretenir des migrations des Français en France.

Les migrations intérieures des Français en France.
Echange de populations entre les départements et les provinces.

M. TURQUAN. — Mesdames, messieurs, ce Congrès consacre une grande partie de ses travaux à l'émigration des Français dans les pays étrangers ou dans nos colonies. Vous me permettrez de vous entretenir d'une statistique d'un caractère tout nouveau relative à l'émigration ou, pour mieux dire, aux migrations des Français en France.

L'un des mérites du sujet que je vais traiter, c'est sa nouveauté. Jusqu'ici on n'avait jamais su comment se déplaçaient les Français, suivant les nécessités de la vie économique dans notre pays. On connaissait bien le nombre des habitants de la France par département, mais on ignorait combien chaque département renfermait de personnes originaires d'autres départements, et combien il comptait de ses enfants présents dans les autres.

Je désire vous donner la primeur de ce travail. Les renseignements que je vais fournir sont très succincts ; je m'efforcerai de les rendre aussi peu arides que possible ; je vous demande toute votre indulgence, car je vais parler de chiffres.

Il s'agit de vous présenter pour ainsi dire la « géographie des Français en France ». Voici comment j'entends cette géographie:

Prenons par exemple, non pas le centre géographique de la France, qui serait plutôt Tours, mais le centre intellectuel, Paris, et voyons quel échange de populations s'opère entre Paris et la province.

Je dois d'abord vous indiquer comment je m'y suis pris pour établir ce travail. Au moment du dénombrement, chaque habitant de la France a inscrit sur un bulletin son lieu de naissance. Dans chaque département, j'ai fait classer les bulletins des habitants par département d'origine ; j'ai obtenu ainsi pour chacun des 89 départements la répartition des personnes nées dans tous les départements. Ainsi, dans le département d'Indre-et-Loire, où l'on compte, en nombres ronds, 280,000 habitants, 200,000 sont nés dans le département, 80,000 ailleurs.

Ces 80,000 étrangers au département ont été classés par départements d'origine. Je pourrai donc vous dire combien on trouve d'Auvergnats, de Provençaux, de Parisiens, de Flamands ou de Gascons dans votre département. Tel a été le but de mon travail, lequel s'est étendu, bien entendu, à chaque département et à chaque province.

Pour l'exposer, on peut employer deux méthodes, la méthode analytique et la méthode synthétique. Je vais prendre la méthode synthétique, c'est-à-dire vous montrer comment, par exemple, l'ensemble du Midi de la France se comporte, au point de vue migratoire, vis-à-vis du Nord, combien l'Est de la France fournit d'habitants à l'Ouest, combien d'habitants de la Bretagne ou de la Normandie on retrouve dans l'Est... On peut encore examiner les échanges de province, ou de département à département. C'est, je crois, ce qu'il y a de mieux à faire, et c'est là surtout que se trouve l'intérêt de la synthèse du travail que j'ai l'honneur de vous présenter.

On peut dire que c'est la Seine qui absorbe le plus d'habitants originaires d'autres départements. Sur plus de 3 millions d'habitants que compte la Seine, 1,400,000 viennent de province. D'où viennent-ils?

On savait bien qu'il y avait à Paris des Champenois, des Auvergnats, des Provençaux. On s'imaginait même que la Provence, le Gard, l'Hérault, donnaient énormément d'habitants à Paris. On entend en effet partout cet accent que vous connaissez bien et on dit : Paris est inondé de Provençaux, de gens du Midi.

Or, c'est le fait inverse que l'on constate. Il y a fort peu de Marseillais à Paris; on en compte à peine 4,000. Vous voyez combien ce chiffre est faible. Dans le Nord, on en trouve encore moins ; à peine y en a-t-il quelques centaines. C'est un fait typique.

Les provinces qui fournissent le plus d'habitants à Paris sont le Nivernais, la Champagne et la Bourgogne, qui en sont le plus rapprochées, quelque peu la Bretagne, mais surtout l'Auvergne; la quantité d'Auvergnats qui vivent à Paris est très remarquable, non pas seulement en chiffres absolus, mais proportionnellement à la population originaire de cette province.

Pour préciser, c'est surtout le Cantal, la Haute-Loire, le Puy-de-Dôme qui fournissent le plus d'émigrants vers Paris.

Viennent ensuite après ces départements le Morvan (Yonne et Nièvre), dont bon nombre d'habitants, bûcherons et mariniers, descendent par les cours d'eau, Cure, Armençon, Yonne, vers la Seine et de là à Paris.

Cette statistique a donné lieu à un grand nombre de travaux graphiques que j'ai eu la patience de faire. Elle comprend près de 300 cartes. Les voici : Je me garderai bien de les énumérer; je n'en ferai passer que quelques-unes sous vos yeux.

J'ai tracé l'émigration des Français en Touraine et celle des Tourangeaux en France. Cette carte est dressée d'après le système des teintes plates superposées. Plus un département est teinté d'une certaine couleur, plus le phénomène que j'analyse est intense, plus l'émigration dans la Touraine est considérable. Vous voyez par cette carte que plus on s'éloigne de Tours, et moins l'attirance vers cette ville est importante. Vous pouvez constater que la Bretagne n'est pas sans envoyer beaucoup d'émigrants vers le *Jardin de la France*.

Voici maintenant la carte de l'émigration des Tourangeaux en France;

vous voyez combien est faible cette dernière, si on la compare à l'immigration. Il semble que les Tourangeaux se trouvent très bien chez eux, puisqu'ils n'émigrent pas. On vient au contraire beaucoup en Touraine. La carte que voici en fait foi. Il y a beaucoup plus d'immigrants en Touraine que d'émigrants.

J'ai eu ensuite l'idée de comparer ces deux cartes terme à terme, c'est-à-dire département par département, et de calculer l'excédent de l'émigration ou de l'immigration. L'excédent de l'immigration a été marqué sur une carte en teinte grise, et l'excédent de l'émigration en teinte rose.

Examinons comment se comportent les habitants de la France vis-à-vis de la Touraine. Cette carte, teintée en gris, donne l'excédent des immigrations sur l'émigration; on voit que plus on est près du département d'Indre-et-Loire, plus on a tendance à y immigrer. Plusieurs départements, néanmoins, envoient en Touraine un plus grand nombre d'habitants qu'ils n'en reçoivent; je citerai la Seine, Seine-et-Oise. Seine-et-Marne et le Loiret. D'autres régions reçoivent également plus de monde venant de la Touraine qu'ils n'y en envoient; ce sont les Alpes-Maritimes, les Bouches-du-Rhône et la Gironde.

Le département d'Indre-et-Loire a donc une forte immigration; c'est un département exceptionnel à ce point de vue. Je me hâte de dire que peu de départements en France ont un tel pouvoir d'attraction.

Voici un pays peu éloigné du vôtre, le département de la Creuse ou, pour mieux dire, la province de la Marche. Si ce département reçoit quelques habitants des départements qui l'environnent, au delà de 30 ou 40 lieues, personne n'y vient pour ainsi dire.

Voici maintenant la carte de l'émigration de la Creuse. Les Creusois émigrent beaucoup en France. J'ai indiqué dans un Congrès précédent qu'il manquait au département de la Creuse près d'un quart de sa population. Ce quart se traduisait par un vide dans ce que j'appelle la pyramide des âges, c'est-à-dire dans la figure qui représente, par assises superposées, la population de chaque âge depuis la naissance jusqu'à cent ans. Cette figure est une pyramide, puisque c'est dans l'enfance qu'il y a le plus grand nombre d'êtres vivants. Par la mort et par l'émigration, le chiffre de la population est réduit jusqu'à devenir zéro à l'âge de cent ans. On remarque, dans la pyramide de la Creuse, un grand vide entre vingt-cinq et quarante ans. Il est produit par le départ des « Limousins » qui vont chercher fortune ailleurs ; ils se dirigent vers le nord ou l'est de la France et sur Paris. C'est ce que montre bien la carte différentielle que voici, établie d'après le système que j'indiquais tout à l'heure, au moyen des mêmes teintes. Ici encore le procédé graphique et la statistique viennent en aide à la géographie.

Ces détails suffiront à vous faire connaître l'économie générale de mon travail ; il serait fastidieux d'examiner la part de chaque département dans cet échange continuel de populations qui s'opère entre les différentes régions de la France.

Il y avait, je crois, intérêt à déterminer le caractère, j'oserai dire le coefficient d'émigration de chaque département. A cet égard, il faut appliquer la méthode synthétique. Il faut, dans chaque département, considérer séparément le nombre des Français nés dans ce département et le nombre de ceux qui sont nés dans l'ensemble des autres départements, puis comparer ces chiffres entre eux.

Il y a des départements, comme celui du Lot, où 95 p. 100 de la population est restée attachée sur le sol où elle a vu le jour, tandis qu'à Paris 33 p. 100 seulement de la population est née sur le sol qu'elle habite. Entre 95 p. 100 et 33 p. 100, il y a une marge considérable. C'est le jeu de ces variations qui a donné lieu à un certain nombre de cartes ; je pourrais les mettre sous vos yeux ; mais le temps me presse, et je vais me borner à vous donner des renseignements généraux.

Les habitants du Midi de la France ont le caractère très remuant ; vous vous en doutiez ; il s'agit de savoir où ils vont. Or, ce n'est pas vers Paris.

En France, il y a plusieurs capitales. Paris a son action déterminée, jusqu'à la Loire dans le Sud et des Vosges à l'Océan. Mais, dans le Midi de la France, je distingue nettement trois capitales. Marseille est plus puissante peut-être que Lyon et absorbe toute la population qui s'étend des Alpes aux Cévennes, jusqu'à Lyon même.

Lyon, par une sorte de réciprocité, attire, mais dans une faible proportion, les habitants du Midi. Marseille est, en définitive, une véritable capitale, un pôle d'attraction ; elle draine les populations du bassin du Rhône.

Montpellier est la rivale de Marseille ; elle attire de son côté les gens d'Avignon et ceux du Languedoc, dont elle est pour ainsi dire la réelle capitale.

Vers Toulouse sont attirées les populations du Massif Central, du côté qui n'est pas tourné vers Paris. Le Massif Central a donc deux portes, l'une vers Paris, l'autre vers Toulouse. Bordeaux prend tout le reste, qui constitue un contingent d'immigration considérable.

Voici une carte qui montre quelle est l'attraction de Bordeaux et de ses environs sur les populations environnantes. Il y a, par contre, fort peu de Bordelais qui émigrent en France.

Voici la résultante de l'immigration sur l'émigration pour Bordeaux. Il n'y a guère que Paris et Marseille dont le pouvoir d'attraction sur les populations environnantes soit plus grand que Bordeaux. L'étude successive de chaque département est bien instructive à ce point de vue.

J'ai promis à mon honorable collègue et ami, M. le prince Roland Bonaparte, de lui faire connaître la situation des Corses en France. Je vais le faire. Je vous donnerais également, messieurs, tous les renseignements que vous désireriez sur telle ou telle province qui vous intéresserait plus spécialement.

En Corse, la situation est très simple : les Français y vont peu, et la France est inondée de Corses. Vous n'avez d'ailleurs qu'à jeter un coup d'œil sur les listes du personnel, des bureaux de douane, de la garde républicaine, de l'armée, de la police, de l'administration ; partout il y a des Corses, facilement reconnaissables. Mais il y a très peu de Français en Corse. Cette île offre une particularité assez remarquable. Avant qu'elle fût française, il y a cent ans, elle fournissait déjà beaucoup d'hommes à la France. La Corse est un département à haute natalité ; elle contribue pour beaucoup à relever l'accroissement si faible de la population française. C'est, avec le Finistère, la Savoie, les Basses-Pyrénées, un des départements qui donnent le plus d'enfants à la France.

Voici la carte de l'immigration des Français en Corse. Les régions qui y envoient quelques habitants, — la teinte est très légère, — sont Marseille, Nice, Toulon et l'Aveyron. Il y a dans ce département la maison-mère d'une congrégation qui exporte des religieux en Corse, en Algérie et en Tunisie. Aussi l'Aveyron envoie-t-il un certain nombre d'habitants aux pays que je viens de citer.

Voici maintenant la carte qui indique, pour la Corse, l'excédent de l'émigration sur l'immigration. On trouve des Corses tout le long de la Méditerranée, tout autour de Lyon, dans le Massif Central, dans la Savoie, dans le bassin de la Seine et surtout à Paris. Il y a près de 50,000 Corses en France, alors qu'on compte seulement 4,000 Français en Corse. Si l'on compare ces chiffres, on voit que la proportion est de un à dix.

Dans les départements à haute natalité, la balance penche toujours du côté de l'émigration. Au contraire, les pays dont la natalité est faible, comme l'Eure, l'Aube, le Lot-et-Garonne, manqueraient de bras si l'immigration ne venait pas y compenser les vides causés par la stérilité des familles. Ces départements sont le siège d'une immigration considérable, mais à peu près locale.

Ainsi, le Lot-et-Garonne reçoit ses émigrants des trois ou quatre départements environnants et aussi, je dois ajouter, de l'Espagne. L'Eure reçoit un certain nombre d'Anglais, puis des habitants du bassin de la Seine ; l'Aube reçoit surtout, outre les immigrants des départements voisins, des Allemands, des Suisses et des Italiens.

En somme, il se produit un échange très actif de population entre les départements, les provinces et les grandes régions.

Voici maintenant quelques chiffres pour l'émigration. Si l'on classe chaque pays suivant le coefficient ou cote d'expansion, on voit que c'est l'Alsace, territoire de Belfort, qui envoie, toutes proportions gardées, le plus d'émigrants en France ; puis viennent les anciennes provinces de la Marche et du Nivernais. Le Nivernais présente une circonstance spéciale : c'est, vous le savez, un pays pauvre, et l'éducation des nourrissons est la principale industrie du pays. Le département de la Nièvre travaille pour l'exportation des nourrices ; il y a également une importation considérable de nourrissons, qui y sont élevés. L'Ariège (ancien comté de Foix) est au nombre des départements qui donnent le plus d'habitants à la France. Ceux-ci vont jusqu'à Paris, mais ils se répandent principalement dans la Gascogne.

Viennent ensuite l'Orléanais, le Vaucluse, la Savoie, l'Auvergne. D'après le chiffre du coefficient, l'Auvergne n'arrive qu'au septième ou au huitième rang ; mais cette province est essentiellement un pays d'émigrants, je veux dire d'émigrants en France.

Les provinces qui envoient des émigrants à l'étranger sont les Basses-Pyrénées, le Jura, la Franche-Comté, la Savoie, la Corse et aussi l'Aveyron. En ce moment, je ne parle que de l'émigration à l'intérieur. A ce point de vue, Paris compte 55,000 ou 60,000 Auvergnats, presque tous marchands de vins, de charbons et de marrons et, en général, exerçant un petit commerce. Autrefois, ils étaient porteurs d'eau.

Viennent ensuite les Lorrains, les Bourguignons, puis quelque peu les Tourangeaux, qui se rapprochent de la moyenne.

Voici enfin les régions qui perdent le moins d'habitants ; c'est le Roussillon, la Bretagne, la Guyenne et la Gascogne. Voici pourquoi j'ai dit tout à l'heure que, dans le Midi, certaines villes exerçaient un grand pouvoir d'attraction, et j'ai cité Montpellier et Marseille. Les gens du Midi, attirés par ces grands centres, trouvent de quoi y satisfaire leur activité économique et ne vont pas à Paris. On s'imagine que Paris est envahi par le Midi. Cela tient à ce que les Méridionaux qui vivent à Paris se font remarquer par leur caractère exubérant et qu'ils passent moins inaperçus dans la foule. Mais, en réalité, il y a beaucoup moins de Méridionaux à Paris que d'habitants venus des autres provinces.

En ce qui concerne l'immigration, j'indiquerai en quelques mots l'attirance de chaque province. Le dernier rang est occupé par la Corse où 1 p. 100 seulement de la population n'est pas né dans l'île. Dans l'Ile-de-France, Paris, Seine-et-Oise, Seine-et-Marne et une partie de l'Aisne, on compte 40 p. 100 d'étrangers. Entre ces deux chiffres, la marge est grande. Les provinces qui attirent le moins de monde, après la Corse, sont la Bretagne, la Savoie, le Roussillon, le Poitou, la Guyenne et la Gascogne. J'ai dit que ces provinces se suffisaient à elles-mêmes, qu'elles ont leurs immigrants et leurs émigrants propres, se mouvant dans l'étendue de leurs départements.

Celles qui sont le siège de la plus forte immigration sont l'Alsace et Belfort. L'armée y attire des habitants originaires de toutes les autres régions de la France, puis c'est le Lyonnais, à cause de Lyon, la Provence, à cause de Marseille et de Toulon, la Touraine, à cause de Tours et de ses environs, la Champagne, surtout à cause de Châlons et de Reims, qui sont de grands centres militaires et industriels.

Il était, je crois, intéressant de rechercher quels sont les centres non pas de la population, mais de l'équilibre des populations en France. Certains pays se dépeuplent et manqueraient de bras s'ils ne comptaient que sur les habitants qui naissent sur leur sol. Ce sont les étrangers qui viennent combler les vides.

Les régions qui ont trop de bras sont les pays pauvres, c'est la Savoie, l'Auvergne, la Corse, certaines parties des Pyrénées : aussi exportent-elles beaucoup d'hommes. La Bretagne est pauvre, elle a beaucoup d'enfants, mais elle a une certaine activité agricole. Les Bretons changent de département, mais ils ne quittent guère leur province. L'émigration se fait pour ainsi dire dans le sein de la Bretagne ; elle présente à peu près le même caractère en Normandie. Comme il y a là une diminution très regrettable de la population, les vides sont comblés par les immigrants venus des départements voisins.

Telle est, messieurs, indiquée en quelques mots, la situation actuelle des différentes régions de la France. Si l'on fait la synthèse générale, on peut dire que, somme toute, le nord de la France doit près de un million de ses habitants au Midi, c'est-à-dire que le Midi donne au Nord plus d'habitants qu'il n'en reçoit. De même, si l'on compare l'Est et l'Ouest, on voit que l'Est envoie des émigrants dans l'Ouest et que l'Ouest ne lui en donne pas. L'Ouest se tient chez lui. Les personnes qui le quittent viennent soit de l'étranger, soit de Paris.

Je termine par un chiffre : 1,300,000 habitants environ, en France, ont quitté leur pays pour se rendre dans un autre département. D'autre part, 1,300,000 habitants des autres provinces se trouvent précisément réunis dans l'Ile-de-France.

Telle est la résultante générale de l'émigration et de l'immigration des Français en France. (*Applaudissements.*)

M. LE PRÉSIDENT. — Je suis certain d'être l'interprète des sentiments de l'assemblée en remerciant M. Turquan de la conférence très remarquable qu'il vient de faire. M. Turquan nous a montré que les communications précises peuvent en même temps être très intéressantes, parfois amusantes et certainement utiles.

Vous me permettez de dire que cette communication peut être considérée comme le type de celles qu'il conviendrait de faire dans un Congrès de ce genre. J'ajoute un dernier mot qui m'est personnel. Je suis frappé, en ma double qualité d'historien et de géographe, de voir à quel point les renseignements fournis par M. Turquan correspondent à tout ce que nous apprennent l'histoire, la géographie et la géologie. C'est, à la fois, la confirmation de nos études et une indication très utile pour ceux qui voudront établir sur des bases définitives l'histoire et la géographie de la France. Je remercie donc M. Turquan de nous avoir fait une conférence aussi utile qu'intéressante. (*Applaudissements.*)

La géographie dans Rabelais. — Les voyages de Pantagruel

M. le Président. — Je donne la parole à M. Ducrot, membre de la Société de géographie de Tours, qui doit nous entretenir de la géographie dans Rabelais et des voyages de Pantagruel.

M. Ducrot. — Illustres docteurs en la science géographique, tant humains et tant érudits, j'ai l'insigne honneur de vous présenter un nouveau candidat que je crois digne à tous égards d'être proclamé membre de votre savante et célèbre Société.

Il se nomme François Rabelais.

J'aurais vivement désiré qu'il voulût bien se présenter lui-même. Nous aurions entendu, sans doute, les acclamations enthousiastes l'accueillir, comme il le fut jadis en l'Université de Montpellier.

Il y a, paraît-il, impossibilité absolue. Et c'est à moi qu'incombe la tâche, heureusement bien facile, de faire valoir ses titres à cette distinction si enviée.

Je ne saurais avoir sa science profonde, sa verve inimitable, son style si clair et si original, sa plaisante manière de présenter les choses. Votre indulgence, votre bienveillante attention suppléeront à ce qui me manque : et j'espère qu'après m'avoir entendu, vous reconnaîtrez, comme moi, que Fr. Rabelais a su, compris, expliqué tout ce qu'on pouvait connaître à son époque en géographie, en hydrographie et en chorographie.

Rabelais connaissait-il l'Europe et l'Asie ? Oui, sans doute ! Cela résulte clairement des conquêtes de Picrochole.

Connaissait-il l'Afrique ? Oui dà ! autant qu'en pouvaient savoir Vasco de Gama et Jean Alphonse le Saintongeois, qui doubla deux fois le cap de Bonne-Espérance sous le règne de François Ier.

Pour les mers du Nord, c'est une autre affaire. Ces îles des Alliances, des Vents, des Papefigues, des Andouilles, de Quarême Prenant, l'isle Sonnante, l'île des Chafourrés et tant d'autres, n'ont été ni trouvées ni comprises par aucun de ses érudits commentateurs.

J'ai la ferme conviction de pouvoir vous démontrer, tout à l'heure, qu'il a donné des contrées du Nord, non pas une simple nomenclature, mais une description détaillée, minutieuse, des contrées désolées de la mer Glaciale.

En son étude de la géographie, les documents ne lui manquaient pas.

En 1410, Petrus de Aliaco publiait son *Imago mundi*, commentant la géographie de Strabon et d'Esdras.

En 1507, à Saint-Dié, on imprimait la *Cosmographie* de Hylacomilus, autrement Martin Waltzmuller.

En 1457, Fra Mauro faisait paraître sa *Carte d'Afrique*.

La Somme de Géographie du bachelier Martin Fernandez de Enciso paraissait en 1519 à Séville, pour l'instruction de Charles-Quint.

En 1541, Ghérard Mercator, habile géographe, dessinateur et graveur, dédiait à Charles-Quint sa *Structure du globe terrestre*, gravée et enluminée avec le plus grand soin.

La Bibliothèque de Tours possède une carte du monde provenant du couvent de Marmoutiers; elle sortait des formes de Jean-François Camotius à l'enseigne de la Pyramide, à Venise, 1560.

Nous sommes certain que Rabelais a suivi les cartes de Ghérard Mercator : les détails qu'il indique, l'endroit même de son livre où il les signale, le démontrent d'une manière irréfutable.

Nous n'avons plus les cartes que Mercator avait gravées et illustrées de sa propre main pour son royal élève ; mais consolez-vous, très illustres docteurs, elles nous ont été conservées par les savants géographes des XVIe et XVIIe siècles.

Michaël Tramezini a publié à Venise un atlas complet en 1658; voici l'exergue qui se lit au bas de chaque carte : *Michaelis Tramezini formis ex Pontificis Max. ac Veneti senatus in proximum decennium privilegio : 1658. Jacobus Bossius incidebat.*

« De l'impression de Michaël Tramezini, avec privilège de dix ans accordé par le Souverain Pontife et le sénat de Venise : 1658. Jacques Bossius *l'avait gravé.*

Ce mot *avait gravé* indique clairement que Jacques Bossius n'existait plus. En effet, Jacques Bossius, c'est Jacob Jansonnius ou Blaeu, le plus célèbre géographe d'Europe au XVIIe siècle. Il était mort en 1638, laissant inachevé son immortel ouvrage: *Atlas universel*, en 10 volumes grand format.

Or il se trouve qu'en la préface de son premier volume, Bossius déclare formellement qu'il a copié les cartes des deux frères Josse et Henri Hondius; t cet atlas des Hondius porte la date de 1594.

Nous voici déjà bien rapprochés du temps où vivait Rabelais : nous y arriverons bien vite.

Voici la petite pièce de vers latins qu'écrivit Jean Pontanus. et qui parut en tête de l'atlas des Hondius :

> *Accessit solers hinc Hondii cura laborque*
> *Qui terram et totum rimatus mente profundum*
> *Extremam adjecisse manum, cultumque decusque.*
> *Tanti operi instituit magno molimine rerum.*
> *Unde etiam artifici dedolans ære tabellas*
> *Insignem meruit prælatæ laudis honorem.*
> *Et dubium sit utri plus debeat orbis et urbes :*
> *Nam Mercatoris velut eminet Hondius aura,*
> *Sic quoque Mercator nunc Hondii munere floret.*

Je vous fais grâce du latin, mais je ne saurais m'empêcher de vous dire ce qu'expriment ces jolis vers :

« En gravant sur cuivre les cartes de Mercator, Hondius a mérité les louanges les plus flatteuses : en sorte qu'on ne saurait dire auquel des deux l'univers et les villes sont le plus redevables. Car Hondius resplendit autant de l'éclat de Mercator, que Mercator brille à son tour par le talent d'Hondius. »

Voilà qui est précis : de filière en filière, les cartes de Tramezini sont les cartes de Bossius, qui sont celles des Hondius, lesquels ont gravé celles de Mercator datées de 1541.

Rabelais les avait devant les yeux.

Et, pour que chaque géographe conserve sa part de gloire, je m'empresse d'ajouter que Mercator s'était beaucoup aidé de la carte contenant la *Description de tout l'Univers* de Reinier Gemma, dit le Frizon, en laquelle Charles-Quint fut tout glorieux et tout fier de signaler une faute.

I

L'EUROPE, L'ASIE ET LE NORD DE L'AFRIQUE

A grandes enjambées de Gargantua, Rabelais nomme les contrées d'Europe, d'Asie, d'Arabie et d'Afrique, pour les pays situés sur les rivages de la mer Méditerranée.

Mervail, Spadassin et le capitaine Merdaille n'y vont pas de main morte : en un clin d'œil, les armées de Picrochole prennent l'Aunis, la Saintonge, l'Angoumoys, la Gascogne, Périgord, Médoc et les Eslanes (ce sont les Landes), Bayonne, Saint-Jean-de-Luz, Fontarabie, Hespaigne et Portugal, le détroit de Gibraltar, la Méditerranée et Barberousse, Tunis, Hippone, Argière (c'est Alger), Bône, Corone (ville de la Morée alors au pouvoir des Turcs), la Barbarie en l'Afrique septentrionale, les îles Majorque et Minorque, la Sardaigne, la Corse, Narbonne, Provence, Allobroges (c'est le Piémont), Gênes, Florence, Lucques, et adieu Rome, où le pauvre pape meurt de peur.

Et Picrochole, se rengorgeant comme personnage de trop haute importance, s'écrie : « Je ne lui baiseray jà sa pantoufle ! »

L'Italie subjuguée, voici Naples, la Calabre, Apolle (c'est la Pouille), Sicile, Malte, Candie, Chypre, Rhodes, les Cyclades, la Morée (c'est la Grèce). Et les voilà à Jérusalem.

C'est une conquête vertigineuse ; et ce n'est pas tout. Ils prennent l'Asie Mineure : la Carie, cap. Aphrodisée ; la Lycie, cap. Myre ; la Pamphilie, cap. Pergues ; la Cilicie, cap. Antioche ; la Lydie, cap. Sardes, où furent inventées les auberges et hôtelleries ; la Mysie, cap. Pergame, toutes provinces de l'Asie Mineure.

Puis Béthune, ville de la tribu de Siméon ; la Charasie, cap. Charax ou Suze ; la Satalie, en Tartarie occidentale ; la Samagerie en Judée sur le lac Merum, au nord de la Galilée ; Castamena, dans la Natolie d'Asie, près la mer Noire ; Luya et Savasta, villes de la Perse aujourd'hui détruites, l'une sur le Tigre, l'autre sur l'Euphate.

« Verrons-nous Babylone et le Sinaï ? » s'écrie Picrochole enthousiasmé. — « Il n'est jà besoin pour cette heure, » répond Merdaille.

Ils franchissent la mer Hyrcane (mer Caspienne), traversent les deux Arménies et les trois Arabies. Pourtant la soif les tourmente, ardente, inexorable : on le conçoit sans peine. Les navires de Syrie leur apportent les meilleurs vins du monde, et les voilà à Japhes (c'est Jaffa). Ils y trouvent les éléphants de la Lybie d'Afrique.

L'autre armée ne reste pas inactive. Elle prend la Bretaigne, la Normandie, les Flandres, le Hainot, le Brabant, la Hollande, l'Artois, la Zelande, Luxembourg, Champaigne, Suèves, Wirtemberg, Bavière, Autriche, Moravie, Styrie, Lubeck, Norvège, Suède, Rich (c'est Riga), Dace et Gothie (c'est la Scandinavie et le Groenland), les Estrelins (c'est la Finlande) dont parle Tacite, puis par la mer Glaciale, subjugue les Orcades, l'Ecosse, l'Angleterre et l'Irlande ; traverse la mer Sableuse (ainsi nommée à cause des cinquante lieues de bancs de sable en la mer Britannique, sur les côtes du Jutland, dompte la Prusse, Pologne, Lithuanie, Russie, Valachie, Transilvanie, Hongrie, Bulgarie, Turquie et Constantinople.

« Nous retournés, dit Picrochole, nous reposerons à nos aizes. » Et je ne me saurais empêcher de trouver le conseil fort juste et pour lui et pour nous. Je sue d'ahan rien qu'à lire cette longue énumération dans laquelle Rabelais ne nous épargne pas même les Moscovites et la Mésopotamie.

II

L'Afrique et les Indes

Livre II, chapitre XXXIII : « Pantagruel ouyt nouvelles que son père Gargantua avoyt été transporté au pays des Phées par Morgue. Le bruyt de la translation de Gargantua au pays des Phées entendu, les Dypsodes estoyent issus de leurs limites, et avoyent gasté ung grand pays d'Utopie, et tenoyent pour lors la ville des Amaurotes assiégée. Dont Pantagruel partit de Paris sans dire adieu à nully ; en diligence s'en vint à Rouen. Arrivàrent à Hommefleur et se mirent sur mer. Se leva le vent nord-nord-ouest auquel ils donnàrent pleines voiles et prinrent la haulte mer. »

Il n'y a pas de doute possible. Ils partent de Honfleur par un vent nord-nord-ouest. Donc leurs navires descendent au sud, longeant les côtes de France, d'Espagne et de Portugal.

« En briefs jours, par Porto Santo, Médère (c'est Madère), feirent scale aux isles Canares (ce sont les Canaries), passàrent par Capo Blanco (c'est le cap Blanc au nord du Sénégal) par Senège (c'est le Sénégal, écrit *Sénéga* sur la carte de Mercator), par Capo Virido (c'est le cap Vert), par Gambre (c'est par Gambie), par Sagres (c'est le cap le plus avancé dans l'océan, avant de s'enfoncer dans l'immense golfe de Guinée), par Melli, petit royaume au sud de la Gambie, par le cap de Buena-Speranza (le cap de Bonne-Espérance), et feirent scale au royaume de Mélinde (situé par 3° de latitude méridionale au pays de Zanzibar) ».

Cette escale est la conséquence d'un fait historique : Le roi de Mélinde fut le seul qui reçut avec bienveillance Vasco de Gama, et qui envoya même un ambassadeur à Emmanuel, roi de Portugal, avec de riches présents.

« De là partans, feirent voile au vent de la transmontane. » C'est le vent du sud qui les portait dans la direction du nord sur la côte orientale d'Afrique, par Médène (le pays de Médine), Uti, Uden (c'est Aden), par Gelozin (c'est le cap Galazat ou Gelazat, dans le golfe Persique).

Ils arrivent ensuite au pays des Phées, où Pantagruel dut rencontrer son père à la cour de la fée Morgant.

C'est exactement la description succincte des voyages de Vasco de Gama en 1501, et de Jean-Alphonse le Saintongeois en 1522. Les noms géographiques exacts cités par Rabelais s'arrêtent juste au pays de Coïmbre, là où s'étaient arrêtés les deux célèbres voyageurs. Nous ne trouvons plus, dans le récit de Rabelais, que des noms vagues, de véritables conjectures.

Le pays des Phées, presque certainement les iles de la Sonde, où les femmes seules pouvaient ceindre la couronne et porter le sceptre d'or, le pays des perles, des diamants, des mines d'or, la Chersonèze dorée des anciens, l'Ophir de la Bible.

Puis le voilà qui franchit d'un bond toute la mer de Chine, alors inexplorée, et arrive au pays d'Utopie, « juxte le Catay, dans un port distant de la ville des Amaurotes par trois lieues. »

C'est le port d'Okosk, au nord de la mer de Chine. Pourquoi, me demanderez-vous, ce port plutôt qu'un autre ? — Parce que Rabelais nous apprend que l'Utopie est un peu au-dessus de Catay, tirant vers le levant. Or, d'après la croyance qui régnait à cette époque, le Catay était un royaume de la grande Scythie ayant la Chine au midi, le Turquestan au couchant, la Scythie au nord, et la mer au levant. Ainsi le désigne Martin Martini, en sa description de la Chine.

Donc l'Utopie se trouvait au-dessus de Catay et avait au levant la mer se continuant et baignant le rivage juste où se trouve le port d'Okosk.

En voici une autre preuve : Pantagruel et ses amis débarquent, culbutent les Dypsodes, et, dans la joie du triomphe, Panurge fait « ung grand sault en l'aër ; Pantagruel l'imite, mais il fait un gros *bruit du ventre* ».

« Et, dit, Rabelais, du ped qu'il feit, avec l'aër corrompu, engendra plus de 53,000 petits hommes nains et contrefaicts, et, d'une vesne qu'il feit, engendra autant de petites femmes, et les nomma Pigmées. »

Or, sur la carte de Mercator, à cet endroit-là, il y a une contrée au sud du port d'Okosk ainsi désignée : Pigmei, les Pigmées.

Laissez-moi vous dire combien Rabelais a eu raison de placer là son pays d'Utopie. Sur les cartes de Venise et sur celles de Janssonius, on trouve écrits en toutes lettres les noms des provinces suivantes :

La province de Solon : Rabelais voulait sans doute y mettre en vigueur les lois de ce fameux législateur, l'un des sept sages de la Grèce.

La province des Amagogs, c'est-à-dire sédentaires qui habitent dans des demeures fixes, premier degré de civilisation.

La province des Astarots, c'est-à-dire des troupeaux : et il se trouve que les relations des voyageurs imaginent cette contrée déserte toute remplie de troupeaux.

La province de Toloman. Ce nom, composé de deux mots grecs : θόλος et μανός, veut dire : édifice superbe. C'est Thélème où était Jean des Entomeures, qui ne fait pas partie des voyageurs autour de l'Afrique, mais qui se joint à Pantagruel en Utopie, l'accompagne au nord de l'Asie, et fait avec lui le retour en Europe par les mers du Nord.

Ce voyage à travers la Scythie dura six mois. (Liv. II, ch. xxxii.)

N'oublions pas que le fleuve qui arrose cette contrée s'appelle le fleuve Amour, et que ce nom d'affection mutuelle, de fraternité, ne fut pas, pour Rabelais, une des moindres raisons d'y placer son Utopie.

Il appelle les turbulents voisins : Dypsodes, en grec altérés, ayant toujours soif. Dans ce mot « Scythi », Rabelais lit *sitis*, en latin la soif, et joue sur ce mot avec d'autant plus de raison que cette contrée, très fertile en quelques parties, est remplie de déserts de sable ; l'hiver, les habitants ne se peuvent désaltérer : les fleuves, les lacs, les rivières, tout est gelé pendant neuf mois de l'année.

C'est un jeu de mots sur Scythe, mais c'est en même temps la description exacte de ce pays.

Après avoir soumis les Dypsodes et rétabli la paix dans ses États, Pantagruel ne songe pas un instant à la flotte qui l'avait amené. Sans s'en occuper le moins du monde, il s'enfonce plus au nord dans ces pays inconnus. Il rassemble un grand nombre d'Utopiens, hommes, femmes et enfants, et le voilà parti vers les pays septentrionaux des Scythes pour y conduire et y établir une immense colonie.

Alors se rencontre dans le récit de Rabelais une digression fort importante, qui semblerait oiseuse, si l'on n'y prenait garde : « Eh ! ventre Saint-Quenays ! s'écria Carpalim, ne mangerons-nous jamais de venaison? Cette chair salée m'altère tout ! »

Il part à la chasse, et revient chargé d'une quantité de gibier si grande que six hommes suffiraient à peine à la porter.

Or oyez, illustres docteurs ! les relations des voyageurs du seizième siècle : « Les Scythes ou Sayantzi, peuple au nord des Mongols, sont appelés par les Tartares : Sayotz ; qui veut dire : chasseurs. Ils entourent de palissades une immense étendue de bois et de broussailles, en y laissant une large ouverture. Puis ils rabattent le gibier dans cette enceinte, en ferment l'entrée, et se conservent ainsi une grande quantité de bêtes sauvages qu'ils tuent suivant leurs besoins. » (Martini, *Description de la Chine*.)

Rabelais est bien précis, comme vous le voyez, et Quinte-Curce longtemps avant lui avait noté cette particularité.

Pantagruel arrive au pays des Samoyèdes, à l'extrémité nord de l'Asie.

Au commencement du xvi⁰ siècle, tous les savants croyaient à la possibilité d'un passage d'Europe en Asie par la mer du Nord. Rabelais exprime très bien cette opinion (liv. IV, ch. 1ᵉʳ) : « L'advis de Jamet Brayer et de Xenomanes feust ne prendre la route ordinaire des Portugaloys, lesquels, passanz la ceinture ardente (c'est l'équateur) et le cap de Buena Speranza, sur la pointe méridionale d'Afrique, oultre l'équinoxial, et perdant la vue et guide de l'asseuil septentrional, font navigation énorme. Ains plutôt suivre au plus près le parallèle de l'Indie supérieure, et gyrer autour d'ycelui pôle par *Occident*, de manière que, tournoyants soubz septentrion, sans plus en approcher, de peur d'entrer et estre retenus en la mer glaciale, ils feirent le voyage en moins de quatre moys, lequel à peine feroyent les Portugaloys en trois ans. »

Janssonius écrivait en son atlas universel en 1636 : « Les Flamands et les Anglais se sont essayés par le détroit de Waigatz d'aller aux Indes pour accourcir leur chemin, mais pour néant. Il y a cependant quelque espérance de le trouver et de pouvoir parvenir de la mer hyperborée aux parties orientales par le moyen des voyages marins. »

III

PANTAGRUEL ARRIVE SUR LA CÔTE SEPTENTRIONALE D'ASIE BAIGNÉE
PAR LA MER GLACIALE

C'est à ce moment que Panurge parle pour la première fois de son fameux voyage : le passage d'Asie en Europe par les mers du Nord.

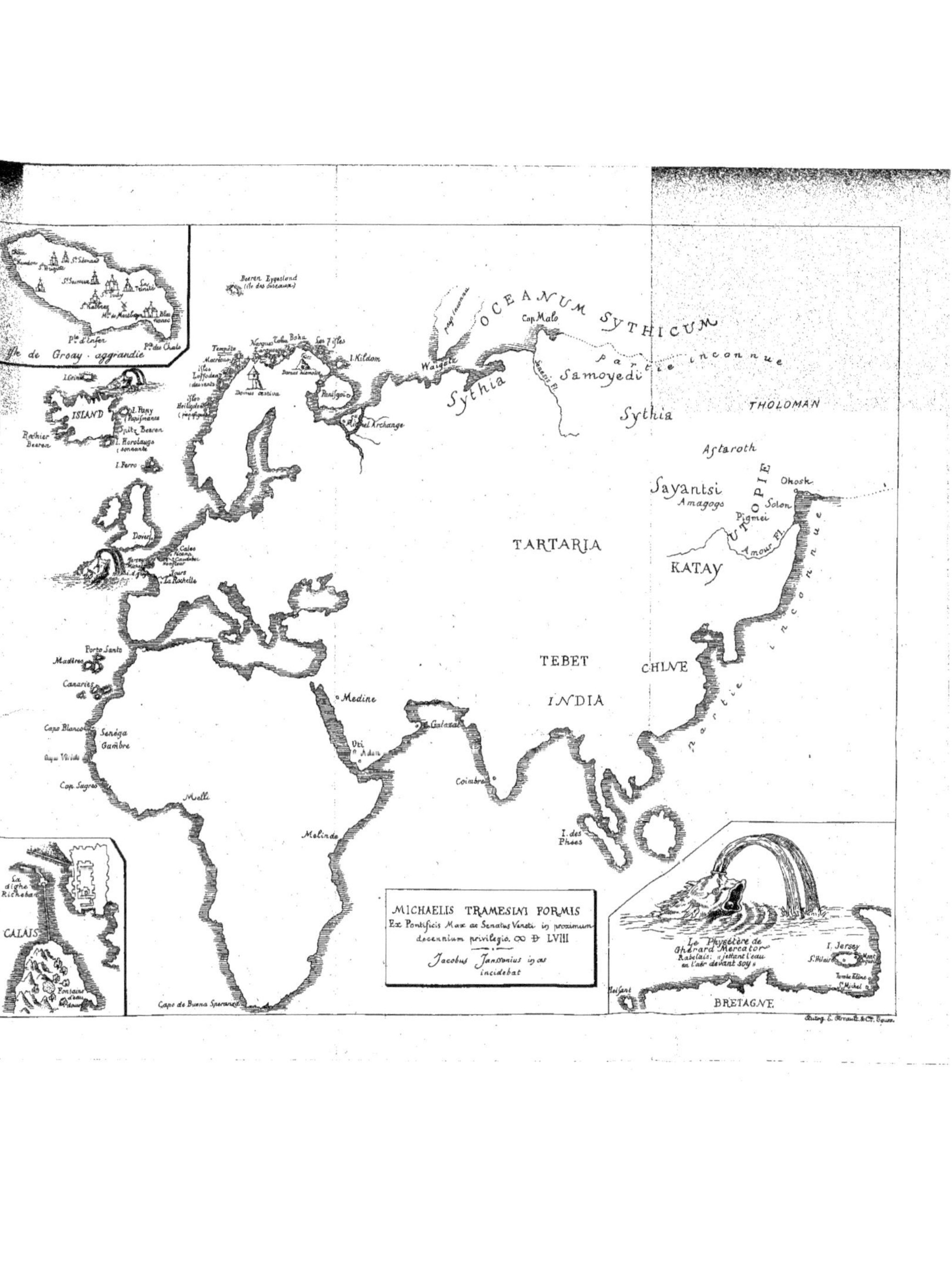
Île de Groay. aggrandie
St Sénac
St Sauveur
Le Temir
Mt du Menihoy
Blas Vians
Pte d'Enfer
Pte des Chals
Beeren Eygasland
(Ile des oiseaux)
OCEANUM SYTHICUM
Cap Malo
partie inconnue
Samoyedi
Sythia
Sythia
THOLOMAN
Waigelte
Tempête
Nargue Tofin Boha
Sept Isles
Mortroux
I. Kildom
Isles
Loffoden
Domus aestiva
Isles Heiligdon
Michel Archange
Penilgoio
ISLAND
I. Puny Paysonance
Spitz Beeren
I. Horolauge sonnante
Rochier Beeren
I. Ferro
Astaroth
Sayantsi
Amagogs
Solon
Ohosk
Pigmei
Amour Fl.
UTOPIE
Dover
TARTARIA
KATAY
Cales Picana
Cambrus
Montfleur
Tours
La Rochelle
partie inconnue
Porto Santo
Madères
Canaries
TEBET
INDIA
CHINE
Medine
Capo Blanco
Senéga
Gambre
M. Galazal
Uti
C. Adam
Coimbre
I. des Phées
Capo Verd
Cap Sagres
Mali
Melinde
Capo de Buena Speranca
La digue Richebat
CALAIS
Fontaine d'eau douce
MICHAELIS TRAMESINI FORMIS
Ex Pontificis Max ac Senatus Veneti in proximum
decennium privilegio. M D LVIII
Jacobus Janssonius in as
incidebat
Le Physétère de
Ghérard Mercator
Rabelais: a jettant l'eau
en l'air devant soy.
I. Jersey
S. Hilaire
Mont
Tombe Hélène
S. Michel
Heisant
BRETAGNE

Il est fort important de remarquer qu'après l'avoir mené aux confins de la mer de Chine avec une flotte de douze navires, après lui avoir fait battre les Dypsodes et conquérir leur royaume, Rabelais ne dit pas un mot du retour de cette flotte, pas plus que du retour de Pantagruel.

Ma conviction est faite : cette description des mers du Nord, cet essai de passage tant cherché à cette époque, le voilà effectué : c'est le retour de Pantagruel.

Jusqu'ici ma tâche a été facile. L'Europe était connue par les cartes de Ptolémée, de Strabon, de Peutinger, d'Esdras, de Marco Polo, de Jacques Cartier, de Jean Alphonse et de Fernandez de Enciso. L'Afrique l'était également, au moins pour ses côtes : Vasco de Gama et Jean Alphonse le Saintongeois en avaient publié de soigneuses relations, et Rabelais vient de résumer toutes ces connaissances.

Mais il n'en va pas de même pour les mers du Nord. Tout y était incertain ou à peine connu. Neuf mois durant, cet océan glacé était impénétrable, et les trois petits mois où la mer restait libre après le dégel, étaient bien courts pour ces lointains voyages.

Rabelais essaie pourtant de décrire ces contrées. Mais, par prudence, se défiant des fables ou des exagérations des voyageurs, il voile et dissimule le nom des endroits parcourus en les désignant cependant d'une manière assez claire par les détails qu'il donne.

Les îles dont il parle dans les livres IV et V sont purement *fantaisistes*, complètement *imaginaires*, disent les commentateurs déroutés.

J'espère vous démontrer qu'il n'en est rien : que ces îles sont bien véritables, quelque bizarre que soit le nom qu'il leur donne, et que ce voyage de Pantagruel s'effectue en suivant rigoureusement l'itinéraire marqué sur les cartes de Mercator.

Il m'importe avant tout de résoudre en quelques mots les difficultés qui ont rendu cette géographie de Rabelais tout d'abord inintelligible. Parce qu'on lit au livre III, chapitre XLIX, Pantagruel arriva au port de Thalasse, près Sammalo, dressa équipages de navires ; on s'imagine qu'il partit de Saint-Malo en France pour entreprendre son voyage.

Le texte ajoute : « après avoir pris congé de son père Gargantua ». Gargantua aurait donc été en France ainsi que Pantagruel. Les lecteurs pressés n'ont pas pris garde à ce petit passage du chapitre XXIII, dans lequel Rabelais dit expressément que « Gargantua avoyt été porté au pays des Phées par Morgue. »

Et Rabelais ne sonne mot du retour de Gargantua ni du retour de Pantagruel, ni de ce qu'est devenue sa flotte. Nous avons vu que Pantagruel passa au pays des Phées : donc il y trouva son père.

Notez avec soin que sur la carte de Camotius, aussi bien que sur celles de Mercator et d'Hondius, les côtes septentrionales de l'Asie ne forment qu'une ligne presque droite qui ne dépasse guère le 64° ou le 65° degré de latitude. Elles sont même placées un peu plus bas que les côtes nord de la Laponie. D'où, dans la pensée des géographes, à cette époque, la possibilité réelle d'effectuer ce passage, puisqu'on avait bien pu doubler la pointe extrême de la Scandinavie.

En 1504, il y avait belle lurette que les Hollandais s'en allaient par mer aux grandes foires d'Archangel ; cette année-là, ils tentèrent de passer en Asie, franchirent le détroit de Waigatz, et pénétrèrent jusqu'à l'embouchure de l'Obi et du Ienesei ; mais ils furent obligés de reculer devant les glaces. Ils aperçurent alors la côte sud de la Nouvelle-Zemble, où quatre-vingt dix ans après, en 1594, ils hivernèrent au nord de cette ile jusqu'alors inexplorée. Le pilote hollandais Guilhelm Barentson dirigeait cette exploration.

N'oubliez pas non plus que les navigateurs d'alors ne quittaient guère les côtes, qu'ils suivaient au plus près possible ; nous voici arrivés au point difficile : Sammalo. Est-ce le Saint-Malo de France ?

IV

PANTAGRUEL ARRIVE AU NORD DE LA SCYTHIE, AU PAYS DES SAMOYÈDES, PRÈS DE L'EMBOUCHURE DE L'OBI, ET S'EMBARQUE AU PORT DE SAMMALO

Ce ne peut être le Saint-Malo de France. Rabelais dit expressément : suivre au plus près le parallèle de la dite Indie et gyrer autour du pôle par *Occident*.

Si c'était le Saint-Malo français, il aurait écrit : Saint-Malo, et il aurait dit : gyrer par *Nord* et non par *Occident*.

Consultez les cartes de Camotius, de Hondius et de Janssonius, et même celles de Bélin, l'ingénieur si célèbre en 1760, et vous serez, comme moi, étrangement surpris en lisant à la pointe d'un cap, en Asie, au-dessus de l'embouchure de l'Obi, au nord de la Scythie, sur la mer Glaciale arctique notée mer Scythique, ces mots en toutes lettres : cap Malo, au pays des Samoyèdes. Et voilà notre malin Rabelais qui s'empare de ces deux mots, et dit : Sammalo avec deux *m*. Le Malo des Samoyèdes, c'est aujourd'hui le cap Sacré.

Le retour commencé en Asie septentrionale va se poursuivre avec la plus grande régularité.

Pantagruel a pour pilotes les deux marins les plus expérimentés de François Ier : Jamet Brayet et Xenomanes. Le premier, c'est Jacques Cartier ; Jamet, c'est le diminutif de *jame* en anglais. Rabelais l'appelle Brayet parce que Cartier était Breton bretonnant, natif de Saint-Malo, et portant la culotte nationale bretonne, la Braye, ou Bragou-Braz.

Xenomanes, c'est Jean Alphonse le Saintongeois, que Rabelais indique clairement lorsqu'il dit : « Panurge l'amena du pays de Lanternoys » (c'est La Rochelle). Et il ajoute (liv. IV, ch. 1er) : « Iceluy avoyt à Gargantua laissé et dessiné en sa grande et universelle hydrographie la route qu'ils devoyent tenir. » Or c'est précisément l'ouvrage de Jean Alphonse, qui demeurait avec Pierre Sécalar en la rue de Saint-Jean-de-Prez à La Rochelle, devant l'église de Saint-Jean-du-Perrot, près la tour de la Lanterne. Son hydrographie fut imprimée en 1559 à Poitiers par Jean de Marnef, libraire. La relation de Jacques Cartier parut en 1544.

Pantagruel quitte le port de Sammalo, pour gyrer autour du pôle par *Occident;* c'est bien d'Asie en Europe. Il part au mois de juin, le jour des fêtes vestales, c'est-à-dire le 9 juin, époque de la fonte des glaces, ayant devant lui trois mois pour franchir la mer glaciale.

« Cestuy jour et les deux subséquents ne leur apparut terre aulcune, ne aultre chose nouvelle, car aultre fois avoyent aré ceste route. »

Oui bien ! Jean Alphonse avait parcouru cette route en 1527 à bord du navire *le Sacre.* Est-ce qu'il parlerait ainsi des côtes de France, sillonnées continuellement des navires de toutes nations ? Assurément non : il rappelle les tentatives des Hollandais, des Anglais qui plusieurs fois avaient tenté le passage : Jean Verazan, Jean Alphonse, Estienne Bourée, etc.

« Ils firent voile au vent grec levant. » C'est le vent d'Est, remarquez-le bien, qui les ramène d'Asie en Europe en tournant le pôle.

Médamothi

« Au quatrième jour, descouvrirent une isle nommée Médamothi, c'est-à-dire Nulle-part. Adoncques Pantagruel descendit au Havre, contemplant divers tableaux, diverses tapisseries, divers animaux, poissons, oiseaux, et aultres marchandises exotiques et pérégrines. Car c'estoyt le tiers jour des grandes foyres du lieu, auxquelles annuellement convenoyent les plus riches et fameux marchands d'Afrique et d'Asie. »

C'est Archangel, aux foires célèbres, visitées par les caravanes du monde entier. C'était alors *Saint-Michel Archange.* De nos jours, c'est encore l'entrepôt général de toutes les marchandises destinées au nord de la Russie.

Cette ville est clairement désignée par ces mots :

Panurge : « Quand boyra Monsieur l'ecuyer ? — C'est bien dict, respondit Pantagruel : faites dresser la collation en ceste prochaine hostellerie, en laquelle pend pour enseigne l'imaige *d'ung satyre à cheval.* » (Liv. IV, chap. IV.)

Satan, *cornes au front, les cuisses velues,* les pieds *fourchus comme un bouc,* est bien un satyre. Il fuit à toutes brides, sur un cheval de feu, et semble se précipiter dans l'abime. Saint Michel archange fend l'air de ses ailes d'or, et le poursuit brandissant un glaive ondulé comme une flamme. Cette scène est souvent ainsi représentée dans les vitraux du XVe siècle.

On sait, du reste, combien le nom de saint Michel archange est populaire en Russie.

Rabelais ne se contente pas de nous indiquer la route maritime. D'un mot, il nous initie aux routes suivies par les caravanes que l'on appelait *routes terrestres*. Il me semble important pour l'étude de la géographie ancienne de vous les signaler. Je les ai trouvées décrites sur une carte de 1760, c'est-à-dire deux cents ans après Rabelais. C'est bien longtemps sans doute, mais on sait combien tenaces, profonds, presque éternels, sont les usages en Chine et aux pays d'Orient.

Les gens d'Okosk, au pays d'Utopie, s'en venaient par Iakousk, suivaient le cours de l'Angora jusqu'à Irkousk, passaient par Krasnoiark, Tobolsk, Kazan et Kasari, jusqu'à la Dwina, sur laquelle ils s'embarquaient pour Archangel.

Les Chinois, partant de Pékin, s'en allaient à Irkousk et suivaient la même route ensuite.

Les Indiens prenaient par Kélat et par Hérat, rejoignaient les marchands de la Perse à Bagdad ou Hispahan, où venaient ceux de Boukara, et remontaient ensemble à Tiflis, suivant ensuite la vallée du Volga jusqu'à la Dwina.

Les marchands arabes s'en venaient par Jérusalem, Beyrouth et Tiflis.

Les Anglais, Flamands et Français arrivaient par mer, doublant la Laponie.

Autrefois, c'était à Nerva que se tenaient ces grandes foires : mais il y fallait payer des droits énormes, et les marchands abandonnèrent cette ville pour Archangel, pays franc et exempt de droits.

Et voilà pourquoi Rabelais l'appelle Medamothi : de nulle part, qui n'appartient à personne, la ville de tout le monde.

Mais Archangel n'est pas une île. De nos jours, non ! ce n'est pas une île, mais, au temps de Rabelais, c'en était une, séparée de la terre ferme par la mer Glaciale et par le fleuve Pinègre, qui baignait la ville de Sabatea, et qui recevait comme tributaire la rivière de Culuga, d'après les cartes de Hondius et jusqu'au xviiie siècle.

Les tapisseries d'Achille venaient de la Perse : les tableaux, de l'Attique ; les licornes, de l'Utopie et de la Scythie ; aussi bien que le tarande, dont la description faite par Rabelais se rapporte exactement aux rennes de la Scythie des Gélones. Sa peau change de couleur : tous les naturalistes racontaient ce fait étrange et pourtant très véritable. Presque tous les animaux de cette contrée sont blancs en hiver et gris en été comme les ânes de Meung-sur-Loire.

Au livre IV, chapitre III, Pantagruel reçoit nouvelles de son père par un navire français venu à la foire générale avec les Hollandais et les Flamands. Il donne à l'écuyer de Gargantua ses tableaux, son tarande et ses licornes, puis lâche le pigeon voyageur portant une bandelette de taffetas blanc, pour assurer son père que tout va le mieux du monde en ce périlleux voyage.

Certes, à cette époque, le Spitzberg n'était pas encore découvert. On supposait le pôle entouré d'une grande terre, appelée *ingoria* sur la carte de Camotius.

Ce pays figure sur une carte de Bélin en 1748 avec ces deux désignations fort singulières : Au sud, baie de la *Licorne*, et, presque au nord, cap du *Pigeon*.

Était-ce en mémoire de Rabelais que les navigateurs donnèrent ces deux noms à deux endroits du Spitzberg? Je ne le saurais dire. N'empêche que ces deux noms ont subsisté sur les cartes jusqu'en 1760.

Nos voyageurs reprennent leur route : « Au cinquième jour, jà commençans tournoyer le pôle, nous eloignanz de l'Equinoxial (il est manifeste qu'ils remontent la côte de la Finlande), Zephyre nous continuait en participation d'ung peu de garbin (c'est le vent du sud-sud-ouest). Au tiers jours, nous apparut une isle triangulaire en la forme et assiette de Sicile. »

Isle des Alliances

La direction du vent est précise, ainsi que la forme de l'isle. C'est l'isle de Kildom, habitée par les Esquimaux, qui ont la figure aplatie, le nez en as de trèfle, et qui sont de couleur cuivrée, ressemblant aux rouges Poitevins. C'est l'isle des Ennasins, sans nez ; c'est l'isle des Alliances fort singulières.

D'après la géographie d'Hondius, ces peuples, qui restent presque toute l'année sans commerce avec la terre, à cause des glaces, ne se marient qu'entre eux. Rabelais décrit plaisamment cette particularité. Elle est voisine de l'île Kamdenaz; en breton Kam veut dire Camus.

Chapitre x: La direction des navires change un peu. Ce n'est plus tout à fait le sud-sud-ouest, c'est le sud plein. Tout en montant toujours, ils contournent la côte en appuyant légèrement à l'occident. « Le garbin nous soufflait en poupe, feismes scale en l'isle de Cheli (baisers, en hébreu), en laquelle regnoyt le roy sainct Panigon. »

C'est la partie orientale de la Finlande. Panigon est accompagné de la reine, de ses filles et dames de cour. Il voulut qu'elle et toute sa suite baisassent Pantagruel et ses gens. « Telle estoyt la courtoisie et coustume du pays. »

Scheffer en son histoire de la Laponie raconte cette manière de se saluer en s'embrassant; et ce qui est plus catégorique, la seule désignation qui se trouve sur les cartes anciennes dont je vous ai parlé, c'est le nom d'une bourgade sur le bord de la mer, appelée Panisgoï, d'où Rabelais a fait Panigon, du mot grec Πανπάσχον, qui endure tout pacifiquement, faisant allusion aux souffrances continuelles qu'endurent ces pauvres gens en ce pays de glaces et de neiges perpétuelles. Ici, même difficulté qu'à Archangel.

Cheli n'est pas une île. C'est le continent, c'est la Finlande. Eh oui ! à présent. Mais alors, au rapport du juif Isaac Massa, riche marchand de fourrures, qui fréquentait ces parages pour les besoins de son commerce, c'était une île, bornée au sud et à l'orient par la mer Blanche, au nord par la mer Glaciale, et à l'occident par deux lacs d'où sortaient deux rivières, l'une coulant au sud, l'autre au nord : les lacs de Emaratress et de Wergen, avec les deux rivières Pettingen et Kandales ; ce qu'Hondius consigna sur ses cartes d'après le récit de Isaac Massa.

Le naïf géographe, reproduisant les dessins et enluminures de Mercator, n'a pas oublié de nous initier à la vie intérieure de ce peuple. Il a dessiné sur la carte deux petites habitations microscopiques : l'une pour l'hiver qui semble une petite taupinière, du sommet de laquelle s'échappe une spiralette de fumée ; l'autre pour l'été, juchée sur un pieu principal, supportant une cage carrée où l'on accède au moyen d'une échelette. Jean Alphonse, en visitant ces peuples, les appelle Taupinoys (logés comme les taupes).

Procuration

Chapitre xii : Le jour subséquent, passasmes *Procuration*, qui est ung pays tout chaffouré et barbouillé. Là vismes des proculteurs et chicanous, gens à tout poil. Ils gaignent leur vie à estre battus ; de mode que si par longtemps demouroyent sans estre battus, ils mourroyent de male faim, eulx, leurs femmes et leurs enfants. »

Ce sont les sept îles près la Baie de l'Or, ainsi décrites par Scheffer : les habitants sont lourds, soupçonneux, fourbes, menteurs, voleurs, brutaux. Ils tuent des loups blancs, des castors, des loutres, des renards bleus très estimés, qui se vendent jusqu'à 12 écus d'or en Moscovie, des martres grises, des zibelines qui ressemblent à la belette, des hermines, petites belettes blanches qui ont une tache noire à la queue. C'est le vrai pays des fourrures.

Voilà bien décrits les vrais chicanous et leurs vêtements d'ordonnance. On sait de reste que pour conserver les fourrures, il les faut battre souvent à grands renforts de verges. Sans cela les vers s'y mettent et les détruisent en fort peu de temps.

La Baie de l'Or, qui est voisine, inspira à Rabelais les sarcasmes qu'il lance à la tête de ces chicanous toujours demandant de l'or.

Tohu-Bohu

Chapitre xvii : « Ce même jour, Pantagruel passa les isles de Tohu-Bohu (en hébreu : vide et sans forme) esquelles ne trouvasmes que frire. » Ce sont les îles de Rulsic et de Jolm, qui ne sont fréquentées qu'en la saison de pêche, laquelle étant passée, les Lapons remportent leurs ustensiles : marmites, chaudrons, poêlons, qui leur ont servi à fumer et saler le poisson. Rabelais dit que Bringuenarille les a tous avalés.

Nargues et Zargues

Ces îles ne sont pas pourtant si redoutables que leurs voisines, appelées à présent roches de Huyghens, récifs de glace terribles complètement inhospitaliers, que Rabelais nomme Nargues et Zargues parce qu'elles narguent les efforts des marins les plus intrépides et qu'il est impossible d'y pénétrer.

Ténéliabin, Généliabin

Les îles de Ténéliabin et de Généliabin, en arabe marine et miel rosat, à cause de la couleur jaune rosée de leurs pics de glace, colorés par les reflets de l'aurore boréale ; Ewig et Enig font partie d'un groupe d'îles fort petites et fort nombreuses, au nord de la Norvège. Elles sont désertes et très redoutées des marins.

Tempête

Voilà nos voyageurs arrivés à la pointe la plus septentrionale de la Laponie. Il s'élève une horrible tempête (chap. xviii) : « Soudain, la mer commence à s'enfler et tumultuer des bas abîmes ; les fortes vagues battent les flancs de nos vaisseaux. Le mistral (vent du sud-ouest, tendant à les faire retourner en arrière), accompagné d'un cole effréné (ouragan), de noires grippades (trombes), de terribles sions (tourbillons), siffle à travers nos antennes. Puis le tonnerre et les éclairs sans fin. »

Et ceci est réel. Jean Martin, dans sa chronique norvégienne, dit que ces parages sont, pendant plus de neuf mois, en proie aux plus épouvantables tempêtes qui se puissent imaginer, en sorte que les habitants demeurent, pendant ce long espace de temps, sans communication avec la terre. Les marées sont si fortes et si violentes, qu'elles détruisent tout sur les rivages jusqu'à plus d'une lieue.

La tempête se calme (chap. xxii). « Terre, terre, s'écrie Pantagruel. Je voy terre, nous ne sommes pas loing du port. Je voy le ciel du costé de la transmontane (c'est-à-dire du côté du sud) ».

Îles des Macréons

Chapitre xxv : « Sur l'instant, nous descendismes au port d'une isle, laquelle on nommoyt l'isle des Macréons. Tout le peuple de l'isle estoyt charpentier ; l'isle, grande, est habitée en trois ports et dix paroisses. Le vieux Macrobe nous découvrit plusieurs vieux temples ruinés, monuments et sépultures antiques avec inscriptions et épitaphes divers : les ungs en lettres hieroglyphiques, les autres en langaige ionique, arabique, sclavonique et aultres. Macréon veut aultant dire comme vieillard homme qui a des ans beaucoup. »

C'est le groupe d'îles au sud, en descendant vers la mer du Nord, appelées Magheto, Suro, Sanien, Tronom, Sagan, Hitteren, etc., au nombre de dix. Voici ce qu'en écrit Pomponius Mela :

« Les Lapons de ces pays sont de bonnes gens qui vivent plus longuement que hommes du monde. Ils habitent dans des maisons de bois que leur apporte la marée. De ce bois maritime, ils font leurs barques, maisons et ustensiles. Ils ne meurent jamais, sinon quand il leur fâche de vivre. Alors ils se vont précipiter en la mer d'un hault rocher. » (Liv. III, chap. i et vii.) Pomponius Mela dit: les Hyperboréens. « Nous entendons par Hyperboréens les *Lapons*, sujets de la Suède, et des Danois. » (T. VII de *Mémoires de l'Académie des belles-lettres*, dissertation de l'abbé Banier.)

Ecoutez à présent Paul Jove : « En l'extrème rive de l'océan sont les Laponiens, gens merveilleusement sauvages : ils pêchent par artifices ineptes, mais heureux, et réservent les poissons endurcis par la fumée. Ils vivent plus de cent ans, sans médecins. Ils chantent en vers ou gravent sur les rochers les hauts faits de leurs ancêtres. »

Il est, je pense, inutile d'insister. La peinture est aussi vraie que possible.

Chapitre xxix : « Au jour subséquent, feut voile faicte au délicieux vent d'Aguyon (le nord-est). Sur le hault du jour feut par Xenomanes monstrée de loing l'isle des Tapinoys, en laquelle regnoyt Quarème Prenant. Pantagruel l'eût volontiers veue en personne, ne feust que Xenomanes l'en découragea, pour le trop grand détour du chemin. »

Vous allez voir comme c'est précis.

Ils viennent de naviguer par vent du nord, et voilà que se lève le délicieux vent d'Aguyon, frais et doux, le vent du nord-est les éloignant un peu de la côte qu'ils avaient jusque-là soigneusement suivie. Ils aperçoivent l'Islande, grande ile un peu à leur droite. Mais elle est loin et, dit Xenomanes, il n'y faut point aller. Cela les détournerait trop de leur route.

L'Islande

Suit la description du carème, des mangeurs de poissons salés, des calcineurs de cendres. Pantagruel en a horreur : « Cancres, dit-il, houstez-vous de là ! Tirons oultre ! Adieu vous diz Quarème Prenant. »

Or écoutez ce que disent Scheffer, Jean Martin et Blaeu : « On appelle les Islandais icthyophages, parce qu'ils ne vivent que de poissons, qu'ils fument ou qu'ils gardent beurrés et salés en de grandes jattes de bois. Ils en envoient des quantités énormes, surtout de merluche pour le carème, en France et jusqu'à Rome, par la voie de Portugal et d'Espagne : les boîtes de bois sont fabriquées par les moines de l'abbaye de Halgafiord qui en ont le monopole avec les cathédrales de Schallot et de Holla. »

Les poissons fumés, ce sont les calcineurs de cendres : Quarème Prenant, c'est bien l'expéditeur des poissons beurrés et salés ou fumés à tous les catholiques et même jusqu'à Rome. Ils sont en guerre, c'est-à-dire en opposition avec les habitants de l'île des Andouilles, de Mardigras, leur antithèse absolue.

Tous les ans, ajoutent nos géographes, les Hollandais et Flamands viennent sur les côtes d'Islande pêcher la baleine.

La Baleine

Et voilà que précisément Pantagruel, allant visiter l'île Farouche, « rencontre un grand et monstrueux physétère, bruyant, ronflant, enflé, et jectant eaux de la gueule en l'aër devant soy. » Pantagruel le tue, et ses marins en retirent la graisse et les rognons.

Et, chose au moins assez singulière, Rabelais a parlé des Lapons charpentiers et de leurs petites maisons de bois juste à l'endroit où il les a vues dessinées sur la carte de Mercator ; et il parle de la baleine juste à l'endroit où elle se trouve dessinée sur la même carte.

L'Ile Farouche

Chapitre xxxv : « Il descendit en l'île Farouche à ung petit port désert vers le midy. »

Je dois placer ici une petite remarque fort importante pour la chronologie historique de l'œuvre de Rabelais.

Dans ce chapitre, Xenomanes dit : « Il y a environ six ans que, passant par Tapynoys, j'emportai une grosse brochette et la donnay au bouchiers de Cande. »

Or le voyage de Jean Alphonse le Saintongeois, auteur de la *Cosmographie* que possédait Gargantua, eut lieu en 1542. Donc Rabelais écrivait son manuscrit un 1548, six ans après le voyage de Jean Alphonse.

Il en résulte encore qu'il connaissait la relation de ce célèbre navigateur français bien avant qu'elle ne fût imprimée en 1559 par Jean Marnef, libraire de Poitiers.

Rabelais appelle l'Islande l'île des Tapynoys, c'est-à-dire des moines. Or, à son époque, il y avait dans l'Islande trois grandes églises cathédrales : Schallot, Holla et Seyssel ; douze maîtresses églises, trois cent vingt-neuf autres églises paroissiales ou monacales, entre autres celles des abbayes de Tynghère, de Reiné, de Had, de Modivel, de Munketivera, de Skreide, de Kirkebay et de Todkebay.

« Mais tous ces gens estoyents masqués, maigres, émaciés, ne buvant que de l'eau, ne mangeant que de la merluche fumée, sous le règne de Quarême Prenant. »

Or, pour Rabelais qui les dit « bons à rien ! » quand Bacchus et Cérès manquent, adieu Vénus : *Sine Baccho et Cerere frigescit Venus.*

Nous allons voir apparaître une île qui forme, avec celle de Quarême
Prenant, le plus remarquable contraste : aussi grasse que l'Islande est
maigre, aussi favorable à Vénus que l'Islande est spirituellement
eunuque.

Chapitre xxxv : « Pantagruel descendit en l'isle Farouche, manoir antique des Andouilles. »

C'est l'île Grimm, au nord-nord-ouest de l'Islande, de temps immémorial rendez-vous annuel des pêcheurs de baleines, de veaux marins, de
phoques, qu'on extermine pour en recueillir la graisse ; les hespaliers
de la nauf lanternière font comme tout le monde : « Ilz amenârent le
physétère tué par Pantagruel en terre de l'isle Farouche pour en recueillir la gresse et les rognons. Ceste isle ruisselle de gresse. »

C'est le vrai pays de Mardigras ! On n'y voit que plaisirs, bamboches,
réjouissances et grasses andouilles.

Tous les cétacés qui fréquentent ces parages sont des corps longs,
cylindriques avec une grosse tête et, au bout de cette tête, une gueule
par laquelle ils lancent haut en l'air un jet d'eau. Pour Rabelais, ce sont
de monstrueux et gigantesques phallus. Leur reine s'appelle Niphleseth,
qui en hébreu signifie phallus. Et, quand ses voyageurs ne trouvent rien
à manger dans l'Islande, où tout est dans le marasme, ils font en l'île
Farouche un plantureux festin. Bacchus et Cérès ne sont plus absents.
Et, par conséquence naturelle, les phallus atteignent des dimensions colossales.

Les merluches des Tapynoys sont constamment en guerre avec les
gras habitants de l'île Farouche. Rabelais raconte cette guerre, ces com-
bats, dans lesquels la victoire reste aux cuisiniers Riflandouille et Taille-
boudin, Bonvin et Bonnetable.

Il m'est difficile de ne pas croire que Rabelais avait lu le *Pugna porco-
rum*, le combat des cochons, de Jean-Léon Placentius, publié en 1536.

Du reste, le nom qu'il donne à cette île est d'une rigoureuse exactitude. En vieille langue gothique, Grimm veut dire : furieux, féroce,
farouche, toujours en rage.

Sur la carte de Mercator, on voit dessinés dans l'océan un énorme
poisson volant, un veau marin et une baleine.

Ile du Vent

Les voyageurs reviennent alors à la côte qu'ils ont un instant quittée
et arrivent en l'île de Ruach, mot hébreu qui signifie vent, souffle. —
« Les habitants ne vivent que de vent. Rien ne boyvent, rien ne mangent
sinon vent. Et, durant leurs repas, discutent de la bonté, excellence,
salubrité, rareté des vents. Les valets du pays dérobent à leurs maîtres
non pas de l'argent, mais une oyre de vent garbin, laquelle ils gardoyent

chièrement comme rare dans l'arrière-saison. Les habitants vesnent, pèdent, et rotent copieusement. »

Jeux de mots continuels sur le nom des îles Loffoden. En vieux celtique, Loffoden est composé de deux mots : loff qui veut dire vent, flatuosité du ventre ; et oden, route, ensemble, route des vents. En bas breton actuel, loff et oden signifient encore la même chose. « Loff est un trope ; c'est le côté d'où vient le vent, pour le vent lui-même. » (Jal. *Arch. nav.*, p. 179).

Ce n'est pas tout : je vous veux faire part d'un singulier passage de Jean Martin, dans sa chronique norvégienne : « Aux îles Loffoden, il y a beaucoup de sorciers qui vendent le vent, dont on a besoin pour suivre sa route. Ils en vivent et en font métier. Celui avec qui on fait prix de ce vent vient au navire, attache au petit mat un linge de quatre doigts de large, y fait plusieurs nœuds et prononce quelques paroles inintelligibles. Si l'on veut partir, on détache un nœud, et on a le vent en poupe ; si on détache un autre nœud, le vent se renforce ; on détache tant qu'il y a de nœuds, mais, au dernier, le vent cesse : il faut rallier la côte et acheter une nouvelle provision de vent. »

« Quelque fabuleux que cela paraisse, continue Jean Martin, cela est très vrai. Consultez les mariniers qui *naviguent* en ces parages, ils vous diront qu'ils sont restés cinq à six jours en panne, sans pouvoir avancer, pendant qu'ils voyaient leurs voisins suivre leur route et *voguer* à l'aise. Les mêmes magiciens sont d'excellents pilotes qui vous font éviter le gouffre, de Maëlstromm, appelé aussi le *nombril de la mer* et *l'orago*, qui attire les naufs de plus de 3 lieues, sans qu'on puisse éviter d'y périr. »

Ile des Papefigues

Chapitre xiv : « Au lendemain matin, rencontrâmes l'isle des Papefigues lesquelz jadis estoyent riches et libres, pour lors estoyent pauvres, malheureux, et sujets aux Papimanes. »

Les îles Heiligoland, en norvégien îles des Saints, placées par Mercator sur la carte bien plus haut qu'on ne les met aujourd'hui, un peu au-dessous du cercle polaire arctique sur la côte de Norvège, étaient peuplées de catholiques très dévoués au pape.

Mais, en 1519, Christian II dit le Cruel, roi de Danemark, envahit la Norvège et ses îles, massacra les évêques, les prêtres et les moines, détruisit le culte catholique, et força les habitants à faire la figue au pape en embrassant le luthéranisme après avoir ravagé, brûlé, saccagé tout le pays.

Irrités de ces cruautés inouïes, les *quatre états* du royaume, le clergé, les nobles, les bourgeois et les paysans s'insurgent, prennent les armes, massacrent les Danois, et forcent Christian II à s'enfuir en son pays. Le culte catholique est partout rétabli : mais on ne put relever aussi vite les ruines dont ce pays désolé était couvert.

Voici la narration de Rabelais : « Quand les habitants eurent adopté le luthéranisme, quelques jours après, les Papimanes sans dire guare se mirent tous en armes, surprinrent, saccagearent et ruinarent l'isle des Gaillardets, taillarent à fil d'épée tout homme portant barbe. »

Il est difficile de trouver des circonstances qui puissent aussi justement concorder.

L'histoire du laboureur et de sa femme qui trompe le diable sur les récoltes n'est rien autre chose que le rétablissement de la dime par les Papimanes.

Les *quatre états* qui se soulevèrent contre la tyrannie de Christian II sont indiqués par Rabelais : « Pantagruel, voyant cette foule, demanda qui estoyent ces personnaiges. Il lui fut respondu que c'estoyt les *quatre estats* de l'isle. »

Et il a grand soin de nous apprendre que les Heiligolandiens étaient allés passer temps et voir la fête en Papimanie, ile prochaine. Il n'y a en effet, de l'une à l'autre, qu'une journée de navigation.

Ile des Papimanes

Chapitre xlviii : « Laissant l'isle désolée des Papefigues, navigeâmes par ung jour en sérénité et tout plaisir, quand à nostre veue s'offrit la benoiste isle des Papimanes (idolâtres du pape), où habite l'Unique, c'est-à-dire le pape. »

Cette île, située entre l'Islande et les Heiligoland, à peu près sur le cercle polaire arctique, s'appelait sur les cartes de Mercator l'île Papy ; d'où Rabelais a tiré Papimanes.

Et voilà qu'ils entendent le bruit formidable des glaçons errants qui se brisent les uns contre les autres et menaçent à chaque minute d'effondrer leurs navires.

Les glaces flottantes

Pour Rabelais, ce sont les paroles gelées. Aux chapitres lv et lvi, la position géographique est nettement déterminée. Dans leur effroi, les marins consultent le pilote qui leur répond : « Seigneur, de rien ne vous effrayez. Ici est le confin de la mer Glaciale. Lors gelèrent en l'aër les paroles et cris des hommes et des femmes, le chaplis des masses, les hurtys des harnoys de combat. A cette heure, la rigueur de l'hiver passée, advenante la sérénité et tempérie du beau temps, elles fondent et sont onyes. »

Le tableau de ce vacarme est admirable, et l'indication du lieu, sur le cercle polaire arctique, aux confins de la mer Glaciale, hors de toute contestation.

Nous voici arrivés au chapitre lvii du livre IV, au manoir de Gaster : Force m'est ici de m'arrêter et de vous faire part de quelques observations indispensables.

Le voyage dont je viens de vous tracer l'itinéraire s'est effectué jusqu'à présent de la manière la plus exacte et la plus régulière qu'il soit possible d'imaginer, en parfaite conformité avec les cartes pour la position des îles indiquées, avec les vents pour la direction des navires.

Cette île des gastronomes, dont je vous dirai plus tard le nom, s'en vient tout d'un coup troubler cette harmonie. Si l'on s'en rapportait à la symétrie des chapitres, tels qu'ils nous sont donnés par les éditeurs, Rabelais ferait d'un coup descendre ses voyageurs au sud, puis remonter au nord et revenir sur leurs pas. Ce qui me semble inadmissible.

Il doit y avoir une raison grave de cette perturbation géographique, et je vous la veux dire.

Rabelais, en rédigeant ses notes sur des papiers séparés, suivant les caprices de son imagination, voulait ensuite les coordonner et écrire en entier le voyage de Panurge. La mort ne lui en donna pas le temps : il dut laisser son ouvrage inachevé, et ce ne fut que plus tard, en 1568, quinze ans après sa mort, que parut le livre V, qui commence par l'île Sonnante.

Les éditeurs ne se gênaient guère pour lui voler ses notes avant qu'elles ne fussent revues et ordonnées par lui. C'est ainsi que, sans son aveu, parut le livre IV, qu'il désavoua. Ce livre ne contenait que onze chapitres et finissait à l'île des Macréons. C'était une confusion extrême.

Ce fut bien pis pour le livre V, pour lequel il n'avait laissé que des notes éparses. Chaque éditeur coordonna les chapitres, arrangea le style au gré de ses caprices, et les fit écrire presque en entier sur les notes de Rabelais « par un certain escholier de Valence et aultres », dit Antoine du Vergier.

Louis Guyon affirme qu'il était à Paris quand fut fait le livre V et « qu'il sait bien qui en est l'auteur qui n'était pas médecin ».

Il y eut alors huit éditions de ce livre, publiées par différents libraires qui intervertissaient à leur gré le rang des chapitres. Celui des Apedeftes entre autres, que tout le monde tient pour apocryphe, était tantôt le septième, tantôt le dix-neuvième, tantôt le dernier, et les chapitres vrais reculaient de nombre suivant la place prise par cet intrus. Les chapitres XVIII, XIX, XX et XXVI du livre V sont cotés L, LI, LII, LIII dans le manuscrit.

Tous ont cherché à placer ces chapitres d'après le sens qu'ils attachaient aux facéties joyeuses de Rabelais. Aucun d'eux, même de nos jours, n'eut la pensée de prendre pour guide, en cette difficile recherche, la seule chose qui fût capable de faire gentiment cette besogne : la *géographie*.

Je ne suis pas de l'opinion de ceux qui affirment que le livre V est tout à fait de Rabelais ; ce n'est plus son style ni sa verve. Je ne suis pas non plus de l'opinion de ceux qui affirment que Rabelais y fut tout à fait étranger.

Ma conviction est qu'il a été composé sur des notes laissées par Rabelais et que malheureusement ces notes n'ont pas été rangées dans l'ordre voulu.

La géographie va nous servir de guide.

Nous intervertirons l'ordre de deux chapitres, c'est vrai. Mais on reconnaîtra aisément que nous avons aussi bien que les précédents éditeurs de Rabelais le droit de mettre les chapitres dans l'ordre qui nous semble le meilleur, surtout si l'on considère que dans cet ordre nous ne faisons que suivre l'itinéraire géographique de la carte de Hondius.

Nous ne pouvons croire que Rabelais ait été capable de transporter son héros d'Islande à Amiens pour le faire revenir en Islande et à l'île des Ferrements, puis redescendre à Calais : ce serait de l'aberration.

Nous laissons donc de côté pour le moment les chapitres LVII et LXV, et nous passons de suite à l'île Sonnante.

L'Isle Sonnante

Livre V, chapitre I : « Continuasme notre route et navigeâmes pendant trois jours sans rien découvrir ; au quatrième aperçusmes terre et nous feut dict par nostre pilote que c'estoyt l'isle Sonnante, et entendismes un bruit de loing venant et nous sembloyt que feussent cloches grosses petites et médiocres. »

Ils côtoient la Norvège et trouvent entre l'Islande, la Norvège et les îles Feroë une grande île qui sur les cartes de Blaëu et de Mercator est marquée : île d'Horolangs ; c'est l'île des Horloges pour Rabelais. Le nom est significatif, et il est si vrai qu'ils ne sont pas encore très éloignés de l'Islande qu'un vieil ermite qui les reçoit les fait jeûner « quatre jours conséquents, affermant qu'en l'isle Sonnante aultrement reçus ne seroyent. » Panurge a beau se récrier : « Il est, dit l'ermite, fatal. » C'est encore le pays des merluches fumées. « Nos jeûnes, dit Rabelais, feurent terribles et bien épouvantables. »

Ce vénérable ermite, nommé Albian Camas, qui veut dire : prêtre blanc par conséquent chartreux de son métier, lui apprend que les habitants de l'île sont tous changés en oiseaux.

Or l'île d'Horolangs était aux Danois comme l'Islande. Au nord de celle-ci, sur la carte de Hondius on trouve : Beeren Eygesland, en norvégien : l'île aux oiseaux. En la pointe sud-ouest, on trouve, sur les cartes de 1560, 1570 et 1637, cinq îles dénommées : Rec'hier Beeren, rochers aux oiseaux. A la pointe sud-orientale on lit : Spitz Beeren, pointe aux oiseaux.

Il me semble hors de doute que cette triple coïncidence a frappé Rabelais et qu'il y a fait allusion.

Ile des Ferrements

Livre V, chapitre IX : « Nous estant bien à point sabourez l'estomac, eûmes vent en poupe, dont advint qu'en moins de deux jours arrivâmes en l'isle des Ferrements, déserte et mal habitée. »

Ce sont les iles Féroë au sud-est de l'ile d'Horolangs, au nombre de quinze iles, désignées à cette époque par le nom de isles de Ferro, iles de Fer.

Nous reprenons le chapitre LXVI.

Calais et l'Angleterre

« Pantagruel descouvrit au loing et aperçut quelque terre montueuse, laquelle il montra à Xenomanes et lui demanda : « Voyez-vous ci-devant à orche (à gauche) ce hault rochier à deux croupes bien ressemblant au mont Parnasse ? — Très bien, dit Xenomanes. C'est l'isle de Ganabin (en hébreu : des voleurs) ; y voulez-vous descendre ? — Non, dit Pantagruel. — Vous faites bien : le peuple sont tous voleurs et larrons. Y est toutefois, vers cette croupe dextre, la plus belle fontaine du monde, et autour une bien belle forest. Vos chiourmes y pourront faire aiguade et lignade (eau et bois).

Placez-vous comme Rabelais devant la carte de Hondius ou de Mercator ; c'est tout un. La description est tellement exacte, tellement minutieuse, qu'il n'y a pas lieu d'hésiter un seul instant.

Les voilà qui arrivent à Calais, ville anglaise, toujours en guerre avec la France. Ils aperçoivent comme vous à orche (à gauche) l'ile des Voleurs : c'est l'Angleterre, pays des trafiquants dont le Dieu est Mercure, patron des voleurs. Le hault rochier à deux croupes, c'est le château de Douvres flanqué de deux tours, dont on voit encore les ruines par un beau temps. Le pas de Calais, en cet endroit, n'a que 32 kilomètres de largeur.

Pantagruel, qui exècre les Anglais, n'y veut point descendre, et Xenomanes lui montre, comme vous le voyez à dextre, la plus belle fontaine du monde.

Or, sur la carte, l'entrée de Calais se présente de cette façon. A droite et à gauche deux promontoires très élevés, formés de roches. Sur le promontoire sud on trouve notés des rochers et à leurs pieds un petit cercle rempli de points avec ces mots : fontaine d'eau douce.

Et dites-moi à présent que Rabelais ne connait pas et la géographie et la chorographie !

Amiens

Chapitre LVII : En icelluy jour Pantagruel descendit en une isle admirable. Elle, de tous côtés, estoyt scabreuse, pierreuse, montueuse, infertile, très difficile aux pieds. Surmontant la difficulté de l'entrée, trouvasmes le dessus du mont tant plaisant, tant fertile, tant salubre et délicieux, que je pensoys être le vray jardin et paradis terrestre. »

Ici comme toujours, la description est irréprochable. L'entrée de la Somme est en effet fort difficile, sur les cartes que nous suivons, encerclée de hautes falaises, avec, à leurs pieds, de grands bancs de sable entremêlés

de galets fort malplaisants pour la marche. Sans se décourager, l'équipage descendit à terre, traversa ces galets, escalada la rude falaise et, après une marche fort pénible d'abord, arriva dans la campagne admirable où se trouve Amiens, la ville des pâtés, des gras jambons, des succulentes et odorantes rôtisseries, le manoir de Gaster, où règne le fameux Guillot, le plus illustre des restaurateurs de l'Europe au temps de Rabelais.

Écoutez Brugérin Champier, médecin de Lyon, contemporain et ami de Rabelais, en son traité *De Re cibariâ* :

« Nous avons connu à Amiens un tavernier (popinarium) nommé Guillot, qui savait composer à la minute un repas des plus exquis en volaille, viande, qu'il a sans doute mérité la palme entre tous les taverniers de France. »

Je veux qu'il ne vous reste aucun doute sur la désignation de cette ville.

Rabelais dit : « Les Gastrolastres se tenoient serrez par trouppes et bandes, joieux, mignardz, douilletz *d'aulcuns*, *aultres* tristes, graves, sévères, rechignés : tous rien ne faisans, poids et charge inutile de la terre. — Nous ouymes un son de *Campane notable*, auquel tous se rangearent comme en bataille, chascun par son office, degré, antiquité. » (Liv. IV, ch. LVIII.)

Le son des cloches, ces moines rangés en file, dépeignent bien une procession.

Or, le 12 août, se fait à Amiens la procession du *chief de sainct Jhan*. Toute la journée, les seize cloches, les deux bourdons de Notre-Dame, et toutes les sonneries de la ville se mettent en branle.

A ce joyeux et étourdissant carillon, *Son de Campane notable*, tous les chanoines des quatre chapitres, tous les moines des dix-sept couvents, se mettent en marche : les chanoines, « joieux mignardz, douilletz » ; les moines de *Prémontrez*, « tristes, graves, sévères et réchignés », appelés vulgairement les pères *Quincrit* à cause de leur fondateur en 1126 à Amiens *Raoul qui non ridet* (qui ne rit jamais).

Le reliquaire de saint Jean, reçu des mains de Walon de Sarton le 12 décembre 1204, est porté par l'évêque, sous un dais de velours, que soutiennent « les bourgeois honnestement et joyeusement vestus de soye, en chantant chansons plaisantes et gracieuses ; et, si ont-ils biaux chapiaux sus leurs testes, et est grand plaisir de les veoir. » (Xe registre d'Amiens, lettre T.)

Rabelais dit : « Chantans ne scay quelz dithyrambes, crépalocomes (chants d'ivrognes), épaénons (panégyques). »

Plus heureux que Rabelais qui dit « *je ne scay* », vous allez en lire un que je copie sur les archives de la cathédrale d'Amiens, article Saint-Jean :

Par arguer Hérode de Adultère
Sainct Jhan fust mis en prison fort austère !
De Hérodias la fille demanda
Le chief Sainct Jhan : Hérode le accorda.
En prison fust Sainct Jhan décapité.

Pour avoir dict et presché vérité.
Le chief sainct Jhan fust à table posé
Puys d'un cousteau dessus l'œil incisé.

Gilles de Bins, abbé de Saint-Jean à cette époque, conduisait les chanteurs.

Devant lui marchaient en ordre parfait et suivant le rang de leur dignité « les baillifs et lieutenants précédés de : 1º les trompettes de la ville à cheval, foraines et aultres ; 2º les tambourins accompagnés des fifres sonnant à pied ; 3º et puis, d'un ton plus doux, les violons de la ville, et Messieurs marchant avec leurs officiers deux à deux, chascun en son rang. » (Ant. d'Am., 1642.)

En avant de cet imposant cortège, venaient les corps de métiers portant chacun leur *mai*. Le mai des poissonniers était garni de poissons ; celui des rôtisseurs, de volailles ; celui des grainetiers, de gerbes de blés, etc.

Et, comme il s'agissait de la décollation de saint Jean-Baptiste, il va de soi que le cruel Hérode n'était pas oublié dans le cortège.

La statue colossale de ce *mangeur* des petits *innocents* s'avançait hideuse, épouvantable, faisant claquer ses dents longues et pointues, portée par sire Noël l'Hoste (un nom prédestiné en la ville des rôtisseries), abbé de Saint-Martin, entouré de ses chanoines gros et gras.

Devant la statue d'Hérode se pavanaient trois cochons portant chappe, et un âne en habits de cordelier, rappelant les dérèglements et l'ignorance des moines et du clergé au XVIᵉ siècle. (*A. de la Morlière*, p. 245.)

Ils étaient précédés de gens représentant la tentation de saint Antoine.

Rabelais appelle le masque d'Hérode *manduce* mangeur, du latin *manducare* ; effigie monstrueuse, ridicule et terrible *aux petits enfants*, « avec amples machouères bien endentelées que l'on faisait l'une contre l'autre terrifiquement clicqueter. »

Tous les gras varletz offrirent à leur Dieu, ouvrans leurs corbeilles et marmites, *hypocras blanc*, avec la tendre roustie. »

L'hypocras blanc a bien sa couleur locale : c'était du cidre ou de la bière. Le territoire d'Amiens ne produit pas de vin.

Les chants, « épaénons et dithyrambes », dont parle Rabelais étaient composés par les membres de la confrérie de Notre-Dame-du-Puy. Il y avait pour cela tous les ans un concours de poésie, le jour de la Chandeleur ; des prix étaient décernés aux vainqueurs de ce tournoi littéraire, et leurs œuvres écrites en un tableau suspendu dans le chœur de Notre-Dame.

Louise de Savoie, mère de François Iᵉʳ, se trouvant à Amiens en 1517, fut si charmée de ces gracieuses chansons, qu'elle en demanda une copie. Les confrères de Notre-Dame la lui donnèrent en un livre de parchemin richement relié et finement enluminé. Ce manuscrit est conservé à la Bibliothèque nationale.

Ce n'est pas tout. Rabelais consacre un chapitre entier à nous dire

que Gaster donne tous ses soins au *blé* et qu'il inventa des *armes* pour défendre cette précieuse denrée contre les brigands et voleurs.

« Par institution de nature, pain luy a esté pour provision et aliment adjugé ; adjoincte ceste bénédiction du ciel que pour pain trouver et guarder rien ne luy defauldroylt. Pour lesquels guarder, il inventa canons, serpentins, couleuvrines, baziliez » (Liv. IV, chap. LXXI.)

Amiens s'appelait autrefois *Abladène* pour marque de fertilité de son territoire en abondance des récoltes de blé : *Quasi bladum dans* (comme donnant le bled). (Ant. d'Am., p. 36.)

Du temps de César, c'était à Amiens, et à cause de l'abondance de ses récoltes, que ce conquérant faisait hiverner ses armées. (*Commentaires de César*, liv. V, chap. VIII.)

« François I⁰ʳ s'ayda de la ville d'Amiens comme d'un arsenac et magazin d'armes et de vivres incroyables. » (De la Morlière, *Généalogies picardes*.)

Il y avait à Amiens huit fabriques d'armes déjà renommées du temps de César : *In Galliis fabricæ octo Ambianensis, Spartaria et Scutaria.* (*Not. Imp. Rom.*, chap. XXXIII.)

« Il existait à Amiens des fabriques d'armes fort en vogue aux XVᵉ et XVIᵉ siècles. » (Grenier, *Hist. de Picardie.*)

Pour le blé, tous les historiens du Nord en parlent et, ajoute l'un d'eux : « En preuve de quoy, n'y a point longtemps se voioient encor les fours de la ville en grand nombre, outre les fours des champs, si bien que le trentième jour de may 1544, fust faicte offre au roy François I⁰ʳ luy livrer par chascun jour, trois mois durant, cinquante mille pains de 12 onces, prins à la gueule du four, au prix de 4 deniers l'un, non compris vin, bière, chair et aultres victuailles en quantité non petite. En pourquoi fust nommé Amiens, pour lors, nourricière des armées de nos roys. » (A. de la Morlière, pp. 356-359.)

« Et tout pour la gueule, » dit Rabelais.

Cette procession générale, ce son des cloches, ce masque d'Hérode, ce blé, ces armes, ces fournitures de pain, ces rôtisseries affriolantes, ne peuvent convenir qu'à Amiens, et notez que cette procession en l'honneur de saint Jean était faite « parce que les habitants attribuaient à ce saint l'abondance extraordinaire des fruits qui se récoltaient dans son territoire. » (Ant. d'Am., p. 279.)

Il n'est pas étonnant que Rabelais indique cette ville avec une si merveilleuse précision. Il la connaissait parfaitement, y ayant accompagné deux fois François I⁰ʳ et Louise de Savoie en 1517 et 1527.

Et je ne voudrais pas jurer qu'il n'y fût retourné encore avec le cardinal du Bellay quand ce prélat y passa pour s'en aller en ambassade à Londres auprès de Henri VIII.

Guillaume du Bellay, frère de ce cardinal, était alors gouverneur d'Amiens, et il était condisciple, ami et protecteur de Rabelais.

Chaneph

Après un plantureux festin, ils remontent en leurs navires et, « au jour subséquent, arrivarent près l'isle de Chaneph (en hébreu : hypocrisie), en laquelle ne peut aborder la nauf, parce que le vent nous faillit. »

Saint-Valéry

Cette île d'hypocrisie, c'est Saint-Valéry, et les innombrables moines et religieux de sa fastueuse abbaye, aussi grande, aussi vaste, aussi belle que les plus grandes églises cathédrales avec leurs cloîtres et leurs palais.

« Tous sont hypocrites, enflés, pasternostriers, chattemites, cagots, hermites. Là sont belles et joyeuses hypocritesses, chattemitesses, hermitesses, femmes de grande religion. »

Rabelais fait ici allusion à ces couvents que l'on appelait *monasteria duplicia* (monastères doubles), où les filles et les veuves qui prenaient l'habit de l'ordre avaient leur clôture dans le monastère des hommes.

Il donne à entendre que l'abbé de Saint-Valéry n'avait pas imité la très prudente et très vertueuse précaution de Foulques de Montdidier, abbé de Saint-Jean d'Amiens, ordre des Prémontrés, qui, dès le commencement du xii° siècle, avait séparé les deux sexes et bâti, pour les sœurs moinesses, un couvent spécial, à une demi-lieue du couvent des hommes.

Puis, pour se distraire du calme qui les retient, « ils haulssent le temps et le coude en vidant force flacons, frizons, tasses, hanaps, bassins, hydries. »

Ils n'avaient encore le dessert quand le vent ouest-nord-ouest commença à enfler les voiles. Donc, ils descendent au Sud en longeant la côte de France.

Condemnation

Livre V, chapitre xi : « De là passasmes Condemnation. Nous y feusmes faicts prisonniers par le commandement de Grippeminaud, archiduc des Chaffourés. Ils portent tous et ung chascun d'eulx une gibessière ouverte, et aussi les gryphes fortes, longues et acérées, sy, que rien ne leur eschappe. Pillerie est leur devise. On n'en sort qu'en payant. Ils ne disent aultre mot, monstrant leur gibessière sinon : Or ça, or là, or bien, quand on leur a donné tout l'or qu'on possède. »

Voilà bien dépeints et portraiturés les percepteurs de tailles, gabelles et impôts.

Fécamp

C'est Fécamp, marqué sur la carte de Hondius : *fisci campus*, le pays du fisc. Et, s'emparant de l'étymologie du mot *fisci campus*, Rabelais dit tout ce qu'il a sur le cœur de la rapacité, de la vénalité, de la corruption des agents du fisc.

Il semblerait qu'il s'est répété dans le chapitre des Apedeftes. On y trouve les mêmes idées, mais il est prouvé que ce chapitre n'est pas de lui : je n'en parlerai donc pas.

Chapitre x : « Le jour ensuivant, entrasmes en l'isle de Cassade. La terre y est maigre (ce sont rocz). Là nous monstra nostre pilote deux petits rochiers quarrés à huict égales pointes en cube qu'il nous assura estre d'osselets. »

Caudebec, Isle de Cassade

C'est le pays du jeu, et du jeu de dés. De nos jours, nous le nommons le jeu de dominos, dans lequel excellent encore à l'heure qu'il est les Rouennais et les Normands.

Suit une longue diatribe contre le jeu et les joueurs en général ; puis vient cette particularité.

« A grand'peine, ils nous monstrarent une goutte de sang Graal. » Et cette autre : « Acheptàsme une botte de chapeaux et bonnets de Cassade, à la vente desquels, je me doubte que ferons peu de proufict. »

En l'église Notre-Dame de Caudebec se conservait une relique qui, disait-on, renfermait une goutte de sang de Jésus-Christ, recueillie par Joseph d'Arimathie, dans un plat que l'on nomme le sang graal ; les gens de Caudebec la tenaient de l'abbaye de Fécamp, dont ils dépendaient, et qui se vantait de posséder le sang graal tout entier. Gènes prétendait le posséder aussi bien que Lyon.

Les « chapeaux et bonnets » de Caudebec étaient connus sous le nom même de la ville où ils se fabriquaient : *chapeaux à la Caudebec*, et Rabelais a bien soin d'exprimer sur leur compte le sentiment commun, c'est qu'ils ne valaient pas grand'chose.

« Les deux grands rochiers cubiques » sont parfaitement connus des touristes. Ce sont les immenses et hautes falaises visitées surtout à l'époque des grandes marées de l'équinoxe : le Mascaret à Caudebec.

Isle d'Oultre

Chapitre xvi. « Nous prismes la route d'*Oultre*. Là arrivés, nous rafraichismes ung peu et puisàmes eau fraiche. Et nous sembloyent les habitants à leur physionomie, bons compagnons et de bonne chière. Ils estoyent tous oultrés et pédoyent de gresse, déchiquetant leurs peaux, non pour *gloire et ostentation*, mais aultrement ne pouvoyent durer en leur peau. Près le Havre estoyt un cabaret beau et magnifique auquel accourir voyant nombre de peuple oultré de tous âges, sexes et estats, pensions que la feut notable festin ou banquet. Mais nous feut dict qu'ilz estoyent invités aux crevailles de l'hoste, parce qu'en ce pays on nomme crevailles, comme deçà nous appelons fiançailles, épousailles. L'hoste, qui en son temps avoyt esté bon raillard, grand grigneteux, beau mangeur de soupes lyonnoises, esternellement disnant, estoyt venu en ses crevailles. Ceste parole n'estoyt achevée quand nous entendismes en l'aer un son hault et strident, comme si quelque gros chesne esclatoyt en deux pièces. Lors feut dict par les voisins que les crevailles estoyent faictes, et que cestuy esclat estoyt le ped de la mort. »

C'est l'île de Jersey. Les habitants sont joyeux, bons compagnons, pleins d'hilarité. La capitale de l'île s'appelle Saint-Hilaire, leur gentil patron, de *hilarius*, gai, en latin, aujourd'hui Sait-Hélier.

« Ils sont oultrés non d'orgueil mais de gresse. Il y a un beau cabaret. » C'est le château de Montorgueil, appartenant à Henri VIII d'Angleterre, qui promenait son énorme ventre dans une brouette à travers les appartements de la tour de Londres.

Au moment même où Rabelais écrivait ce chapitre, Henri VIII mourait d'obésité et d'ulcères aux jambes ; le bon raillard qui avait eu sept femmes venait, dit Rabelais, de crever dans sa peau.

Nous pouvons donc dire au juste la date du jour où il écrivait sa description de Jersey. Henri VIII mourut le 15 janvier 1547. Mettons cinq jours pour que les courriers d'Angleterre en apportent à Paris la nouvelle et nous serons certains de ne pas nous tromper beaucoup en affirmant que ce passage du livre fut écrit le 20 janvier 1547.

Voici une circonstance d'une importance bien grande pour notre démonstration.

Chapitre XVII. « Feismes voile au doux zéphire ; environ vingt-deux mille se leva un violent tourbillon de vents divers. »

Le vent les ramène de Montorgueil, port de Jersey, vers les côtes d'Avranches. Les tourbillons dont il parle sont très fréquents sur cette côte. « Et deux mille plus bas, nos naufs furent enquarrées dans les arènes. »

Les voilà pris dans les sables 2 milles plus bas qu'Avranches. Ce sont bien exactement les fameuses grèves du mont Saint-Michel. « Frère Jean dit qu'il avoyt vu Castor sur le bout des Antennes. » C'est le feu Saint-Elme, corruption de mot pour : feu Sainte-Hélène. Or, à cet endroit même, sur la carte de Mercator, se trouve un rocher désigné sous le nom de : Tumbe Hélène (sœur de Castor). Le mot tumbe est écrit par un *u* du latin *tumulus* : aujourd'hui, par corruption de langage, tombelaine.

Henri Agrippa, le magicien, renfloue leurs navires et les quitte. « Mais à ce moment deux grands physétères abordèrent leurs naufs, et leur jetèrent plus d'eau que n'en contient la Vienne depuys Chinon jusqu'à Saumur. »

Et voyez la coïncidence : de même que Rabelais fait tuer un grand physétère ou baleine par Pantagruel sur les côtes de l'Islande, à l'endroit même où Mercator en avait dessiné un, il en reparle encore entre la côte normande et la côte de Bretagne, là où Mercator en a dessiné un autre. La rencontre est fort singulière, vous en conviendrez sans peine.

Et ce m'est une grande preuve que Rabelais, en écrivant son livre, avait devant les yeux les cartes de Mercator.

Ce n'est pas tout. « Le pilote nous dict que pour l'heure nous convenoyt obtempérer au courant, si, sans dangier, nous voulions aborder au royaulme de la Quinte. »

Voilà qui est d'une exactitude géographique et hydrographique remarquable. Ce courant existe encore ; il descend de la mer Baltique, franchit le port de Calais, longe la côte de Normandie et la côte nord de Bretagne et va se perdre sur les côtes occidentales aux environs d'Audierne ; on l'appelle de nos jours le courant de Rennel. Il est probablement produit par ce que j'appellerai le choc en retour du Gulf-Stream, qui, rencontrant les eaux tranquilles de la Manche, leur imprime par son frottement une direction en sens inverse auprès des côtes, comme deux poulies frottant l'une sur l'autre.

Saint-Michel en grève

Chapitre XIX : « Ayant costoyé le tourbillon, descendimes en l'isle de Mateotechnie, peu distant du palais de la Quinte-essence. Dans ce port trouvâmes bon nombre d'archiers ; ils nous feirent déposer nos armes à tous, et roguement nous interrogearent : « Compères ! de quel pays est la « venue ? — Cousins ! respondit Panurge, nous sommes Tourangeaux. — « D'aultres pays sont venus nous ne savons quelz oultrecuidez, fiers « comme Escossois, qui contre nous à l'entrée vouloyent obstinémen_t « contester. Ils ont esté bien frottez. »

En cette description, il n'est pas malaisé de reconnaître l'abbaye du mont Saint-Michel.

« Les archiers leur feirent déposer leurs armes à tous. »

En 1360, Charles V dit le Sage fit mettre au mont Saint-Michel six hommes d'armes et huit archers, unit ce monastère à la couronne et au domaine royal en 1364, nomma l'abbé capitaine de la place et garnison. et défendit d'y laisser entrer qui que ce fût en armes, même les nobles.

Ce singulier privilège fut maintenu par tous nos rois. Dans le courant du XVe siècle, les moines eurent beaucoup à souffrir des Anglais, « oultrecuidez, fiers comme Escossois », mais ils furent expulsés et repoussés définitivement.

Le monastère devint alors une importante forteresse. Nos rois prirent les moines sous leur protection, y mirent un capitaine et une forte garnison à condition que trois moines seraient portiers, et qu'il y aurait deux clefs de la place, l'une pour le capitaine au nom du roi. l'autre entre les mains de l'abbé. A l'époque où Rabelais écrivait cet article, Adrien Ier, sire de Bréauté, commandait à Saint-Michel pour le roi François Ier.

Panurge les appelle : beaux cousins. En effet, les bénédictins de Saint-Michel dépendaient des bénédictins de Marmoutiers, près Tours, dont l'abbé se qualifiait du nom glorieux d'abbé des abbés, tant il avait de couvents de son ordre sous son obédience.

Je n'expliquerai pas ce que Rabelais entend ici par le royaume de la Quinte : cela n'a aucun rapport avec la géographie, d'autant plus que les chapitres de la Quinte sont tenus pour apocryphes par la plupart des commentateurs.

L'île d'Odes

Chapitre XXVI : « Après avoir par deux jours navigué, s'offrit à nostre vue l'isle d'Ode, dans laquelle les chemins cheminent. Les habitants demandoyent : « Où va ce chemin ? » Puis, se guindant au chemin opportun, se trouvoyent au lieu désigné, sans aultrement se poiner et se fatiguer, comme ceux de Lyon et d'Avignon se mettent en bateau sur le Rhône. »

Il est manifeste qu'il s'agit ici des rivières, ces chemins qui marchent, a dit Reclus dans sa géographie, premières routes commerciales du monde.

C'est Benodet, à l'embouchure de l'Odet, au-dessous de Quimper ; *Odé* en grec veut dire route, chemin, aussi bien que *oden* en bas breton. Il est évident que Rabelais s'est inspiré du nom de cette rivière pour parler des chemins qui cheminent quand ses marins arrivèrent à l'embouchure en question appelée : Benodet en breton, tête de l'Odet.

L'île des Esclotz

Chapitre XXVII : « Passasmes l'isle des Esclots, lesquels ne vivent que de soupes de Merluz. » Esclotz veut dire sabots.

C'est l'île de Groa, au sud de Quimperlé, dont elle dépendait à cette époque. La soupe de Merluz est caractéristique. De nos jours, et depuis les temps les plus reculés, les Bretons de ce pays sont surnommés Penmeil, Penmerluz, têtes de mérluches, parce qu'ils s'adonnent particulièrement à cette pêche et qu'ils en vivent, comme les gens de Douarnenez sont surnommés Pensardin.

L'île de Groa, qui ne renferme que 4,000 et quelques habitants, possédait alors, d'après les cartes de Bossius, deux églises cathédrales et onze couvents de moines : Sainte-Brigitte, Saint-Léonard, Saint-Nicolas, Saint-Sauveur, Saint-Kaldraz, Saint-Tudy, la Trinité, et Blananec, etc., et l'on y bâtissait alors un couvent de capucins, ordre nouvellement établi par Paul III (Benius tiers du nom) dit Rabelais. On les appellait capucins à cause de l'étrange forme de leur capuchon, dit Marc de Pise, historien de cet ordre.

Et Rabelais nous l'explique : « Le cahuet de leurs capuchons estoit devant attaché, non darrière ; en ceste façon avoyent le visaige caché comme font nos damoiselles quand c'est qu'elles ont leur cachelaid que vous nommez tours de nez. »

On ne leur apercevait que les yeux à travers deux trous pratiqués à cet effet. Tous les ordres mendiants avaient un couvent dans cette ile, que Rabelais appelle l'ile des Esclotz, sabots, sandales, morceaux de bois tout ronds, dit-il, pour marcher sur les sables. Il étaient habillés en brûleurs de maison, c'est-à-dire de bure enfumée.

Bien que cette description s'adapte parfaitement à l'ile de Groa, je ne me puis défendre de penser que Rabelais a voulu désigner Belle-Isle. Ce petit mot qu'il dit, « belle entre toutes », me fait rêver. Que ce soit l'une ou l'autre, cela ne change rien à l'exactitude rigoureuse de l'itinéraire de nos voyageurs.

Ile de Frise

Chapitre xxx : « Contens d'avoir veu les Fredons érigés à rebours et et contre poil, navigeâmes pendant deux jours ; au troisième, descouvrit notre pilote une isle délicieuse entre toute aultre : on l'appelait l'isle de Frise. En icelle estoyt le pays de Satin, tant renommé entre les paiges de court. »

Suit une description des produits des fabriques de soieries et de draps de laine, si célèbres alors, établies par Louis XI et qui fournissaient les pages de la Cour.

C'est le pays de Satin. C'est le pays des draps de Frize, dont parle Thibault de Pleinci, en sa description de la Touraine, et il ajoute : « Les teintureries y sont excellentes. »

C'est Tours où se fabriquaient ces riches étoffes, toutes brochées de fleurs, de fruits, d'animaux, de blasons, en toutes belles couleurs.

Voici nos voyageurs arrivés au terme de leur voyage.

Chapitre xxxii : « Mal traictez et mal reçus au pays de Satin, navigeâmes par trois jours. Au quatrième en bonheur approchasmes de Lanternoys. »

Lanternoys

C'est la Rochelle, c'est le pays des Lanternes, la patrie de Xenomanes, Jean Alphonse le Saintongeois ; c'est le pays de Maillezais, du savant évêque d'Estissac. C'est là que se trouve le château de Légugé, où Rabelais avait bu à longues gorgées à la dive bouteille de toute science, en compagnie de Pierre Lamy, de Jean Bouchet, de Tiraqueau, de Barthelemy de Salignac.

Ils se rep sent de leurs fatigues et du mauvais accueil qu'ils avaient reçu au pays de Satin, où il ne faisait pas bon séjourner, à cause des persécutions auxquelles étaient en butte les libres penseurs d'alors. A la Rochelle, ils étaient en sûreté.

Richard Chanceler, célèbre pilote anglais, ne fut pas si heureux. Il chercha, lui aussi, le chemin d'Asie par les mers glaciales en 1554. Mais il fut forcé de s'arrêter à l'embouchure de la Dwina. Il s'en alla à Moscou, fut très bien reçu par Jean Basilides II, duc de Moscovie, et, de retour à Londres, fonda la société commerciale dite « de Moscovie ». (De Thou, *Hist.*, liv. XLI.)

Ils traversent tous les vignobles les plus renommés, où viennent les vins les plus célèbres : Phalerne, Malvoisie, Mirevaux, Beaulne, Frontignan, Grave, Véron, Nérac et autres, et les voilà, tous couronnés de pampres, partis sous terre, dans les caves, à la recherche de la vérité :

In vino veritas.

Rabelais eût pu traduire ce proverbe de Salomon, au *Livre de la Sagesse*. aussi spirituellement que l'a fait notre Desaugiers, le gentil chansonnier :

> *In vino veritas* mes frères
> Nous dit un proverbe divin.
> Dieu, pour nous faire aimer nos verres,
> Mit la vérité dans le vin.
> J'obéis à sa loi suprême :
> Comme buveur, je suis cité.
> On dit que c'est le vin que j'aime ;
> Mes amis, c'est la vérité.

« La Sagesse s'est bâti un temple, appuyé sur sept colonnes.

« Elle a apprêté sa table et préparé le vin.

Elle a dit : « Venez et buvez le vin que je vous ai préparé. » (*Proverbes*, IX, 1, 2, 5.)

Ainsi s'exprime le livre sacré des *Proverbes*, bien longtemps avant Rabelais.

Cette découverte que j'ai faite du voyage de Rabelais dans les mers glaciales me comble de joie et de patriotique fierté.

Trop longtemps les écrivains anglais nous ont accusé de n'avoir point participé au mouvement admirable qui entraîna les peuples à la découverte de nouvelles terres au XVIᵉ siècle.

Rabelais relève le gant et leur crie : « Et Jacques Cartier et ses trois voyages au Canada et au Labrador ! Et Jean Alphonse le Saintongeois, qui fit deux fois le voyage des Indes et une fois le tour des côtes septentrionales de l'Europe jusqu'à l'Asie ! »

Et j'ai la ferme conviction que le récit de Rabelais n'est que la relation de cette tentative de Jean Alphonse.

« *Et nunc*, messieurs les Anglais, lisez, *et erudimini.* »

A vous, maintenant, illustres docteurs en géographie, à juger si Rabelais mérite le noble brevet de membre de la Société de géographie de France.

M. LE PRÉSIDENT. — Mesdames, Messieurs, je crois devoir, en votre nom, féliciter M. Ducrot d'avoir employé ses loisirs à un travail aussi approfondi, aussi original et aussi intéressant sur la géo-

graphie de Rabelais. Une fois imprimé, ce travail sera nécessairement consulté aussi bien par le géographe et l'historien que par le
littérateur. Je félicite donc M. Ducrot d'une étude que tout le
monde lira avec plaisir dans le volume du Congrès. (*Applaudissements.*)

Et maintenant, afin que les délégués de toutes les Sociétés de
géographie représentées au Congrès puissent occuper le fauteuil
de la présidence, je prie M. Breittmayer, délégué de la Société de
géographie de Lyon, de prendre ma place. (*Nouveaux applaudissements.*)

(M. Malavialle, Secrétaire général de la Société de géographie
languedocienne, est remplacé au fauteuil de la présidence par
M. Breittmayer, délégué de la Société de géographie de Lyon.)

Présidence de M. BREITTMAYER

La lexicologie géographique

M. le Président. — La parole est à M. Barbier sur la lexicologie
géographique.

M. Barbier. — Mesdames, Messieurs, quand on entreprend de parler
d'un sujet aussi ingrat que celui de la Lexicologie géographique, c'est-à-
dire d'une question qui n'intéresse que l'orthographe des noms géographiques, on doit s'excuser devant un auditoire composé en grande partie
de dames, qui sont l'ornement de la Touraine. Et comme il est permis aux
dames de ne pas tout savoir, je vais, en matière de préambule, définir un
terme qui parait barbare, mais qui est très employé quand il s'agit de
l'orthographe des noms géographiques ; je veux parler du mot « diacritique ».

Nous avons beaucoup de signes diacritiques dans notre alphabet : ce
sont le point sur l'*i*, la cédille, le tréma, l'accent grave, l'accent aigu et
l'accent circonflexe. Comme, à l'étranger, ces signes changent de nom, le
terme scientifique général, le terme consacré par lequel on les définit est
le mot « diacritique ». Donc, quand ce mot se présentera sur mes lèvres,
vous saurez qu'il s'agit d'un tréma, de la cédille ou d'un accent quelconque, mais appliqués d'une façon différente qu'ils ne le sont dans
notre alphabet.

Je n'ai pas la prétention de développer, dans les quelques instants qui
me sont dévolus, un sujet très vaste en lui-même, auquel on n'a jamais du

reste donné jusqu'à présent de solution nette et positive. Vous me permettrez toutefois d'en dire quelques mots.

Je commence par un court historique. Il n'est pas en effet sans intérêt de résumer sommairement ce qu'on a fait jusqu'ici et d'indiquer le point où en est la question.

L'orthographe géographique préoccupe les géographes et les linguistes depuis fort longtemps. A ne remonter qu'au commencement de ce siècle, un académicien, Volnay, qui a fondé un prix perpétuel en faveur des meilleurs travaux de linguistique, avait entrepris de créer un alphabet destiné à reproduire tous les sons des langues étrangères.

J'ouvre ici une parenthèse : c'est parce qu'on a essayé, pendant cinquante ans, de rendre tous les sons de toutes les langues, qu'on s'est fourvoyé, sans jamais atteindre cet idéal. Autant valait courir après le merle blanc. Il faudrait en effet commencer par bien distinguer ces sons étrangers. Or, il n'en est rien. Sans pénétrer dans les difficultés que présentent les langues orientales, je puis dire que j'ai eu moi-même l'occasion de faire prononcer des mots annamites par M. Landes, directeur des affaires indigènes à Saïgon, l'auteur de travaux considérables sur la linguistique cochinchinoise. Eh bien ! il m'a paru tout à fait impossible de trouver dans notre alphabet des caractères permettant de reproduire ces sons, ou même d'en donner une idée. Aussi tous ceux qui ont tenté cette œuvre difficile ont-ils dû se contenter d'à peu près qui frisaient parfois le grotesque.

Après Volnay, le savant allemand Lepsius a écrit sur la matière. Il se mit tellement l'esprit à la torture pour exprimer les sons à l'aide de signes diacritiques qu'il arriva à former un alphabet composé de cent et quelques caractères. Et encore n'était-il pas sûr d'arriver à une solution.

Plus récemment, un homme remarquable, M. de Luze, aujourd'hui préfet du département de l'Yonne, a beaucoup écrit sur la matière ; il n'a pas cherché à transcrire les noms étrangers suivant la manière dont on les prononce.

Depuis j'ai entendu au Congrès de Berne, il y a trois ans, un savant allemand qui, tout autant que Lepsius, s'ingénia à son tour à inventer sinon des signes diacritiques, du moins des caractères spéciaux pour chaque son. Il a même imaginé d'introduire dans l'alphabet, pour la transcription des noms propres, certains caractères grecs, tels que le θ, dont le son ne se trouve représenté par aucun signe de l'alphabet français. Vous voyez, messieurs, quel singulier effet produirait à la lecture un nom océanien ou cochinchinois écrit en caractères mi-partie français et mi-partie grecs, accompagnés de trémas et de cédilles. C'est un vrai charabia. (*On rit.*)

En résumé, — et pour fermer la parenthèse, — on peut dire que chercher à transcrire tous les sons qui caractérisent toutes les langues, c'est poursuivre une véritable chimère et tomber dans la cacophonie la plus grotesque.

Il n'est pas interdit cependant d'entrer dans cette voie. C'est ce qui se passe un peu dans nos Congrès. Nous trouvons une idée qui n'est pas encore bien définie ; nous l'exposons, avec le sentiment qu'un autre la rendra plus précise, et souvent on arrive au résultat cherché par des moyens différents de ceux qu'on avait prévus à l'origine.

Les événements ont marché. On peut dire aujourd'hui que la conquête ou l'exploration de pays inconnus au commencement du siècle est presque achevée. En Afrique, par exemple, je ne sais si l'on trouverait beaucoup de pays qui puissent se dire indépendants de toute influence européenne. Le continent noir, en dehors du pays soumis aux sultans de Constantinople ou de Maroc, est partagé entre la France, l'Angleterre, l'Allemagne, l'Espagne, l'Italie, la Belgique et le Portugal. Les noms de villes ou de provinces, de fleuves ou de montagnes sont aujourd'hui transcrits en caractères européens, on peut même dire latins.

Il en est de même pour toute l'Amérique. Aussi, dès maintenant, la question de la transcription des noms est-elle singulièrement simplifiée, puisque dans toutes les colonies européennes on se sert des appellations européennes et de l'orthographe européenne.

En ce qui concerne les pays d'Orient, en admettant même que l'orthographe des noms soit incorrecte, on possède déjà certains documents officiels ou les récits d'explorateurs, qui se contrôlent mutuellement, et il est facile de se mettre d'accord sans se mettre l'esprit à la torture pour chercher à écrire les noms tels qu'ils se prononcent.

Il existe donc déjà pour un grand nombre de pays une orthographe officielle ; cette orthographe a été consacrée au Congrès de Berne. On peut dire que tous les géographes sont d'accord pour écrire les noms suivant l'orthographe adoptée par les Européens qui occupent ces pays étrangers ou qui les ont parcourus.

Pour citer un exemple, nous avons des colonies dont les noms sont d'origine arabe, l'Algérie et la Tunisie. Eh bien ! tous les lieux géographiques de l'Algérie sont recensés. Indépendamment du recensement officiel, il y a l'Annuaire de l'Algérie, qui est une sorte de Bottin algérien. L'orthographe des noms est conforme à celle qui a été adoptée par l'administration des postes. Nous avons donc aujourd'hui pour l'Algérie un document qui s'impose pour la transcription des noms arabes. Peu importe que l'orthographe qu'il indique corresponde bien à la manière dont ces noms se prononcent !

Je dois dire qu'au point de vue de la transcription des noms arabes, j'ai consulté moi-même une de nos autorités les plus indiscutables : M. Basset (René), professeur de langue arabe à l'École supérieure des lettres d'Alger. M. Basset a étudié tous les systèmes de transcription usités en Europe et, selon lui, il n'en est pas un qui puisse être exclusivement employé.

Pour nos autres colonies, Sénégal, Cochinchine, Tonkin, nous avons également des renseignements officiels, une orthographe officielle pour écrire les noms propres. C'est celle-là que les géographes doivent adopter. Je n'insiste pas, car je crois que nous sommes tous d'accord sur ce point.

Les Anglais emploient l'orthographe anglaise dans leurs colonies. Si nous admettons qu'on doit respecter l'orthographe française dans les nôtres, nous devons respecter l'orthographe dont se servent nos voisins d'outre-Manche dans les leurs. J'en dirai autant pour les colonies espagnoles ou allemandes. On écarte ainsi *a priori* un certain nombre de pays pour lesquels on eût été fort embarrassé de trouver une orthographe convenable.

Restent les pays dont les noms présentent au transcripteur un problème difficile à résoudre.

J'ai écarté l'Amérique, puisqu'elle se partage en pays de langue anglaise, espagnole, française et portugaise. J'écarte de même les colonies européennes de l'Océanie : Australie, îles de la Sonde, etc., qui appartiennent aux Anglais, aux Hollandais, aux Français, aux Espagnols et aux Allemands.

Pour l'Inde, nous avons l'orthographe anglaise.

Que reste-t-il ? Le Japon doit être mis hors de cause aussi, car c'est un pays d'initiative. Frappé de la manière baroque dont on transcrivait les noms de ce pays, le gouvernement japonais a nommé une commission, une sorte d'Académie pour étudier un mode de transcription des noms basé sur la phonétique anglaise.

Il ne reste donc plus que quelques pays musulmans qui ont échappé jusqu'ici à l'influence et à la civilisation européennes, et la Chine.

Pour les pays musulmans, il existe un précédent dont nous pouvons d'autant plus nous autoriser qu'il a été créé dans un pays où notre influence est aujourd'hui légèrement ébréchée, je veux parler de l'Egypte. Les documents officiels égyptiens sont encore aujourd'hui imprimés en français ; on transcrit les noms dans ce pays suivant la phonétique française, pas toujours d'une façon très heureuse ; les mots sont un peu tronqués ; c'est l'histoire de notre Algérie. Néanmoins la seule transcription qui fasse foi, la seule à laquelle ait recours l'administration des postes, c'est la transcription d'après la phonétique française.

Si, par une sorte d'identification, on adoptait le même procédé pour la Turquie, l'Arabie, la Perse et, d'une manière générale, pour tous les pays de langue mulsumane, on aurait vite déblayé le terrain et il nous serait permis de corriger certains noms, ainsi que je l'ai fait dans un lexique que je prépare, pour remédier à l'incorrection des transcriptions égyptiennes. On pourrait ainsi créer une orthographe parfaitement acceptable et en quelque sorte invariable.

J'arrive maintenant à la Chine. Tous les sinologues français sont à peu près d'accord sur le mode de transcription des noms chinois; les variantes sont insignifiantes. On peut admettre certaines modifications orthographiques sans importance. En général, la transcription des sinologues, dans ses traits généraux, doit être acceptée par les géographes. De ce côté donc, la question peut être assez facilement résolue.

Tel est, messieurs, le point où en est aujourd'hui une question qui a soulevé de vives polémiques et passionné certains esprits, lesquels n'avaient trouvé rien de mieux que de créer de véritables casse-tête chinois pour lui donner une solution. Celle que je viens d'indiquer n'est pas parfaite : mais on commence à s'en servir déjà dans les services postaux ; on n'a plus qu'à emboîter le pas. J'ai bien des réserves à faire sur la manière dont les noms sont orthographiés dans l'Annuaire publié par notre administration des postes : la correction typographique laisse à désirer ; les noms étrangers sont orthographiés à la française. Mais la méthode est trouvée. L'on n'a plus aujourd'hui à se battre, comme don Quichotte, contre des moulins à vent, à la recherche d'un alphabet idéal qui devient désormais sans objet, et une des plus grosses difficultés de nos congrès est résolue. (*Applaudissements.*)

M. le Président. — Au nom du Congrès, je remercie M. Barbier de la communication si intéressante qu'il vient de nous exposer dans les termes les plus clairs. Cette simplification de l'orthographe usitée pour les noms étrangers a déjà fait faire de grands progrès à la géographie. Nous souhaitons vivement que notre honorable collègue continue ses travaux. Tous les géographes lui en seront reconnaissants. (*Très bien ! Très bien !*)

Des variations du lit de la Loire à son passage en Touraine

M. le Président. — Comme il n'est pas encore l'heure de visiter le musée, je crois que le Congrès voudra entendre une communication sur *Les Variations du lit de la Loire à son passage en Touraine.* (*Assentiment.*)

La parole est à M. Chauvigné, secrétaire général adjoint de la Société de géographie de Tours.

Messieurs,

Cette question, qui comporte un monde de développements et de conséquences, doit, tout d'abord, se diviser en deux parties principales, l'une historique, l'autre purement scientifique. J'abandonnerai à des hommes spéciaux le soin de faire l'étude de l'ingénieur hydrographe, pour laquelle je n'ai aucune compétence, et je ne m'occuperai ici des variations du lit de la Loire en Touraine qu'au point de vue historique.

Pour ceux qui connaissent la topographie de la vallée de la Loire dans son ensemble, il est aisé, à la vue de cette artère formidable, de se faire une idée de la puissance du fleuve pendant les premiers temps de son histoire. Cette impression résulte de l'examen du thalweg profond et naturel du fleuve; mais, par une pensée réflexe, si l'on considère les énormes plateaux qui s'étendent sur ses bords et la masse considérable des eaux pluviales qui y sont amenées, on peut comprendre quelle a pu être l'énergie de ses inondations.

C'est de cette cause : les grossissements brusques et terribles de la Loire que résultent les changements violents de son lit vers des contrées plus basses. Cependant cette cause n'est pas isolée; elle est doublée de celle produite par les apports de matériaux travaillant au comblement du lit et qui forment la raison déterminante immédiate des déplacements du courant.

Il est indiscutable que le fleuve, aux premiers temps de sa formation, a creusé lui-même la vallée actuelle par un courant à pleins bords dont les eaux battaient et déchiquetaient les côtes. Ce courant a toujours été en diminuant d'élévation tant que les causes physiques voisines ont affaibli l'écoulement des eaux par le grand collecteur et jusqu'au jour où les ensablements ont commencé.

Le niveau s'est donc maintenu au fond de la vallée et le lit a dû se former sur un sol qui présentait des différences peu marquées d'altitude. L'accumulation des matières alluviales faisant son œuvre lente mais certaine, il arriva des époques où les eaux, montées par une crue, débordèrent sur les terres voisines devenues plus basses et s'y creusèrent un nouveau lit.

C'est ainsi qu'il dut se produire des modifications fréquentes et parfois considérables dans le lit de la Loire. On peut aussi expliquer de cette façon l'exhaussement du fond de la vallée, mesuré à l'aide de sondages, appuyé sur les faits géologiques et qui se cote par 3^m,50 à 4 m. depuis l'origine et par 1^m,50 depuis l'ère chrétienne.

Cet exhaussement a modifié aussi l'assiette de Tours, car il est inadmissible que la ville primitive ait été construite au fond d'une vallée, sur les rives d'un fleuve dont les eaux se seraient trouvées au même niveau. Quoique la différence du sol de Tours se mesure par 3 à 4 m. en moins de l'état actuel, d'après les sondages et les souvenirs archéologiques, la ville gauloise était certainement construite à 2 ou 3 m. au-dessus du fleuve. D'ailleurs, Grégoire de Tours rapporte qu'une crue de 2 m. emplit le lit tout entier, mais qu'elle ne déborda pas dans la vallée et ne produisit pas d'inondation à Tours.

Ces circonstances permettent donc d'établir que le lit de la Loire s'est élevé environ de $0^{m},75$ par mille ans (1).

De ces variations nous devons donc nous borner à constater les plus récentes et celles qui offrent un intérêt géographique véritable.

Pour toute la partie du fleuve à l'Est de Tours, les documents font défaut et l'histoire reste muette ; ce n'est qu'en face de la ville que commencent des changements appréciables qui iront toujours en s'accentuant vers l'Ouest jusqu'à Angers.

Devant la célèbre abbaye de Marmoutiers et devant la ville, le lit, depuis le xv⁶ siècle, a toujours eu une tendance à se rapprocher de la rive gauche en abandonnant un peu la droite. Avant cette époque même, des documents anciens donnent l'appellation d'île à une bande de terre formant aujourd'hui le rivage qui s'étend depuis Saint-Georges jusqu'au delà de Marmoutiers.

D'autre part, le pont actuel de Tours se trouve construit, du moins pour ses premières piles du côté de la ville, sur le sol d'une île que Louis XI avait fait travailler en vue d'agrandir la cité. Mais le courant eut facilement raison de cette tentative et il ne tarda pas à tracer son passage violent au bord même du lit. Ce qui restait de cette île fut déblayé de 1765 à 1780, lors de la construction du pont.

Un peu plus loin, vers l'Ouest, en face de l'antique et très curieux monastère de Saint-Côme, illustré par l'abbé Bérenger, par le prieur et poète Ronsard, et aussi par l'abbé Barthélemy, nous constatons un appréciable rapprochement du lit vers la rive gauche. En effet, le prieuré, bâti au commencement du xi⁶ siècle, était alors établi dans une île (2) et il est encore aisé de reconnaître aujourd'hui, dans la prairie, le passage du bras de la Loire qui entourait Saint-Côme.

Mais, en descendant encore le fleuve, voici que nous approchons de Langeais et Saint-Patrice, c'est-à-dire de la région où ont commencé à se manifester des variations importantes.

Dès le iv⁶ siècle, dans cette très large vallée, coulaient deux cours d'eau considérables : au Nord, la Loire suivait le coteau septentrional, battant la roche de ses flots, dans le cours même où nous trouvons aujourd'hui le Lane, le Doit et l'Authion ; au sud, la Vienne, qui suivait la côte méridionale, passait à Candes, Saumur, Saint-Florent, Saint-Maur et Sorges, où elle rejoignait la Loire à peu de distance des Ponts-de-Cé, près d'Angers. Une langue de terre plate, souvent submergée, entrecoupée de filets communiquant de l'un à l'autre cours, les séparait et portait les confins de la grande forêt de Chinon, qui, à cette époque, couvrait tout le Véron. C'est sans doute l'un de ces petits bras qui a déterminé le nom de Candes (Condate) qui signifie confluent.

(1) *Journal d'Indre-et-Loire* du 9 mai 1858, article signé de M. l'abbé Chevalier.
(2) *Chronicon Turonense magnum*, *passim*.

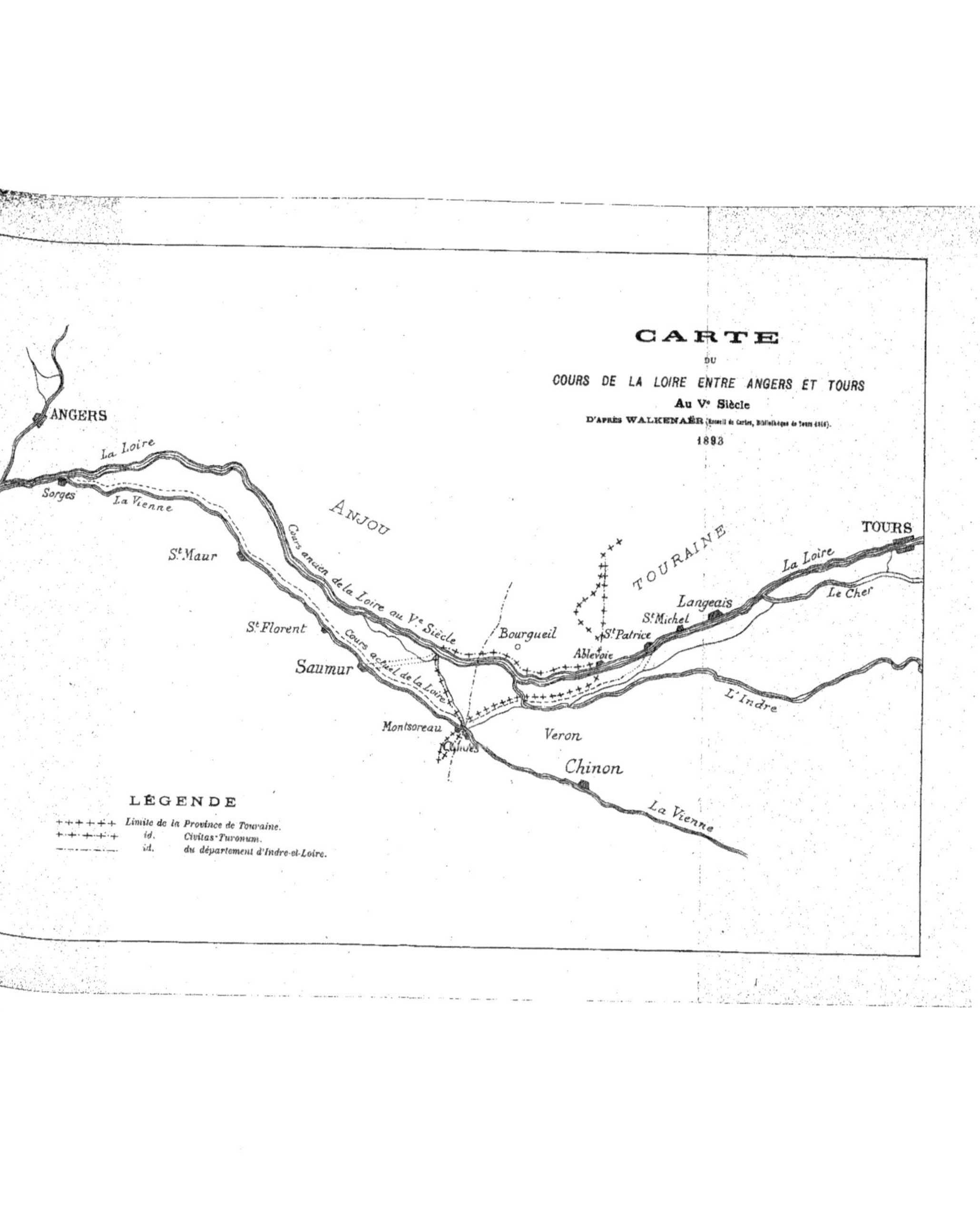

CARTE
DU
COURS DE LA LOIRE ENTRE ANGERS ET TOURS
Au Vᵉ Siècle
D'APRÈS WALKENAËR (Recueil de Cartes, Bibliothèque de Tours 1815).
1893
ANGERS
La Loire
Sorges
La Vienne
Stᵗ Maur
ANJOU
Cours ancien de la Loire au Vᵉ Siècle
Stᵗ Florent
Cours actuel de la Loire
Saumur
Montsoreau
Candes
Bourgueil
Veron
Chinon
La Vienne
TOURAINE
St Patrice
Ablevoie
St Michel
Langeais
La Loire
Le Cher
TOURS
L'Indre
LÉGENDE
+ + + + + +   Limite de la Province de Touraine.
+ · + · + · +   id.   Civitas-Turonum.
— · — · — · —   id.   du département d'Indre-et-Loire.

Le principal document qui nous confirme dans cette opinion est un texte de Grégoire de Tours où il est dit que les disciples de saint Martin, après sa mort, placèrent son corps dans un bateau, *descendirent la Vienne, entrèrent dans la Loire, et se dirigèrent vers Tours* (1).

D'une autre charte datée de 950, il résulte que Foulques Nerra fait restitution aux moines de Saint-Maur d'une île de la Loire et détermine la situation du monastère sur la rive gauche de la Vienne (2).

Le fleuve coula ainsi jusqu'au xiie siècle, époque à laquelle un premier changement se produisit et détermina une série d'événements topographiques qui rapprochèrent successivement le confluent de la Loire et de la Vienne vers Candes.

Sous Philippe-Auguste, c'est-à-dire de 1180 à 1223, sans qu'il soit possible de préciser autrement la date, une inondation des prairies d'Offard, au-dessus de Saumur, précipita la Loire vers la Vienne et ramena le confluent un peu au-dessous de Saumur.

Rabelais nous en fournit une preuve en nous apprenant que cette ville avait deux ponts, l'un sur la Vienne, l'autre sur la Loire, constructions faites avec de grosses poutres (3).

Un peu plus tard, un événement semblable se produisit et le lit, toujours surélevé par les ensablements, déversa les eaux définitivement dans la Vienne, à Candes, pour abandonner tout à fait leur ancienne direction, dont la trace est marquée aujourd'hui par une échancrure du sol et par le cours d'un petit ruisseau qui porte le nom de l'Authion.

Mais l'apport de matériaux résultant du courant ne s'arrêta pas pour cela ; il poursuivit son œuvre dans le lit de la Vienne, et celui-ci, s'élevant à son tour vers la fin du xive siècle, ne tarda pas, à maintes reprises, lors des gonflements rapides et brusques du fleuve, à le pousser vers son ancien lit.

C'est ainsi qu'on vit la Loire faire de soudaines incursions dans la vallée, mais des édits furent rendus ordonnant la construction de levées, qui retinrent les eaux dans leur dernière direction, où elles sont encore aujourd'hui.

De ce qui précède il résulte donc d'une façon précise que :

1° Au ive siècle, le confluent de la Vienne se trouvait à Sorges un peu avant Angers ;

2° En 950, il était rapproché à Saint-Maur ;

3° Sous Philippe-Auguste, il était à Saumur ;

4° Enfin, vers 1400, la Loire et la Vienne se joignaient à Candes.

Il est advenu également, de ces variations du lit de la Loire, quelques modifications du confluent de l'Indre et du Cher ; mais leur importance

(1) *Grégoire de Tours*, lib. I, ch. xliii.
(2) Titres de foundation de l'abbaye de Saint-Maur, vi^e siècle.
(3) *Pantagruel*, livre V, ch. xxxiv.

est minime et leur recherche se perdrait dans la distinction des nombreux filets qui sillonnent les bas-fonds de la vallée de Berthenay à Candes.

Il y aurait certainement une étude sérieuse à faire sur les ensablements de la Loire, étude dont messieurs les ingénieurs ne semblent pas se préoccuper assez.

Les inondations violentes de 1846, de 1856 et de 1866, ont provoqué de nombreuses et légitimes réclamations; va-t-on oublier ces grands enseignements de la nature par la raison que le fleuve a épargné notre région depuis vingt-sept ans? C'est un point d'interrogation que je me permets de dresser devant l'attention des savants en terminant cette étude. (*Applaudissements.*)

M. LE PRÉSIDENT. — Nous félicitons M. Chauvigné de sa pittoresque description d'un fleuve aussi charmant que la Loire. Nous souhaitons vivement que le vœu qu'il exprime soit pris en sérieuse considération par les ingénieurs des ponts et chaussées, car nous avons le plus grand besoin, en France, d'améliorer et de développer nos voies navigables. Il nous faudra beaucoup de temps pour rattraper notre retard et nous devrons souvent avoir recours aux capitaux de l'État et à la science des ingénieurs.

M. G. CHEVREL, *secrétaire général*, fait connaître le programme de l'excursion projetée pour demain sur les bords de la Loire et l'ordre du jour des séances de vendredi.

La séance est levée à 4 heures et demie.

SÉANCE DU VENDREDI MATIN

4 août 1893

Présidence de M. MERCHIER

La séance est ouverte à 9 heures du matin, sous la présidence de M. Merchier, secrétaire général de la Société de géographie de Lille.

Prennent place au bureau :

M. Castonnet des Fosses, vice-président de la Société de géographie commerciale de Paris ;

M. le Dr Wolff, vice-président de la Société de géographie de Tours ;

M. Boutroue.

MONSIEUR LE PRÉSIDENT. — La parole est à M. Malavialle.

M. MALAVIALLE. — Messieurs, la Société languedocienne de Géographie a entrepris la publication d'une Géographie du département de l'Hérault qui doit comprendre quatre volumes, de deux fascicules chacun, traitant spécialement, d'une façon scientifique, les différentes parties de la Géographie. Les deux fascicules formant le premier volume ont déjà paru. Nous y joignons des cartes spéciales du département, faites d'après la carte de France au $\frac{1}{80.000}$ du dépôt de la guerre. C'est ainsi que nous aurons une carte hypsométrique, une carte hydrologique, une carte géologique et une carte botanique. La botanique et la météorologie ont été traitées par des spécialistes, l'une par M. Crova, l'autre par M. Flahaut, tous les deux professeurs à la faculté des sciences de Montpellier.

C'est là, croyons-nous, une publication très intéressante par elle-même ; elle montre à quelle sorte de travail pourraient se livrer les différentes sociétés de géographie.

Nous devons dire d'ailleurs que, depuis que nous sommes entrés dans cette voie, nous avons trouvé un appui extrêmement cordial et précieux auprès du Conseil général de l'Hérault, de la municipalité de Montpellier et de l'opinion publique. Nous avons reçu également les félicitations du

colonel de la Noë qui, dans ses comptes rendus au Comité des travaux historiques et scientifiques, a proposé notre étude comme un excellent exemple à suivre.

La publication que je dépose sur le bureau du Congrès comprend une introduction bibliographique, c'est-à-dire l'énumération de tous les ouvrages qui ont paru sur la Géographie de l'Hérault et sur le Languedoc depuis le xvie siècle.

La Géographie physique forme un fascicule séparé, comprenant des planches et quatre cartes : la carte administrative, la carte hydrologique, la carte hypsométrique et la carte géologique ; chacune d'elles a des cartons. Les différentes parties de la Géographie physique ont été traitées à part : l'orographie, l'hydrographie et la minéralogie.

Le 2e fascicule, paru cette année, est consacré à la météorologie : il comprend une carte météorologique du département ; c'est un travail d'une observation rigoureuse, rédigé par un savant.

La botanique est conçue dans le même esprit ; elle comprend beaucoup de diagrammes, une carte botanique des différentes régions et des planches représentant les végétaux caractéristiques de ces régions, comme la vigne, l'olivier, etc.

Cette publication continuera par l'histoire du département et d'une partie de l'ancien Languedoc, puis par l'archéologie, l'histoire et la géographie administratives.

Elle paraîtra sans interruption, avec le même succès, nous l'espérons, que les premiers fascicules.

Je vous demande pardon, messieurs, d'avoir peut-être un peu trop insisté sur cette publication. Si je l'ai fait, ce n'est pas tant pour vanter ce travail que pour montrer aux sociétés de géographie un exemple qu'elles pourraient suivre.

Je dépose également sur le bureau du Congrès quelques travaux qui me sont personnels. (*Applaudissements.*)

M. LE PRÉSIDENT. — Nos applaudissements, messieurs, prouvent combien le Congrès s'est intéressé à l'exposé de M. Malavialle. Notre honorable collègue n'avait pas à s'excuser d'avoir insisté sur un travail qui est tout à l'honneur de la Société de géographie de Montpellier et qui doit servir de précieux enseignement aux autres sociétés.

J'adresse ici, au nom du Congrès, toutes nos félicitations à la Société de Montpellier, qui a su grouper tant de bonnes volontés. Une bonne part en revient à un président aussi aimable que celui que nous venons d'entendre, et à une municipalité qui a compris les vrais intérêts de la géographie. (*Très bien ! très bien !*)

M. Castonnet des Fosses. — J'ai l'honneur de déposer quatre volumes, au nom de leurs auteurs, sur le bureau du Congrès.

1° *Les Grandes Compagnies de commerce*, par M. Bonassieux. Ce livre est tout d'actualité. L'auteur se prononce pour l'établissement de compagnies de colonisation privilégiées.

2° *Le Soudan français*, par M. de Sonderval. Cet ouvrage donne les renseignements les plus complets sur les mœurs des indigènes, les productions du sol, les travaux à entreprendre dans le but de favoriser la colonisation.

3° *La Révolution de Saint-Domingue*. C'est un ouvrage que je viens de faire paraître; il est utile à consulter par les personnes qui s'occupent des questions de colonisation.

4° *Egypte et Egyptiens*, par le duc d'Harcourt. Ce livre intéresse non seulement les diplomates, mais tous les Français. Il donne une photographie exacte de l'Egypte au point de vue social et politique et indique le rôle qu'y ont joué les Turcs et les Français. M. d'Harcourt a eu le courage de dire ce qu'il faut penser de l'occupation anglaise et de notre abandon de l'Egypte en 1882.

M. le Président. - Nous remercions M. Castonnet des Fosses des ouvrages qu'il vient de déposer sur le bureau du Congrès. M. Castonnet des Fosses a été trop modeste en parlant de son livre sur Saint-Domingue. C'est un livre écrit par une plume française et sorti d'un cœur français. (*Très bien !*)

La Question Siamoise

M. le Président. — L'ordre du jour appelle la question proposée par la Société de géographie de Toulouse, ainsi conçue :

Etat général actuel du déboisement et du reboisement des Pyrénées ; son influence sur les crues et sur l'irrigation des versants pyrénéens.

En l'absence de M. Guénot, rapporteur, M. Castonnet des Fosses, vice-président de la Société de géographie commerciale de Paris, veut bien nous entretenir de la Question Siamoise. Je lui donne la parole.

M. Castonnet des Fosses. — Messieurs, les observations que j'ai l'honneur de vous présenter sur la question siamoise se tiendront en dehors de toute considération politique.

Vous connaissez le conflit qui a éclaté entre la France et le Siam ; je n'ai pas besoin d'en rappeler les principales phases. L'affaire, dit-on, est aujourd'hui réglée ; nous aurons la rive gauche du Mékong. C'est là le principal point du traité définitif qui sera conclu ultérieurement avec le Siam.

Le Mékong deviendra donc la frontière occidentale de l'Indo-Chine française, jusqu'au Cambodge. Mais il faut distinguer entre le cours inférieur et le cours supérieur du Mékong. Le cours inférieur s'étend de Louang-Prabang à la frontière septentrionale du Cambodge. Ici, se présente une première difficulté. La ville de Louang-Prabang est bâtie sur les deux rives du fleuve ; je me demande comment sur ce point sera établie la frontière.

Mais ceci n'est qu'un détail : la grosse difficulté est dans la fixation de la frontière dans le cours supérieur du Mékong, depuis Louang-Prabang jusqu'à la frontière de Chine.

On dit, il a même été formellement déclaré à la Chambre des communes, à Londres, que l'on était sur le point d'avoir un arrangement avec la France, qu'un accord était préparé pour créer un État-tampon, destiné à séparer les possessions anglaises de la Birmanie de notre possession du Tonkin.

Or, il faut bien savoir ce qui se passe ou ce qui va se passer dans ces contrées et quels seront les résultats de la création d'un État-tampon dans le cours supérieur du Mékong.

J'ai vu dernièrement des officiers de vaisseau, revenant de l'Indo-Chine. Je ne puis vous donner leurs noms, mais, quand je les ai interrogés, tous ont été d'accord pour me répondre ceci : « Dites bien au Congrès de Tours que, si nous consentons à créer un État-tampon, nous sacrifions la plus grande partie des avantages que nous espérions retirer du Tonkin, en nous fermant les portes de la Chine !

Pourquoi cela, messieurs ? L'explication est très simple.

Les Anglais veulent pénétrer en Chine, nous y précéder et accaparer ainsi le commerce de ce grand empire. Les régions méridionales de la Chine sont riches et peuplées ; elles donneront lieu à de nombreuses transactions.

Or les Anglais sont en Birmanie ; ils y ont construit un chemin de fer, qui sera bientôt terminé. Ce chemin de fer commence au port de Moulmeïn, dans le golfe de Martaban ; il traverse la Birmanie anglaise et pénètre ensuite dans le Siam. Il passe à Raheng, ville siamoise située sur la frontière de la Birmanie, où le commerce anglais est prépondérant et où la roupie indienne a cours légal ; puis il traverse tout le territoire siamois jusqu'à Xieng-Sen. De là il remonte dans la Birmanie.

Les Anglais ont abandonné le tracé primitif indiqué par Quolquhoun et font suivre à ce chemin de fer la rive droite du Mékong. Jusque-là, il n'y a rien à dire. Mais, arrivés à la frontière chinoise, ils lui font franchir le Mékong et remonter la rive gauche après la ville chinoise de Sémao, l'un des centres du commerce du Yunnam.

Quel intérêt ont les Anglais à suivre la rive gauche, au lieu de se maintenir sur la rive droite ? Le voici. Si l'on jette les yeux sur une autre carte donnant le cours supérieur du Mékong, on voit que la rive droite est des plus accidentées. La construction d'un chemin de fer exigerait une dépense de temps et d'argent considérable. En outre, la région qui serait ainsi traversée passe pour avoir un climat dangereux.

Toutes ces raisons font que les Anglais préfèrent le tracé par la rive gauche du Mékong, où les accidents de terrain sont peu nombreux, le pays sain et peuplé. C'est ainsi qu'ils arriveront à Sémao. Il ne s'agit pas d'une grande étendue de territoire. Le terrain situé sur la rive gauche du Mékong n'a que 40 lieues de longueur. Je tiens ce chiffre d'un lieutenant de vaisseau qui était là il n'y a pas longtemps.

Vous le voyez, messieurs, la création d'un Etat-tampon nous enlèverait tout le bénéfice de la possession du Tonkin. Une fois installés à Sémao, les Anglais seraient maîtres de la ligne ferrée et bientôt du territoire, car l'Etat-tampon deviendrait tôt ou tard pour eux une possession directe. Aussi j'appelle toute votre attention sur ce point, et je vous propose, messieurs, d'émettre le vœu suivant :

Le Congrès de Tours invite le gouvernement à défendre énergiquement les intérêts français en Indo-Chine et à maintenir le cours du Mékong comme frontière aussi bien dans son cours supérieur que dans son cours inférieur.

A vous, messieurs, d'apprécier ma proposition. Je veux en terminant insister particulièrement sur ce point : c'est que l'Indo-Chine est, avant tout, une de nos colonies d'avenir. Il ne faudrait pas, par maladresse, perdre aujourd'hui cette colonie comme nous avons perdu le Canada, les Indes et Saint-Domingue au siècle dernier. Il faut que l'Indo-Chine reste française, et pour cela il faut défendre énergiquement, dès le début, la frontière du Mékong. (*Très bien ! Très bien !*)

M. LE COLONEL BLANCHOT. — Je demande la parole.

M. LE PRÉSIDENT. — Vous avez la parole.

M. LE COLONEL BLANCHOT. — Je prie M. Castonnet des Fosses de vouloir bien estomper la phrase qui, dans son projet de vœu, vise le gouvernement d'une façon trop directe. (*C'est cela ! Très bien !*)

M. CASTONNET DES FOSSES. — Ce que je tiens surtout à faire préciser par le Congrès, c'est la nécessité de maintenir le cours du Mékong comme frontière. La question ainsi posée est dégagée de toute considération politique.

Je dirai donc :

Le Congrès de Tours affirme que la frontière de l'Indo-Chine française doit être la ligne du Mékong aussi bien dans son cours supérieur que dans son cours inférieur.

M. BARBIER. — Je me rallie d'autant plus volontiers à cette nouvelle formule qu'à mon avis nous n'avons pas, d'une façon générale, qualité pour intervenir directement dans des questions dont la diplomatie est saisie. Agir autrement serait inutile et même dangereux, car il pourrait en résulter un certain discrédit pour notre Congrès. (*Marques d'approbation.*)

M. TIÉTARD. — Cette formule reproduit du reste les termes mêmes de l'*ultimatum* envoyé par la France au Siam.

M. DE VARIGNY. — Ce n'est pas pour m'opposer à l'adoption du vœu qui vous est soumis que je demande à dire quelques mots, c'est pour éclaircir un doute qui me vient à l'esprit.

Depuis longtemps je me suis demandé dans quelle mesure, étant donnés les progrès de la civilisation, la frontière naturelle d'un pays peut être un fleuve. Autrefois, dans les temps historiques, un fleuve était une barrière, et le passage d'un fleuve une opération militaire difficile : par suite, ce fleuve pouvait être une frontière naturelle. Mais aujourd'hui les fleuves ont cessé d'être des barrières pour devenir de grandes voies de communication. Il est évident qu'on peut se servir d'un fleuve comme limite entre deux pays, mais ce ne sera jamais qu'une barrière artificielle sujette à de fréquentes contestations, car le pays qui occupera l'estuaire du fleuve sera toujours libre, à un moment donné, d'en interdire l'accès à celui qui n'en détiendrait que le cours supérieur.

Je me demande donc dans quelle mesure notre diplomatie est bien inspirée en choisissant le cours d'un fleuve pour barrière ou pour frontière entre deux pays. Un fleuve n'est pas une barrière c'est une voie de pénétration, de circulation. Cette voie doit être ouverte et pour cela appartenir à un seul ; cet accès ne doit pas dépendre de deux pouvoirs qui seront peut-être un jour en conflit.

Je crois que la frontière naturelle d'un pays, dans l'état actuel de nos connaissances, doit être une ligne orographique, moins tangible, moins visible peut-être qu'un fleuve, mais, à d'autres égards, bien préférable.

Je demande à mon honorable collègue de vouloir bien éclaircir ce doute de mon esprit et de nous dire en quoi, suivant lui, le cours du Mékong peut et doit être une frontière naturelle.

Il vient de nous parler d'une ville importante, qui est assise sur les deux rives du fleuve; c'est fréquemment ce cas en Orient aussi bien qu'en Occident.

Une partie ira-t-elle à un pays, l'autre partie à un autre pays?

Je doute que, dans l'état actuel de la science, de la géographie, de la civilisation, un fleuve travailleur, fréquenté, puisse servir de limite entre deux pays. En est il autrement du Mékong?

M. Castonnet des Fosses. — Il est facile de répondre à M. de Varigny. Il est incontestable que si, lui ou moi, nous étions chargés de traiter avec le Siam, nous ne choisirions pas le Mékong comme frontière. La véritable ligne de démarcation entre l'Indo-Chine française et la Birmanie anglaise est la chaîne de montagnes qui sépare les eaux du Mékong de celles du Salouen.

M. de Varigny. — Je vous remercie : vous avez répondu à ma question.

M. Castonnet des Fosses. — Cela est si vrai que le gouvernement français exige du Siam, qui n'a pourtant ni garnison ni forteresse sur les bords du Mékong, le retrait de ses troupes jusqu'à 25 kilom. au moins de la rive droite. De plus, nous avons le droit d'avoir deux consuls avec pouvoirs spéciaux, l'un à Korat, et l'autre à Oubon, sur un affluent de droite du Mékong.

Mais que M. de Varigny me permette de lui dire que ce n'est pas la question. Voici comment elle se pose aujourd'hui : un traité est signé. Le Congrès n'est pas compétent pour le discuter.

M. de Varigny. — Je ne discute pas. J'avais demandé une explication; votre réponse m'a donné complète satisfaction.

M. Castonnet des Fosses. — Ce traité dit que le Mékong servira de frontière. Eh bien! nous exprimons le désir que cette frontière soit maintenue. Il ne faut pas se dissimuler que, plus tard, des difficultés pourront surgir. Je n'en dis pas davantage. Il importe d'autant plus de maintenir dès aujourd'hui les droits de la France et de ne pas abandonner le Mékong dans son cours supérieur, car il importe que la France ne recule pas en Indo-Chine.

M. DE VARIGNY. — Je suis d'accord avec M. Castonnet des Fosses. Je voulais simplement dire qu'à l'heure actuelle la plus dangereuse frontière qu'on puisse adopter entre deux pays est celle d'un fleuve travailleur.

M. DE PONTEVÈS DE SABRAN. — Dans cet ordre d'idées, j'ai dit dernièrement que le Rhin était notre frontière naturelle, mais que, puisque nous sommes Franco-Gaulois, nous devrions un jour avoir la Franconie. C'est logique. Avec M. de Varigny, je pense qu'un grand fleuve est une voie de pénétration et non une frontière naturelle.

M. LE COLONEL BLANCHOT. — Je n'envisage en ce moment que la considération tactique, qui vient d'être posée en principe : à savoir qu'un fleuve n'est plus aujourd'hui une frontière naturelle. J'estime que cette assertion est erronée.

Un cours d'eau est certainement une frontière moins bonne au point de vue de la défense qu'une chaîne de montagnes, surtout quand celle-ci est difficilement praticable ; mais en fait c'est toujours une frontière efficace et utile, dangereuse même, quand les deux rives du cours d'eau n'appartiennent pas à la même nation. Car le belligérant qui détient l'estuaire peut en interdire l'accès à son adversaire. Il en est de même pour celui qui en occupe les sources. Il doit être admis encore, comme autrefois, que le passage d'un cours d'eau d'une certaine importance reste toujours une opération militaire de premier ordre. ainsi classée par les grands conquérants de l'antiquité, et par Frédéric et Napoléon, dans les temps modernes.

Le passage d'une rivière en présence de l'ennemi sera toujours une opération tactique des plus difficiles, des plus chanceuses même.

En outre un grand fleuve sera de tout temps une barrière importante constituant un obstacle sérieux pour toutes les petites opérations de la guerre, car il empêchera toujours l'infiltration des coureurs ennemis, envoyés en découverte ou en ravitaillement; il rendra très difficile la communication des renseignements et, enfin, quand il s'agira d'entreprendre un coup de force, un grand fleuve sera toujours un point d'appui considérable pour un des belligérants. Si donc les chaînes de montagnes sont en réalité d'excellentes frontières naturelles, peut-être les meilleures quand on sait s'en servir, il ne faut pas cependant considérer comme négligeables les frontières qui sont appuyées sur des cours d'eau de quelque importance.

M. le Président. — Je désire demander une explication à M. Castonnet des Fosses. Le vœu qu'il propose vise le cours supérieur du Mékong. Or le Mékong, dans la plus grande partie de son cours supérieur, appartient à la Chine et non au Siam. Nous ne pouvons pas réclamer la rive gauche du fleuve qui est chinoise.

M. Castonnet des Fosses. — C'est évident ! Je proposerai donc de dire :

Le Congrès de Tours estime que la frontière de l'Indo-Chine française doit être la ligne du Mékong, aussi bien dans son cours supérieur, à partir de sa sortie du Yunnam, que dans son cours inférieur.

M. le Président. — Si personne ne demande plus la parole, je vais mettre aux voix le vœu proposé par M. Castonnet des Fosses.

M. Barbier. — Je demande l'ajournement du vote à demain.

M. le Président. — Je mets aux voix la proposition de M. Barbier.

(Cette proposition, mise aux voix, est adoptée).

M. Malavialle. — Je voudrais dire un simple mot. Nous avons discuté sur le caractère diplomatique, politique et militaire de la question du Mékong. Comme je l'ai dit souvent, je crois qu'il n'est pas de notre compétence de nous occuper de questions de ce genre.

M. le colonel Blanchot. — J'avais déjà l'intention de répondre à une assertion du même genre formulée par notre honorable collègue à une précédente séance. Il la reproduit aujourd'hui sous une forme catégorique et sur une question précise. Je désire y répondre immédiatement et je tiens à faire connaître au Congrès mon sentiment sur un point aussi important.

M. Malavialle avait dit que les communications écrites ou orales étaient plus intéressantes, plus utiles, plus profitables que les discussions soulevées au sein du Congrès.

C'est là, Messieurs, une question de principe sur laquelle j'appelle votre plus sérieuse attention. Si vous supprimez les discussions, les Congrès n'ont plus de raison d'être. Sans doute, les communications sont très intéressantes, très instructives, mais les questions d'études, de discussions, sont celles qui justifient le mieux l'existence des Congrès.

Les communications sont ou seront imprimées ; nous les relirons avec plaisir ; nous y retrouvons le charme du langage de celui qui nous les aura présentées ; nous réfléchirons dans le silence du cabinet sur les idées qu'elles contiennent et chacun de nous pourra, suivant ses goûts ou ses préoccupations, en étudier plus spécialement quelques-unes.

Mais qui nous fera connaître l'échange d'idées émises par des géographes venus de tous les points de la France, avec mandat de leurs sociétés, sinon les discussions sur les questions inscrites à l'ordre du jour du Congrès, et les vœux qui seront émis ou les principes sur lesquels on se sera mis d'accord ?

Supprimer les discussions, ce serait supprimer les Congrès ; vous ne voudrez pas, Messieurs, entrer dans cette voie néfaste, car c'est par les discussions que les géographes de France font connaître leurs opinions. (*Très bien! très bien!*)

M. DE VARIGNY. — Je demande la parole pour un rappel au règlement.

M. LE PRÉSIDENT. — M. de Varigny a la parole.

M. DE VARIGNY. — Il me semble impossible de discuter en ce moment, entre deux votes. Le Congrès vient de renvoyer à demain le vote sur le vœu proposé par M. Castonnet des Fosses. Nous ne pouvons pas délibérer sur la nouvelle question qui vient de surgir. Je demande donc au Congrès de passer à l'ordre du jour. (*Nombreuses marques d'approbation.*)

M. LE PRÉSIDENT. — C'est ce que j'allais proposer.

Le nouveau canal de Nantes à la mer

M. LE PRÉSIDENT. — La parole est à M. Dony, délégué de la Société de géographie de Nantes, pour une communication sur le nouveau canal de Nantes à la mer.

M. DONY. — Messieurs, j'ai à vous entretenir d'une question purement locale, moins intéressante que celle dont nous venons d'entendre la discussion, mais que j'ai cru devoir faire l'objet d'une communication au Congrès. Elle concerne une opération qui vient de se faire en Bretagne et qui a pour objet de développer les relations commerciales d'un de nos plus anciens grands ports.

Messieurs, le canal maritime de la Basse-Loire dont j'ai à vous entretenir a été récemment ouvert à la navigation ; il devait être solennellement inauguré par M. le Président de la République, lors de son voyage en Bretagne. Le voyage n'ayant pas eu lieu, la cérémonie a été remise, et c'est seulement le 23 juillet dernier que la Chambre de Commerce de Nantes a pu faire l'inauguration de cette œuvre importante, qui va modifier de la façon la plus heureuse les conditions d'existence des ports de Nantes et de Chantenay.

La Loire, vous le savez, Messieurs, est le plus capricieux et le moins gouvernable de nos fleuves. Née au sein des Cévennes, traversant, ainsi que ses premiers affluents, les granits et les gneiss du massif central, elle arrache pendant ses crues au flanc des montagnes du haut Languedoc et de l'Auvergne des masses énormes de sables qui, entraînées par le courant tant qu'il est rapide, viennent se déposer, lorsqu'il se modère, et former les vastes grèves dont son lit est parsemé. Ce mal est bien ancien et depuis longtemps on en cherche le remède. Il serait long et fastidieux d'exposer ici tous les projets auxquels ont donné lieu le mauvais état de la Loire, au point de vue de la navigabilité, d'Orléans à Nantes. Rien n'a été fait, et, aujourd'hui, le batelage qui animait autrefois le fleuve a presque totalement disparu. Ce batelage renaîtrait pourtant si quelque aide lui était donnée, si l'on trouvait le moyen de le régulariser en augmentant le débit lors des basses eaux, en le diminuant d'autant dans les crues, et une concurrence utile pourrait être faite aux voies ferrées dont les tarifs les plus bas sont encore infiniment plus élevés que ceux de la grande navigation.

Mais parlons de la Basse-Loire. Entre Nantes et la mer, la voie maritime est aujourd'hui presque obstruée ; cette grande ville, ce port, l'un des premiers de France au xviiie siècle, époque où les navires n'avaient pas encore atteint les dimensions qu'on leur donne aujourd'hui, ne pouvait, tout récemment, recevoir que des navires ayant un tirant d'eau souvent inférieur à 4 mètres, et la descente devait se faire en plusieurs marées, même lorsqu'il s'agissait d'un vapeur.

Dans les vives eaux moyennes, le fleuve pouvait admettre à la rigueur un navire d'un tirant d'eau de 4^m,50. Or ces conditions sont absolument incompatibles avec le maintien d'une place maritime desservant un aussi vaste bassin que celui de la Loire.

Le tirant d'eau moyen nécessaire à un port comme celui de Nantes est de 6 mètres au moins. C'est avec ce chiffre que Rouen s'est relevé, que Bordeaux vit ; or, tandis que la capitale de la Normandie s'étiolait avec une voie régulière de 4^m,50, la Loire avait un mètre de moins à offrir aux navires.

Le mal n'a cessé de s'aggraver et depuis longtemps un illustre ingénieur

hydrographe en a signalé le péril, non seulement pour la Loire, mais aussi pour la Gironde. Le premier de ces fleuves reçoit chaque année dans son lit un cube énorme de matériaux arrachés aux pentes dénudées du plateau central. Cette avalanche boueuse et sablonneuse est amenée jusqu'à l'estuaire ; là, elle se divise : une partie va former, au large de Belle-Ile, une assise géologique d'une grande puissance ; l'autre s'arrête entre Nantes et Saint-Nazaire, exhaussant successivement le lit du fleuve, les ilots et les bancs.

M. Bouquet de la Grye a calculé qu'il s'était ainsi déposé en soixante ans 43 millions de mètres cubes de vase sablonneuse entre Nantes et la mer, ce qui est un chiffre supérieur à la moitié de celui exigé pour le percement du canal de Suez.

Voilà, Messieurs, l'état de notre beau fleuve, et le mal augmente chaque jour. Il ne m'appartient pas de rechercher ici les moyens de parer à cet inconvénient et de remédier à ce mal ; mais, en ce qui concerne le port de Nantes, si sérieusement menacé, il a de bonne heure été pris des moyens que pendant longtemps on a jugés suffisants.

C'était la régularisation du chenal navigable par la construction de digues submersibles, là où la largeur du fleuve permettait, grâce au ralentissement du courant, le dépôt des matières alluvionnaires. Ce travail important, qui commence même en amont de Nantes, se fit de 1859 à 1865. On ne tarda pas à reconnaître bientôt l'insuffisance du remède, car si les matières solides se déposaient en moins grande quantité entre les digues, c'était pour aller s'étaler plus bas, en larges bancs repoussés par les marées jusqu'à l'entrée de ces mêmes digues.

Si, de Nantes à la Martinière, le chenal ne s'oblitérait pas davantage, il s'était formé, par contre, en aval de ce dernier point et jusqu'à Paimbœuf, un immense dépôt de vase à travers lequel un chenal variable ne cessait de présenter des profondeurs de moins en moins considérables. Le mal n'était donc pas vaincu ; il était seulement déplacé, et, pendant ce temps, le commerce maritime de Nantes déclinait à vue d'œil. La création de Saint-Nazaire y était sans doute pour quelque chose ; mais il était visible que la plupart des navires qui débarquaient leurs chargements à Saint-Nazaire ne le faisaient que faute de ne pouvoir plus remonter à Nantes. Mais il y avait aussi, Messieurs, une autre cause à la décadence de notre port, et peut-être est-il bon de ne pas la laisser dans l'ombre. Dans les temps qui ont précédé et suivi les événements de 1870, la prospérité de Nantes, comme port, s'est trouvée réellement menacée de la façon la plus grave, non pas seulement, comme on l'a dit, par suite de nos défaillances, mais aussi en raison des progrès qui s'accomplissaient ailleurs à l'aide du concours de l'État. Or, sous les régimes antérieurs, la part de Nantes a toujours été des plus minimes ; nous ne figurions guère que pour mémoire dans les tableaux de répartition de subsides attribués aux grands ports.

C'est sous l'empire de ces circonstances si pénibles que la Chambre de Commerce de Nantes dont, en cette occasion, le zèle ne s'est jamais ralenti, prit une résolution héroïque, et que revint sur l'eau le projet, depuis longtemps étudié, de la construction d'un canal de Nantes à la mer. Ce projet était bien vieux et avait déjà été mis en avant au xviie siècle, par des ingénieurs hollandais. D'autres projets présentés en 1746, en 1786, en 1839, en 1846 ne furent pas adoptés. Enfin, en 1874, une Commission d'inspecteurs généraux fut chargée d'examiner les divers projets d'amélioration de la Basse-Loire, et, après de sérieuses études, indiqua, comme remède au mal depuis si longtemps signalé, des dragages en Loire, de Nantes au Pellerin et de Paimbœuf à la mer, et l'établissement d'un canal maritime dans la partie intermédiaire.

C'est sur ces bases que fut dressé l'avant-projet du canal maritime de la Basse-Loire, approuvé par décision ministérielle du 2 août 1878. L'enquête d'utilité publique eut lieu dans le courant de la même année, et le Conseil général des Ponts et chaussées, par un avis du 28 juin 1879, demanda la déclaration d'utilité publique.

Le 11 juillet 1879, le projet de loi fut déposé à la Chambre des Députés. L'urgence ayant été déclarée, le projet de loi fut voté le 1er août 1879 et promulgué le 8 du même mois.

Le projet de terrassements et maçonneries, approuvé le 6 août 1881 par M. Carnot, alors Ministre des Travaux publics, fut mis en adjudication le 7 avril 1882, et les travaux commencèrent au mois de juin de cette même année.

Le canal aujourd'hui construit sur la rive gauche du fleuve commence à la Martinière, village situé à 16 kilom. en aval de Nantes, et se termine à l'entrée du bras du Carnet, à 6 kilom. en amont de Paimbœuf.

Il a une longueur totale de 15,064 mètres et est fermé à chacune de ses extrémités par une écluse à sas de 18 mètres d'ouverture libre et de 169 mètres de longueur totale. La longueur du sas est de 190 mètres, sa largeur de 40 ; ces dimensions permettent de sasser des navires de 123 mètres de longueur.

Le plafond étant établi à 2m,40 en contre-bas du 0 de Saint-Nazaire, et le plan d'eau normal à 3m,60 au-dessus du même niveau, il en résulte que le mouillage normal est de 6 mètres, pouvant atteindre exceptionnellement 6m,50 ; la largeur du canal, au plafond, est de 22m,50 et de 55 mètres au niveau du plan d'eau.

Le canal reçoit sur la rive gauche, outre le canal de Buzay, qui forme le prolongement de l'Acheneau, émissaire du lac de Grand-Lieu, l'étier du Pavillon, servant à la fois au dessèchement et à l'irrigation des prés-marais de Buzay, l'étier de Vue ou des Champs-Neufs, qui occupe l'ancien lit de l'Acheneau, enfin l'étier du Migron.

Le régime de la vallée de l'Acheneau est rendu indépendant de celui du canal maritime au moyen du barrage éclusé de Buzay, par lequel on écoule, dans le canal, les eaux surabondantes de la vallée. Un second barrage situé aux Champs-Neufs permet d'évacuer en Loire les eaux provenant de l'Acheneau. A chacun de ces barrages est accolée une écluse de petite navigation.

Jusqu'aux Champs-Neufs, le canal a été creusé, partie dans les anciens bras de Buzay et des Ceps, partie dans les prairies, puis dans le bras du Migron où une digue de 5 kilomètres de longueur est établie dans le lit du fleuve. Enfin, le canal débouche dans le bras du Carnet, à 600 mètres en aval de l'origine de ce bras. L'écluse du Carnet, qui termine le canal, présente les mêmes dimensions que celle de la Martinière.

Comme on le voit, sur un plan d'ensemble, le canal maritime a séparé de la Loire les prairies de la rive gauche qui, autrefois, recevaient les eaux de débordement des marées, soit directement, soit par l'intermédiaire des étiers qui parcourent en grand nombre toutes ces prairies.

Pour remédier à cette situation, nuisible aux intérêts agricoles, on a établi aux Champs-Neufs une prise d'eau en Loire, au moyen de deux siphons de chacun 3 mètres de diamètre, passant sous le plafond du canal et prolongés par un canal d'irrigation et de dessèchement, reliant les étiers de Vue et du Pavillon.

Les travaux ont été commencés, comme il a été dit plus haut, au mois de juin 1882, par les ouvrages des Champs-Neufs et l'écluse de la Martinière qui fut fondée à l'air comprimé. En 1883 et 1884, ces travaux furent continués activement et l'on fit les fouilles pour établir l'écluse du Carnet. Vers le mois de mai 1884, les entrepreneurs, en présence d'une réduction des crédits affectés à la construction du canal maritime, restreignirent leurs installations et ralentirent les travaux ; il en fut ainsi jusqu'en 1885.

Dès le mois d'octobre 1884, la Chambre de Commerce de Nantes avait offert de verser au Trésor, à titre d'avance, une somme de 5 millions de francs destinée à hâter l'achèvement des travaux du canal. Cette offre fut acceptée par une loi du 15 juillet 1885.

Les travaux reprirent avec vigueur en 1886 jusqu'à la fin de 1888. Dans cet intervalle, on acheva la construction de la maçonnerie des écluses de la Martinière et du Carnet, les ouvrages importants des Champs-Neufs ; on commença les dragages. Enfin on contruisit en grande partie la digue du Migron. Cet ouvrage est le plus important du canal maritime, tant par ses dimensions que par les difficultés de toute nature qu'il présenta. Sa longueur est de 4,700 mètres ; il a fallu prendre des précautions exceptionnelles pour en assurer l'étanchéité malgré des dénivellations en Loire de 4 à 5 mètres. Le résultat a été complètement obtenu ; jusqu'ici la digue est tout à fait étanche.

La loi du 28 mars 1889 autorisant le ministre des travaux publics à

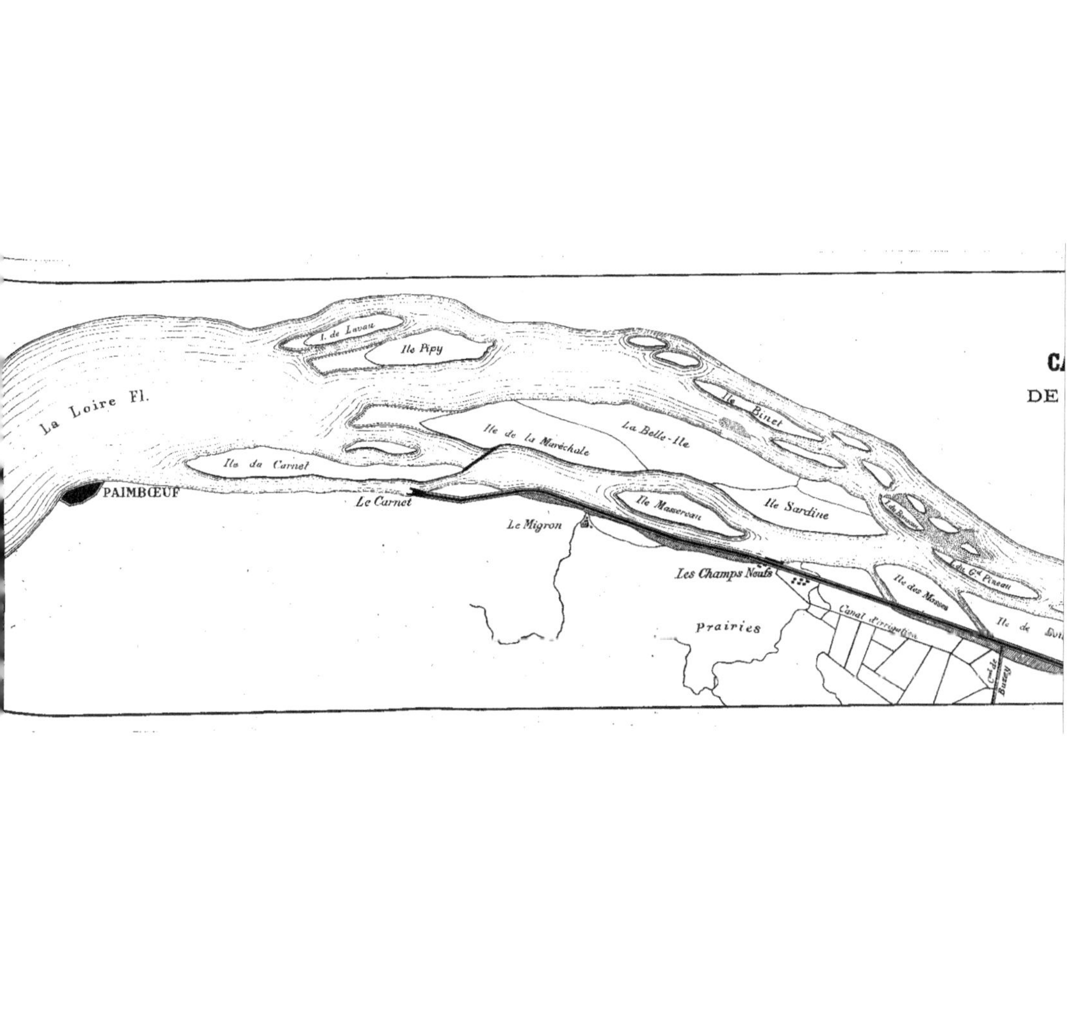

La Loire Fl.
I. de Lavau
Ile Pipy
Ile du Carnet
PAIMBŒUF
Le Carnet
Ile de la Maréchale
La Belle-Ile
Ile Binet
Ile Maserau
Ile Sardine
Le Migron
Les Champs Neufs
Prairies
Canal d'irrigation
Ile du Gd Pinsau
Ile des Moines
CA
DE

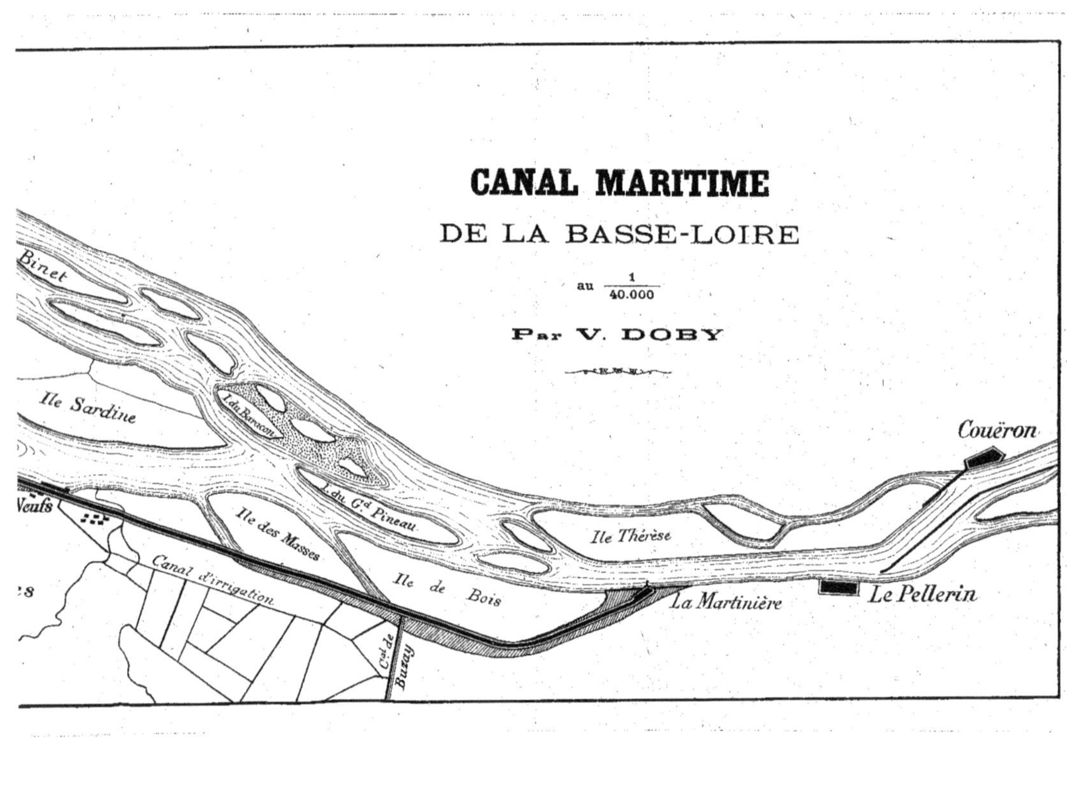

CANAL MARITIME
DE LA BASSE-LOIRE
au 1/40.000
Par V. DOBY
Binet
Ile Sardine
I. du Rivecon
Veufs
Ile des Masses
I. du G.d Pineau
Canal d'irrigation
Ile de Bois
C.al de Buzay
Ile Thérèse
La Martinière
Le Pellerin
Couëron

accepter, au nom de l'État, de la Chambre de Commerce de Nantes, une nouvelle avance de 4,500,000 fr. pour assurer, dans le délai de trois ans, la mise en exploitation du canal maritime, permit d'imprimer une nouvelle activité aux travaux ; c'est ainsi qu'on put commencer la construction des portes d'écluses, des vannes de manœuvre, puis des appareils de manœuvre substitués, sur la demande de la Chambre de Commerce, aux appareils à bras primitivement prévus.

Tous ces travaux furent terminés dans le courant de l'année 1892 et, le 1er septembre, le canal put être ouvert à la circulation.

Je ne vous fatiguerai pas, Messieurs, par la description technique des travaux auxquels la construction du canal de Nantes à la mer a donné lieu et dont le plus curieux est, sans contredit, l'ensemble des ouvrages régulateurs situés aux Champs-Neufs.

Il faudrait aussi citer le barrage de Buzay, le passage mobile de la Roche du Migron où le canal est traversé par un pont tournant permettant l'exploitation des prairies situées dans les îles de la Loire, les ouvrages destinés à rétablir les communications sur la rive gauche du canal maritime.

Quelques mots sur le mode d'exploitation du canal.

La limite de vitesse dans le canal est fixée à 8 kilomètres à l'heure, ce qui correspond à une durée de parcours de 1 h. 45 m. ; la durée des éclusages est de 12 à 15 minutes pour les vapeurs et de 20 à 30 minutes pour les voiliers.

Les sassements commencent à chaque écluse deux heures avant la pleine mer du lieu, pour finir deux heures et demie après.

La navigation est libre pendant la nuit et l'éclairage est assuré par des lampes Wells, en attendant l'installation de la lumière électrique.

L'entretien du canal se fait à l'aide de dragues à tuyaux refoulant les vases dans les dépôts ; celui des chenaux d'accès se fait au moyen des bateaux dévaseurs portant des rateaux qui ramènent en Loire et dans le courant les vases déposées.

Une des préoccupations du service était de savoir s'il serait possible, pendant la période des glaces, de maintenir libre la navigation sur le canal maritime. L'expérience a pu être faite pendant l'hiver dernier : elle a pleinement réussi. Le procédé employé consistait à faire parcourir le canal par un appareil formé de deux bateaux réunis à l'avant et distants à l'arrière de 18 mètres. Les glaces étaient brisées et rejetées sur les risbermes. De cette façon, le passage a été constamment libre.

L'alimentation du canal est facile pendant l'hiver et le printemps au moyen des eaux de l'Acheneau ; il n'en est plus de même pendant la période d'été et il faut recourir à des emprunts d'eau de Loire, à l'écluse de la Martinière. On profite des marées de morte eau, pendant lesquelles les eaux sont moins limoneuses. Il en résulte cependant des envasements dans les bassins d'attente.

Tel est l'outil que le Gouvernement de la République vient de remettre entre nos mains. Restait à en tirer parti pour le développement de notre mouvement maritime et industriel.

Pour pouvoir utiliser le canal, il était indispensable de draguer la Loire en amont et en aval. C'est ce qui a été fait. En 1877, le mouillage en Loire était, au maximum, de 4^m,30 à pleine mer de faible vive eau. A la suite de trois campagnes de dragages, il fut remonté successivement à 4^m,50 en 1881, à 4^m,60 en 1886 et enfin à 4^m,80 en 1892. De plus, le chenal qui, en certains endroits, n'avait que de 40 à 50 mètres de largeur, était porté à 70 et 80 mètres.

Voici quel est aujourd'hui, en 1893, la profondeur du chenal de Saint-Nazaire au Carnet :

A faible pleine mer de morte eau . . . . 5^m,00
A faible pleine mer de vive eau . . . . 6^m,00

Entre la Martinière et Nantes, les seuils les plus élevés donnent comme mouillage :

A faible pleine mer de morte eau . . . . 4^m,90
A faible pleine mer de vive eau . . . . 5^m,90

Ultérieurement ces profondeurs seront augmentées, en aval du canal maritime, de 0^m,40, en amont de 0^m,30.

Le canal construit, les dragages effectués, il restait encore à mettre le port de Nantes à même de recevoir le surcroît de navires que doit lui procurer le canal. Des travaux complémentaires ont dû être entrepris et se poursuivent encore actuellement.

Ces travaux comprennent :

1° Des estacades en eau profonde établies sur la rive droite, en aval de la gare maritime et ayant un développement total de 675 mètres ;

2° Un slip-way pour les réparations des navires. Ce travail n'est pas encore commencé. Quant aux estacades du port de Nantes, il y en a 500 mètres de faits représentant une somme de 850,000 fr. ; ce qui reste à faire représente une dépense d'environ 400,000 fr. Le slip-way coûtera environ 1 million. Tous ces travaux, sauf le slip-way, seront terminés dans les premiers mois de l'année prochaine. Le coût total de cette grande entreprise atteint environ 25 millions de francs. Il nous reste à voir, pour compléter cette étude, quels sont les avantages qui découlent de la réalisation d'un projet depuis si longtemps désiré.

Et tout d'abord se pose cette question :

Combien de navires ont déjà passé par le canal depuis son ouverture ?

Du 1er septembre 1892 au 1er juillet 1893, 451 navires, représentant un tonnage de 145,519 tonneaux. (Au 23 juillet ce chiffre dépassait 160,000 tonnes, ce qui donne une moyenne par mois de 13,750 tonnes.)

Le nombre des navires montés à Nantes en 1892 avec des tirants d'eau supérieurs à 4^m,50 est de 90, avec un tonnage de 39,878.

Pendant le premier semestre 1893, le tonnage atteint est de 35,074 tonneaux. On voit donc que ce total semestriel égale presque celui de l'année 1892 *entière*, et encore faut-il tenir compte des difficultés exceptionnelles rencontrées au commencement de 1893, par suite de l'hiver si rude et des glaces qui ont obstrué le port.

Le plus fort tonnage atteint a été celui du *Miramar*, vapeur anglais, monté à Nantes, le 16 janvier 1893, avec un tirant d'eau de 4^m,72 et 1,561 tonneaux de charge.

Le plus fort tirant d'eau (6^m,13) a été atteint par le voilier *Coldingham*, du port de 1,059 tonneaux, monté à Nantes, le 16 mai dernier.

Je ne veux pas vous fatiguer en vous citant d'autres chiffres qui vous démontreraient le succès complet de l'œuvre accomplie. C'est une victoire complète remportée sur la Loire à l'aide du canal maritime.

Cette nouvelle voie assure, moyennant un crédit d'entretien relativement peu élevé, une profondeur d'eau de 6 mètres pendant toute l'année, résultat qu'il eût été impossible d'obtenir en Loire de la Martinière au Carnet.

Les avantages que l'on pourra retirer du canal maritime dépendront évidemment de l'approfondissement qu'on pourra obtenir en Loire à l'amont et à l'aval. Or, le programme des dragages est le suivant : entre la Martinière et Nantes, le plafond sera creusé à 5^m,30 en contre-bas du niveau des faibles pleines mers de morte eau, soit à 6^m,20 au-dessous du niveau des faibles pleines mers de vive eau. En admettant qu'un navire montant avec précaution puisse naviguer en Loire avec 0^m,20 sous quille, le port de Nantes sera accessible en faible morte eau à des navires calant 5 mètres en eau douce (4^m,90 en eau salée), en faible morte eau, et à des navires calant 6 mètres en eau douce (5,90 en eau salée) en faible vive eau.

En aval du canal le programme consiste à réaliser le plafond à la cote 7 mètres au-dessous du niveau des faibles marées de vive eau.

Dans ces conditions et en supposant dans le canal une vitesse de 9 kilomètres à l'heure (5 nœuds), les navires calant 5 mètres (en faible morte eau) ou 6 mètres (en faible vive eau) qui partiront de Saint-Nazaire 2 heures 50 minutes avant la pleine mer du lieu pourront remonter à Nantes en une seule marée.

Quant à la descente, elle sera possible en une seule marée pour des navires calant 4 mètres en faibles pleines mers de morte eau et 5 mètres en faibles pleines mers de vive eau.

Pour les tirants plus forts, la descente exigerait deux marées.

Ceci suppose qu'on ne pourra pas descendre à l'aval au-dessus de 7 mètres en contre-bas du niveau des faibles marées de vive eau ; mais il est bien certain que, s'il est possible de faire davantage, on améliorera la situation.

Une fois le programme d'amélioration de la Loire réalisé (très probablement à la fin de 1893, les navires calant 4ᵐ,30 pourront remonter à Nantes à toute marée et en une marée, en remplissant les conditions indiquées à propos de l'heure du départ de Saint-Nazaire.

Ceux calant 4ᵐ,80 pendant 350 jours dans les mêmes conditions.

    —   5ᵐ,00   —   330 jours   —

    —   5ᵐ,80   —   200 jours   —

Quant aux avantages économiques, il est difficile de les calculer en argent. Mais on peut remarquer, toutefois, que ces tirants d'eau éviteront aux navires qui remontent à Nantes, d'attendre en rade de Saint-Nazaire que le passage soit possible ou d'alléger à Saint-Nazaire, ce qui nécessite l'entrée dans les bassins et grève la marchandise de frais assez élevés.

Le canal maritime présente déjà cet avantage, outre qu'il permet aux navires d'un plus grand tirant d'eau de remonter sans alléger jusqu'à Nantes, de rendre possible l'allègement à la Martinière, c'est-à-dire sans droits de port, pour ceux qui ne peuvent pas remonter jusqu'à Nantes.

Je vous ai montré plus haut, messieurs, les résultats du 1ᵉʳ semestre de 1983, comparé à l'année 1892 ; ils permettent d'espérer un développement considérable du commerce de Nantes.

Un avantage qu'on ne peut passer sous silence, car son importance est considérable, c'est qu'il permettra aux chantiers de construction maritimes de notre port d'entreprendre la construction de navires d'un tonnage supérieur à ce qui s'est fait jusqu'alors. Déjà les chantiers de la Loire ont commencé la construction du croiseur de 2ᵉ classe *Le Descartes*, qu'on n'eût jamais songé à construire à Nantes sans le canal maritime. Il est permis d'espérer que cet exemple sera suivi, et que, désormais, nos chantiers pourront entreprendre la construction des coques de navires dont ils fabriquaient déjà les machines.

Au point de vue des assurances maritimes, des risques à courir, le canal maritime atténue beaucoup les chances d'échouages. Les échouages se produisaient généralement dans la partie intermédiaire entre la Martinière et Paimbœuf où les hauts-fonds étaient le plus nombreux et où le chenal se déplaçait constamment. Ces accidents ne sont plus à craindre, à mesure surtout que les capitaines et les pilotes se familiariseront mieux avec les conditions nouvelles de traversée.

Voilà donc un grand projet entièrement réalisé ; mais il y en a un autre que vous connaissez tous, dont l'importance n'est pas moins grande et qui intéresse tout autant la Touraine que la Bretagne, qui intéresse toute la France du centre, c'est le projet depuis longtemps conçu de relier Nantes à Orléans par un canal latéral à la Loire. Espérons que ce projet deviendra aussi une réalité et que le bassin de la Loire, si riche à tous les points de vue, n'aura plus rien à envier à d'autres régions aujourd'hui mieux favorisées.

NAVIRES DE FORTS TONNAGES MONTÉS A NANTES DEPUIS L'OUVERTURE
DU CANAL

Du 1er septembre 1892 au 31 août 1893

Septembre 1892.	Nevada	stéamer avec 1.685 T.	bois.
Octobre	Tanna	—	1.200 —	—
Novembre	Penfeld	—	1.000 —	diverses
Décembre	Snow-Drop	—	1.100 —	blés.
Janvier 1893.	Miramar	—	1.700 —	sucre.
	Shichallion	—	1.750 —	phosphate
	Dana	—	1.200 —	chanvre.
Février	Ardhanban	—	1.300 —	sucre.
Mars	South Wood	—	1.300 —	—
	Lesbos	—	1.424 —	blés.
	Jason	—	1.100 —	minerai.
Mars	Albertus	—	1.200 —	chanvre.
Avril	Isle of Iona	—	1.300 —	sucre.
Mai	Duchesse-Anne	3 mâts avec 1.979 —	blés.
	Paul-Albert	— — 1.050 —	phosphate
Mai	Coldingham	— — 1.450 —	blés.
	Eldorado	steamer — 1.800 —	bois.
	King Albert	— — 1.300 —	sucre.
	Jason	— — 1.100 —	minerai.
	Maria Luigia	— — 1.000 —	sucre.
	Albertus	— — 1.200 —	chanvre.
Juin	Patience	— — 1.200 —	bois et fer.
	Baïdar	— — 1.000 —	—
	Greenwood	— — 1.300 —	diverses.
	Myrtel Branch	— — 1.860 —	blés.
	Isle of Iona	— — 1.450 —	sucre.
	Stanwike	— — 1.300 —	—
	Brenttor	— — 2.500 —	blés.
	Superbo	— — 1.000 —	sucre.
	Gers	3 mâts avec 1.200 —	phosphate.
Juillet	Giralda	steamer — 1.400 —	bois.
	Majorca	— — 1.350 —	—
	Ardhanban	— — 1.350 —	sucre.
Août	Patience	— — 1.100 —	bois.
	Baïdar	— — 1.100 —	—
	Langoc	— — 3.214 —	blés.
	Dalbeattic	— — 1.700 —	bois.
	Carl Behnk	— — 1.000 —	—
	Minerva	— — 1.000 —	scories.

13

S'il y avait lieu de formuler un vœu, ce serait celui-ci :

« Le Congrès émet le vœu qu'un canal navigable soit ouvert le long du fleuve entre Nantes et Orléans. » *(Applaudissements.)*

M. LE PRÉSIDENT. — Avant de demander à notre honorable collègue de formuler son vœu par écrit, je crois être l'interprète du Congrès en le remerciant de l'exposé si net, si lumineux, qu'il vient de nous présenter sur le nouveau canal de Nantes à la mer. Son travail montre les grands résultats que peut produire la collaboration de l'État et des Chambres de commerce.

Quant au vœu sur le canal de Nantes à Orléans, nous pourrions le réserver pour une discussion ultérieure. Mieux que personne, M. Doby connaît le lit de la Loire ; il pourra donc défendre ses conclusions. *(On rit.)*

Chemins de fer transpyrénéens. — État de la question. — Son avenir probable

---

M. LE PRÉSIDENT. — L'ordre du jour appelle la question proposée par la Société de géographie de Toulouse : Chemins de fer pyrénéens. — État de la question. — Son avenir probable.

Quelqu'un demande-t-il la parole ?...

M. LE COLONEL BLANCHOT. — A défaut du rapporteur absent. et comme secrétaire-général honoraire de la Société de Toulouse, ayant moi-même étudié et présenté déjà une question analogue, je propose au Congrès de remplacer notre collègue non encore arrivé et de lui indiquer, au pied levé, l'état de la question en lui présentant le rapport de M. Guénot. *(Très bien ! très bien !)*

Depuis longtemps, vous le savez, Messieurs, on a eu l'idée de construire un chemin de fer à travers le massif central des Pyrénées, tellement épais qu'il a toujours rendu fort difficiles toutes relations entre les deux versants. Actuellement, pour communiquer avec la péninsule ibérique. nous n'avons que deux voies ferrées, situées aux deux extrémités de la chaîne : l'une passe par Bayonne. l'autre par Perpignan. Toute la partie centrale est dépourvue de moyens de communications rapides : Saragosse ne peut communiquer directement avec Toulouse. Aussi a-t-on pensé à établir une voie nouvelle de pénétration de France en Espagne.

Plusieurs projets ont été mis en avant : on a même eu l'idée de créer deux lignes pour mettre en communication les bassins de l'Adour et de la

Garonne avec celui de l'Ebre, en Espagne. La première, qui passera par Oloron, est à peu près arrêtée en principe. La question se résume donc aujourd'hui ainsi : Par où passera la voie centrale qui remontera la vallée de la Garonne ?

Les populations intéressées à ce que le chemin de fer traverse leur territoire se sont mises en campagne ; diverses compétitions se sont produites, et plusieurs tracés ont été plus ou moins sérieusement étudiés.

Mais, dans la partie centrale des Pyrénées se présentent plusieurs difficultés assez graves. En premier lieu, il faudra construire un tunnel d'une longueur de 10 à 15 kilomètres à une certaine altitude pour traverser la chaîne, et atteindre cette altitude par des rampes d'un tracé souvent fort difficile, car les solutions possibles que présente l'orographie de la chaîne sont très peu nombreuses et limitées encore par une considération politique sur laquelle je dois appeler votre attention. La vallée de la Garonne déjà parcourue en partie par la ligne de Montréjeau à Luchon, présente plusieurs solutions au problème à résoudre en remontant à une des sources de ce fleuve. On trouverait peut-être la meilleure au col de Bonagues. Mais il faudrait pénétrer dans le Val d'Aran qui contient toutes les sources de la Garonne, et sur ce territoire flotte le pavillon espagnol, bien qu'il soit tout entier dans le versant français.

De sorte que, si l'on voulait remonter une des branches supérieures de la Garonne et redescendre ensuite dans la vallée de la Noghera Ribagorzana ou plutôt dans celle de Noghera Pallarezza, et, sans soulever la question des difficultés techniques que présenteraient l'établissement de la voie et le percement du tunnel, on se trouve en présence d'une question politique et militaire très importante.

Le Val d'Aran, qui est espagnol, est situé sur le versant français des Pyrénées, de sorte que le tunnel qui permettrait de franchir la haute chaîne serait tout entier à l'Espagne, et que les deux issues lui appartiendraient. La France n'aurait par suite aucune action sur l'entrée du souterrain, et le Val d'Aran pourrait être transformé en place de guerre espagnole au sein même du territoire français.

Dans l'état actuel, le val d'Aran n'a pas, au point de vue stratégique, une sérieuse importance parce que ses communications avec l'Espagne sont peu nombreuses et en tout cas d'un parcours lent et très difficile. Il n'existe aucune route carrossable franchissant la haute chaîne et l'Espagne aurait les plus grandes peines à y faire pénétrer et y masser des troupes considérables munies de leurs fourgons, de leur artillerie et de tous leurs impédimentas ; troupes destinées ensuite à pénétrer très facilement alors sur le territoire français en descendant la Garonne par la gorge du Pont-du-Roi.

Il n'en serait plus de même si un tunnel était percé dans ce massif central du val d'Aran.

L'Espagne aurait ainsi toute facilité pour introduire par la voie ferrée

autant de troupes et de matériel de guerre qu'elle le croirait nécessaire, et cela sans que nous puissions nous y opposer.

La France ne pouvait pas naturellement accepter cette solution, à laquelle du reste l'Espagne paraissait tenir beaucoup. Aussi nous l'avons rejetée, avec très juste raison. On en a alors cherché d'autres qui comporteraient un tunnel mitoyen ; chacun des États voisins étant maître d'une de ses ouvertures.

Deux projets ont été l'objet de la plus sérieuse attention.

En premier lieu, le tracé aurait suivi la vallée de la Pique, le premier affluent de gauche de la Garonne à sa sortie du val d'Aran, au sommet de laquelle se trouve Bagnères-de-Luchon. Mais de graves objections ont été soulevées ; je les résume en deux mots.

On a dit aux habitants de Luchon, qui croyaient avoir un grand intérêt à voir passer la ligne chez eux : « Actuellement Luchon est le point terminus du chemin de fer de Paris à Toulouse ; les habitants du Nord vont jusqu'à ce point parce qu'ils y trouvent outre les ressources précieuses des eaux curatives, un pays des plus pittoresques et frais pendant l'été et où ils trouvent toutes les distractions que l'on recherche dans les villes balnéaires. Mais, si le chemin de fer venait à traverser la chaîne des Pyrénées, pour aboutir sur le versant méridional, les mêmes touristes ou les mêmes malades trouveraient sur le versant méridional et en Espagne des eaux identiques à celles de Luchon ; car elles proviennent de glaciers communs, et traversent les mêmes couches intérieures où elles recueillent les mêmes propriétés. Ces eaux sont captées et exploitées ainsi qu'à Luchon, à l'établissement des Baños de Venasque, dans la vallée de l'Essera, que devrait parcourir la voie ferrée. Dès lors, les étrangers séduits par l'attrait d'un pays inconnu, par le désir d'aller en Espagne, où ils trouveraient une couleur locale différente de celle de France, assurés d'y user des mêmes eaux thermales, attirés par le charme incomparable des massifs de la Maladetta et du Posetz, les deux géants des Pyrénées, aux pieds desquelles ils s'établiraient, ne s'arrêteraient plus à Luchon, passeraient au travers de la haute chaîne et iraient s'installer aux Bains du village de Venasque, qu'une industrie habile et alerte transformerait rapidement en une station de plaisirs et de distractions de toute sorte. »

Ces considérations ont sérieusement refroidi l'ardeur des habitants de Luchon, et un deuxième argument, puisé dans un autre ordre d'idées, a achevé de les désillusionner, bien qu'il ne repose en réalité que sur des possibilités très problématiques.

Les eaux de Luchon proviennent des glaciers des Crabioules, situées au sommet de la vallée du Lys. Elles pénètrent dans la masse rocheuse où elles se chargent des sels minéraux qui font leur vertu et suivent ensuite les fissures souterraines qui aboutissent dans la vallée de la Pique, où elles ont été captées pour l'établissement des bains.

Dans ces conditions, le chemin de fer devant passer en souterrain sous ces mêmes glaciers des Crabioules, ne peut-on pas craindre que ce tunnel ne vienne à traverser précisément ces masses d'infiltration que parcourent les eaux des glaciers, et ne les détournent soit avant qu'elles n'aient traversé les couches minérales où elles acquièrent leurs propriétés, soit après.

Dans le premier cas, la minéralisation de ces eaux serait supprimée; dans le second cas, les eaux déviées, se perdraient par le tunnel et n'arriveraient plus à Luchon.

Cette éventualité est peu probable, mais elle est possible, et cette possibilité fait naître forcément les craintes les plus naturelles aux habitants de Luchon, qui restent fort hésitants, jusqu'à ce que les ingénieurs leur aient démontré l'inanité de leurs inquiétudes ; ce qui en tout cas semble fort difficile à établir avec des affirmations géologiques probantes.

Alors on a étudié un tracé passant par la vallée du Salat, que parcourt déjà la voie ferrée aboutissant à St-Girons. Ce tracé traverserait la chaine au col de Salau et descendrait dans la vallée de la Noghera-Pallaresa, qu'elle suivrait pour rejoindre le bassin de l'Ebre. Ce tracé paraît offrir tous les avantages. La construction du chemin de fer serait relativement facile ; on n'aurait pas à s'élever à plus de 2,500 mètres, et le souterrain n'aurait que 6 ou 7 kilomètres de développement. Une solution aussi favorable que possible est donc trouvée, et cependant, depuis huit ans, la question n'a pas fait un pas, et il est regrettable qu'on ne se décide pas à accomplir une œuvre aussi utile. Il semble même qu'on n'y songe plus !

Dans ces conditions, et au nom de la Société de Toulouse, qui soutient avec tant d'ardeur et de talent depuis douze ans les intérêts de sa région, j'ai l'honneur de demander que le Congrès national des Sociétés de géographie veuille bien émettre un vœu tendant à demander, dans l'intérêt non seulement de la région du Midi, mais de la France tout entière, l'établissement d'un chemin de fer transpyrénéen, dans la partie centrale de la chaine, quel que soit du reste le tracé qu'on juge convenable d'adopter, à l'exclusion toutefois du tunnel dans le val d'Aran. Ce choix restant une question à régler entre les gouvernements intéressés et les ingénieurs compétents. (*Applaudissements*).

M. DE VARIGNY. — J'appuie la motion de M. le colonel Blanchot. Le moment est arrivé de rendre réel le mot fameux : Il n'y a plus de Pyrénées. Il est temps d'en finir avec les hésitations et les lenteurs. (*Très bien ! Très bien !*)

M. LE PRÉSIDENT. — M. le colonel Blanchot voudra bien, pour répondre au désir du Congrès, rédiger un projet de vœu.

ROJET DE CRÉATION D'UN CANAL D'ORLÉANS A NANTES. — VŒU DE M. DOBY

M. LE PRÉSIDENT. — Voici le vœu que présente M. Doby :

Le Congrès de géographie de Tours exprime le vœu qu'en présence des progrès réalisés par la construction du canal de la Basse-Loire, il soit créé un complément à cette œuvre par la construction d'un canal latéral de Nantes à Orléans.

M. CASTONNET DES FOSSES. — Je demande la parole.

M. LE PRÉSIDENT. — Vous avez la parole.

M. CASTONNET DES FOSSES. — Je me demande, messieurs, si nous pouvons adopter le vœu que vient de proposer M. Doby. Notre honorable collègue s'appuie sur les progrès réalisés par le canal de la Basse-Loire. A Nantes, on a considéré ce canal comme une planche de salut; mais, si j'en crois des personnes très compétentes, qui ont étudié la navigation de la Loire, notamment M. Bouquet de la Grye, les progrès réalisés ne sont pas aussi grands qu'on le prétend. Les Nantais n'ont jamais voulu innover en matière commerciale; ils sont très honnêtes, très honorables, mais, il faut bien le dire, un peu routiniers. Or la routine est l'ennemie du commerce : je crains bien que le commerce de Nantes ne soit destiné fatalement à aller en s'amoindrissant.

M. Doby nous a dit que le canal de la Basse-Loire avait coûté 25 millions, dont 23 avaient été fournis par l'État. Combien de millions coûterait un canal de Nantes à Orléans? J'insiste sur cette considération. Je ne crois pas que le Congrès ait à conseiller au gouvernement d'entrer cette dans voie, qui consiste à dépenser millions sur millions d'une manière inutile et quelquefois néfaste. Je propose donc au Congrès de rejeter le vœu de M. Doby.

M. DOBY. — M. Castonnet des Fosses vient d'affirmer des choses qui ne sont pas tout à fait exactes, qu'il me permette de le lui dire. Je crois connaître la ville de Nantes, que j'habite depuis vingt-deux ans. Si l'on a pu constater des défaillances, une certaine routine dans la manière dont les Nantais entendent le commerce, cette situation n'existe plus aujourd'hui, — je puis le prouver par des chiffres, — elle tend à se modifier de la façon la plus heureuse et la plus sensible. Les chiffres du tonnage de notre port, dans les six derniers mois, répondent suffisamment à l'objection de M. Castonnet des Fosses ; le tonnage a augmenté de 50 0/0 ; ce n'est donc pas le moment de dire que notre commerce périclite. Quand on voit se développper la petite aussi bien que la grande industrie, se fonder de nouvelles entreprises commerciales, on est forcé de reconnaître que la ville de Nantes s'efforce de reconquérir son ancienne prospérité.

Quant au vœu que je propose, le Congrès peut très bien l'adopter. Il n'obligera pas le gouvernement à entreprendre la construction du canal, mais il sera l'expression de nos sentiments.

M. Breittmayer. — Messieurs, la question que nous examinons en ce moment est très importante, et nous devons la discuter mûrement. Je connais bien la navigation intérieure, notamment la navigation sur le Rhône, où nous faisons aussi tous nos efforts pour maintenir sa prospérité.

Toutefois, il faut tenir compte d'un fait nouveau, je veux parler des progrès accomplis par les chemins de fer.

Nous autres, navigateurs, nous ne nous faisons aucune illusion ; nous nous rendons parfaitement compte de ce que les chemins de fer ont opéré une révolution complète dans l'industrie des transports.

Pour les ports, ils peuvent se ranger en trois catégories : les ports de pleine eau, les ports fluviaux et les ports intérieurs. Paris, Nantes, Rouen, Bordeaux appartiennent à la deuxième catégorie. Ces ports doivent communiquer avec la mer au moyen de canaux. Au compte de qui doivent être mises les dépenses pour ces travaux ? C'est une question qui a été souvent agitée ; je n'ai pas à m'inquiéter pour le moment de savoir si ces dépenses incomberont à l'État ou aux villes intéressées. La seule observation que je veux présenter est celle-ci :

Aujourd'hui, Nantes demande un canal pour être mise en communication avec Orléans ; demain, Bordeaux fera la même demande pour Toulouse, Arles ou Marseille pour Avignon. On propose même de prolonger le canal que nous demandons de Marseille au Rhône, et de lui faire traverser toute la France. C'est peut-être excessif.

La vérité est qu'il faut faire quelque chose pour maintenir notre navigation intérieure, si nécessaire aux transports, et pour éviter qu'elle ne soit annihilée par les chemins de fer qui en sont arrivés à créer des gares maritimes à leurs extrémités.

Or, ces gares ne sont pas autre chose en réalité que des ports, et des ports pour ainsi dire momentanés, puisqu'il suffirait de mettre

on d'enlever le rail qui y conduit pour le créer ou le détruire et porter sur un autre point du littoral le courant des transports : je me demande alors de quelle utilité sera le canal de Nantes à Orléans ; ne sera-ce pas jeter des millions à l'eau ?

Les grands navires calant 6 mètres ou davantage ne peuvent pas être employés, chacun le sait, à la navigation intérieure ; on ne peut se servir que des péniches hollandaises : à cette condition seule, de transbordement, on ne dépensera pas trop d'argent : mais il faudra tenir le plus grand compte du cours si capricieux de la Loire, que nous avons pu apprécier hier. Il importe donc avant tout, pour régulariser le cours du fleuve, de reboiser les montagnes. Tant que ce reboisement n'aura pas été effectué, les transports par eau à l'intérieur seront presque nuls, l'écoulement des rivières se faisant d'une manière tout à fait anormale, il faut savoir le reconnaître. (*Vifs applaudissements.*)

M. BOUTROUE. — Je voudrais soumettre une observation d'ordre général au Congrès.

La France vient d'élever des barrières à toutes ses frontières : elle a adopté un système douanier que bien des personnes trouvent excessif, et dans lequel les ports vont devenir à peu près inutiles. Dans ces conditions, le moment est-il bien choisi pour demander la création de nouvelles voies de communication, de nouveaux canaux qui probablement ne seraient pas utilisés ?

Cela me remet en mémoire cet immense programme de travaux publics qui porte le nom d'un premier ministre aujourd'hui tombé, M. de Freycinet, et n'a pas tourné absolument à l'avantage, je le crois du moins, de la France et surtout de ses finances. On a voulu donner satisfaction à toutes les réclamations formulées par les grands centres commerciaux ou industriels, et l'on a abouti à la création d'un budget aujourd'hui écrasant.

Un Congrès comme celui de Tours devrait, à mon avis, y regarder à deux fois avant de recommander aux pouvoirs publics la création d'un canal d'Orléans à Nantes. Je comprends l'utilité du canal de Nantes à la mer. Nantes est un port intérieur dont l'histoire commerciale est glorieuse : le canal inauguré l'an dernier peut rendre de grands services : il en serait tout autrement du canal d'Orléans à Nantes. Ce n'est pas 25 millions qu'il coûterait, mais des centaines de millions. Nous devons donc nous montrer très circonspects, ne pas proposer d'engager à la légère les finances de l'État, et repousser purement et simplement le vœu qui nous est proposé. (*Applaudissements.*)

M. LE PRÉSIDENT. — Personne ne demande plus la parole ?...

Je donne une nouvelle lecture du vœu proposé par M. Doby :

Le Congrès de géographie de Tours, en présence des progrès réalisés par la construction du canal de la Basse-Loire, exprime le vœu qu'il soit créé un complément à cette œuvre par la construction d'un canal latéral de Nantes à Orléans.

Je mets ce projet de vœu aux voix.

(*Le vœu n'est pas adopté.*)

VŒU CONCERNANT L'ÉTABLISSEMENT D'UN CHEMIN DE FER TRANSPYRÉNÉEN

M. LE PRÉSIDENT. — Voici le vœu proposé par M. le colonel Blanchot au sujet du chemin de fer transpyrénéen :

Le Congrès émet le vœu que les pouvoirs publics compétents veuillent bien se préoccuper de faire résoudre la question de l'établissement d'une voie ferrée transpyrénéenne, traversant le massif central des Pyrénées, qui est depuis si longtemps l'objet de l'attente des deux nations voisines.

Je mets ce vœu aux voix.

(*Ce vœu est adopté à l'unanimité.*)

VŒU CONCERNANT LES COLLECTEURS NATURELS

M. LE PRÉSIDENT. — A notre dernière séance, M. le colonel Blanchot avait été chargé de rédiger un vœu sur les collecteurs naturels, dont le principe avait été admis.

Voici la rédaction que propose M. le colonel Blanchot.

« Le Congrès reconnaît que l'équilibre établi par la nature entre le volume des chutes d'eau pluviales et la capacité des collecteurs naturels n'existe plus suffisamment pour atténuer les conséquences de la sécheresse d'une part et, d'autre part, pour éviter les inondations ou en amoindrir les effets. »

En conséquence et considérant qu'il y a dans cet état de choses de grands intérêts compromis, que la richesse publique est atteinte, émet le vœu :

1º *Que des mesures soient prises pour éviter à tout prix le comblement du lit des cours d'eau, de quelque dimensions qu'ils soient et surtout de ceux à régime torrentiel.*

Je mets aux voix cette première partie du vœu.

(La 1ʳᵉ partie, mise aux voix, est adoptée.)

M. LE PRÉSIDENT : 2º *Que les réservoirs naturels, grands ou petits, soient conservés et qu'on en rétablisse partout où cela sera possible.*

(Adopté.)

3º *Le Congrès adresse ce vœu aux pouvoirs publics et engage les sociétés de géographie à vulgariser par tous les moyens dans leur région respective d'influence, l'intérêt majeur qui s'attache à sa réalisation.*

(*L'ensemble du vœu est ensuite mis aux voix et adopté à l'unanimité.*)

Sur la proposition de M. le colonel Blanchot, le Congrès ajourne à la prochaine séance la question suivante, inscrite à l'ordre du jour :

« De l'opportunité, du devoir qui pourrait incomber aux Sociétés de géographie d'appliquer la vulgarisation des sciences géographiques dans le grand public, en vue de l'éclairer sur les résultats à atteindre par les grandes entreprises ayant pour base des considérations géographiques. »

La séance est levée à 11 heures et quart.

SÉANCE DU VENDREDI SOIR

4 août 1893

Présidences successives de M. le chef d'escadrons
de PONTEVÈS-SABRAN
et de M. le capitaine de vaisseau MARQUER

La séance est ouverte à 2 heures.

Prennent place au bureau :

M. l'abbé Bosseboeuf ;

M. d'Orgeval, membre du Conseil de la Société de géographie commerciale de Paris ;

M. Ravenaud, de la Société de géographie de Paris ;

M. Sourdillon, Vice-Président de la Société de géographie de Tours.

Essai sur les Tourangeaux qui se sont occupés de géographie

M. le Président. — Mesdames, messieurs, il n'est pas besoin, je pense, de vous longuement présenter M. l'abbé Bosseboeuf, qui est un des rares heureux mortels ayant eu le talent de donner tort à l'assertion fameuse : « Nul n'est prophète en son pays. »

Je m'empresse donc de lui donner la parole, afin de ne pas retarder davantage la légitime impatience que vous avez de l'entendre, c'est-à-dire de l'applaudir une fois de plus.

M. l'abbé Bosseboeuf. — Messieurs, je vous demande pardon de vous faire descendre des sphères élevées dans lesquelles se tiennent les travaux du congrès pour vous entretenir d'une question d'un intérêt purement local, mais vous saurez, dans un congrès qui se tient à Tours, excuser les faiblesses de l'esprit de clocher. (*Sourires.*)

La Touraine, de l'aveu de tous, occupe une place d'honneur dans l'histoire des lettres, des sciences et des arts. Il suffit, pour s'en convaincre, de

rappeler les noms des Grégoire, des Alcuin, des Baudri, des Rabelais, des Descartes et des Néricault, aussi bien que ceux des Adalbauld, des Bourdichon, des Fouquet, des Colombe et des Clouet.

Or une harmonie trop parfaite règne entre les diverses branches du savoir humain pour que les sciences, notamment les sciences géographiques, n'aient pas fleuri avec éclat sur ce sol privilégié.

Bien que d'une humeur douce et tempérée, comme leur climat, qui ne pousse guère à émigrer vers d'autres latitudes, les Tourangeaux ont su, à toutes les époques, s'intéresser à ce qui concerne les différentes parties de notre planète et l'étudier au cours de voyages dont la postérité a recueilli les fruits.

Aussi ai-je pensé qu'il ne serait pas sans quelque intérêt d'exposer rapidement la part qui revient à la Touraine, dans le mouvement géographique du passé.

I

Le premier document connu, sous ce rapport, remonte au ve siècle de notre ère. A l'époque où le tombeau du Christ, comme un aimant mystérieux, attirait vers l'Orient nombre de pèlerins, un moine martinien des rives de la Loire se mit en route pour la Palestine.

Postumien — c'est son nom — s'embarqua à Narbonne, toucha Carthage, fut assailli par une violente tempête sur les côtes d'Afrique et, après sept jours d'une traversée remplie d'émotions, aborda à Alexandrie où l'évêque lui donna l'hospitalité. Postumien traversa l'Egypte, puis se dirigea vers la Palestine; il parcourut Bethléem, où il résida six mois, visita Jérusalem, les bords du Jourdain et Jéricho. Après avoir accompli les dévotions de tout bon pèlerin, il éprouva une joie singulière à faire connaissance avec les déserts de la Thébaïde, alors peuplée de moines, remonta jusqu'à Syène et se reposa sous les palmiers de la haute Egypte, à l'ombre desquels nous aimons à saluer ce pionnier des temps anciens, ce précurseur de nos modernes et infatigables explorateurs.

De retour en Gaule, Postumien rentra à son monastère des bords de la Loire, où, dans le silence du soir, sous les arbres séculaires du coteau, il se plaisait à raconter les épisodes de son voyage à ses confrères, assis autour de lui sur des nattes à la façon des orientaux qu'il venait de quitter.

L'un de ses auditeurs, Sulpice Sévère, nous a conservé le récit de ces délicieuses soirées, dans un Dialogue où les souvenirs de l'antiquité classique et chrétienne se pressent sous sa plume élégante, qu'on a justement comparée à celle Salluste. Ce dialogue renferme d'intéressants détails sur le climat, sur les productions, sur les mœurs et les usages, sur la nourriture des indigènes et une foule d'autres points auxquels notre cadre ne nous permet pas de nous arrêter. Faisons seulement remarquer que de son côté, Sulpice Sévère possédait fort bien la géographie de la Gaule, et que ses livres renferment à cet égard de précieuses indications, tant générales que locales.

Au siècle suivant, Licinius, qui fut évêque de Tours de 504 à 511 et reçut dans notre ville le roi Clovis, auquel l'empereur de Constantinople envoyait la pourpre consulaire, se rendit également en Palestine; mais nous ne connaissons aucune des circonstances de son voyage.

De son côté, Grégoire de Tours (565-586), dont le vaste cerveau, pareil à une bibliothèque, renfermait à peu près tout ce que l'on savait de son temps, se distingua par l'esprit d'observation, par le désir de voir et de vérifier lui-même, par le parti pris d'étudier sur place, dans la mesure du possible, les événements et les localités qui servirent de théâtre à ses intéressantes et précieuses chroniques. L'expérience lui avait appris que la géographie et la chronologie sont les deux yeux de l'histoire, attendu que l'une assigne aux faits leur milieu dans le temps, et l'autre, leur place sur le globe terrestre. Aussi son *Historia Francorum*, ainsi d'ailleurs que ses autres ouvrages biographiques, abonde-t-elle tout à la fois en documents historiques, et en renseignements géographiques, qui ont permis à de modernes savants, en particulier à MM. de Longnon et Dujardin, de reconstituer la carte des Gaules à l'époque romaine et mérovingienne, avec un savoir et une rigueur scientifique qu'on ne saurait trop reconnaître. De fait, pour se convaincre de la richesse des indications, il suffit de parcourir la table onomastique, quoique fort incomplète, qui est à a suite de l'édition Ruinart. Grégoire de Tours, qu'on a appelé si justement « le père de l'histoire de France », avec non moins de raison peut et doit être proclamé le « père de la géographie française », si bien que son nom mériterait d'être inscrit au livre d'or des sociétés géographiques, j'allais presque dire comme membre d'honneur, s'il ne dormait son dernier sommeil depuis plus de treize siècles.

Le goût des voyages se développa au fur et à mesure que les communications devinrent plus faciles. A la fin du viiie siècle et au commencement du ixe siècle, Alcuin, cet écolâtre de génie qui a réalisé, dans l'Ecole de Tours, une si brillante synthèse des lettres, des sciences et des arts, semble avoir été celui qui connaissait le mieux la topographie de notre vieille Europe, qu'il parcourut dans tous les sens, d'Yorck à Rome, de Tours à Fulda, de Paris à Aix-la-Chapelle. Nous ne saurions trop regretter que les âges passés ne nous aient pas transmis, à défaut des leçons appuyées de cartes qu'il donna dans son Ecole, les observations et les impressions de cette nature fine et élevée, ouverte à toutes les choses utiles et fécondes.

Du moins trouve-t-on encore plus d'une note à recueillir dans les œuvres d'Alcuin, surtout dans sa correspondance, que nous prenons la liberté de recommander à tous ceux qui s'intéressent aux origines de notre civilisation nationale.

La route si longue et si pénible du moyen âge n'est guère éclairée que par les chartes et par les chroniques, dont le laconisme, avare de renseignements, renferme pourtant d'utiles indications géographiques, mêlées aux traits rapides d'histoire conventuelle ou provinciale. Ici encore, nous pouvons le dire sans vanité, mais aussi sans fausse modestie, la Touraine n'a rien à envier aux autres parties de la France. Sans parler des cartulaires des collégiales et des abbayes, on trouve dans la *Chronique de Pierre Béchin*, dans la *Grande Chronique de Tours*, dans l'*Éloge de la Province de Touraine* (1) et dans quelques autres ouvrages, les éléments, épars sans doute, mais néanmoins très précis, d'une carte de la province aux XII° et XIII° siècles.

À leur tour, les Croisades furent comme un puissant levier qui remua les masses populaires au profit de la géographie, aussi bien que des arts, de l'industrie et du commerce.

Au XIV° siècle, la guerre de Cent ans, ce long drame dont les amers souvenirs troublent encore la sérénité de plus d'un homme d'État, fut aux mains de Froissart, — à quelque chose malheur est bon — le sujet d'un ouvrage qui se recommande de lui-même au point de vue de la géographie non moins que de l'histoire, et dont la carte a été relevée avec tant de savoir et d'exactitude par M. Siméon Luce. Considérée dans les limites de notre province, outre les renseignements laissés par l'illustre chroniqueur, cette lutte nationale fournit aux édiles de Tours l'occasion de consigner dans les registres des délibérations et dans les comptes municipaux, une foule d'indications utiles sur l'hydrographie, sur l'état des voies de communications, sur les moyens de transport, sur la population et ses conditions d'existence, en un mot sur la géographie physique et économique de la Touraine. Cette source, trop longtemps négligée, tient en réserve de quoi récompenser de leur labeur ceux qui ne se laisseront pas rebuter par les abords un peu difficiles.

Cependant l'esprit public, de plus en plus éveillé, se portait progressivement à étudier dans une sphère sans cesse élargie les contrées entre lesquelles s'élevaient jadis des barrières en apparence insurmontables. Christophe Colomb, dont on célébrait récemment le glorieux centenaire ne venait-il pas, en découvrant un nouveau monde, d'ouvrir à la pensée des horizons inconnus et pleins de mystérieux attraits ? À partir du XV° siècle, la Touraine entre plus résolument encore dans la carrière que nous parcourons en ce moment. Jacques Laillier, né à Montrichard (alors du duché de Touraine), non seulement fut un astrologue célèbre, mais encore posséda en géographie d'assez sérieuses connaissances : le souve-

(1) A. Salmon, *Recueil des Chroniques de Touraine*, 1855.

nir nous en a été conservé dans cette inscription, toute empreinte de la saveur du temps :

Jacobus Lallærius Mons-Ricardensis
Orbes, rura, undam sciens, cœli, soli, sali.

Le chanoine Martinien Jean Brodeau, né vers 1500, fit deux voyages en Italie, l'un à Venise, et l'autre à Rome ; il en rapporta des notes, mises en œuvre dans ses *Miscellanea* et dans ses *Observations sur les auteurs anciens;* son savoir étendu lui valut l'amitié des Scaliger, des Juste Lipse et des Conrard, c'est-à-dire des hommes les plus érudits de cette époque.

Michel de Castelnau, né vers 1518, trouva dans ses ambassades l'occasion d'étudier de près l'Allemagne et l'Angleterre — où il fut envoyé cinq fois — ainsi que les Pays-Bas et l'Italie. Sa traduction du livre de Ramus : *De Moribus veterum Gallorum*, et surtout ses *Mémoires* sont comme un miroir dans lequel se reflètent fidèlement les observations de l'auteur sur les contrées qu'il visita.

On peut en dire autant de Pierre Palma-Cayet, né à Montrichard, qui voyagea en Allemagne et ne fut pas moins versé dans l'histoire et les langues que dans les matières théologiques, ainsi qu'en témoignent ses nombreux ouvrages.

La géographie locale est redevable d'utiles renseignements à François Grujet, conseiller et référendaire du roi, né à Loches vers 1511, qui rédigea une *Description de Loches* avec les antiquités du pays, dont Belleforest a tiré parti pour le second volume de sa Cosmographie universelle ; ainsi qu'au médecin Thibault Le Pleigney, dont la *Décoration du pays et duché de Touraine* se lit toujours avec un véritable profit.

Mais surtout nous devons une particulière reconnaissance à François Florio qui, après avoir quitté Florence, vint à la cour de Louis XI et fit de la ville de Tours son pays d'adoption. La description qu'il a laissée de cette province, sous le titre *De Probatione Turonica* (1), est riche de renseignements sur la nature et les produits du sol, sur le caractère et les mœurs des habitants et, ce qui n'est pas à dédaigner, sur l'état des arts et des monuments. Florio (l'aveu est bon à retenir de la part d'un Italien), ne tarit pas d'éloges sur le jardin de la France et sur la ville de Tours, qu'i appelle la « Rome d'en deçà des monts ».

Pourrions-nous bien oublier Rabelais, qui parcourut la France dans toutes les directions, puis visita l'Italie, et dont le *Pantagruel* a pour trame une connaissance approfondie de la géographie ? Le génial « abstracteur de quintessence » possédait à merveille « la quintessence » des notions géographiques, à l'égal des autres sciences dont pouvaient se glorifier ses contemporains.

(1) *Mémoires de la Société archéologique de Touraine*, t. VI, p. 82.

Pourquoi faut-il que l'époque que l'on est convenu d'appeler le grand siècle soit pour nous une période durant laquelle les Muses des bords de la Loire devaient être tentées de suspendre leur lyre aux saules de la rive? Heureusement leurs sœurs d'adoption, que les troubles de la Capitale avaient conduites sur notre sol, en quittant notre vallée pour celle de la Seine, ne réussirent pas à emmener avec elle dame Géographie, qui continua de trouver en Touraine de fidèles serviteurs. L'exemple, d'ailleurs, venait de haut. Le cardinal de Richelieu, qu'on a vainement tenté de disputer à notre province, avait placé l'enseignement de la géographie à la base et au sommet de l'Académie richelaise, qui constituait absolument une révolution dans les méthodes scolaires. Ce collège, fondé en 1640, pour « donner l'enseignement de la langue française par les règles et de toutes les sciences en la même langue », avait un programme très précis, dans lequel on lit : « en sixième classe, on enseignera la carte en plan... en la première, la géographie (1) ».

André Duchesne, que le cardinal appelait son « bon voisin » parce qu'il avait des domaines à l'Ile-Bouchard, où l'on admet communément qu'il est né, ne fit pas moins de cas de la géographie que de l'histoire, qu'il servit utilement comme « historiographe et géographe du roi ». Avec une conscience qui n'avait d'égale que son indéfectible persévérance, il recueillit, dans les archives publiques et privées, une moisson considérable de documents sur les personnes, les familles et les événements, aussi bien que sur l'état général de la France. A côté de ses ouvrages généalogiques, on doit placer sa *Bibliothèque des auteurs qui ont écrit de l'histoire et de la topographie de la France*, ainsi que les *Recherches de toutes les villes, bourgs et villages, châteaux, fleuves, rivières et ruisseaux de France*. François Duchesne marcha sur les traces de son père et le remplaça comme historiographe, sans d'ailleurs l'égaler par le talent et par l'érudition. Dans une sphère plus restreinte, Martin Marteau (1603-1666), malgré la négligence de son style et son défaut de critique, rendit quelques services par le *Paradis délicieux de Touraine*, qui contient une description détaillée de la province.

Le goût des voyages, sans lequel la géographie serait comme une lettre morte et un formulaire sans attraits, était si bien entré dans les mœurs, qu'il séduisit les esprits les plus enclins à rechercher la solitude, tels que notre grand Descartes, dont le style noble, clair et précis — nous aimons à le redire en passant — exerça une si prépondérante influence sur la formation de notre belle langue française. Qu'est, du reste, le *Discours de la Méthode*, sinon un récit de voyage au cours duquel Descartes expose, d'une façon simple et charmante, les idées neuves écloses dans son esprit mûri par l'étude de ce qu'il appelle si justement « le grand livre » ?

Parmi les enfants de la Touraine, tandis que les uns, comme Descartes,

(1) *L'Académie royale de Richelieu*, in-8, 1642.

voyagent par amour de la science, d'autres, comme François Pallu, n'écoutant que leur désir de porter l'Évangile sur les plages de l'Extrême-Orient, font profiter les nations demi-barbares des bienfaits de notre civilisation ; par une juste compensation, ils rapportent, en retour, des informations précieuses sur ce qu'ils ont vu et observé là-bas, dans des contrées jusque-là presque inaccessibles.

François Pallu, fils d'Étienne Pallu, maire de Tours et auteur d'un commentaire estimé sur les *Coutumes du duché de Touraine* (1661), consuma la plus grande partie de son existence apostolique, avec le titre d'évêque d'Héliopolis « in partibus », dans la province de Fo-Kien en Chine, dans le royaume de Siam, où il établit un séminaire, ainsi qu'au Tonkin. Ce vaillant, mort sur la brèche, à Mogany, le 29 octobre 1684, était assurément bien digne de voir sa mémoire bénie par la bouche suavement éloquente de Fénelon. Ses notes de voyage, contenues dans la *Relation abrégée des Missions et des voyages des évêques français en Chine, Cochinchine, Tonkin et Siam* et dans les *Mémoires de M. Pallu*, puisent comme un regain d'actualité dans les événements qui s'accomplissent là-bas, à l'ombre de notre drapeau qui, quoi qu'il arrive, restera toujours celui de l'honneur, de la justice et de l'humanité !

Puisque nous en sommes aux explorateurs-missionnaires, nous mentionnerons, au XVIIIe siècle, Mgr François Pottier, né près de Loches, à La Chapelle-Saint-Hippolyte, le 9 mars 1726, sacré en 1769 évêque d'Agatopolis et vicaire apostolique du Su-Tchuen, province qu'il dirigea jusqu'à sa mort, le 28 septembre 1792 (1). Sa correspondance, qui comprend environ cent quatre-vingt lettres, adressées à sa famille et au séminaire des Missions-Étrangères, renferme « des détails assez curieux sur les provinces de Chen-si, Houpé, Hou-nan, Konei-chéou, Yun-nan, sur la Tartarie méridionale et même sur le Thibet (2) ». A un degré inférieur — nous ne parlons pas du dévouement, qui ne connait point d'infériorité de situation — apparaît Urbain Lefèvre, missionnaire, né à Tours en 1725. Ses lettres, dont plusieurs sont perdues, renferment plus d'un renseignement neuf, du moins pour l'époque où il vivait.

Un peu plus tard, le docte écrivain calviniste, Louis Dutens, né à Tours en 1730, exerçait son érudition sur des sujets fort variés et écrivait, entre autres ouvrages, les *Itinéraires des routes les plus fréquentées de l'Europe*, dont les dernières éditions sont augmentées d'un itinéraire rédigé d'après les notes de M. de Voglie, ingénieur en chef à Tours. Louis Dutens composa également, durant son exil, *l'Ami des étrangers qui voyagent en Angleterre* (in-8, 1789).

Outre de Voglie, dont il vient d'être question, nous devons signaler Félix de la Sauvagère, né en 1707, qui fit marcher de front la culture des

<hr>

(1) L. Guiot, *La Mission du Su-Tchuen au XVIIIe siècle.*
(2) *Nouvelle Biographie générale*, t. 39, p. 910. Firmin Didot, 1842.

sciences exactes (il fut colonel-directeur du génie militaire) avec l'étude de la géographie. En même temps qu'il recueillait nombre de matériaux pour une histoire de Touraine, il rédigea certains mémoires de géographie dont quelques-uns ont pour objet l'emplacement des camps romains de cette province et le Cæsarodunum des Turons.

Mais celui qui mérite le plus de fixer notre attention au xviiie siècle est Jacques Lamblardie, né à Loches en 1747. Admis à l'Ecole des ponts et chaussées, il se fit vite apprécier du célèbre Perronet et sortit en première ligne dans presque tous les concours. Envoyé comme sous-ingénieur en Normandie, il s'y fit connaître par d'importants travaux, en particulier par l'écluse monumentale de Dieppe, au sujet de laquelle il a rédigé un mémoire dans lequel il développe, avec une grande lucidité, la théorie des ponts mobiles. Nommé inspecteur en chef du département de la Somme, puis inspecteur général, directeur de l'école des Ponts-et-Chaussées et directeur de l'École Polytechnique, Lamblardie se distingua partout par l'étendue de ses connaissances, par la justesse de ses vues et par l'importance de ses travaux. On lui doit notamment un Cours d'architecture hydraulique, inséré dans le *Journal de l'École Polytechnique* (années 1795 et 1796). Sa mort arriva le 26 novembre 1797.

Si j'avais à étudier les documents officiels, je m'empresserais de signaler les mémoires des intendants qui, au cours des xviie et xviiie siècles, présentent un tableau généralement exact de la géographie de la province : tels sont, en particulier, le tableau de la généralité de Tours par de Miromesnil, de 1698, et le tableau de la province de Touraine, de 1762.

En franchissant le seuil du xixe siècle, nous rencontrons tout d'abord Chalmel, qui fit marcher de pair les études de géographie et d'histoire, non sans trébucher plus d'une fois, il est vrai, mais dont l'intéressante *Introduction* à l'Histoire de la Touraine est un bon sommaire de la géographie de notre département. Nous ne dirons rien des annuaires, qui ne font guère que se copier les uns les autres, non plus que des ouvrages qui ont été exécutés par des auteurs étrangers au pays, afin de ne pas sortir du cadre que nous nous sommes tracé. Aussi bien, comme complément de ce qui précède, il nous reste à parler des travaux de nos compatriotes qui se sont occupés de cartographie.

II

Au moyen âge, les enlumineurs et les miniaturistes étaient les artistes auxquels on recourait le plus fréquemment. Peintres d'histoire et décorateurs, ils devenaient souvent cartographes, appelés à lever les plans des villes. C'est dans les enluminures dorées des manuscrits, dans les fresques naïves des églises et dans les verrières éclatantes des cathédrales, aux légendes parfois très circonstanciées, qu'il faut chercher l'expression des connaissances géographiques de l'époque. Pour mon compte, je l'avoue, il m'est arrivé plus d'une heureuse surprise, en parcourant, à ce point de vue, les pages illustrées que nous ont léguées nos ancêtres. On voyageait alors plus qu'on ne se l'imagine d'ordinaire, et les artistes en particulier formaient des corporations qui sillonnaient la France, voire même l'Europe civilisée, d'une extrémité à l'autre : ainsi l'attestent les pièces mises au jour par les infatigables chercheurs de notre temps.

En 1476, Alart Folarton, « peintre » recevait 6 livres « pour avoir peint et fait deux patrons de la croissance de la ville, l'un en papier et l'autre en parchemin pour monstrer au roy ».

En 1480, Jehan Bourdichon, peintre et enlumineur à Tours, touchait 8 livres 5 deniers « à lui ordonnées par ledit seigneur Louis XI, pour avoir pourtrait et peint de plusieurs couleurs, en cinq peaulx de parchemin colés ensemble, la ville de Caudebec en Normandie » (Quittance du 16 novembre 1480). Mais c'étaient plutôt là des représentations pittoresques que des relevés topographiques. Les plans, dessins et cartes vont entrer dans une voie absolument nouvelle avec l'introduction de la gravure, appelée à vulgariser les uns et les autres.

La Touraine, qui avait été longtemps la capitale intellectuelle et artistique de la France, en devint pour quelque temps la capitale politique à l'occasion des guerres religieuses du xvɪᵉ siècle. Par suite de cette circonstance, en 1589, un imprimeur-libraire, nommé Maurice Bouguereau, dont l'atelier était rue de la Scellerie, et la boutique, place de Beaune, conçut le projet d'un Atlas national.

Avant cette date, Abraham Ortelius, d'Anvers, avait fait, il est vrai, le *Theatrum orbis terrarum* (1570), dans lequel figurent les provinces des Gaules, dont les cartes sont l'œuvre de géographes français ; l'auteur en donna, en 1581, une édition française, sous le titre *Théâtre de l'univers contenant les cartes de tout le monde* (1).

Le Hollandais Gérard Mercator, géographe de Charles-Quint, avait formé le premier recueil de cartes de la France, sous le titre *Galliæ Topographicæ Tabulæ* (1585) ; enfin le Flamand Pierre Plancius (1552-1612) avait publié, à son tour, *Geographica Galliæ descriptio de integro plurimis in locis emendata*. Mais aucun Français n'avait réalisé d'atlas proprement national. A Maurice Bouguereau, de Tours, revient l'honneur d'avoir entrepris cette tâche et de l'avoir menée à bonne fin.

A l'époque où Henri de Navarre eut son entrevue avec Henri III à

<hr>

(1) La France est due à Jolivet, 1560 : le Calesis et le Boulonnais à Nicolas Nicolaï 1558 : le Vermandois à Jean Surhonius il parut pour la première fois chez notre compatriote Christophe Plantin, à Anvers, 1558) : la Limagne ou Auvergne, à Gabriel Siméou (éditée pour la première fois chez un autre imprimeur célèbre, également d'origine tourangelle, Guillaume Rouillé, 1560 : le Berry, à Jean Chaumeau (Calamœus) : l'Anjou, à Lezin Guyet, 1573) ; le Poitou, à Pierre Roger, et la Picardie, à Jean Surhonius : ces deux derniers sans date.

Plessis-lès-Tours, le 30 avril 1589, Bouguereau avait déjà fait une carte de la France. La Touraine manquait encore de sa carte propre ; Bouguereau confia le tracé de celle-ci à Isaac Françoys, architecte du roi, grand voyer de Touraine et directeur des fortifications de la ville, père du peintre renommé, Simon Françoys, fils et petit-fils d'architectes auxquels on doit les superbes flèches de la cathédrale Saint-Gatien. Le 1er avril 1591, en possession d'une copie enluminée et décorée, Bouguereau se présenta devant le corps de ville, pour lui exposer son intention de publier la carte de la province « taillée en cuivre par taille douce ». La municipalité décida « que pour reconnaître et soulager icelui Bouguereau de sa dépense et attendu l'utilité que pourra en recevoir le public, il lui sera accordé la somme de trente écus (1) ».

Bouguereau travaillait en même temps à se procurer les cartes des autres provinces. Mais laissons-le raconter lui-même la genèse de son atlas, dans son Épître au roi :

« Or est-il, Sire, que quand votre Majesté passa Loyre pour venir à Tours, j'avais fait graver la carte générale de France, et dès lors me déliberay de poursuivre les cartes particulières de tout le royaume ayant un graveur ordinaire à ma maison. Mais parce que l'entreprise sus-dite ne pouvait s'effectuer que par le moyen des hommes entendus ez mathématiques et géographie, j'entroy en difficulté, dont m'étant enquis à plusieurs hommes signalés des Provinces qui voyagent à la suite de vostre parlement de Paris, transféré à Tours, aucuns d'eulx, selon leur province, m'enseignaient ceux qui prenaient plaisir en ladite science ; auxquels promptement j'écrivais, qui voyant ma bonne volonté jointe à la leur, se sont efforcés d'illustrer leur patrie par démonstration d'icelle, comme de récente mémoire maître Jean du Temps, jurisconsulte et addonné à cet art pour l'illustration de votre comté de Bloys ; Maître Jean Fayen, médecin à Limoges, et excellent mathématicien et géographe, lequel n'a espargné pour le zelle et l'honneur qu'il a à sa patrie, despense ny temps, outre la sollicitude de son esprit pour rendre parfaite la Charte de votre vicomté de Lymoges ; et encore Maître Isaac François, voyer en ce pays, pour votre fidelle duché de Touraine. Pendant le temps et sollicitude desquels, j'ai reprins ce que les Flamands avoyent tiré de nos géographes français et employé avec ce que j'ay peu recouvrir d'autres provinces. Or de cet amas, mon dessein a toujours esté de dresser le théâtre des provinces particulières. »

Henri IV, dont l'esprit était ouvert à toutes les nobles entreprises, par lettres datées de Tours le 12 juin 1591, accorda à l'imprimeur le privilège « de faire tailler en cuivre ou taille-douce et en bois toutes les cartes particulières de notre royaume et icelles imprimer ou faire imprimer...

(1) Archives de la Mairie de Tours, *Reg. des délib.*, t. XXV.

icelles croistre ou appetisser, corriger et augmenter en telle grandeur et forme qu'il verra bon estre ».

Bouguereau poussa activement le travail, et l'Atlas parut en 1594. Ce fut un véritable événement que l'apparition de ce recueil national. A ce sujet, Bouguereau lui-même, qui se plaisait à emprunter tour à tour la langue de la prose et de la poésie, disait au roi avec une légitime fierté :

> Étant ainsi conçu en des temps pleins d'angoisses
> Il naît en temps de paix, ès jours de ta liesse.

L'éditeur fit précéder l'ouvrage de plusieurs dédicaces : au roi, dont il reproduisait le portrait par Thomas de Leu (1) ; au corps de ville, auquel il déclare qu'il a voulu « honorer sa patrie de cet art de taille douce » ; au public tourangeau, auquel il dit :

> Regarde tes honneurs, regarde tes remparts,
> Contemple ce biffront, portaux et boullevars,
> Et qu'en France n'y a aulcune qui t'excelle ;

à de Souvré, gouverneur et lieutenant général de Touraine ; — enfin au maire, François Maille, seigneur de Valesne et de Montigny, qu'il loue de prendre « plaisir singulier aux lettres, signalément à la géographie, » non sans ajouter : « Or est-il que depuis deux ans j'ai commencé à faire graver les cartes particulières de nos voisins. » Cette dernière dédicace porte : « A Tours, le 25 février 1592, M. Bouguereau. »

L'Atlas, publié au mois d'octobre 1594, fut présenté par Bouguereau lui-même à la municipalité. Une délibération du 12 juillet 1595 proclame que « en reconnaissance du grand labeur employé par lui, et afin de lui donner moyen de supporter la despense qui lui a convenu faire pour rendre l'impression et exécution dudit livre à la perfection, il lui sera fait don de douze écus, et son livre sera mis au trésor des chartes de la ville (2) ». L'Atlas, de format in-folio, parut avec le titre « *Le théâtre Francoys*. A Tours, par Maurice Bouguereau, imprimeur et libraire demeurant en la rue de la Scellerie, devant la Trinité 1594. » A la page suivante, dans un frontispice orné de quatre figures symboliques avec les armes de France et de Navarre, on lit : « Le Théâtre Francoys, au roy, à Tours, chez Maurice Bouguereau, libraire, tenant boutique à la petite fontaine du carroy de Beaulne. »

L'ouvrage, imprimé en caractères soignés, renferme dix-huit cartes, dont les unes occupent une page, et les autres deux pages ; elles sont accompagnées de notices sur chaque province, dont maints détails empruntés à la *Cosmographie* de Belleforest (1575), ont été d'ailleurs complétés par

---

(1) M. Giraudet a eu tort de dire que ce portrait a été « gravé par Bouguereau » ; celui-ci n'a fait que le tirer, ainsi que l'indique la légende : « *Thomas de Leu fecit. Mauricius Bouguercaldus Tur. excud.* »

(2) *Rég. des délib.*, t. XXII.

des indications intéressantes sur l'état de chaque contrée sous le règne de Henri IV. A cette époque, on empruntait facilement à autrui le bénéfice d'une œuvre déjà publiée, surtout quand il s'agissait, selon la pensée même de Bouguereau, de reprendre « ce que les géographes flamands avoyent tiré de nos géographes français ». Aussi l'Atlas de Bouguereau se compose-t-il de plusieurs cartes déjà publiées, et d'autres cartes dessinées et gravées spécialement pour son ouvrage. En particulier les cartes de France, au nombre de quatre, sont empruntées à des publications antérieures, savoir à Postel, à Jolivet, à Plancius (1), avec une réduction de la carte de Mercator de 1585.

Notre intention n'est pas de faire ici une étude détaillée de cet atlas (2). Nous nous bornerons, en suivant l'ordre des cartes d'après l'exemplaire de la bibliothèque de Tours, à relever les légendes relatives à l'imprimeur, au dessinateur et au graveur.

1º France (1/2 page), sans date ni nom d'auteur et d'imprimeur.

2º France (2 pages), à l'angle droit « *Guilielmus Postel describebat Augustæ Turonum, in ædibus Mauricii Boguercaldi* ».

3º Picardie (2 p.), dans un cartouche « *Johanne Surhonio auctore, Cæsaroduni Turonum in ædibus Mauricii Boguerealdi, cum privilegio regis, 1592* ».

4º Boulonais et Calesis (1 p.), pas d'indication.

5º Vermandois (1 p.), « *Joanne Surhonio auctore, Cæsaroduni Turonum, in ædibus Mauricii Boguerealdi, cum privilegio re. 1592* ».

6º Dauphiné, Languedoc, Gascogne et Saintonge (2 p.), « *Cæsaroduni Turonum, in ædibus Mauricii Boguerealdi, cum privilegio regis, 1593* ».

7º Bourgogne (2 p.), « *Cæsaroduni Turonum in ædibus Mauricii Boguerealdi* ».

8º Lorraine septentrionale (2 p.), « id., *cum privilegio regis, 1593* ».

9º Lorraine méridionale (2 p.), « id., *Boguerealdi* ».

10º Berry (1 p.), en tête : « *Regiones Biturigum exactiss. descriptio per D. Joannem Calamæum. C. T.* » ; en bas : « *Augustæ Turonum in ædibus Mauricii Boguerealdi cum privilegio* ».

11º Auvergne (1 p.), « *Gabriele Symeoneo auct* ».

12º Limousin, avec une vue de Limoges (2 p.), en haut à gauche : « *Novissima et fidissima descriptio auct. Jo. Fayano M. L. Cæsaroduni Turonum in ædibus Mauricii Boguarealdi anno 1594 C. T. F.* » ; au bas, six vers de Joachim Blanchot dans lesquels Fayen est dit l' « Archimède » de Limoges : en haut à gauche, un plan de Limoges ; en bas, une dédicace latine de

(1) La légende de celle-ci porte : « Cæsaroduni Turonum, in ædibus Mauricii Boguerealdi, cum privilegio regis 1593. »

(2) M. Drapeyron, dont on connaît le savoir et le zèle pour tout ce qui touche la géographie, en a fait un examen approfondi qu'il a publié dans le *Bulletin de géographie historique et descriptive*, Paris, Leroux, 1890.

Fayen au duc de Vantadour, signée « Lemovicæ, 4· id. Febr. An. 1594 ».

13° Poitou (2 p.), dans un élégant cartouche à droite : « *Auctore nobili Dno Petro Rogiero pictone, regiæ m^{tis} galliæ consiliario, etc., Augustæ Turonum in ædibus Mauricii Boguerealdi.* »

14° Blésois (2 p.), en bas à gauche : « Avec privilège du roy, 1591, C. T. F. » ; à droite : « *Joannes Temporarius faciebat Blesis, anno messiæ nati 1592, epochæ christianæ 1590, Cæsaroduni Turonum in ædibus Mauricii Boguerealdi.* »

15° Touraine. — Le notice qui précède la carte a pour titre « De la Touraine, de ses origines et fidélité, de sa juridiction et evesques, du parlement y transféré et des choses dignes de louange et remarques tant es mœurs des Tourangeaux que singularités du pays. » Carte (2 p.), à gauche en haut, les armes de la ville ; en bas, un joli cartouche où est la dédicace à « Mgr François de Maille, secrétaire du roy, seigneur de Valesnes et de Montigny, maire de Tours », qui, au dire de l'auteur, avant son « advènement au merat » désirait « voir au rancdes autres provinces la carte de Touraine ». La dédicace se termine par « A Tours, le 25 février 1592. M. Boguereau » ; et dessous : « C. T. »

A droite, en haut, est un cartouche dont le fronton contient les initiales du dessinateur, YY, avec φφ, et renferme la légende suivante :

« Topographia Augt Turo^is ducatus et confinium Galliæ
Celticæ sinu complectitur, cujus latitudo ab æqui-
noctiali versus arcticum ad 47 grad. 47 minut. porrigitur, longitudo vere ab occidente in
orientem ad 21 grad. 27 minut. extenditur
Ab Isaaco Frauco regio ædili nec non
in ea provincia viarum magistro perlu-
strata ac descripta. Anno domini 1592. »

En bas, on lit : « *Cæsaroduni Turonum Impensis Mauricii Boguerealdi cum privilegio regis ad decennium* 1592. » Il importe de remarquer la légende *Topographia Turonensis ducatus*, à laquelle nous reviendrons.

16° Maine (2 p.), en bas : « *Cæsaroduni Turonum, in ædibus Mauricii Boguerealdi. C. T. fecit.* »

17° Anjou (2 p.), en bas : « *Licinio Guyeto Andegavense auctore. C. T. F.* » ; dans la notice sur l'Anjou, Boguereau range parmi « les doctes et excellents personnages » de la province « Martial et Lezin Guyet, frères ».

18° Bretagne (2 p.), avec les armes de la province et les signes du zodiaque ; en bas : « *Cæsaroduni Turonum in ædibus Mauricii Boguerealdi.* »

Grâce à ces indications précises, nous connaissons l'imprimeur et les dessinateurs de l'Atlas, du moins pour la plupart des cartes. Ce n'est pas suffisant ; il importe de rechercher quel en est le graveur. Cette question, nous commençons par l'avouer, n'est pas sans offrir de difficulté.

Huit cartes — la France, la Picardie, le Berry, le Limousin, le Blésois,

la Touraine, le Maine et l'Anjou — sont signées des initiales C. T. entre-
lacées (1). Or quel est cet artiste ? Il paraît, au témoignage de Bouguereau,
qu'il était venu des Flandres dans la ville de Tours, alors le rendez-vous
de tous les arts. Dans sa dédicace aux lecteurs, l'éditeur écrit : « La bonne
volonté que j'ai eue d'illustrer ma patrie, lorsque cette ville de Tours était
en ce temps de troubles et de guerres civiles le refuge des gens de bien ;
s'adressa à moi un graveur flamand auquel, après avoir fait graver au
burin la carte de France, je fus lors stimulé de continuer le Théâtre Francoys et audit temps fait graver les autres cartes particulières des provinces. »
Bien que Bouguereau n'attribue explicitement au graveur flamand que la
carte de France, reproduction de celle de Plancius, cependant, comme les
autres portent la même signature du graveur, on doit en conclure que c'est
le même artiste qui a gravé les huit cartes. Nous faisons des vœux pour
qu'une circonstance favorable nous aide à découvrir le nom de cet habile
graveur, dont nous connaissons exactement les initiales.

Nous ajouterons un mot au sujet du dessinateur de la carte de Touraine.
S'il faut en croire Chalmel, Isaac François aurait fait imprimer chez
Bouguereau, en 1592, « un ouvrage intitulé *Topographie du pays et duché
de Touraine* », avec une carte et des notes (2) ; assertion reproduite par les
auteurs qui ont suivi (3). Or il est à remarquer qu'on ne rencontre ce
livre nulle part, pas même à la Bibliothèque nationale. Aussi, pensons-
nous qu'il y a là une méprise causée par le titre même de la carte, dessinée par Isaac François : « *Topographia Turonensis ducatus* ». Il paraît
probable que le grand voyer n'a jamais publié d'autre travail chez
Bouguereau.

Si nous avions à apprécier l'Atlas de l'imprimeur tourangeau, nous
ferions observer qu'il est assez loin de la rigueur topographique et de la
perfection de tirage de nos modernes Atlas. On y remarque quelques
erreurs du graveur, qui ont été insuffisamment grattées sur le cuivre. Les
montagnes sont dessinées d'une façon un peu arbitraire, et les fleuves ne
se distinguent pas assez des affluents par la largeur de leur lit : leurs
sinuosités ne sont qu'imparfaitement indiquées. Pourtant nous devons
reconnaître qu'il y a là un effort considérable et vraiment digne d'éloges ;
nous ne faisons qu'être justes en payant un large tribut de gratitude à

---

(1) M. Drapeyron a été victime d'une distraction lorsqu'il a déclaré que cet artiste a
gravé seulement quatre cartes : « la France de Plancius, les cartes de Touraine, du
Blésois et du Limousin » ; et surtout lorsqu'il ajoute « il les signe de ses initiales J. G.
fecit. » *Bulletin de géographie historique et descriptive, loc. cit.*, p. 20. De son côté
le Dr Giraudet (*les Artistes Tourangeaux*, p. 186) a écrit au sujet de la carte de Touraine : « Jehan Leclerc, maître tailleur d'histoires, réfugié à Tours, à la suite de Henri
et de sa cour (1589-94), fut chargé de graver sur cuivre le plan, sous la direction de son
auteur ». Nous n'avons eu aucune connaissance de ce nom qui s'accorde mal avec la
signature de la carte telle que nous l'avons reconnue.
(2) *Tablettes chronologiques de Touraine*, p. 265-6.
(3) Giraudet, *Histoire de Tours* ; Drapeyron, *loc. cit.*

Bouguereau et à ses collaborateurs pour cette œuvre éminemment française, qui a été le point de départ de travaux dont nous avons le droit d'être fiers.

La Bibliothèque nationale renferme un bel exemplaire de l'Atlas, avec reliure de parchemin blanc, semé de fleurs de lis, aux armes de France et de Navarre. Peut-être est-ce celui-là même que l'imprimeur a offert à Henri IV. La bibliothèque de Tours possède un exemplaire ayant appartenu à André Salmon, auquel il manque quelques feuillets, notamment le portrait de Henri IV, la petite carte de France, ainsi que la carte de France de Plancius (1).

La carte de Touraine par Isaac Françoys a été rééditée à diverses reprises, avec ou sans la légende. La bibliothèque de Tours renferme plusieurs exemplaires qui ne portent pas les initiales du graveur, et dont l'un a été imprimé à Amsterdam, chez Guillaume et Jean Blaeu. La Hollande, du reste, continua de fournir la France de cartes ; et, en ce qui concerne la Touraine, on possède, pour le xviie siècle, celles de Judocus Hondius et de Jean Jansonius, imprimées à Amsterdam. On peut y ajouter celle de D. Tassin, en 1635. En 1762, parut la « carte du diocèse de Tours, par M. Robert de Vaugondy, dédiée à Mgr de Fleuri, archevêque de Tours, par S. T. H. S. F. L. » On lit, au bas, à gauche : « *Arwel inv et sculp* » et, à droite, « gravé par Dussy ». Cette carte est insérée en tête de l'Almanach historique de Touraine pour 1767.

Faisons remarquer, en même temps, que c'est aussi à la Hollande que l'on doit la Vue de Tours la plus remarquable et la plus considérable. Ce monument de premier ordre, qui n'a pas moins de 2 m. 15 c. de longueur en quatre morceaux, a pour titre « *Turo antiquissima Gallorum civitas vulgo Tours* » ; il a été gravé et imprimé à Amsterdam et est signé « *Amstelodami, sumptibus Henrici Hondii.* » On en voit un bel exemplaire à la bibliothèque de Tours, qui possède également d'autres vues gravées de la ville, mais de dimensions réduites.

Si nous n'avions déjà dépassé les limites que nous nous sommes prescrites, il nous resterait à étudier les cartes et les plans d'ensemble ou de détail qui ont été relevés, au xviiie siècle, par les géomètres, et qui se voient à la bibliothèque communale de Tours et aux archives départementales. Qu'il me suffise de citer les noms des Fouquet, des Beaupied, des Lesourd, des Chapuisay, des Guyot, des Delussay, et surtout de Cassas. Ce dernier, qualifié « architecte et géomètre en 1749 », fut le père du célèbre Louis Cassas, né à Azay-le-Féron en 1756, dont les riches portefeuilles abondent de vues pittoresques des contrées de l'Orient, aussi bien que de l'Occident.

Au xixe siècle, le mouvement géographique a pris une importance con-

(1) Bibl. de Tours, no 2539.

sidérable, dont bénéficieront de plus en plus les diverses sciences qui sont l'honneur de l'esprit humain et l'un des principaux facteurs de la civilisation. Pour ce qui est de la Touraine, l'essor de la géographie a été particulièrement favorisé par les essais de la Société d'Agriculture, sciences et arts, fondée le 21 prairial, an VII ; par les excellents travaux de la Société Archéologique, établie en 1840 (1) ; et, plus près de nous, par la Société de Géographie, dont il ne m'appartient pas de retracer les utiles services.

Arrêtons-nous. Ce que nous nous sommes proposé, c'est de montrer, à grands traits, la place que la Touraine a occupée, aux diverses époques, dans le mouvement géographique. Noblesse oblige. Pour demeurer digne d'elle-même et de son passé, elle voit dès lors la tâche féconde qui lui incombe dans le présent et dans l'avenir. Nous sommes sûrs qu'elle ne faillira pas à son devoir. (*Applaudissements.*)

M. le Président. — Les applaudissements qui viennent de saluer la communication de M. l'abbé Bossebœuf témoignent de l'intérêt que chacun de nous a éprouvé à la lecture de ce savant travail. dont le congrès tirera le meilleur profit. (*Très bien ! très bien ! et applaudissements.*)

Communication sur l'exposition internationale de géographie et d'archéologie préhistorique à Moscou, en 1892.

M. le Président. — Messieurs, il y a deux ans et demi, un éminent explorateur était aux prises avec la mort dans le Pamir chinois, par 4,000 mètres d'altitude et 22 degrés de froid, dans la neige, sans tente et sans abri. Néanmoins, à peine en convalescence, avec une énergie sans pareille, il poursuivait la mission qu'il s'était tracée et, après avoir franchi les monts Célestes et reconnu le lac Issi-Koul, il revenait vers Samarcande par le Tchoui et le Syr-Daria, traçant ainsi sur le livre d'or des explorations asiatiques un itinéraire mémorable entre tous.

Cet explorateur est M. Edouard Blanc (*vifs applaudissements*) ici présent.

(1) Voir en particulier : Mabile, *Topographie et divisions territoriales* de la Touraine ; de la Ponce. *Géographie de la Touraine ;* abbé Chevalier, *Études sur la Touraine et promenades;* de Busserolles, *Dictionnaire géographique d'Indre-et-Loire,* en 6 volumes, qui abondent en renseignements. Longtemps avant, la voie avait été ouverte par Dufour, *Dictionnaire de l'arrondissement de Loches.*

Aujourd'hui, il va nous conduire simplement à l'exposition de Moscou, réservant pour plus tard le récit de son épopée pamirienne. Et j'ai hâte de lui donner la parole, afin de le suivre avec vous et de démontrer *in anima nobili* que ceux-là mentent qui disent que les revenants n'existent pas. (*Rires et applaudissements.*)

M. Edouard Blanc. — Mesdames, messieurs, l'année dernière a eu lieu à Moscou une exposition internationale de géographie et d'archéologie préhistorique. Cette exposition n'a pas fait jusqu'à présent beaucoup de bruit en France ; peu de personnes, même parmi les géographes, savent ce qui s'y est passé.

J'ai eu l'honneur d'être le délégué français à cette exposition, ainsi qu'aux deux Congrès scientifiques qui l'ont accompagnée, et j'ai pensé qu'il ne serait peut-être pas sans intérêt d'indiquer à notre Congrès, d'une façon sommaire, ce qu'était cette exposition.

L'exposition de Moscou étant internationale, la France est, comme les autres nations, intéressée à savoir ce qui s'y est passé ; d'autre part, les différentes questions qui y ont été traitées, même au point de vue particulièrement russe, peuvent avoir une certaine actualité et dans tous les cas intéressent la géographie en général. Je vous demande donc la permission de vous rendre compte très sommairement de cette exposition.

Les deux Congrès auxquels l'exposition de Moscou était liée étaient consacrés, l'un à la zoologie, l'autre à l'anthropologie ; on avait associé à cette dernière l'archéologie préhistorique, ces deux sciences qui touchent de près à la géographie et en deviennent de plus en plus les annexes.

A ces deux Congrès, la France était représentée par un certain nombre de délégués envoyés non par des sociétés de géographie, mais par diverses sociétés savantes s'occupant de zoologie ou d'archéologie. Ces délégués ont publié dans des recueils spéciaux le compte rendu des travaux des Congrès. De plus, le gouvernement russe a fait publier avec les plus grands détails les actes de ces congrès, ainsi que beaucoup de travaux considérables qui avaient été déposés sur leurs bureaux et que leur importance même n'avait pas permis de lire *in extenso* dans les séances.

Je ne reviendrai donc pas sur ce qui s'est dit et fait dans ces deux Congrès et je n'entreprendrai pas d'en rendre compte.

Je me bornerai à vous signaler deux faits qui les concernent et qui peuvent avoir leur intérêt pour notre assemblée.

Le premier point à signaler, c'est l'ampleur toujours croissante qu'a prise la géographie zoologique en général. Les questions de distribution géographique des espèces, celles qui touchent à la constitution des faunes locales et à leurs relations mutuelles, questions considérées naguère encore comme accessoires, ont eu un grand développement et tendent à devenir pour ainsi dire la partie la plus importante de la zoologie.

Un second point notable pour nous, c'est l'adoption par le Congrès de Zoologie, pour l'orthographe internationale des mots latins dans la nomenclature, de règles dérivées de celles qui ont été déjà admises en cartographie pour les noms géographiques, règles dont l'initiative remonte, comme on le sait, à la Société de géographie de Paris.

Cette question de l'orthographe internationale des noms géographiques a été traitée au Congrès de Berne il y a deux ans : je ne rappellerai pas les décisions qui ont été prises à cette époque. Vous savez que des con cessions mutuelles ont été faites par les différents pays et que l'orthographe française a prévalu dans la majorité des cas.

En somme, l'orthographe géographique qui tend à prévaloir est celle-ci : Tous les noms de localités situées dans les pays qui font usage de l'alphabet latin seront écrits avec l'orthographe que leur donnent les habitants de ces pays. Dans les pays qui n'ont pas l'alphabet latin, on transcrira en lettres latines suivant l'orthographe phonétique, comme l'a admis le Congrès de Berne. On admet toutefois pour certains sons l'emploi des signes *sh*, *w*, et *u*, d'une façon qui s'écarte de la transcription française, laquelle est suivie dans presque tous les autres cas.

Au congrès de Moscou, cette question a été de nouveau discutée. Il semblait qu'il n'y eût pas lieu à controverse, attendu qu'il s'agissait de la nomenclature zoologique et de noms latins. Il semblait donc, à première vue, qu'il n'y eût qu'à appliquer purement et simplement l'orthograph e latine. Mais beaucoup de noms de genres ou d'espèces, latinisés par la zoologie, ont pour racines des noms de localités ou des noms de personnes appartenant à toutes les nations du monde. Comment les écrire en latin ? On s'est reporté aux règles admises par le congrès international de géographie, et l'on a été tout naturellement conduit à introduire dans l'écriture latine une nouvelle convention, celle des lettres *sh* et *w*, pour traduire les sons qu'en français nous écrivons *ch* et *ou*. En effet, comme l'a fait remarquer avec beaucoup de justesse le délégué suédois, le premier de ces sons n'existait pas en latin. Le *ch* latin traduit le son *k*. De là nécessité d'un nouveau signe, pour traduire *ch* français, le *sh* anglais, et le *sch* allemand, ainsi que les lettres similaires des autres alphabets. On a adopté le signe *sh*, emprunté à l'Angleterre. Les latins ne connaissaient pas le son *u*. Mais l'*u* de l'alphabet latin ayant été conservé pour rendre ce son, on a été conduit à chercher un nouveau signe pour rendre le son *ou*, surtout employé comme consonne, et on a pris le *w* déjà admis en géographie.

Le Congrès de zoologie a donc suivi, en somme, d'une façon aussi complète que possible, les conventions dont font déjà usage les géographes.

L'exposition de géographie s'est tenue dans le palais historique de Moscou, le monument le plus intéressant du Moscou moderne. C'est un énorme bâtiment, qui n'est pas encore achevé, et dans lequel on accumule tous les souvenirs et documents historiques antérieurs à l'époque de Pierre le Grand.

Comme vous le savez, messieurs, Pierre le Grand avait emprunté à l'Allemagne et à la Hollande une civilisation qui a fait faire à la Russie, en une seule étape, un progrès considérable et surtout immédiat, la mettant d'emblée en état de prendre place dans le concert des nations européennes.

Mais, ceci admis une fois pour toutes, peut-être a-t-on trop perdu de vue, depuis lors, les rudiments de civilisation autonome qui existaient en Russie avant cette époque, rudiments dont quelques-uns au moins pouvaient être féconds.

Aussi, dans ces dernières années, un mouvement de réaction s'est-il produit. C'est dans cet esprit que les Russes ont notamment cherché avec patience à reconstituer tous les éléments de leur ancienne civilisation et de leur ancienne histoire, si mal connue.

Ces documents, que l'on a été recueillir dans toutes les parties de l'empire russe, on les a réunis dans ce palais historique de Moscou, dont les proportions sont colossales. C'est une mine inépuisable pour les ethnographes comme pour les artistes et les historiens.

C'est là que s'est tenue l'exposition de géographie.

Les cartes d'état-major des différentes nations de l'Europe qui, dans ces dernières années, ont rivalisé d'efforts pour donner à leur topographie militaire, tant dans les métropoles que dans leurs colonies, tout le développement possible, et qui ont travaillé sans cesse, avec toute l'activité et le zèle que l'on sait, à perfectionner constamment leur outillage, leurs méthodes et leurs procédés pour la représentation du terrain, devaient nécessairement figurer à l'exposition de Moscou.

Au point de vue de la topographie générale et de la géographie moderne, c'est à ces cartes dressées par les états-majors des armées de terre et de mer que revient sans conteste la première place, car le monument géographique construit depuis un siècle et surtout depuis un quart de siècle par les services d'état-major des diverses nations est dès à présent hors de pair, et l'œuvre cartographique d'aucun particulier ne saurait arriver à l'égaler.

Mais le manque de place, ainsi que le peu de nouveauté de la matière, déjà connue du public par les expositions précédentes et de tous les spécialistes par l'usage journalier qu'ils en font, ont conduit les organisateurs de l'exposition de Moscou à ne pas entreprendre de nous montrer l'immense ensemble de ces cartes et à ne les faire figurer que par des échantillons restreints comme dimensions et choisis parmi ceux qui représentent le dernier mot des progrès réalisés par les états-majors de chaque pays, aussi bien sous le rapport de la précision du levé que sous celui de la perfection typographique.

Il est certain que l'œuvre incomparable exécutée par les services géographiques militaires des diverses nations de l'ancien et du nouveau monde aurait mérité, dans une exposition géographique universelle, de tenir le premier rang et d'être développée et admirée dans tous ses détails. Mais, si l'on avait voulu mettre sous les yeux des visiteurs l'ensemble de cette œuvre magistrale, il aurait fallu pour chaque nation un bâtiment entier. Le Comité d'organisation l'a compris, et il s'est borné à rappeler ces cartes par de simples extraits, permettant d'en faire la comparaison, pour laisser la place à d'autres documents plus nouveaux et moins connus.

Je n'entreprendrai pas de faire ici le parallèle entre les œuvres cartographiques des états-majors des différentes nations. Cette question a fait l'objet d'assez de controverses techniques. a été traitée spécialement et à fond, à diverses reprises, d'une façon trop compétente et trop circonstanciée, pour que j'y revienne dans un compte rendu qui ne peut être qu'un aperçu général de l'exposition.

Je dirai seulement pour répondre à la première question qui soit tout indiquée dans notre congrès national, que la cartographie militaire française faisait fort bonne figure à côté de celle des autres pays. Si certaines cartes anglaises, gravées à grands frais. paraissaient l'emporter sur les nôtres par la finesse et la perfection de la gravure, ou par la netteté apparente du dessin, certainement les cartes françaises leur étaient supérieures par la précision du levé et par le caractère mathématique des méthodes de représentation du terrain.

Il en est de même pour les comparaisons avec les autres nations de l'Europe. Si les cartes militaires de certaines d'entre elles l'emportent par quelques côtés sur les cartes françaises, elles sont incontestablement inférieures sous d'autres rapports, et nous pouvons, en somme, nous féliciter du résultat final.

Le seul point sur lequel la cartographie militaire française s'est montrée, non pas au-dessous, — car nous pourrons faire tout aussi bien quand nous voudrons, et nous avons déjà fait aussi bien, — mais en arrière de certains autres pays. c'est en ce qui concerne les cartes à grande échelle, avec courbes de niveau exactes. cartes moins utiles encore au point de vue stratégique que pour les avant-projets de presque tous les travaux publics.

Certes, l'excellente carte en quatre couleurs. au $\frac{1}{20000}$, dressée par notre génie militaire et qui occupait à l'exposition de Moscou une place d'honneur. ne le cède en rien ni pour la clarté. ni pour l'exactitude. ni pour la perfection typographique, à ce que nos voisins ont produit de mieux dans le même genre. Mais cette carte n'existe encore que pour les environs de Paris et les environs immédiats de quelques places fortes.

Nous ne possédons rien en France jusqu'à présent, qui puisse soutenir la comparaison avec la belle carte d'Alsace-Lorraine au $\frac{1}{25000}$, dressée par les Allemands, ni avec les cartes suisses aux échelles analogues.

Notre outillage technique nous permettrait dès à présent de combler cette lacune, et notre matériel cartographique militaire, complété par les plans de notre cadastre et par les travaux si précis et si admirables que poursuit, depuis des années, le service du nivellement général de la France, est à même d'exécuter, quand nous le voudrons, une carte générale de notre pays à grande échelle.

Cette question est une de celles qui doivent être traitées dans notre Congrès.

En ce qui concerne l'ensemble de l'œuvre cartographique de l'état-major russe, un coup d'œil jeté sur la superficie territoriale à laquelle cette œuvre s'applique, comparativement à la surface qu'occupent sur le globe les territoires des autres nations, suffit pour en faire deviner d'avance les côtés faibles. On n'a pu appliquer au levé et à la représentation de chaque hectare de terrain ni le temps ni la dépense qu'on y aurait affectés dans d'autres pays.

En regard de ces côtés nécessairement sacrifiés, l'œuvre a des qualités remarquables qui résultent de l'habileté et de la justesse de vues du service qui a dirigé son exécution.

L'immense étendue de l'empire russe, le peu de densité de la population et le peu de valeur du terrain, enfin les limites budgétaires des crédits affectés aux cartes empêchaient d'adopter certaines échelles ou de rechercher certains perfectionnements typographiques applicables à des pays plus petits et plus peuplés, comme la Suisse et la Belgique. D'autre part, le peu d'importance des accidents orographiques du sol, du moins dans toute la partie européenne du territoire russe, rendait inapplicables ou inutiles certains procédés de représentation du relief.

Aussi l'état-major russe n'a-t-il pas cherché à doter le pays d'une carte rurale, ayant toutes les qualités de précision et de clarté que possèdent les cartes similaires de certaines autres contrées ; la portion centrale de l'empire, domaine incontesté de la nation, est moins bien figurée et moins détaillée que ne le sont les territoires d'autres États européens.

Les détails à relever n'ont pas, d'ailleurs, la même importance, et, si l'on avait voulu appliquer à l'immense territoire russe les méthodes minutieuses et précises qui ont pu être employées dans des pays comme la France, il se serait écoulé des siècles avant que l'œuvre fût achevée.

L'état-major général a porté vers les frontières, vers les parties périphériques du vaste empire russe, tout son effort et tous ses soins, laissant l'intérieur du pays représenté par des cartes suffisantes pour les besoins actuels.

Les cartes du Caucase, des diverses parties du Turkestan et des pays limitrophes, celles de la frontière de Chine, celles de la Transcaspienne

et de diverses parties de la Sibérie, sont à cet égard de véritables mer
veilles, surtout si l'on tient compte des énormes difficultés naturelles
que présentait le terrain des contrées dont il s'agit. L'énumération en
serait trop longue ; elle remplit le volumineux catalogue des publications
du service géographique de l'armée russe.

Je vous demande pardon, messieurs, d'entrer dans des détails aussi circonstanciés sur des questions un peu spéciales peut-être. (*Parlez ! parlez !*)
Mais nous sommes très peu renseignés en France sur l'état d'avancement
de la cartographie russe. L'exposition de Moscou nous a fourni l'occasion
d'examiner et d'apprécier cette œuvre dans son ensemble, et je crois qu'il
n'est pas sans intérêt de la faire connaître dans un Congrès comme celui
qui siège en ce moment à Tours.

L'un des points les plus intéressants, sinon même le plus intéressant,
de ceux qui s'imposaient immédiatement à l'attention des géographes
parmi toutes les matières de l'exposition, c'était la série des explorations
nouvelles.

Sous ce rapport, le gouvernement russe paraît s'être préoccupé de donner l'aperçu des recherches de ses savants dans les pays sur lesquels il a
le plus récemment étendu sa domination et aussi de faire l'inventaire de
ses conquêtes futures en Asie, bien plutôt que de réunir sous les yeux des
visiteurs le bilan complet des découvertes faites par les explorateurs les
plus célèbres des différentes nations, dans les diverses parties du globe.

A ce point de vue, celui de leurs conquêtes futures, une chose est bien
digne de remarque, c'est l'activité avec laquelle les Russes étudient et
relèvent, jusqu'à une immense distance de leurs frontières actuelles, au
milieu des difficultés naturelles les plus grandes, les pays qu'ils considèrent comme devant rentrer un jour dans leur sphère d'action.

Les Russes, dans leur marche conquérante si rapide à travers cette Asie,
dont ils possèdent maintenant la majeure partie, ont toujours été, non pas
suivis, mais précédés par des cartes qui, assurément, n'étaient ni complètes ni absolument exactes, mais qui étaient cependant suffisantes pour
leur donner les plus précieux renseignements stratégiques et qui, au point
de vue de l'exactitude, ne le cédaient en rien aux premières cartes que les
Français arrivent péniblement à établir dans leurs colonies, bien longtemps après l'occupation de leurs nouvelles acquisitions territoriales.

Ces cartes de l'Asie, établies avec une vitesse qui tient du prodige, sans
bruit, sans éclat, dans des pays qui, politiquement, n'appartiennent
même pas à la Russie et qui, aux yeux des peuples d'Occident, semblent
devoir exiger bien des années avant de cesser d'être impénétrables, font
le plus grand honneur à l'audace et au savoir des explorateurs russes, à
l'intelligence, à l'activité, à l'habileté et à la clairvoyance des cartographes de l'état-major. (*Applaudissements.*)

Quant à nous, nous n'avons pas même encore, je ne dirai pas une bonne carte, mais une carte convenable de l'Algérie. La carte au $\frac{1}{50000}$, qui est excellente, ne donne encore qu'une partie voisine du littoral, elle se poursuit très lentement, et nous n'avons pas même une carte au $\frac{1}{400000}$, à peu près exacte, de l'ensemble de l'Algérie. Les Russes, dont les possessions sont plus étendues et plus lointaines, sont plus avancés que nous sous ce rapport.

Les organisateurs de l'Exposition de Moscou, avons-nous dit, ont laissé de côté la plupart des grandes explorations devenues classiques dans les autres parties du monde, pour ne montrer en détail que les résultats des explorations faites par les voyageurs et les savants russes. Ces recherches et ces voyages sont spéciaux à l'Asie.

Ce n'est pas à nous de nous en plaindre, car nous connaissons toutes les œuvres accomplies par les explorateurs dans le continent noir, ainsi qu'en Amérique et en Australie, et nous sommes bien moins au courant des dernières découvertes faites dans la partie centrale de l'Asie.

Il aurait été bien difficile, d'ailleurs, pour ne pas dire impossible, de centraliser dans une ville aussi éloignée que Moscou des autres capitales de l'Europe les documents réunis par tous les grands explorateurs des diverses nations. Le résultat n'en aurait pas valu la dépense.

Le gouvernement russe a libéralement couvert les dépenses nécessaires pour représenter dignement à Moscou les œuvres de ses explorateurs. En l'absence de toute subvention et de tout crédit spécial de leurs gouvernements respectifs, les explorateurs étrangers ont dû presque tous s'abstenir. Ce sont donc exclusivement les explorateurs russes, qui ont figuré à Moscou, et c'est par les soins du ministère de la guerre qu'ont été présentées les œuvres des principaux d'entre eux.

Chaque expédition avait son exposition spéciale, où elle était représentée par des documents de premier ordre pour les géographes : le général Prjéwalsky, son continuateur le colonel Piertzoff, le lieutenant-colonel Poutiata, le capitaine — aujourd'hui lieutenant-colonel — Groumbtchersky, le lieutenant-colonel Webel, les frères Groum-Grgimaïlo, sans parler des nombreux savants dont les itinéraires ont été moins lointains et les découvertes moins vastes ou moins éclatantes, mais non moins intéressantes ni moins méritoires, ont constitué au cours de ces dernières années, une brillante pléiade de voyageurs russes, qui ont accompli dans le continent asiatique une tâche scientifique analogue à celle que les voyageurs français, anglais, allemands, portugais, italiens et belges ont menée à bien en Afrique.

Chacun des explorateurs précités avait à Moscou son compartiment spécial, riche en révélations nouvelles pour tous ceux qu'intéressent le progrès de la découverte du globe. A cette exposition était même annexée une pièce bien curieuse, une carte de la Corée à grande échelle, en

22 feuilles, dressée et dessinée par les Coréens et rapportée en 1889 par le lieutenant-colonel Webel.

Le Ministère de la guerre, le mieux outillé de tous les services publics au point de vue des travaux géographiques, était celui qui tenait, à l'exposition de Moscou, la place la plus considérable.

Je n'entrerai pas dans le détail des nombreux travaux et documents présentés par ce ministère. J'ai déjà indiqué tout à l'heure les traits caractéristiques de l'ensemble de son œuvre.

Dans l'Exposition du ministère des Domaines, moins importante, mais pourtant fort belle encore, je me bornerai à citer les cartes et plans indiquant la marche des opérations d'assèchement des marais entreprises dans la Russie centrale par le général Jilinsky. Les marais situés dans le haut bassin du Dnieper, surtout dans le bassin du Pripiat, occupent une superficie égale à celle de la France entière ; leur desséchement constitue un problème géographique dont nous n'avons pas l'équivalent dans nos pays. A cet égard, l'œuvre du général Jilinsky est aussi remarquable par la perfection du détail, que par la précision minutieuse des nivellements.

Si, en ce qui concerne les documents nouveaux, les explorations, les services locaux, en un mot ce que l'on peut appeler la géographie analytique, l'exposition de Moscou n'a eu qu'un caractère national ou local, plutôt qu'international, en revanche, au point de vue de la géographie descriptive générale, celle que l'on peut appeler synthétique, les documents exposés ont embrassé tous les pays du monde sans aucune exception ; c'est à ce titre que l'exposition géographique de Moscou mérite d'être considérée comme universelle, comme l'est d'ailleurs, dans son acception la plus large, la science à laquelle elle était consacrée.

La France y était dignement représentée, plus qu'aucun pays peut-être, et l'exposition nous a montré à côté de la *Géographie universelle* d'Elysée Reclus, le *Dictionnaire de géographie* de Vivien de Saint-Martin, la collection du *Tour du Monde*, qui aujourd'hui a passé en revue la totalité des pays du Globe.

J'indique seulement les pays qui avaient pris part à l'exposition : l'Angleterre, l'Allemagne, l'Autriche, les Etats-Unis, l'Italie, les Pays-Bas, la Turquie, la Serbie, la Suède et la Suisse.

Le groupement des objets exposés, quoique parfaitement clair et commode pour les visiteurs, n'a présenté rien de particulier qui mérite d'être spécialement signalé.

En dehors des neuf salles consacrées à l'exposition géographique proprement dite, deux autres salles qui les précédaient étaient affectées à l'exposition d'archéologie préhistorique.

Les collections, formées en majeure partie dans le Caucase, la Sibérie, le centre et le sud de la Russie, étaient remarquables par la beauté des objets qui les composaient, par leur nombre et par leur variété, comparée à l'uniformité des quelques types sur lesquels nos archéologues d'Occident ont eu, jusqu'à présent, à exercer leur sagacité.

On sait combien sont abondants et curieux les débris, bijoux, ustensiles et objets d'art divers, que nous ont livrés dans ces dernières années les *tumuli*, les ruines ou les sépultures du sud de la Russie et du Caucase.

Les diverses périodes de l'âge de pierre et de l'âge de bronze, beaucoup moins définies encore dans ces régions que dans l'Europe occidentale et, dans tous les cas, beaucoup plus prolongées vers les temps modernes, ont laissé des documents plus parfaits, plus variés et souvent plus artistiques que tout ce que nous connaissons en France.

D'un côté, ces objets de pierre et de métal se lient aux premiers tâtonnements des débuts les plus obscurs et les plus mystérieux de l'humanité; d'un autre, ils se rattachent par des transitions curieuses et difficiles à analyser aux spécimens si artistiques et si parfaits que l'art grec et l'art romain ont semés autour du Pont-Euxin, dans la Tauride et dans toute la partie du sud de la Russie qui formait ou avoisinait l'ancien royaume du Bosphore cimmérien. Par d'autres côtés, ils se continuent dans certaines régions telles que le Caucase, jusqu'au moyen âge, ou dans d'autres, comme la Sibérie, jusqu'aux temps modernes, et se relient aux anciens monuments, si nombreux et si étranges, des civilisations georgiennes, arméniennes, ainsi qu'à ceux d'autres civilisations barbares dont nous ne connaissons même pas les noms ni les enchaînements.

Dans le domaine de la statistique, comme dans celui de la cartographie, les envois faits par les divers services publics de l'empire russe constituaient, comme l'on pouvait s'y attendre, le principal noyau de l'exposition, car aujourd'hui la Géographie pure ou appliquée, ainsi que ses annexes, la météorologie, la statistique, la colonisation, touche à la fois à presque tous les rouages du gouvernement, comme elle touche à toutes les branches de la science, et il n'est guère d'administration publique où elle ne soit l'objet de travaux et d'études plus ou moins considérables.

Aussi tous les services publics avaient-ils tenu à honneur de participer, dans la limite de leurs ressorts respectifs, à enrichir une exposition qui mettait en valeur les grands progrès accomplis par eux et par leur pays au cours des dernières années.

Cependant de nombreux particuliers avaient également exposé leurs œuvres ou leurs collections, dont beaucoup présentaient un haut intérêt. On conçoit que je ne puisse entreprendre de les énumérer, malgré tout leur mérite. Je dirai seulement que leur nombre dépassait 700.

Pour compléter l'enseignement visuel donné par l'exposition, de nombreuses et remarquables conférences ont été faites soit par des exposants ou par les organisateurs des sections spéciales, soit par les savants les plus au courant des questions particulières que l'exposition mettait à l'ordre du jour.

Je signalerai en passant un fait qui m'a frappé. Bien que la Russie ne soit pas une puissance maritime ni coloniale, un grand nombre de sociétés privées se sont formées pour encourager l'expansion de la Russie dans des pays qui jusqu'à présent semblent n'avoir aucun lien avec elle. C'est ainsi que la Palestine était comprise à l'exposition dans le groupe des pays slaves. Dans ce groupe on avait placé également la Bulgarie, la Serbie, même Constantinople, qui sera peut-être un jour la grande capitale du panslavisme. Les documents concernant la Palestine étaient de premier ordre au point de vue descriptif.

En résumé, l'exposition géographique de Moscou a été parfaitement conçue, et, malgré son apparence peu bruyante et ses dimensions modestes, elle a mérité de fixer l'attention des géographes.

Si elle a passé un peu inaperçue dans notre pays, nous ne devons nous en prendre qu'à nous-mêmes et aux circonstances. Le choléra a éloigné de Moscou la plupart des visiteurs. Les délégués français qui ont assisté aux Congrès étaient pressés de partir pour divers motifs, dont les deux principaux étaient le Congrès de l'Association pour l'avancement des sciences, qui a eu lieu à Pau, et celui des Américanistes, qui s'est tenu en Espagne presque à la même époque. Aussi ont-ils quitté Moscou avant l'installation complète de l'exposition, de sorte que je suis resté presque seul étranger à pouvoir l'examiner dans tous ses détails.

Le Comité organisateur de l'exposition n'a pas prétendu et ne pouvait prétendre nous présenter la réunion de toutes les connaissances acquises jusqu'à présent par les sciences géographiques, ni de tout le matériel accumulé jusqu'à ce jour chez toutes les nations; mais il a su tirer de la situation le parti le plus utile et le meilleur, aussi bien au point de vue national russe qu'au point de vue scientifique.

Pour ce qui concerne en particulier l'exposition d'archéologie et d'anthropologie préhistoriques, on peut dire que ces deux sciences si intéressantes et si difficiles sont redevables d'un puissant concours au Congrès et à l'exposition archéologique de Moscou.

Limitées jusqu'ici à un champ très restreint, à un matériel documentaire peu varié, ces deux sciences ont fait un grand pas et ont conquis un champ d'études nouveau, pour ainsi dire illimité, à dater du jour où les paléontologistes et les archéologues ont porté leurs recherches dans l'Europe orientale et jusque dans les parties les plus reculées et les plus inhospitalières du continent asiatique. Les résultats de ces recherches ont été admirablement mis en lumière par le Congrès et l'exposition de Moscou; ils dépassent tout ce que pouvaient espérer les spécialistes de l'Europe occidentale.

A cet égard, le Congrès d'anthropologie et d'archéologie préhistoriques et l'exposition archéologique de Moscou marqueront un progrès considérable et pourront être le point de départ d'une ère nouvelle dans l'une des

branches des sciences géographiques, en même temps qu'ils nous montre-
ront des pages nouvelles dans les premiers chapitres, si obscurs, de l'histoire de l'humanité. (*Vifs applaudissements.*)

M. LE PRÉSIDENT. — Mon cher confrère, vous nous avez charmés,
intéressés et puissamment instruits. Trois fois donc merci au nom
de tous ceux qui vous ont écouté. (*Nouveaux applaudissements.*)

L'ordre du jour appelle la communication de M. Boutroue sur
l'Afrique avant le xve siècle.

La parole est à M. Boutroue.

M. BOUTROUE. — Monsieur le Président, je renonce à la parole.

La communication que doit faire M. le colonel Blanchot sur le
canal des deux Mers est trop importante pour que je veuille priver
l'assemblée du plaisir de l'entendre. (*Très bien ! très bien ! et applaudissements.*)

M. LE PRÉSIDENT. — L'abnégation est la plus rare et la plus méri-
toire des vertus. Je ne puis que remercier M. Boutroue de renoncer
à son tour de parole.

Et maintenant, pour me conformer à l'usage et pour obéir aux
instructions spéciales de la Société que je représente, je vais céder
le fauteuil de la présidence à M. le capitaine de vaisseau Marquer.
Mais, auparavant, permettez-moi, messieurs, de déposer sur le
bureau du Congrès deux ouvrages dont l'auteur est mon plus intime
ami. (*Rires et vifs applaudissements.*)

PRÉSIDENCE DE M. LE CAPITAINE DE VAISSEAU MARQUER

De l'opportunité du devoir qui pourrait incomber aux Sociétés de géographie d'appliquer la vulgarisation des sciences géographiques dans le grand public, en vue de l'éclairer sur les résultats à atteindre par les grandes entreprises ayant pour bases des considérations géographiques. (*Question proposée par la Société de géographie de Tours. — M. le colonel* BLANCHOT, *rapporteur.*)

M. LE PRÉSIDENT. — Puisque M. Boutroue a bien voulu céder son
tour, je donne la parole à M. le colonel Blanchot.

M. LE COLONEL BLANCHOT. — Mesdames, Messieurs, avant de vous entretenir du canal des Deux-Mers, je voudrais d'abord vous exposer l'état d'une question qui est ainsi formulée dans le programme des travaux du Congrès : « De l'opportunité du devoir qui pourrait incomber aux Sociétés de Géographie d'appliquer la vulgarisation des sciences géographiques dans le grand public, en vue de l'éclairer sur les résultats à atteindre par les grandes entreprises ayant pour bases des considérations géographiques. » Cette question me paraît du reste comporter la priorité sur celle relative au *Canal des Deux-Mers*, qui en deviendra la conséquence si vous voulez bien sanctionner les conclusions qu'elle demande.

Il serait inutile, je crois, d'entrer dans de longs développements pour montrer toute l'importance de cette question et pour faire saisir la pensée de celui qui l'a soumise au Congrès.

Depuis un certain nombre d'années, l'esprit humain s'est lancé dans l'exploitation du globe pour y trouver honneur, gloire et richesse. De grandes entreprises se créent de toutes parts. Pour les fonder, les soutenir et les faire réussir, un élément est indispensable, c'est l'argent, ce sont les capitaux. Une Société se constitue : qu'elle s'appelle d'abord Société d'étude, qu'elle devienne plus tard Société de construction, puis Société d'exploitation, elle est obligée dans tous les cas de s'adresser au public pour que celui-ci lui vienne en aide et lui permette de poursuivre son œuvre.

Comment les choses se passent-elles la plupart du temps ? Quelques personnes éclairées, convaincues, ayant foi dans le succès d'une entreprise, font miroiter aux yeux du grand public des merveilles, des richesses qui sont comme un rêve des *Mille et Une Nuits* ; ils lui demandent son argent en lui promettant, pour un avenir plus ou moins reculé, de gros intérêts, quelquefois la fortune.

Or le grand public ne peut pas généralement prendre des informations exactes sur la valeur réelle des promesses qui lui sont faites ; car la plupart des éléments lui manquent, et il ne sait même pas où les chercher ; car presque toutes les grandes entreprises ont pour base des considérations géographiques ou géologiques qui lui échappent. Aussi accepte-t-il, sans bénéfice d'inventaire, les propositions qui lui sont adressées et croit-il aux mirages qui lui sont présentés.

Il arrive malheureusement, sans qu'on puisse condamner la bonne foi de ceux qui ont conçu l'entreprise, que celle-ci ne réussit pas, que les espérances sont déçues, que tous les beaux projets qu'on avait rêvés glissent et s'évanouissent comme une étoile filante. Alors tout l'argent versé a disparu dans un gouffre.

Il appartient, à mon avis, aux Sociétés qui ont pour mission de poursuivre la divulgation des sciences géographiques, de faire de cette divulgation des applications pratiques et d'indiquer à ce grand public, qui ne peut se renseigner par lui-même, les chances de succès que peut avoir une entreprise qui a pour base les sciences géographiques, de lui en indiquer les avantages réels et les aléas qui peuvent se produire.

Alors, si le public, ainsi prévenu, continue à avoir confiance dans les promesses qui lui sont faites, il ne pourra s'en prendre qu'à lui-même s'il a mis son argent dans un sac percé. (*Rires et applaudissements.*)

Je demande donc au congrès de vouloir bien répondre ainsi à la question qui lui est soumise, à savoir qu'il appartient aux Sociétés de géographie de rechercher et de faire connaître les conditions dans lesquelles se présentent les grandes entreprises qui s'adressent au public et qui ont pour base des considérations géographiques.

Je rencontre une objection dans une lettre qui m'a été adressée par le délégué de la Société de géographie de Toulouse et que je viens de recevoir, il y a un quart d'heure à peine. Je dois, avec l'impartialité que nous apportons en toutes circonstances, la soumettre au Congrès. Voici cette objection.

« Nous ne pouvons pas toujours nous prononcer sur toutes les grandes entreprises ayant pour base des considérations géographiques, car il peut très bien arriver que nous n'ayons pas en main tous les éléments de la question et que, par suite, nous portions des jugements erronés. »

Je ne critique pas cette objection ; je l'approuve, au contraire, en raison du sentiment qui l'inspire, car elle démontre que, lorsque les Sociétés de géographie auront à examiner une de ces entreprises, elles apporteront dans leur jugement une conscience absolue, puisque voilà une Société qui craint de ne pas être à la hauteur de la tâche qu'elle entreprendrait. Il est évident que, lorsqu'une Société de géographie ne possédera pas tous les éléments qui lui permettraient de rendre une décision éclairée et de donner aux populations des renseignements exacts sur telle ou telle entreprise, elle ne voudra pas se prononcer à la légère.

L'objection de la Société de géographie de Toulouse n'infirme donc en quoi que ce soit mon opinion, à savoir que les Sociétés de géographie doivent, dans la mesure du possible, renseigner le public sur les bons et mauvais côtés d'une entreprise ayant pour bases des considérations géographiques, étant donné que ces renseignements seront fournis avec une indépendance absolue, mais avec toute la conscience qui caractérise ces Sociétés.

Telle est la question sur laquelle je demande au Congrès de se prononcer. (*Très bien ! très bien !*)

M. LE PRÉSIDENT. — La communication que vient de faire M. le colonel Blanchot soulève une question de la plus haute importance. La Société de géographie de Lorient est déjà entrée dans la voie qui vient d'être indiquée. Si l'on se reporte en effet à notre

Bulletin de l'année 1883, on y trouve une conférence dans laquelle M. Danet, aujourd'hui lieutenant-gouverneur de la Cochinchine, faisait connaître la quantité probable de millions que coûterait le canal de Panama et indiquait que les capitaux engagés dans cette entreprise ne trouveraient jamais leur rémunération.

La seule crainte que nous puissions éprouver, c'est que les hommes d'affaires ne considèrent la décision que nous prendrions à cet égard comme une invite à s'assurer le concours des sociétés de géographie.

M. de Varigny. — Je demande la parole.

M. le Président. — M. de Varigny a la parole.

M. de Varigny. — Messieurs, tout en approuvant les paroles de M. le colonel Blanchot, je crains que la question ne soit pas très bien posée et par suite qu'elle ne soit pas bien comprise ; en tous cas, on peut l'interpréter d'une façon un peu différente de celle qu'a expliquée M. le colonel Blanchot.

Il me paraît impossible qu'une société de géographie puisse s'entourer de tous les éléments d'appréciation pour scruter à fond, dans une étude très consciencieuse, mais aussi très minutieuse, le crédit de l'État, la richesse du pays dans lequel une entreprise est lancée, et je crois qu'une société de géographie se refusera toujours, en personne sage et prudente, à exprimer une opinion définitive sur les chances de réussite ou d'insuccès de cette entreprise. A mon avis, tout ce qu'elle pourra dire, c'est ceci : certaines des assertions contenues dans le programme sont exactes, elles ont été vérifiées par les faits.

Mais, de là à faire un acte qui implique sa responsabilité, même dans une faible mesure, vis-à-vis de ceux dont l'argent est en jeu, il y a loin.

J'estime toutefois, avec M. le colonel Blanchot, dont j'approuve entièrement les idées, je le répète, qu'il est du devoir des sociétés de géographie de vulgariser dans le grand public l'étude des questions géographiques qui l'intéressent, de le mettre à même de s'éclairer lui-même, de se faire une opinion sur ces questions, de telle sorte qu'il ne puisse plus ensuite s'en prendre qu'à lui-même si l'entreprise échoue. En vulgarisant l'enseignement des sciences géographiques, les sociétés de géographie rendront les plus grands services à l'humanité, et je me rallie d'avance à toutes les mesures qu'elles emploieront pour atteindre ce but.

Mais il en est une à prendre tout d'abord : il importe de mettre à l'étude de nos congrès l'examen des moyens de développer dans le public le goût, la passion des sciences géographiques. Car, en somme, qu'est-ce que la géographie ? C'est l'étude du cadre dans lequel se meut tout ce qui naît, tout ce qui vit et tout ce qui meurt. Plus nous étudierons, plus nous approfondirons et étendrons le domaine de nos connaissances, et plus nous serons forts.

Je me rallierais donc à un vœu exprimé par le Congrès et par lequel les sociétés de géographie seraient invitées à mettre à l'étude les divers et les plus efficaces moyens de vulgariser dans le grand public la connaissance des sciences géographiques. Je fais certaines réserves sur le côté de la question que vient de développer M. le colonel Blanchot : je crains que, dans cet ordre d'idées, nous ne nous heurtions à des résistances qui me paraîtraient très respectables, à des hésitations que j'éprouverais moi-même si j'avais jamais l'honneur d'être président d'une société de géographie. (*Applaudissements.*)

M. LE COLONEL BLANCHOT. — Les observations de M. de Varigny sont très justes ; elles traduisent ma pensée en termes très clairs et très précis. Je demande simplement au Congrès d'exprimer son avis sur la question que j'ai eu l'honneur de lui soumettre.

M. le Président a fait tout à l'heure allusion à certains concours que les lanceurs d'affaires pourraient chercher à s'assurer auprès des sociétés de géographie. Je réponds que nous n'avons rien à faire avec les suggestions, d'où qu'elles viennent. (*Très bien! très bien!*)

Nous sommes des hommes indépendants ; nous servons notre pays avec conscience, et nous ne laisserons jamais agir sur nous une influence quelconque. (*Applaudissements.*)

J'estime donc que les sociétés de géographie, agissant dans la plénitude de leur indépendance, n'ont rien à redouter. Elles étudieront une affaire et feront simplement connaître le résultat de leurs recherches. Ce n'est même pas un conseil qu'elles donneront : elle se borneront à mettre sous les yeux du public des données absolument scientifiques et précises, laissant au public d'en tirer après le profit qu'il jugera convenable, à ses risques et périls, mais avec connaissance de cause. C'est tout ce que je demande !

M. CASTONNET DES FOSSES. — Je me rallie absolument à l'opinion que vient d'émettre M. le colonel Blanchot. Comment! une entre-

prise se forme dans un pays, chacun de nous peut isolément faire connaître son opinion, dire quelles sont les ressources, les productions du pays, et, lorsque nous serions réunis en société, nous n'aurions plus le droit de parler, si on nous consulte, et on nous rendrait responsables de l'opinion que nous aurions émise ?

Mais remarquez, messieurs, que plus une société de géographie saura que son opinion a du poids et de la valeur, plus elle s'entourera de renseignements avant de la faire connaître. Je vous prie donc d'adopter une solution favorable à la question du programme.

M. Breittmayer. — Je ne partage pas, pour ma part, les idées qui viennent d'être exprimées. Une allusion que vient de faire notre président rappelle ce qui s'est passé pour le canal de Panama. C'est peut-être la décision du Congrès de géographie qui a fait entreprendre l'exécution du canal ou entraîné les souscripteurs à verser leur argent.

Je crois donc que toutes les fois que les Sociétés de géographie s'occuperont d'autre chose que de géographie pure, elles feront fausse route, car les questions qu'elles pourraient ainsi traiter n'entrent pas dans leur sphère.

M. Sevin-Desplaces. — Je crois que la solution de la question que nous traitons en ce moment est plus simple qu'elle ne paraît au premier aspect. J'anticipe peut-être sur l'ordre du jour ; mais, si l'on se reporte au sujet dont nous allons nous occuper immédiatement après celui-ci, nous voyons qu'il est ainsi formulé au programme de nos travaux : « Entreprise d'un canal interocéanique entre l'Océan et la Méditerranée, dit « canal des Deux-Mers ». — Étude géographique de la question aux divers points de vue : commercial, industriel et maritime. — De l'opportunité de l'entreprise. »

Il est vraisemblable que la discussion sera suivie du vote d'un vœu sur l'opportunité de l'entreprise. C'est ici le point délicat. Il est à craindre, en effet, suivant les appréhensions qu'exprimait notre président, qu'on ne se serve du vote que nous aurons émis pour appuyer l'entreprise du canal des Deux-Mers. Dans ces conditions, la meilleure manière de clore le débat serait de voter sur les deux premiers paragraphes sans nous prononcer sur l'opportunité de l'entreprise.

Je dois faire remarquer que, si j'interviens dans la discussion, c'est que je suis membre correspondant de la Société de géographie de Toulouse et que j'ai reçu de M. Guénot, son délégué, mission de le représenter.

M. DE VARIGNY. — Je propose de modifier ainsi le texte proposé par M. le colonel Blanchot :

« De l'opportunité du devoir qui pourrait incomber aux Sociétés de géographie de vulgariser l'étude des sciences géographiques dans le grand public, en vue de l'éclairer sur les résultats à atteindre par les grandes entreprises ayant pour bases des considérations géographiques. »

M. LE COLONEL BLANCHOT. — J'accepte cette rédaction, qui répond complètement à ma pensée.

M. MALAVIALLE. — Je demande que les Sociétés de géographie s'occupent de géographie.

M. LE PRÉSIDENT. — Je crois que nous sommes dans un sujet éminemment géographique.

M. EDOUARD BLANC. — Je suis d'accord dans la forme sinon dans le fond, avec M. Malavialle, quand il demande que les Sociétés de géographie s'occupent de géographie ; mais je crois être d'accord en même temps avec la grande majorité de mes collègues en disant que la géographie ne consiste pas seulement à apprendre aux enfants ou à étudier pour nous-mêmes la configuration actuelle du globe que nous habitons, mais aussi à étudier les lois des phénomènes naturels qui ont amené cet état actuel.

Nous devons nous intéresser de même aux divisions politiques du globe et aux causes qui ont amené la formation de ces divisions. Enfin nous devons nous préoccuper du lendemain et tirer des faits passés l'enseignement qui en découle pour l'avenir. Si nous ne le faisions pas, qui donc s'en occuperait ? Ne sommes-nous pas ici la réunion des spécialistes français les mieux qualifiés pour donner notre avis, au moins consultatif, sur ces questions ? Assurément nous n'avons pas à imposer notre opinion au pays ; nous n'avons aucune pression à exercer sur les pouvoirs publics, mais nous avons le devoir de formuler notre avis sur tous les points où il peut être utile.

Grâce à l'expansion de notre domaine colonial, l'étude de la géographie a pris en France, dans ces dernières années, un grand développement. Ce développement ne s'est pas seulement fait dans le

sens théorique, mais aussi dans la géographie appliquée. A côté des personnes qui font de la géographie, que l'on peut appeler théorique ou préparatoire en lisant des comptes rendus des sociétés ou les relations de voyages, il y a celles de plus en plus nombreuses chaque jour qui voyagent ou colonisent elles-mêmes, et qui font de la géographie pratique sur tous les points du globe, non pas avec de l'encre, mais avec leurs fatigues et même avec leur sang. Ces géographes-là, nous ne devons pas les oublier. Le devoir des Sociétés et des Congrès de géographie est d'empêcher que les efforts de ces braves gens ne restent stériles (*Applaudissements.*)

Aussi devons-nous nous associer à leur œuvre et à ses conséquences dans toute la mesure de nos moyens.

M. DE PONTEVÈS DE SABRAN. — Je partage absolument ces idées ; aussi voterai-je tout à l'heure pour la proposition de M. le colonel Blanchot.

M. BARBIER. — Je voulais rappeler les traditions de nos Congrès et l'inspiration qui les dirige depuis quatorze ans. Mais je renonce à la parole après les explications que vient de donner avec tant d'autorité notre ami M. Edouard Blanc.

M. LE PRÉSIDENT. — Je vais consulter le Congrès sur la question de M. le colonel Blanchot, amendée par M. de Varigny. Le nouveau texte est celui-ci :

« De l'opportunité du devoir qui pourrait incomber aux Sociétés de géographie de vulgariser l'étude des sciences géographiques dans le grand public, en vue de l'éclairer sur les résultats à atteindre par les grandes entreprises ayant pour bases des considérations géographiques. »

M. BARBIER. — Je proposerai d'être plus affirmatif et de dire : « Du devoir qui incombe aux Sociétés de géographie... »

M. DE VARIGNY. — J'ai apporté au texte de M. le colonel Blanchot une modification qui me paraissait indispensable et qu'il a acceptée Mais d'autres amendements peuvent se produire.

M. MORAT. — Il y a deux manières pour une Société de géographie d'éclairer le grand public sur les grandes entreprises que nous visons en ce moment. Elles peuvent, par un vœu, faire connaître leur opinion sur l'opportunité ou le danger des entreprises ou bien provoquer des études, des travaux individuels de la part d'ingénieurs, de géographes, en un mot d'hommes spéciaux et compétents. Des travaux de cette nature seraient répandus dans le public sous l'autorité et sous la responsabilité de leurs auteurs et contribueraient puissamment à faire la lumière dans les esprits sans que les sociétés de géographie elles-mêmes aient à se mettre en avant. C'est ce second procédé que je voudrais voir accepter par le Congrès.

M. Dorgeval. — Aux termes de la nouvelle rédaction, les sociétés de géographie auraient le devoir de vulgariser dans le grand public l'étude des sciences géographiques. Sous cette forme, le vœu me paraît à peu près inutile ; il est bien évident que le but de nos sociétés et de nos Congrès est de vulgariser cette étude par tous les moyens possibles.

D'autre part, si nous visons certaines entreprises particulières, je crois que nous ne sommes plus d'accord et qu'un certain nombre de membres de cette assemblée se refuseraient à vulgariser, je pourrais dire à recommander dans le grand public ces entreprises. C'est là une œuvre qui sort du domaine des sociétés de géographie pour entrer dans le domaine des sociétés d'étude.

M. de Varigny. — Il est évident que toutes les sociétés de géographie ont pour but de vulgariser les études géographiques ; si notre formule ne disait que cela, elle n'aurait aucune raison d'être.

Après une entreprise ruineuse pour bien des gens, il importe de mettre le public en garde contre de nouvelles entreprises trop rapidement étudiées, mal conçues ou présentant trop d'aléas. Nous demandons aux sociétés de géographie de vulgariser l'étude des sciences géographiques pour le mettre à même de défendre son argent contre les conceptions d'hommes mal renseignés ou malintentionnés. Voilà ce qui, pour moi, se dégage de cette formule. (*Applaudissements.*)

M. le colonel Blanchot. — Je n'avais pas voulu insister, comme vient de le faire M. de Varigny, sur le côté délicat de la question ; je le remercie de l'avoir fait. Je n'avais pas voulu mettre les points sur les *i ;* ils y sont, qu'ils y restent. (*Rires et applaudissements.*)

M. le Président. — Comme sanction du débat auquel vient de se livrer le Congrès, voici le vœu qu'on propose :

Le Congrès de géographie émet le vœu :
Que les sociétés de géographie considèrent comme une oppor-

tunité, comme un devoir même, de vulgariser l'étude des sciences géographiques dans le grand public, en vue de l'éclairer sur les résultats à atteindre par les grandes entreprises ayant pour base des considérations géographiques.

Je mets aux voix le vœu dont je viens de donner lecture.

(*Le vœu est mis aux voix et adopté par 21 voix contre 1*).

Entreprise d'un canal intérocéanique entre l'Océan et la Méditerranée, dit « Canal des Deux-Mers ». — Etude géographique de la question aux divers points de vue commercial, industriel et maritime. — De l'opportunité de l'entreprise. (*Question proposée par la Société de Géographie de Tours. M. le colonel* BLANCHOT, *rapporteur.*)

M. LE PRÉSIDENT. — Messieurs, nous arrivons à la question proposée par la Société de Géographie de Tours sur l'entreprise dite Canal des Deux-Mers.

La parole est à M. le colonel Blanchot, rapporteur.

M. LE COLONEL BLANCHOT. — Messieurs, en prenant la parole pour vous présenter le rapport établi sur cette importante entreprise du *Canal des Deux-Mers*, je tiens d'abord à formuler la profession de foi du rapporteur et à déclarer de la façon la plus nette et la plus catégorique, au début de la communication que je dois avoir l'honneur de vous faire, que je n'apporte aucun parti pris dans cette affaire et que je n'ai, à son sujet, aucune idée préconçue. Je veux me maintenir dans l'esprit du vœu que le Congrès vient d'adopter, et je vous dirai simplement ce que je crois être la vérité. Je n'engage d'ailleurs que ma responsabilité personnelle dans l'exposé que je vais faire de la question du Canal des Deux-Mers.

Il y a quelque trente ans, lorsque furent établies les bases de l'entreprise devant unir la mer Rouge et la Méditerranée, les esprits restèrent longtemps indifférents devant cette grande conception. Cela est assez naturel. Car l'idée n'était pas neuve et avait été déjà délaissée, peut-être dédaignée. En effet, la pensée première du rétablissement de cette antique et naturelle communication maritime avait été conçue déjà vers la fin du dernier siècle; un commencement d'exécution même avait eu lieu, et la première pierre du canal avait été solennellement posée par les savants de la mission qui accompagna Bonaparte en Égypte. Malgré ce début, consacré pourtant par les Monge, Berthollet, et Caffarelli, l'opinion publique refusa de s'associer à ce grand projet; ou bien elle ne le comprit pas, ou bien elle douta du succès de l'entreprise, et l'esquisse manuscrite de cette œuvre, qui devait être la gloire du siècle suivant, resta enfouie dans les cartons du consulat de France à Alexandrie. Quatre-vingts ans plus tard, on l'y trouva, on secoua la poussière presque séculaire qui le cachait, et on le présenta dans son nouvel éclat aux yeux du Gouvernement français. Celui-ci n'hésita pas à reprendre cette œuvre, dont il comprenait l'immense portée. Il eut cependant de la peine à la faire accepter par le grand public; il lui fallut une grande persévérance et une volonté ferme pour l'entreprendre d'abord et la poursuivre ensuite.

Peu à peu les incrédules, les sceptiques, les timorés, se rallièrent, et enfin l'union des deux mers fut un fait accompli au milieu des acclamations et de l'admiration de deux grands mondes.

À partir de ce moment, les peuples, alléchés par ce succès sans précédents, voulurent reproduire cette merveille de la puissance et de l'industrie humaines; tous les isthmes du globe attirèrent les convoitises des ingénieurs désireux de se créer un grand nom, de tous les capitalistes à la recherche d'entreprises, de tous les gouvernants voulant faire de la politique nouvelle. Et, comme les capitalistes grands ou petits qui avaient mordu au gâteau de Suez étaient gorgés, la convoitise de nouvelles proies prit des proportions générales et, contrairement à ce qui avait eu lieu pour le premier percement d'isthme, il fit pencher outre mesure la balance dans le sens de la confiance et de l'entraînement. Le grand public adopta tous les nouveaux projets avec un enthousiasme égal à l'indifférence qu'autrefois il avait accordée aux premiers pas de l'œuvre égyptienne.

Je ne rappellerai pas tous les canaux commencés ou achevés qui ont eu la faveur publique, je ne parlerai que du plus important de ces grands projets : de Panama !

Pour cette entreprise, les conditions d'enfantement furent toutes différentes de celles de Suez. Confiants dans le premier succès, le petit et le grand public entrèrent à pleine voile, à toute vapeur même, dans les eaux de ce canal, se promettant d'y trouver les flots du Pactole. Les capitaux demandés furent donnés avec passion ; les appels successifs de fonds eurent le même accueil confiant et généreux. On attendait avec impatience l'heure de l'exploitation !

Ce public qui, à tous les étages de la pyramide financière, donnait ses réserves et ses épargnes grosses ou petites, a-t-il cherché à se faire à lui-même un jugement sur la conduite qu'il tenait? On peut affirmer que non ! Suez était un succès, donc Panama, qui devait réunir les deux plus grands Océans du monde, devait être un triomphe. On ne chercha pas à comparer les voies et moyens à employer pour ce dernier avec ceux qu'avait

nécessités l'autre ; on n'établit alors aucune balance sérieuse entre les résultats obtenus par le premier et ceux que donnerait le second. Demanda-t-on à la géographie physique, économique, commerciale ou raisonnée les plus élémentaires enseignements ? On n'en eut guère souci ! Qu'advint-il alors à la suite de ce sommeil confiant qui ne comportait que des rêves d'espérance ? Le plus terrible des réveils. Je ne m'arrêterai pas plus longtemps sur ce sujet plein d'amertumes ; je me bornerai à exprimer la conviction que, si le public, avide de bénéfices, avait agi avec plus de calme, avait apporté une plus sage réserve dans ses entraînements, bien des catastrophes auraient été évitées. Mais, s'il n'est plus temps de gémir sur le passé et de blâmer les fautes commises, il faut au moins pour l'avenir se prémunir contre les mêmes erreurs.

Mais, avant d'aborder le sujet positif qui me préoccupe, il est indispensable, pour appuyer une des argumentations que je mettrai à profit, d'établir une comparaison entre les deux grandes entreprises dont je viens de rappeler sommairement les fastes ; comparaison que j'ai reproché au grand public de n'avoir pas faite à l'avance et d'avoir raisonné sur Panama comme on l'avait fait sur Suez, d'avoir apprécié enfin les résultats futurs d'une entreprise d'après ceux produits par une autre qui s'était accomplie avec succès.

Je ne m'attacherai qu'aux considérations topographiques. Qu'était l'isthme de Suez ? Une bande sablonneuse recouvrant dans de rares parties quelques éléments rocheux élevés de plusieurs mètres seulement au-dessus du niveau des mers voisines et qui, sur plusieurs étendues considérables, s'abaissait même au-dessous, puisque de grands lacs naturels offraient leur surface au plan d'eau du canal. Aussi l'industrie n'eut-elle qu'à creuser au travers de cette bande de sable un large sillon dans lequel les eaux des deux mers vinrent d'elles-mêmes se confondre.

Enfin, cette surface était absolument dépourvue de végétation ; aucune richesse naturelle ne s'y trouvait, et conséquemment aucun foyer humain ne s'y était créé : à Suez, l'homme n'a exploité qu'un désert.

Qu'était, d'autre part, l'isthme de Panama ? Une immense digue formée entre deux océans par l'arête osseuse du plus grand continent du monde, arête réduite, il est vrai, en ce point de Panama, à sa plus simple expression comme largeur de base et comme relief au-dessus du niveau des mers ; mais qui n'en présente pas moins un bourrelet de 59 kilomètres d'étendue avec un relief qui atteint jusqu'à 350 mètres. Je veux bien reconnaître que sur les flancs de cette immense banquette, qui n'est plus là de sable, mais bien de roche compacte, les eaux ont creusé des lits que l'on devait disposer pour la navigation ; et pourtant ces lits sont inclinés, et il fallait en remonter la pente. On a laissé croire au début qu'on couperait le monde américain comme on a coupé la plage de Suez. Mais cette gigantesque tranchée était inexécutable et, alors que des centaines de millions avaient à peine suffi pour ébrécher la montagne, on fut forcé

d'avouer que la communication uniplane n'était pas possible (on a même
eu la hardiesse de dire « pour le moment du moins ») et, on a déclaré
qu'on ne supprimerait pas la barrière, mais qu'on l'escaladerait au moyen
d'un gigantesque escalier hydraulique. Et à propos de cette obligation
acceptée avec désinvolture par les promoteurs du projet, je dois rappeler
ce que M. de Lesseps disait, au début de l'entreprise Panama, en 1875,
alors qu'on préconisait le système d'escalier : « Votre escalier, c'est une
échelle ; vous avez la prétention de faire monter des navires à l'échelle ? »

La question en est restée là pour le moment, et les cuirassés sont voués
à monter à l'échelle !

Il y avait donc une différence énorme entre la situation devant laquelle
s'est trouvé, à Suez, le génie humain, et celle contre laquelle, à Panama,
il s'est heurté jusqu'à ce jour. C'est que l'œuvre nouvelle était cent fois,
mille fois peut-être plus difficile, en admettant qu'elle soit réalisable dans
des conditions satisfaisantes pour le but à atteindre, surtout pour la satisfaction des intérêts financiers engagés.

Je dois cependant constater une particularité qui est commune aux
deux isthmes, c'est que l'un et l'autre sont des déserts et que, si Panama
n'est pas aride, s'il n'est pas déshérité par la vie naturelle comme l'était
Suez, si sa surface présente quelques richesses non exploitées, il n'est
cependant pas encore un domaine que l'homme et son industrie aient
occupé. Je signale seulement ce fait avec la pensée d'y revenir.

Ce sera, si je puis risquer cette figure, l'isthme qui unira mes prémices
avec la question qui fait l'objet de cette étude.

Le passé étant rappelé, j'arrive au présent, qui offre à l'industrie humaine
un nouveau champ d'exploitation, sur lequel elle veut entreprendre une
œuvre qui doit nous passionner d'autant plus qu'elle est près du cœur
de la France, et qu'elle est à priori pleine de séduction : j'ai indiqué le
canal des Deux-Mers.

Unir l'Océan à la Méditerranée à travers la France, transporter le détroit
de Gibraltar au sein même de notre territoire national, faire défiler la
moitié des flottes du globe, les colosses de la mer, sous les balcons de
Bordeaux, d'Agen, de Toulouse, de Carcassonne, de Narbonne ; offrir aux
marins et aux voyageurs d'une partie du vieux monde une traversée de
trois jours au milieu des bosquets d'un parc gigantesque, constitue assurément un rêve plein de séductions, et il n'est point surprenant que les
descendants des compatriotes de Jasmin et de Clémence Isaure aient été
charmés par ses éclatantes promesses.

De là à voir miroiter les flots d'or du Pactole dans cette vaste rivière
anglaise, il n'y avait qu'un pas bien facile à franchir pour les imagina-
tions vives de nos populations du Midi. Et le canal, devant transformer
en ports de mer les terrestres cités d'Agen et de Toulouse, a captivé le
plus grand nombre des esprits.

Aussi, des hommes éminents et haut placés dans toutes les sphères ont déclaré que le canal des Deux-Mers est *une œuvre grandiose!!*

Certainement ce serait une œuvre grandiose ; mais cela seul suffit-il pour la justifier et l'accomplir? C'est la question que j'ai désiré poser.

S'il en était ainsi, il existe bien d'autres entreprises gigantesques et également grandioses que l'on devrait réaliser sans tarder.

Mais il faut encore que l'œuvre soit utile et rémunératrice et ne fasse échec à aucune considération.

Nous ne sommes plus au temps où on élevait la grande pyramide de Chéops pour servir de sépulture à un simple monarque égyptien, et nous n'acceptons plus que les œuvres qui, non seulement assurent l'intérêt légal du capital qu'elles ont absorbé, mais qui produisent encore et surtout les plus gros bénéfices.

Et la preuve, permettez-moi de la prendre dans un monument qui fait l'admiration du monde, la tour Eiffel, cette merveille des sciences statiques et de l'art métallurgique. Eh bien ! pourquoi avoir élevé cet échafaudage merveilleux de morceaux de fer, qui n'a même pas le but naïf de permettre d'escalader le Ciel comme l'avait l'antique tour de Babel? Deux buts, essentiellement modernes, ceux-là, ont inspiré et fait construire cette tour de géant : le premier était des plus respectables, des plus naturels et bien dans le sentiment à l'ordre du jour; c'était un tour de force conçu par un ingénieur de grand talent et exécuté par un constructeur d'un talent non moins remarquable ; c'était une double réclame destinée à montrer au monde le génie de deux hommes et la puissance productive d'une grande usine française. C'est à ce double titre que nous devons la gloire de montrer au sein de notre grand Paris une des merveilles du monde contemporain, mais aussi, on peut le dire, une des plus grandes et plus coûteuses inutilités modernes.

Il faut reconnaître, d'autre part, que le génie spéculatif de notre siècle, ne pouvant se résoudre à perdre ses droits, a très habilement mis à profit son inutilité, en exploitant la curiosité naïve du grand public et a trouvé le moyen de solder ses frais de construction et même de faire de cet observatoire relevé l'objet d'une heureuse spéculation.

Aussi, dans l'ordre d'idée des œuvres grandioses où nous sommes entrés, on peut marcher longtemps sans être arrêté par l'impossible. Et, si l'on veut un jour lancer un pont sur la Manche, un Eiffel le lancera.

Pourquoi n'a-t-on pas creusé ce merveilleux tunnel, qui, passant sous le détroit de Gibraltar, unirait l'Espagne au Maroc, l'Europe à l'Afrique? Pourtant ce projet n'est pas un rêve ! Il a été présenté au roi Alphonse XII par un homme entreprenant bien connu dans le midi de la France ! C'est qu'on a reculé devant les charges d'une entreprise que ne compensaient pas les avantages.

Pourquoi ne jetterait-on pas un pont Eiffel sur ce même détroit, avec un fort cuirassé en son milieu pour foudroyer tous les bâtiments qui voudraient franchir ce fameux défilé maritime? Et, puisque l'on coupe les isthmes au profit des communications par eau, pourquoi ne ferait-on pas franchir les détroits par les communications terrestres? Je ne doute pas du reste que là où il y aura profit démontré on ne le fasse un jour. On a bien construit à New-York le merveilleux pont de Broocklin!

Donc, pour entreprendre une œuvre, il ne suffit pas qu'elle soit grandiose, il faut encore et surtout qu'elle soit utile, productive et rénumératrice; que les résultats de toute nature qu'elle procurera puissent compenser les inconvénients inhérents à toute chose et couvrir les sacrifices faits pour son exécution.

Sera-ce le canal des Deux-Mers? C'est ce que je voudrais voir démontrer péremptoirement avant qu'on n'enlève un centime à la bourse du public, forcément inconscient tant qu'une franche et éclatante lumière n'aura pas éclairé son jugement, et qu'on ne donne le premier coup de pioche dans le grand jardin de la Garonne. Et à ce sujet, je rappellerai encore un souvenir de l'enfance du canal de Suez, qu'on voulut faire passer par Alexandrie pour profiter des barrages du Nil, traversant ainsi le merveilleux jardin des Pharaons : le Khédive déclara qu'il « n'autoriserait, jamais la Compagnie à creuser un canal *à travers l'Égypte cultivée.* »

Voici donc le terrain sur lequel je me place : quand on aura montré que le canal sera possible matériellement, que la navigation y sera assurée que le transit sera certain et suffisant pour que l'exploitation soit rémunératrice, enfin que les avantages en compenseront les inconvénients, alors, mais alors seulement, nous pourrons nous lancer dans l'entreprise. (*Applaudissements.*)

C'est ici, Messieurs, que je crois devoir prier les géographes et tous les savants, qui dans leurs conceptions s'appuient absolument sur les matières terrestres, de vouloir bien arrêter leur esprit, l'appliquer à un examen attentif, raisonné de la question et, après qu'ils auront fait une étude désintéressée, laissant de côté toute considération de personne ou d'église, exposer la doctrine qu'ils croiront juste. C'est à eux seuls qu'il appartient d'en formuler une qui puisse échapper à l'influence des entrainements.

Est-il possible, en effet, que le grand public puisse juger de pareilles causes, lui qui se compose essentiellement des personnalités les plus petites, de celles possédant les facultés les plus limitées, les aptitudes personnelles les moins développées ou les moyens particuliers d'investigation les moins étendus? Est-il possible à ces millions de Français, plus ou moins éclairés, d'apprécier une question d'aussi large envergure? Chacun d'eux peut-il la résoudre avec quelque justesse, alors que depuis douze années des intelligences d'élite, des spécialités savantes les plus compétentes, n'ont pu l'éclairer d'un jour éclatant et faire du *canal des Deux-Mers* un astre sans taches !

Cela ne se peut ; et, s'il me faut justifier cette négation, je vous demande la permission de mettre rapidement sous vos yeux les pièces du procès. Je dis rapidement, car elles sont nombreuses et variées, les phases par lesquelles a passé jusqu'à ce jour la vie, l'enfance plutôt de ce séduisant projet du *canal des Deux-Mers*. Elles sont interminables, les polémiques auxquelles il a donné lieu ; et les arguments échangés sont en nombre considérable.

Mais, tout d'abord, il faut *mettre le sujet au point* et déterminer la position des partis adverses, afin de bien apprécier la valeur des projectiles envoyés par l'attaque et la défense, et éviter toute confusion.

L'entreprise lancée consistait, en principe, à substituer à l'œuvre de Riquet, actuellement devenue caduque, une nouvelle voie d'eau qui soit en rapport avec la situation de la navigation maritime actuelle.

En effet le vieux canal, une grande œuvre en son temps, où transitaient un grand nombre des bateaux spéciaux, existe toujours ; mais, depuis qu'il a été racheté par la compagnie des chemins de fer du Midi, les bateaux ne circulent plus sur le canal, et les matières qu'ils transportaient transitent actuellement dans des wagons, à des tarifs plus élevés du reste !

Le lit désormais désert de cet infortuné canal ne sert plus qu'à l'écoulement des eaux captées jadis avec tant d'art et de dépenses, dans la *montagne noire !* Il est évident que cet état d'improductibilité devait attirer l'attention des économistes, pour ne pas dire des spéculateurs, et qu'il y a là quelque chose à faire.

Inspiré par l'enthousiame que Suez avait fait naître, on pensa que, puisqu'on avait ressuscité au profit de la marine moderne le canal des Ptolémées, il était possible au génie du xixe siècle de faire subir la même transformation au vieux canal qui sillonne l'isthme Pyrénéen.

La pensée était grandiose ; elle séduisit, comme font en France toutes les grandes idées. Alors des hommes d'initiative ont établi les bases de l'entreprise et indiqué le but à atteindre. Des commissions d'études se sont formées, et les ingénieurs les plus distingués, les plus compétents se sont mis à l'œuvre. Après des travaux considérables et des études approfondies, plusieurs projets, ont été établis, arrivant au même but, mais avec des moyens matériels différents.

Il en est résulté une concurrence des plus honorables, mais aussi des plus opiniâtres. Toutes les influences ont été mises en jeu pour le succès de chacun des projets, et de hautes personnalités se sont intéressées à l'une ou à l'autre conception.

Des commissions gouvernementales constituées avec impartialité et composées d'hommes éminents reçurent la mission d'étudier les solutions proposées, de s'éclairer sur les lieux mêmes, de consulter de toutes parts le sentiment du public compétent, de rechercher et de mesurer les intérêts engagés ; pendant plusieurs années, le public du Midi tout entier s'est passionné pour cette grande cause. Tout enfin a été mis en œuvre pour la faire triompher.

Au milieu de cette grande surexcitation des esprits, la Société de géographie de Toulouse pouvait-elle rester inactive ou indifférente ? Vous pensez, Messieurs, que cela ne devait pas être. En effet, elle s'est lancée, elle aussi, avec entrainement, dans le mouvement intellectuel qui agitait les esprits. Elle a consacré pendant plus d'une année, à l'étude de cette grande idée, toutes ses préoccupations et sa puissance de travail. Les études faites avec une extrême conscience par ses membres les plus autorisés ont été discutées par la société avec la plus grande impartialité et une complète indépendance, mais avec le grand désir de favoriser les intérêts de la région dont elle émane. Je crois conséquemment pouvoir ajouter que son action a eu quelque influence sur le résultat auquel a abouti la grande manifestation que produisit, il y a quelque dix années, dans nos départements des bassins de L'Aude et de la Garonne, l'entreprise du *canal des Deux-Mers*.

Eh bien ! de cette grande agitation, de tous ces efforts, de cette série d'enquêtes et de suppléments d'enquêtes, officielles ou autres, de ces discussions techniques, qu'est-il résulté ? Un sentiment de doute dans beaucoup d'esprits, une pensée d'abandon chez le grand nombre.

L'examen, en général, devait porter sur trois points essentiels de la question : d'abord la possibilité matérielle de la construction d'un canal à grande section devant être parcouru par les plus grands navires de haute mer : steamers de premier tonnage, cuirassés du plus fort échantillon, et permettre à ces bâtiments immenses d'escalader les 189 mètres qui séparent en altitude le col de Naurouze de l'Océan !

Quels que soient les systèmes adoptés pour le profil du canal, pour les dimensions et les dispositions des sas et des écluses ; quels que soient les voies et moyens qu'on ait proposés pour se procurer l'eau nécessaire à l'alimentation du canal, tout a paru alors à peu près possible au point de vue essentiellement matériel, et je ne crois pas qu'à part la certitude d'alimentation d'eau, énergiquement contestée d'après le régime de l'Ariège et de la Garonne, aucune objection sérieuse ait été formulée contre la possibilité d'exécution.

Cela ne surprend pas, car avec des bras, de l'or, beaucoup d'or, du fer et une volonté de même nature, on peut tout faire, ayant pour guides la science actuelle et le talent de nos ingénieurs. (*Applaudissements*)

Il semble, en effet, au grand public difficile d'admettre à priori et sans contrôle qu'on fera des passages transversaux autant que cela sera nécessaire, parce qu'on ne se rend pas un compte même approximatif de ce que sera matériellement l'obstacle à franchir, des conditions qu'il imposera

aux moyens de passage et des sommes énormes que ceux-ci coûteront.

Là donc, pas d'oppositions sérieuses !

Mais viennent les conséquences de l'œuvre matérielle, de l'accident topographique que constituera le canal sur les terrains qu'il parcourra. A ce sujet, plusieurs objections ont été formulées. Je n'en retiendrai que deux qui m'ont paru mériter quelque considération : l'une s'applique directement à la vie et aux intérêts matériels des populations riveraines du futur canal, qui coupera d'une façon presque complète leurs propriétés et interceptera leurs relations ; car les moyens de traverser le canal seront forcément très rares et très éloignés les uns des autres, en raison du coût énorme de leur construction et souvent de l'impossibilité de leur établissement.

On fera des ponts, dit-on ; mais il faut savoir ce que seront ces ponts. Je vais citer quelques chiffres pour en montrer l'importance. Les grands bâtiments de haute mer, tels que le *Mytho* ou l'*Annamite*, qui font le service des transports en Indo-Chine, mesurent 54 mètres de hauteur pour leur mâture ; qu'on ajoute la hauteur de leur coque émergeant, on trouve que le navire s'élève de 60 mètres au-dessus du plan d'eau. Si l'on considère, d'autre part, la hauteur des biefs, dans les parties du canal qui auront un grand relief au-dessus du sol naturel, on peut admettre le chiffre de 14 mètres, soit, en tout, 74 mètres. Avec la majoration qu'il est nécessaire de prévoir pour les ponts, on obtient une hauteur totale de 80 mètres au-dessus des terres environnantes à laquelle devra être élevé le tablier du pont à établir en l'endroit. J'admets cependant que les navires pourront caler leurs mâts de perroquet et diminuer ainsi leur hauteur de quelques mètres ; mais le pont devra toujours être tenu au minimum de 72 à 75 mètres. D'autre part, quelle devra donc être la portée de ces ouvrages ? Le canal ayant 60 mètres de largeur au plan d'eau, plus 30 mètres sur chaque bord pour les berges ; c'est un total de 120 mètres. Le plan d'eau étant, en amont et auprès des écluses, élevé de 15 à 20 mètres au-dessus du sol naturel, le canal sera soutenu par un talus à 45 degrés, tout au moins. La largeur de l'obstacle à franchir par le pont sera alors rationnellement de 150 ou 160 mètres.

Le pont devra donc avoir une hauteur de 75 mètres et une longueur de 150 mètres d'une seule portée. Il faut ajouter à ces données sommaires l'étendue et l'importance des deux rampes qui, de chaque côté du canal, devront donner accès au tablier du pont.

On peut apprécier par ces chiffres les proportions gigantesques que comportera chacun de ces ouvrages d'art et la perturbation que ceux-ci apporteront dans le pays : je ne parle ici que des conditions matérielles en faisant remarquer, en outre, que les ouvrages devront être très nombreux. En présence de ces proportions colossales des passages fixes, on a pensé tout naturellement à appliquer un système quelconque de ponts tournants ou passerelles mobiles ; mais des objections sérieuses s'élèvent contre ces moyens de passages intermittents. Ceux-ci rendront très difficiles les communications entre les deux rives en imposant des temps d'arrêt fort longs et à des heures qu'il ne sera pas possible de régler exactement, sous peine d'apporter à la navigation des lenteurs et des à-coups qu'il importe absolument d'éviter. En raison de leur immense portée, leur prix de revient sera très élevé, et ils nécessiteront, en outre, l'entretien d'un personnel considérable pour les manœuvrer.

Quoi qu'il en soit, la situation nouvelle à imposer aux relations entre les deux rives du canal sera telle qu'elle nécessitera un remaniement complet de la division administrative des territoires coupés par un obstacle aussi difficile à franchir.

Elle imposera en outre un grand nombre d'aliénations de terrain, ou de parcelles de terrain qui seront très onéreuses, difficiles à réaliser et jetteront la perturbation dans l'existence et la fortune des riverains, car il sera impossible à un propriétaire qui aura des terres de chaque côté du canal de conserver les unes et les autres; il sera obligé d'abandonner l'une ou l'autre partie de son bien ; peut-être le bien tout entier.

D'autre part, cette énorme coupure faite dans le territoire national est considérée, par les promoteurs de l'entreprise, comme si considérable et si importante qu'ils en ont fait un argument stratégique en déclarant que ce serait une puissante ligne de défense en cas d'invasion. Je ne veux retenir dans cette déclaration que l'affirmation de ce fait que le canal constituera une barrière tellement sérieuse entre les populations du Midi et le reste de la France que ce sera presque une frontière naturelle intérieure. Je me borne, quant à présent, à cette constatation dont on pourrait montrer les inconvénients graves.

Quant à la conclusion avantageuse que l'on formule à l'égard de la défense nationale, il y a lieu de réserver tout jugement sur la question stratégique que cette allégation comporte, jusqu'à ce que les personnalités seules compétentes en cette matière aient fait connaitre leur opinion raisonnée et fortement motivée.

Car, jusqu'à présent, je n'ai jamais entendu une personne autorisée faire connaitre son appréciation à cet égard. Je ne vous donnerai pas la mienne: elle est trop modeste, et je n'ai point de qualité pour la formuler. Mais je demande que les personnes compétentes, qui ont à cœur la défense de notre territoire, qui en ont même la charge, expriment leur sentiment sur les avantages ou les inconvénients du canal au point de vue militaire.

Dans un autre ordre d'idées, il est encore une conséquence matérielle possible qui a été signalée et a donné lieu à une réserve sérieuse. Elle est exclusivement géologique; mais, si elle se produisait, elle apporterait une grande perturbation dans la vie des populations de toute une contrée particulière du bassin de la Garonne.

Il paraît admis que la région des plateaux qui, soudés au col de Naurouze, s'étendent vers le nord-ouest de Castelnaudary, entre le bassin du Lhers et celui de l'Agoût, sous les noms de coteaux Saint-Félix et de Caraman, n'a pendant l'été d'autres ressources en eau que celles de puits creusés jusqu'à une nappe souterraine maintenue dans une couche perméable qui descend des hautes Corbières en passant sous le seuil de Naurouze et va se déverser en sources nombreuses au nord de ces plateaux dans les affluents de gauche de l'Agoût.

La profondeur de 80 mètres où elle se trouve en général dans les plateaux de Saint-Félix et de Caraman, paraît indiquer celle où elle doit se présenter sous le col. Or cette profondeur semble devoir être atteinte par la tranchée du canal, qui coupera le col sur un développement de près de 30 kilomètres. Si cela devait être, la couche souterraine serait tranchée et les eaux dérivées au profit du canal, il est vrai, mais au détriment de la vaste région qui serait désormais privée d'eau pendant six mois de l'année. Cette conséquence serait fort grave, et, comme elle n'a pas encore été écartée par des études concluantes, il paraîtrait désirable que l'incertitude fût dissipée par une affirmation géologique absolue. On rencontre donc là encore un sérieux point d'interrogation.

Il y a bien d'autres conséquences matérielles fâcheuses à signaler, mais elles s'appliquent à des détails, et je me borne *pour le moment* à dire qu'elles existent.

Vient ensuite la longue phalange des objections relatives aux conditions qui seront faites au transit et à la navigation, au dehors du canal et dans le canal même.

Je me bornerai encore à vous présenter ou à vous rappeler les plus importantes parmi ces objections, celles qui ont soulevé des controverses qui, jusqu'à présent, n'ont pas capitulé.

Dans ce nouvel ordre d'idées, nous sortons du domaine des raisonnements plus ou moins théoriques, où l'on est contraint le plus souvent de juger avec les yeux de la foi les conclusions arrachées aux combinaisons savantes des formules ou des équations. Nous entrons dans la sphère plus terrestre de l'application qui appartient aux praticiens. Ceux-ci n'ont à se préoccuper que des conditions promises à la navigation dans la nouvelle voie.

Aussi c'est là qu'a surgi l'opposition la plus sérieuse et la plus intransigeante. En effet, nous avons d'une part les ingénieurs qui offrent le canal et de l'autre les marins qui le refusent, du moins sous réserves spéciales.

Ils le refusent parce que, à leurs yeux, et en ce qui concerne la très grande et très rapide navigation, le canal n'offre pas d'avantages ; et que, dans les cas où il en présente, ceux-ci sont insuffisants à compenser les inconvénients qu'on y trouve.

Les promoteurs du canal prétendent que tous ou presque tous les bâtiments partant des ports de l'Atlantique situés au nord du parallèle de la Gironde, à destination de ceux du bassin méditerranéen, y compris le canal de Suez, c'est-à-dire toute la mer des Indes et l'extrême Orient, passeront dans le canal des Deux-Mers parce qu'ils auront économie de temps et d'argent.

Or, a priori, et sans entrer dans l'examen approfondi de cette assertion, il convient de constater que les marins ne partagent pas cet avis. Ils sont cependant les principaux intéressés, et on peut ajouter, sans froisser l'amour-propre des ingénieurs et des économistes, qu'ils sont les plus compétents à ce point de vue technique et absolu.

Je dis absolu, parce que, si l'on veut modifier la question et réduire l'ampleur de la conception, la situation change, et l'opposition des marins, comme celle de beaucoup d'autres personnalités, n'est plus intransigeante ; car elle ne s'applique qu'au canal à grande section permettant aux plus grands navires d'y naviguer. Si au contraire on veut bien réduire l'œuvre à des proportions moindres et ne faire qu'un canal à moyenne section en utilisant et en transformant la voie navigable qui existe, alors les détracteurs du projet, les opposants disparaissent, et presque tous les esprits qui, aux divers points de vue techniques, ont étudié l'entreprise sous tous les aspects, s'y associent dès lors très sincèrement.

Quelles sont donc les objections principales qui ont été formulées depuis dix années et sont toujours maintenues contre un canal destiné à recevoir les grands bâtiments et les vapeurs de vitesse ?

1° Les grands navires ne se résoudront pas à passer par le canal, parce qu'ils n'y auront pas d'avantages et qu'ils y courront trop de risques.

En effet les vapeurs de fort échantillon et animés de grande vitesse ne font que du grand cabotage, lorsque même ils en font ; et, une fois en route, ils parcourent de grandes distances avec une marche très rapide et constante, évitant l'approche des cités. On leur assure deux ou trois jours de temps gagné en prenant le canal, au lieu d'aller franchir le détroit de Gibraltar ; mais, si on défalque de l'économie en argent résultant de ces trois jours gagnés, les frais de péage pour leurs milliers de tonnes, cette économie se réduit à peu de chose, même dans le cas où le bâtiment ne subirait aucun retard dans son atterrissage et dans sa traversée dans le canal. Mais cette modique économie ne sera jamais de nature à faire risquer les possibilités désastreuses d'un retard important ou d'une avarie subie dans le canal. Pour ces raisons, et appuyé sur l'opinion formelle des marins, je puis affirmer que les capitaines au long cours ne consentiront pas à emprisonner leur bâtiment dans un chenal de 50 ou 60 mètres de largeur et de 400 kilomètres de longueur, livrés pieds et poings liés à la merci de toutes les éventualités de cette navigation en cuvette.

Je dois même ajouter qu'en écartant toute crainte de retard accidentel, l'économie de temps ne semble encore pas absolument démontrée pour les navires de grande vitesse. Car un des défenseurs les plus convaincus et les plus compétents du canal a reconnu que les bâtiments *ne perdraient rien* en passant par la voie interocéanique. Mais, comme cette concession a été faite en considérant, il y a dix ans, des vitesses de 14 ou 15 nœuds, les plus grandes alors, il est évident qu'aujourd'hui, avec des vitesses de 19 nœuds, ces bâtiments perdraient du temps.

Quant aux vapeurs de moindre allure, ils n'en gagneraient que fort peu, en risquant toujours les aléas du parcours dangereux, et n'auraient aucun avantage, si leur atterrissage et leur entrée dans le canal subissaient des retards.

D'ailleurs la durée du transit par le canal paraît avoir été fixée à un nombre de jours ou d'heures absolument insuffisant ; on pourrait le démontrer aisément en considérant le nombre de kilomètres à parcourir, la vitesse possible des bâtiments, et surtout l'action des phénomènes atmosphériques agissant sur la coque et la mâture. Enfin, cette vitesse devra varier suivant la masse des navires et être d'autant moindre que cette masse sera plus considérable. Il ressortira même de cette obligation de proportionner la vitesse, afin d'éviter les abordages, la nécessité de ne composer les trains de bateaux qu'avec des navires ayant à peu près la même masse ; de là des difficultés très grandes pour leur constitution.

Pour se rendre compte de l'importance de cette question de vitesse à l'égard des grands bâtiments, il faut assister à l'entrée d'un grand paquebot dans le port du Havre et considérer les lenteurs de sa marche ainsi que les précautions que l'on prend pour l'assurer dans la passe, qui a pourtant près de trois fois la largeur du canal.

On est donc ici aux prises avec un cercle vicieux ; on s'appuie sur des avantages qui ne reposent eux-mêmes que sur des données inconnues pour fixer la valeur même de ces avantages.

Et, sans entrer dans plus de détails de discussion, je puis cependant faire remarquer qu'on ne peut dire dès maintenant que le droit de péage sera de 3 fr. 75 ; car, si le fret pour Suez est de 3 fr. 50, il n'est pas possible d'admettre, à priori, que celui du canal des Deux-Mers ne lui sera supérieur que de 0.25 ; puisqu'à Suez les navires marchent avec leur propre moteur, tandis qu'au canal français, ils seront halés par une traction dont ils auront à payer les frais ; que, d'autre part, les capitaux absorbés par la construction du canal étant de beaucoup plus élevés qu'à Suez, ainsi que les frais d'exploitation, le droit de péage devra être chargé d'une augmentation au moins proportionnelle à la différence des capitaux engagés et des dépenses annuelles.

D'après ces considérations, on doit reconnaître que, si le droit de péage à Suez compense dans de larges proportions la différence de dépenses occasionnées par le périple du continent africain, il n'en sera pas de même au canal des Deux-Mers pour un droit plus élevé destiné à compenser le contour fort restreint de la péninsule ibérique.

Sur ce point, [on se trouve encore en présence d'un vague qui autorise toutes les appréhensions financières des marins.

Il existe enfin bien des considérations qui justifient ou expliquent tout au moins la prudence et les réserves des esprits opposés au grand projet.

Je ne m'arrêterai qu'à quelques-unes :

Il semble qu'il suffit d'admettre que le nombre des tonnes à faire transiter sera suffisant pour garantir des revenus nécessaires ; mais il faudrait encore être assuré que le nombre de navires portant cette quantité de tonnes de marchandises pourront transiter dans le canal dans le cours d'une année. Et, sur cette question très importante, il ne semble pas qu'on ait étudié toutes les conditions qui seront faites à la navigation dans le canal.

Il ne faut pas admettre que si un nombre x de bâtiments pourra dans 24 heures franchir une écluse, en multipliant cet x par 365 jours, on aura le nombre de navires pouvant transiter annuellement dans le canal. Ce calcul serait faux, et on doit compter avec les considérations suivantes, de nature à diminuer le résultat général dans des proportions considérables et qui n'ont pas été déterminées, même approximativement.

1° Les grands mouvements de la navigation ne se répartissent pas également à toutes les époques de l'année, surtout pour les navires à voile ; ils sont subordonnés aux phases de la vie commerciale et aux variations périodiques des agents météorologiques. De ce fait il peut arriver qu'à certaines époques il ne se présente aux bouches du canal qu'un nombre de navires inférieur à celui nécessaire au passage journalier, que dans d'autres, au contraire, il soit supérieur ; il y aura, de ce chef, une perte réelle pour le transit et retard pour certains navires.

2° Les inconvénients précités se produiront encore lorsque des gros temps ne permettant pas aux bâtiments d'atterrir, il ne se présentera aucun navire au canal ; mais, en revanche, après la bourrasque, il y en affluera un trop grand nombre à la fois.

Et, si l'on a pris comme argument les relâches forcées des bâtiments à voile qui, en raison de vents contraires ne peuvent franchir le détroit de Gibraltar, cette même observation pourra être faite pour l'atterrissage des voiliers aux bouches du canal. Ceux-ci, masqués par le vent, louvoieront au large et, à la première saute de vent, se présenteront au canal en trop grand nombre encore.

3° La navigation dans le canal même présentera des aléas, des mécomptes sérieux à l'égard des données absolues sur lesquelles on a établi des calculs.

Les aléas les plus importants sont les suivants :

Les avaries..... ?

Les différences de masse des navires d'un même train, l'action du vent sur les mâtures différentes, ralentissant d'une manière inégale la vitesse des bâtiments halés par la même force.

Enfin l'impossibilité ou la difficulté extrême de faire route pendant les grands vents et notamment pendant les périodes de *vent d'Autan*, car alors le col de Naurouze sera infranchissable par la profonde et large tranchée qui le traversera sur plus de 30 kilomètres.

Je n'insisterai que sur deux des aléas que je viens de signaler, les avaries d'abord et les interruptions forcées résultant des phénomènes atmosphériques.

1º *Les avaries.* — Celles-ci seront fréquentes en raison des nombreuses causes devant les produire.

L'inégalité des masses de navires amarrés en file et ayant une vitesse que le moteur de halage commun donnera égale, mais que la structure des carènes rendra différente pour chaque navire, amènera des abordages ou des chocs contre les talus du canal. Les abordages seront surtout fréquents dans les ralentissements de la marche du train, car les navires n'ayant pas de frein continueront leurs routes avec des aires inégales.

Quant aux drossages sur les flancs du canal, ils seront toujours très dangereux, car les coques en fer actuelles sont d'une fragilité extrême et reçoivent les avaries les plus sérieuses lorsqu'elles touchent le moindre corps dur. Vous en avez vu du reste une dans les incidents qui ont agrémenté l'excursion que le Congrès a faite hier en bateau à vapeur dans le lit de la Loire. Si nous n'avons pas pu, en cette occasion, faire complètement les études géographiques projetées, nous avons au moins acquis des enseignements hydrographiques sur le plus grand fleuve de France, qui en ce moment ne permet pas de faire passer sous les ponts de Tours un bateau calant 25 centimètres sans déchirer ses flancs ! Peut-être ce bateau est-il encore pantelant sur la rive ! (*On rit.*) Nous avons constaté en outre qu'un second bateau ne calant pas plus de 30 centimètres a mis près de 8 heures pour se rendre de Tours à Langeais (*nouveaux rires*), ayant échoué plusieurs fois dans la passe balisée par le service des eaux.

Hé bien, on peut juger, par cet incident en miniature produit sous le pont de Tours, de ce qui arrivera dans le canal au moindre contact de la carène d'un navire avec un corps dur.

Il est vrai que le projet déclare que, afin d'éviter les talonnements des bâtiments sur les berges et pour donner plus de largeur au plafond du canal sans augmenter celle du plan d'eau, on tiendra les talus beaucoup plus inclinés qu'à Suez au moyen d'un revêtement en maçonnerie.

Mais alors on doit envisager tout le danger de cette maçonnerie qui menacera constamment les bâtiments, et, pour en appuyer l'existence, je

rappellerai les assertions formulées dans son grand rapport sur la construc
tion du canal de Panama par M. l'ingénieur Sautereau :

« Au canal de Suez, où la largeur minima à la flottaison est de 60 mètres,
« largeur réduite, il est vrai, à 50 mètres par suite de deux banquettes de
« 5 mètres chacune, établies à 2 mètres, en contrebas de la flottaison, afin
« d'atténuer les effets du clapotis sur les berges en sable ; au canal de Suez,
« il est admis, en termes de marins, qu'on ne gouverne pas.

« Grâce à l'habileté des pilotes les navires de haut bord arrivent à éviter
« les échouages qui les arrêtaient dans les premiers temps ; mais l'action
« du gouvernail est insuffisante pour les diriger et à chaque instant ils
« donnent bande à bâbord et à tribord sur les talus. Ces glissements ne
« présentent pas d'inconvénients pour les navires parce que les talus sont
« en sables ou en vases, mais ils en présenteraient de très graves avec des
« talus en rocher et une section mouillée plus réduite encore. »

Cet inconvénient grave se présentera donc, tout le long du canal et sur
es deux bords. Il sera encore bien plus sérieux au passage des écluses En
conséquence les chances d'avaries seront nombreuses et constantes par le
fait seul du canal.

Quant aux interruptions forcées en cours de passage, je vais les démontrer.

Il existe dans le midi de la France un phénomène météorique bien connu
et avec lequel on est toujours obligé de compter, c'est le vent d'autan,
cette bourrasque légendaire dans nos régions pyrénéennes, qui souffle à
certaines époques de l'année avec force dans tout le bassin de l'Aude et dans
la partie supérieure du bassin de la Garonne, et qui, dans les régions élevées séparant les deux bassins, acquiert une violence excessive. Venant
de la Méditerranée, il remonte la vallée de l'Aude et, resserré entre les
massifs des Corbières et des Cévennes, relevé par le versant oriental de la
chaîne de partage, il devient lourd, rase le sol et traverse le col avec une
vitesse extrême. Il retombe ensuite dans la déclivité occidentale en semant
souvent sur son passage la dévastation. Il a une puissance telle qu'en
certains points il est impossible de lui résister.

Aussi il faut admettre que son action sera telle sur les grandes mâtures
et les énormes coques des bâtiments que ceux-ci seront non seulement
retardés dans leur marche, mais souvent même absolument arrêtés. En
outre, il sera presque toujours impossible, pendant les périodes intenses
du vent d'autan, d'empêcher les grands navires d'être drossés sur un des
bords du canal et de s'y faire souvent des avaries d'autant plus graves que
leur masse sera plus considérable et leur mâture plus haute. Cette action
s'exercera dans toute la partie du canal comprise entre Toulouse et Carcassonne et même jusqu'à Narbonne.

Dans le parcours de 450 kilomètres à travers l'isthme pyrénéen, la
marche des navires sera souvent sérieusement ralentie, et des avaries se

produiront fréquemment, surtout au passage des écluses : mais l'inconvénient sera bien plus grave dans la traversée du col de Naurouze. En ce endroit, en effet, au passage de la ligne de séparation des deux bassins où le vent d'autan acquiert une violence telle qu'il dévaste les habitations et renverse les arbres, ses effets déjà désastreux à la surface du sol, relativement très élevée dans cette région, deviendront bien plus grands encore sur le canal à son passage dans le col. Là, la chaine de partage sera coupée par une tranchée ayant 250 mètres de largeur au plan supérieur et dont l'axe suivra la direction du vent régnant. Celui-ci, s'engouffrant dans cette immense coupure de 45 kilomètres, aura une puissance telle qu'il sera impossible aux navires de faire route, si lente qu'on la veuille faire.

Ceux venant de la Méditerranée avec le vent seront poussés avec une telle force qu'ils seront constamment drossés contre les parois du canal ; les autres venant de l'Océan et s'élevant sur le versant du bassin de la Garonne seront dans l'impossibilité absolue de lutter contre la force du vent et seront obligés de s'arrêter, bien heureux encore s'ils peuvent tenir sur leurs amarres !

Or le vent d'autan souffle pendant des périodes de 3, 6 ou 9 jours souvent à certaines époques de l'année. Et il n'est pas exagéré de fixer son existence à 30 jours par an. Il faut donc diminuer, pour cette seule cause, d'un douzième au moins la durée du temps de l'exploitation du canal et d'autant le nombre des navires pouvant transiter annuellement.

J'ai signalé en outre les retards causés aux navires par les difficultés d'attérissage aux entrées du canal pendant les gros temps, notamment dans le golfe du Lion. Alors, dans le but de répondre à cette objection, on dit dans tous les rapports que la marine a fait des objections sur l'atterrissement dans le golfe du Lion ; que, quand soufflent les grandes brises du sud-ouest, les bâtiments éprouvent les plus grandes difficultés pour entrer dans le port de Cette, où devra être le débouché du canal. Alors on prétend faire un port à la Franqui et y faire aboutir le canal. Mais il faudrait être certain que cette solution est possible matériellement. En tous cas, il conviendrait de résoudre la question de dépense nécessitée par cette construction nouvelle ; et il est facile d'admettre à priori qu'elle sera très considérable. Du reste, le gouvernement a déjà pensé à faire à la Franqui un port de refuge pour recevoir nos flottes en cas de guerre, et il a dû reculer devant les dépenses énormes que nécessiteraient les travaux d'établissement.

L'objection présentée par les marins n'est donc pas détruite par cette déclaration qu'on fera un port à la Franqui.

Enfin, en dehors des objections formulées à l'égard de l'exploitation et du rendement probable, il reste une autre question capitale, c'est celle de la dépense d'établissement, d'exploitation et d'entretien. Et d'abord que coûtera le canal ?

Les commissions d'études, après un examen très attentif, ont estimé que la dépense s'élèverait à 800 millions. D'autres personnes ont cité le chiffre de 1 milliard ; d'autres, enfin, tout à fait désintéressées, ont déclaré qu'on ne pourrait pas construire le canal à moins de 1,600 ou de 1,800 millions. Ces différences d'appréciations tiennent à ce qu'on n'a pas tenu compte de toutes les charges qui incomberaient à l'entreprise. Et, dans cet ordre d'idées, on peut prendre, comme base d'appréciation, les charges qu'a supportées l'établissement du canal de Suez. En effet, dans l'isthme égyptien comme dans celui de Panama, on n'a pas eu de terrains à acheter, d'expropriations à faire. Il n'en sera pas de même en pleine France. Il faudra payer le sol 4,000 ou 5,000 francs l'hectare en moyenne ; car, dans certaines régions des vallées à parcourir, l'hectare vaut jusqu'à 9,000 et 10,000 francs. C'est le prix qui s'impose pour acheter des terrains au débouché de la vallée du Lot dans celle de la Garonne. En somme, le canal traversera, sur 400 kilomètres, tout le jardin du Midi, qu'on ne peut traiter comme les steppes brûlants de l'isthme égyptien ou les terres vierges de l'isthme de Panama.

D'autre part, il faudra racheter le canal du Midi à la compagnie des chemins de fer du Midi ; construire des ports dans toutes les villes. Je crois même que, dans le projet, la ville de Toulouse doit être entourée de bassins de radoub, de cales, de bassins à flot, de toutes sortes de constructions gigantesques ; 400 ou 500 hectares de terrain devront être ainsi acquis dans les environs de Toulouse, et à des prix fabuleux en raison des constructions qui s'élèvent partout aux abords de cette grande ville.

Ajoutez à cela : la dépense qu'entraînera l'immense rigole destinée à recueillir les eaux du bassin de l'Ariège pour les conduire au canal, celle que coûtera l'établissement de deux ports à chaque entrée du canal, l'établissement de la tranchée gigantesque qui coupera le col de Naurouze sur un développement de 30 kilomètres, etc., etc. Quand on calcule le prix de revient de quelques-uns de ces travaux, on arrive à un chiffre de dépenses inouï, et, si le projet de l'entreprise les présentait seulement dans les grandes lignes, le public reculerait épouvanté devant un pareil sacrifice destiné à produire un résultat pour le moins incertain.

De toutes les considérations qui viennent d'être exposées et de bien d'autres encore que nous pourrions développer, il ressort qu'en pesant les affirmations qui sont présentées au public, on tourne encore et toujours dans un cercle vicieux.

Et on est très imprudent en déclarant, pour le besoin du mirage des recettes à espérer, qu'on demandera une somme que l'on détermine pour le transit de la tonne de marchandises, puisque le prix de cette tonne résultera des frais de construction, d'exploitation, d'amortissement, etc., frais que personne ne pourrait évaluer aujourd'hui. Il peut y avoir un écart immense entre les prévisions et la réalité.

On fixe d'avance le prix de la tonne à 3 fr. 75 ; c'est le prix de Suez. Mais à Suez les bâtiments se meuvent eux-mêmes dans le canal ; ici ils seront traînés par des locomotives ; les frais de traction seront considérables pour les gros bâtiments tels que les cuirassés. Par conséquent on ne saurait admettre le prix indiqué. Je ne dis pas qu'il ne sera pas de 3 fr. 75 ; je dis simplement qu'en ce moment on ne peut pas accepter ce chiffre comme exact, à quelque approximation que ce soit.

En somme, de quelque côté qu'on dirige un regard attentif et indépendant dans le labyrinthe que présente l'ensemble du projet, on ne rencontre que des incertitudes, même beaucoup d'erreurs. Et dans le problème posé on ne trouve que des *inconnues !*

Dans ces conditions, on ne peut qu'être surpris de voir une société, à la tête de laquelle se trouvent des hommes recommandables et haut placés, faire appel au public et lui promettre la fortune en dix ans en échange d'un versement immédiat de 250 francs.

De quel droit demande-t-on cet argent avant qu'il soit absolument démontré que ces espérances deviendront des réalités ? Le gouvernement a-t-il assumé la grosse responsabilité de l'autoriser ?

Je n'insiste pas, je me contente de dire : *Caveant cives !* prenons garde ! (*Vifs applaudissements.*)

Messieurs, je m'excuse d'avoir été si long, et pourtant je n'ai pu qu'effleurer la question. Mon but, en absorbant l'attention du Congrès, était de l'intéresser à une cause que je crois nationale et démocratique et qui, reposant sur des bases absolument géographiques et topographiques, doit être l'objet de la sollicitude des Sociétés de géographie de France.

J'ai dit nationale parce que le projet du canal des Deux-Mers, par l'ampleur de son application, par l'importance de ses conséquences, intéresse à un très haut point la fortune du pays et qu'au point de vue militaire, tant maritime que terrestre, il engage notre patriotisme.

J'ai dit démocratique parce que, si les classes élevées de notre société ont tous les moyens possibles pour s'éclairer sur la valeur des appels de fonds nécessaires pour les grandes entreprises, celles qui composent les assises inférieures de la grande pyramide sociale ne disposent d'aucun contrôle à l'égard des entraînements dont ils sont l'objet pour répondre à l'appel que l'on fait à leurs petits capitaux.

Mon but n'a pas été de combattre la réalisation du canal des Deux-Mers ; là ne pouvait être ma pensée qui a depuis de longues années suivi l'impulsion des esprits modérés. Avec eux j'ai estimé qu'il fallait écarter l'entreprise à large envergure devant absorber des milliards sans effets utiles pour le bien public ni rémunérateurs pour les capitalistes, et réaliser au contraire une œuvre plus modeste, mais plus pratique, qui utiliserait autant que possible ce qui existe, et, tout en rendant le maximum des services possibles au commerce et à l'industrie nationale, assurerait un revenu convenable aux capitaux engagés.

C'est sur ces bases, Messieurs, que je demande au Congrès de vouloir bien d'abord exprimer son sentiment à l'égard du canal à grande section ou de celui à moyenne section et ensuite formuler le vœu que j'ai l'honneur de lui demander tout au moins dans son esprit, sinon dans la lettre.

M. LE PRÉSIDENT. — Déposez-vous un vœu ?

M. LE COLONEL BLANCHOT. — Oui, monsieur le Président. En voici le texte :

« Le Congrès émet le vœu :

« Que la question du canal des Deux Mers qui est lancée dans l'opinion publique soit étudiée et soumise au contrôle des pouvoirs compétents, afin que le grand public puisse connaître d'une manière sérieuse et positive les conditions dans lesquelles elle pourrait être engagée. »

M. LE PRÉSIDENT. — La discussion est ouverte sur ce projet de vœu.

La parole est à M. Breittmayer.

M. BREITTMAYER. — Je suis complètement d'accord avec M. le colonel Blanchot, qui a très bien défendu sa bourse et celle de ceux qui peuvent en avoir. (*On rit.*)

M. le colonel Blanchot a fait l'historique de Suez, et il a fait une sorte de comparaison entre ce canal et celui des Deux-Mers. Cela me rappelle l'histoire de ce paysan disant : Moi et M. de Rothschild, nous sommes les deux plus riches du canton. La comparaison me paraît impossible. Le premier coupe un isthme, abrège du tout au tout les distances ; le second traverse simplement notre territoire.

On a dit que ce canal permettrait surtout d'éviter Gibraltar. Est-ce dans une réunion comme celle-ci, où l'armée et la flotte ont des représentants, que l'on peut dire ou même supposer que la France a peur des canons de Gibraltar ?

La vraie question est de savoir à qui profitera le canal. Si l'on ouvrait un canal à grande section, il devrait profiter surtout aux Anglais, puisque notre marine ne comporte que 5,000 navires à vapeur, et qu'ils en ont 22,000.

Je me demande si nous voulons faire un canal pour les Anglais, alors que ce canal nous coûtera très cher et qu'il ne nous servira à rien, pas même à éviter Gibraltar. (*Très bien !*)

M. le colonel Blanchot. — M. Breittmayer vient de lever un coin du voile que je n'avais pas voulu soulever ; il a parlé de Gibraltar et des Anglais, de notre flotte et de l'intérêt national.

On a prétendu, en effet, que le détroit de Gibraltar serait infranchissable pour nos vaisseaux. Mais ce détroit a plus de 16 kilomètres de largeur. Peut-on admettre que nos escadres ne pourront pas le franchir, même si la flotte anglaise le gardait ? Nous ne pouvons pas faire cette injure à notre marine de guerre.

D'ailleurs, si l'on suppose que la flotte anglaise empêcherait nos vaisseaux de passer à Gibraltar, peut-on admettre que les Anglais ne viendraient pas faire des croisières aux débouquements du canal des Deux-Mers pour en interdire aux bâtiments français l'entrée ou la sortie ? Par conséquent, au point de vue de la stratégie navale, le canal n'offre aucun avantage important, et je ne fais ici que répéter l'opinion d'amiraux ou de capitaines de vaisseaux que j'ai eu l'honneur d'entendre.

On a dit aussi qu'on ferait de Toulouse un magnifique port de mer. A quoi servirait-il ? S'imagine-t-on que les grands paquebots qui partent de Liverpool pour aller en Australie ou au Japon s'arrêteront à Toulouse pour que leurs matelots aillent au théâtre du Capitole ? (*On rit.*) En vérité, cela n'est pas sérieux !

Prétend-on que le canal permettra d'exploiter les richesses du Midi ? Le canal de Paul Riquet y suffit, hélas ! trop surabondamment.

J'ai lu dernièrement un ouvrage dans lequel on déclarait que les gisements miniers du versant septentrional des Pyrénées ne pouvaient être exploités, faute de débouchés !

Une pareille allégation ne peut être acceptée que par les personnes peu initiées à notre géographie nationale, car, actuellement, la région française des Pyrénées est très richement dotée en voies de communication.

Dix sections de voie ferrée pénètrent jusqu'au cœur de la chaîne et ont leur station terminée à quelques kilomètres seulement de la ligne de faîte. Toutes les vallées sont parcourues par des routes jusqu'au pied même de la dernière muraille supérieure. J'ajouterai que des voies carrossables sont établies jusqu'au point d'exploitation de tous les gisements miniers. Le plus important d'entre eux, appartenant à la Société métallurgique de l'Ariège, dispose même d'un chemin de fer à voie étroite qui, greffé sur la ligne de Toulouse à Ax, s'élève jusqu'à 2,000 mètres d'altitude, à l'ouverture même des mines de Puymorens.

Non seulement les voies de communication pénétrantes sont en nombre considérable et parcourent toutes les vallées, même les plus petites, mais encore il existe des routes parallèles à la chaîne qui relient les autres entre elles.

Il est donc inexact de dire que les gisements miniers du versant nord des Pyrénées ne peuvent être exploités faute de débouchés ; il est encore plus fallacieux de faire croire au grand public que le grand canal développera l'exploitation de nos ressources minières. D'abord nos foyers miniers sont peu nombreux, peu productifs, à l'exception des gisements ferrugineux ; leur exploitation, étant trop peu rémunératrice, a dû malheureusement être abandonnée sur bien des points, et cela à mesure que les communications se multipliaient. Et il est douloureux de constater qu'au temps où il n'existait pas de chemins de fer et où la région montagneuse n'était sillonnée que par des sentiers, l'exploitation minière était florissante, parce qu'alors on ne transportait pas au loin les produits bruts arrachés au cœur de la montagne, qu'on les traitait sur place, dans des forges en quantité considérable, et qu'on n'avait plus à exporter que des produits déjà manufacturés. Mais, depuis que les forêts ont été détruites, les forges se sont éteintes et les foyers miniers ont été abandonnés presque partout, leur exploitation ne pouvant plus utiliser les voies carrossables venues à leur secours. L'exploitation des filons argentifères précieusement cultivés par les Romains n'a pu même lutter contre l'invasion métallique étrangère ; et les chercheurs d'or qui fouillaient jadis avec profit les sables de l'Ariège et de l'Oruze, ont dû abandonner leur industrie ; leur récolte ne nécessitait pas cependant des moyens de transport exceptionnels.

Telle est la situation vraie, et il n'est pas possible de prétendre qu'un canal de 50 mètres de plan d'eau passant à 60 kilomètres de la région pyrénéenne est nécessaire pour rendre la vie à son exploitation minière.

C'est pour toutes ces raisons que je crois inutile un canal à grande section, mais que je me rallierais avec la Société de Géographie de Tours à la création d'un canal à moyenne section. Quoi qu'il en soit, ce que je demande surtout, c'est la lumière. (*Applaudissements.*)

M. DE PONTEVÈS DE SABRAN. — Messieurs, j'ai reçu de la Société de géographie de Marseille, que j'ai l'honneur de représenter, l'instruction de m'abstenir sur la question du canal des Deux-Mers.

Voici pourquoi. La Société de géographie de Marseille s'est fait une loi absolue de s'abstenir dans toutes les affaires intéressant la géographie qui doivent être commanditées par une Société financière. C'est ici le cas. Et, s'il faut donner une formule de mon abstention, je dirai : *Experto crede Panama.*

M. MALAVIALE. — Je suis chargé de faire une déclaration analogue au nom de la Société de géographie de Montpellier.

M. LE PRÉSIDENT. — Comme délégué de la Société de géographie de Lorient, je partage l'opinion de M. le colonel Blanchot. Comme marin, je ferai une simple observation, c'est que la hauteur de la mâture du *Mytho* en mer est de 54 mètres, mais qu'il serait possible de la baisser d'une vingtaine de mètres.

On a dit que nous n'aurions pas peur de passer sous les canons de Gibraltar. Ce n'est pas discutable, mais il y a quelquefois avantage à tourner une position plutôt que de l'affronter.

M MERCHIER. — Je voudrais raconter ce que j'ai vu à Lille dans les derniers jours de juillet. Il faisait très chaud, et, quand il fait chaud, les Flamands ont soif. (*On rit.*) Je suis Flamand, je suis entré au café Bellevue, — je précise, — et je suis allé chercher les journaux illustrés. Au-dessus des journaux, j'ai vu une belle serviette noire portant en grandes lettres ce mot : Pétition. J'ai ouvert la serviette et j'ai vu qu'il s'agissait d'une pétition pour l'établissement du canal des Deux-Mers, adressée à MM. les députés et sénateurs J'ai repoussé avec indignation cette belle serviette noire, et je me suis demandé ce qu'étaient les gens qui sollicitaient dans un café, entre deux bocks, l'approbation de citoyens éclairés. C'est tout ce que j'avais à dire (*Applaudissements.*)

M. GEORGES CHEVREL, *secrétaire général,* fait connaître l'ordre du jour des séances de samedi.

La séance est levée à 5 heures.

SÉANCE DU SAMEDI MATIN

5 août 1893

PRÉSIDENCE DE M. LE PRINCE ROLAND BONAPARTE

La séance est ouverte à 8 heures et demie.

Prennent place au bureau :

M. Ricard, délégué du ministère de l'Intérieur ;

M. Doby, délégué de la Société de Géographie commerciale de Nantes ;

M. Nicole, délégué de la Société de Géographie du Hâvre ;

M. de Solms, de la Société de Géographie commerciale de Paris.

M. LE PRÉSIDENT. — Messieurs, je tiens à vous remercier de l'honneur que vous m'avez fait en m'offrant la présidence de cette séance.

Nous avons tout d'abord à émettre un vote sur le vœu concernant la question siamoise. Le vœu proposé par M. Castonnet des Fosses était ainsi conçu :

« Le Congrès de Géographie de Tours estime que la frontière de l'Indo-Chine française doit être le Mékong aussi bien dans son cours supérieur que dans son cours inférieur, à partir de sa sortie du Yunnam. »

La parole est à M. Barbier.

M. BARBIER. — Cette rédaction m'a paru insuffisante, ainsi qu'à quelques-uns de mes collègues. Aussi proposons-nous le texte suivant :

« Le Congrès, se renfermant exclusivement dans le domaine des considérations géographiques et des intérêts coloniaux de la France, objet de ses travaux, estime que la frontière occidentale de l'Indo-Chine, en l'état actuel de la situation, doit être au moins le Mékong à partir de sa sortie du Yun-Nam jusqu'au Cambodge.

« En effet, si pour le moment il est désirable que le Mékong serve

de frontière à l'Indo-Chine française, personne ne saurait affirmer que dans quelques mois, dans quelques semaines peut-être, la situation ne sera pas modifiée. Dans ces conditions, il me semble indispensable d'ajouter ces mots : « Dans l'état actuel de notre situation dans ce pays. »

M. de Varigny. — Je propose de dire simplement : « Dans l'état actuel de la situation. » Je crois que cette rédaction répond à la pensée de M. Castonnet des Fosses.

M. Castonnet des Fosses. — Parfaitement.

M. le Président. — Je mets aux voix le texte proposé par M. Barbier.

Cette rédaction est adoptée.

Exposé des travaux de l'Institut géographique de Paris depuis le dernier Congrès

---

M. le Président. — L'ordre du jour appelle l'exposé des travaux de l'Institut Géographique de Paris depuis le dernier Congrès.
La parole est à M. Froideveaux.

M. Froideveaux. — Ceux d'entre vous qui ont eu le plaisir d'assister l'année dernière au Congrès de Lille se rappellent peut-être que j'ai eu l'honneur de les y entretenir de la petite section de géographie qui s'est constituée au début de l'année 1892 dans un coin de la nouvelle Sorbonne, au sein de la Faculté des lettres, sous la direction de M. Marcel Dubois, grâce au bienveillant appui de M. le doyen Himly et de M. Lavisse, directeur d'études pour l'histoire. Le Congrès de Géographie de Tours, qui a consacré la seconde partie de son questionnaire à « l'Enseignement et la vulgarisation de la géographie », apprendra sans doute avec intérêt quels ont été les progrès réalisés, quels ont été les travaux effectués pendant l'année scolaire 1892-1893 par la nouvelle institution.

Le nombre des adhérents à l'Institut Géographique (suivant une expression un peu ambitieuse qui tend à devenir l'expression courante) s'est légèrement augmenté ; nous sommes actuellement une trentaine à fréquenter d'une façon assidue les petites salles qui nous servent soit de bibliothèque, soit d'atelier cartographique. Sous la direction affectueuse du nouveau professeur de géographie coloniale de la Sorbonne, notre maître (je dirais volontiers notre président), M. Marcel Dubois, livres, cartes et photographies sont classés au fur et à mesure qu'ils nous arrivent, et le catalogue en est soigneusement tenu à jour. Jusqu'à présent d'ailleurs, la tâche est assez simple, car nos instruments de travail sont encore assez peu nombreux. Nous espérons en vous, Messieurs, pour enrichir notre bibliothèque, compléter nos collections, augmenter le nombre de nos séries. Envoyez-nous vos publications, vos cartes, vos photographies ; nous vous en serons très reconnaissants, car vous nous faciliterez notre travail et nous verrons dans ces envois une marque précieuse de sympathie. Plusieurs sociétés de géographie ont déjà consenti à nous l'accorder ; pendant la dernière année, nous avons reçu avec une vive reconnaissance la collection des *Bulletins* de la Société de géographie de Lille, et celle des publications de la Société Languedocienne de Géographie, que nous devons à la bienveillance de ces deux sociétés ; nous sommes heureux de les en remercier publiquement ici, ainsi que M. Maunoir, le sympathique secrétaire général de la Société de Géographie de Paris, qui a bien voulu enrichir notre bibliothèque d'un certain nombre de livres, de mémoires, de cartes ayant appartenu à son ami le grand et savant voyageur Henri Duveyrier.

C'est aux œuvres qu'elle produit qu'on peut juger une institution : permettez-moi de vous indiquer brièvement ce que notre petite communauté a fait au cours de cette année. Plusieurs d'entre nous ont terminé, sous la direction de M. Marcel Dubois, la rédaction d'un Cours de Géographie en huit volumes à l'usage des classes de l'enseignement secondaire, cours dont la publication avait commencé il y aura bientôt trois ans (1). En même temps, un certain nombre d'études de détail relatives à la France (2), à ses colonies (3), à la mer Méditerranée (4), ont été publiées par des élèves de l'Institut Géographique, soit dans les *Annales de Géographie* que dirige avec M. Vidal La Blache M. Marcel Dubois, soit dans les *Nouvelles géographiques du tour du monde*, soit dans la *Revue Scientifique*, la *Nature*, le *Bulletin du comité de l'Afrique française* et la *France coloniale* de M. Rambaud. A quelques-uns d'entre nous est due la rédaction d'une bonne partie de la copieuse bibliographie publiée dans le dernier numéro des *Annales de Géographie*, et vous trouverez parmi les collaborateurs de cet *Atlas de Géographie Historique*, dont la maison Hachette vient de commencer la publication, les noms de plusieurs membres du nouvel atelier géographique de la Sorbonne (5).

(1) Paris, Masson. 1891-1892, 8 vol. in-8 av. cartes et grav.

(2 Rainaud : *La Crau* (*Ann. de Géog.*, 15 janvier 1893, carte).

(3) H. Dehérain : *L'Œuvre de la France en Tunisie* (*R. scient.*, 3 juin 1893) ; *la Grande Mosquée de Kairouan en Tunisie* (*Nature*, 27 mai 1893. grav.) ; *Bangasso* (*Bull. com. afr. fr.*, juin 1893). — H. Schirmer : *Le Dahomey* (dans la *France coloniale*, publiée sous la direction de M. A. Rambaud).

(4. A. Milhaud : *Les Pêcheries maritimes de la Méditerranée* (*Nouv. géog.*, 5 novembre 1892).

(5 Dès la première livraison, on trouve une carte et une notice de M. Augustin Bernard sur *le Monde à l'époque des grandes découvertes*.

A côté d'études de détail, nous faisons de la géographie générale; c'est une tradition qu'a instituée notre maître M. Marcel Dubois, et nous n'avons eu garde de négliger l'exemple qu'il nous donnait en publiant son travail sur l'*Hydrographie des eaux douces* (1). M. Augustin Bernard en particulier a suivi son exemple; ses travaux sur l'*Océanographie* (2) et les *Récifs de corail* (3), très précis, très étudiés, ont été justement appréciés. Non moins appréciée a été la très importante étude que M. Schirmer a récemment consacrée au *Sahara* (4); ce travail considérable, œuvre véritablement neuve dans laquelle les sciences de tout ordre ont été avec une mesure et un tact parfaits mises à contribution, a valu à son auteur, après une brillante soutenance, le grade de docteur ès lettres auprès de la Faculté des lettres de Paris, et vient de lui valoir le titre de professeur de géographie à la Faculté des Lettres de Lyon.

La thèse de M. Henri Schirmer est la première d'une série qui ne semble pas devoir cesser de si tôt. Je puis vous annoncer comme étant soit en préparation, soit même sur le point d'être publiés, des travaux sur le Cotentin, sur l'Oubangui, sur les pêcheries de Terre-Neuve, sur la Nouvelle-Calédonie, sur le continent austral et aussi sur la géographie comparée de la Cyrénaïque et sur la géographie dans l'œuvre d'Adam de Brème. Nous travaillons d'autre part à constituer une bibliographie des colonies françaises qui sera un jour un répertoire précieux et un instrument de recherche des plus utiles; nous faisons enfin de nombreux essais cartographiques qu'on pourra peut-être consulter avec intérêt un peu plus tard.

Ainsi, Messieurs, ce rapide exposé vous le prouve, les adhérents de l'Institut Géographique de la Sorbonne travaillent à faire connaître la France, ses colonies et les autres parties du globe. Tandis qu'ils se livrent à la coordination des documents que leur fournissent les voyageurs, un d'entre eux contribue sur les lieux mêmes à faire progresser la science et explore avec énergie, ténacité et méthode une partie de Madagascar. Notre ami M. Gautier a entrepris l'étude de la plaine sakalave; ce qui a été publié de sa correspondance montre qu'il a bien regardé et qu'il a su voir autour de lui (5). L'agression dont il a été victime il y a quelques mois n'a pas ralenti son activité, et il est actuellement de nouveau en pleine exploitation. Espérons que nous ne tarderons pas à recevoir de lui des lettres aussi intéressantes, aussi remplies que celles dont vous avez déjà pu prendre connaissance.

Il y a place chez nous, Messieurs, vous le voyez, pour les géographes militants, et, permettez-moi de vous le dire, une place très large et toute

(1) *Ann. de Géog*, 15 octobre 1892 et 15 avril 1893.
(2) *Océan Pacifique et Océan Indien* (*Ann. de Géog.*, 15 janvier 1893).
(3) *Ann. de Géog.*, 15 avril 1893.
(4) Paris, Hachette, 1893, VIII-441 p., gr. in-8, cartes et grav.
(5) *Ann. de Géog.*, 15 avril 1893, carte. — Cf. *ibid.*, 15 janvier 1893.

spéciale, une place d'honneur. Ce que nous voulons tous avec notre maître M. Marcel Dubois, c'est travailler au développement de la géographie scientifique en France, c'est pouvoir rivaliser avec nos voisins, c'est replacer notre pays à la tête des nations qui font autorité en matière géographique. Le but peut sembler ambitieux ; avec du temps et beaucoup de travail persévérant, avec votre bienveillant appui, avec l'envoi de vos publications, Messieurs, de vos livres, de vos cartes, de vos photographies, nous ne désespérons pas d'y arriver. (*Vifs applaudissements.*)

Les intérêts français en Syrie.

M. LE PRÉSIDENT. — La parole est à M. Castonnet des Fosses sur la question des intérêts français en Syrie.

M. CASTONNET DES FOSSES. — Messieurs, à l'heure où nous fondons un grand empire colonial, nous ne devons pas oublier un pays comme la Syrie. Nous avons là des intérêts importants, je veux dire des intérêts commerciaux, car je ne veux pas aborder les questions politiques ou religieuses. Plusieurs centres d'affaires se développent chaque jour ; les deux principaux sont Beyrouth et Damas. La Syrie est peuplée de 2.700,000 habitants, qui peuvent constituer pour nous une véritable clientèle. Les groupes les plus importants qui la forment sont les Maronites dans le Liban et les Grecs Melkites dans le centre et à Damas. Cette population recherche nos produits ; elle peut nous donner le moyen de maintenir notre influence dans le pays.

Comme vous le savez, messieurs, la Syrie se transforme rapidement ; il y a quelques mois, on a inauguré un chemin de fer allant à Jérusalem ; chaque pèlerinage amène un nombre considérable de voyageurs parlant le français, et quand on parle français dans un pays, l'influence française s'y répand. Il est question de construire une nouvelle ligne de Beyrouth à Damas, de sorte que la Syrie, qu'on s'est plu à dépeindre comme un pays mort, devient de jour en jour un pays quasi européen.

Sur les 2.700,000 habitants de la Syrie, on compte 800,000 à 900,000 chrétiens, d'après les statistiques de l'empire ottoman. Rien qu'à Damas, qui compte 200,000 habitants, on trouve de 15,000 à 18,000 Grecs Melkites ; ce sont des chrétiens séparés de l'Église d'Orient et réunis à Rome.

Il existe en Syrie des écoles françaises, où l'on enseigne notre langue. Les enfants restent pendant plusieurs années à l'école ; ils y apprennent le français et ils deviennent ainsi naturellement pour nous des pionniers d'avant-garde, tout disposés à favoriser, à imposer la vente de nos produits.

Plusieurs de ces Grecs sont venus à Paris, il y a trois ou quatre ans; le ministère des affaires étrangères a vu d'un très bon œil la formation de cette petite colonie, à laquelle on a concédé l'église de Saint-Julien-le-Pauvre. A cette église est annexée une école que suivent une vingtaine d'enfants auxquels on enseigne le français. Un comité s'est formé sous la présidence d'honneur de M. d'Abbadie, membre de l'Institut, pour s'occuper de cette école, sur laquelle j'appelle toute l'attention du Congrès.

Jusqu'ici, le ministère des affaires étrangères lui a accordé une subvention de 4,000 francs. Dernièrement, des journaux plus ou moins bien renseignés ont dit que cette subvention allait être réduite ou même supprimée. Je crois que cette mesure serait très fâcheuse pour le développement de notre influence en Syrie. Le président de notre Congrès, M. le prince d'Arenberg, disait, il y a trois mois, dans un banquet offert à un explorateur, le lieutenant de vaisseau Migeon, que les deux grands instruments de la civilisation étaient la locomotive et l'école; il avait raison ; l'école est peut-être l'instrument principal, parce qu'elle permet aux idées de se répandre.

Il y a donc une école à Paris qui coûte 4,000 francs par an de subvention au ministère des affaires étrangères. Cette école forme des enfants qui, au bout de quelques années, retournent en Syrie, à Damas ; et ces jeunes gens, élevés parmi nous, devenus de vrais Français, sont pour nous là-bas des amis, des partisans ; ils parlent notre langue et sont en même temps d'excellents agents commerciaux.

C'est pour ces motifs que je demanderai au Congrès d'émettre le vœu suivant :

Le Congrès de Géographie de Tours émet le vœu :

Que le ministère des affaires étrangères, en vue de soutenir les intérêts français en Syrie, veuille bien continuer la subvention de 4,000 francs qu'il accorde annuellement à l'école grecque unie de Saint-Julien-le-Pauvre, à Paris.

M. DE VARIGNY. — J'appuie de toute la force de mes convictions patriotiques le vœu présenté par notre honorable collègue M. Castonnet des Fosses. Nous avons en nous des forces d'expansion vives; nous avons malheureusement négligé d'en développer quelques-unes. Mais le génie français, l'esprit français, l'intelligence française, il nous faut absolument les montrer dans tout leur développement. Autrefois, nous avons joué un grand rôle dans le monde: l'avenir nous en réserve un tout aussi grand.

J'estime que le vœu de notre collègue est un de ceux que la société peut et doit voter d'acclamation. *(Applaudissements.)*

M. LE PRÉSIDENT. — Je mets aux voix le vœu proposé par M. Castonnet des Fosses. *(Le vœu est adopté.)*

De la simplification et de l'unification des échelles dans les atlas géographiques.

M. LE PRÉSIDENT. — L'ordre du jour appellerait l'état général du déboisement et du reboisement des Pyrénées; son influence sur les crues et sur l'irrigation des versants pyrénéens. Cette question avait été proposée par la Société de géographie de Toulouse. Mais, en l'absence de M. Quénot, rapporteur, je donne la parole à M. Barbier sur la simplification et l'unification des échelles dans les atlas géographiques.

M. BARBIER. — Messieurs, la question que j'ai demandé de porter à l'ordre du jour n'est pas complète. Il aurait fallu dire : « De la simplification et de l'unification des échelles dans les atlas géographiques et des lacunes de la cartographie française. » Les deux questions sont en effet connexes.

Il y a bientôt vingt ans que, en poursuivant mes études de géographie, je me suis emparé d'une idée que j'ai dû reconnaître irréalisable à ce moment, qui fut même combattue par certaines autorités que je pourrais nommer; mais, après les nombreux encouragements que j'ai reçus d'autre part, je n'insisterai pas sur les difficultés de la première heure. La diversité des échelles dont on se sert pour la construction des atlas n'est pas toujours justifiée, elle est souvent dictée par le caprice du géographe ou par le format de l'éditeur. Elle jette une certaine confusion dans les esprits parce qu'elle ne donne pas l'idée de l'étendue des différents territoires

On a cherché à remédier à cet inconvénient en traçant, dans un angle des cartes actuelles, construites à une échelle quelconque, un carton représentant un pays parfaitement connu. Ainsi, pour la carte des Indes néerlandaises, on mettra dans un angle la carte des Pays-Bas à la même échelle. Mais la conception de l'étendue des différents territoires reste toujours faussée. On a essayé de réaliser certains progrès, et je puis à cet égard citer comme exemples un atlas français actuel et surtout un atlas étranger qui malheureusement est encore le plus répandu et le plus fréquemment consulté par les travailleurs, car il est le plus complet: je veux parler de l'atlas de Stieler.

On a cherché, dans cet atlas, à faire un certain nombre de cartes à la même échelle pour un même continent; ainsi l'Amérique du Nord et l'Amérique du Sud forment 6 à 8 feuilles, de sorte que, si vous les rassemblez, vous avez une carte générale de l'Amérique.

On a procédé de même pour la France. La carte de France est à l'échelle du $\frac{1}{1.500.000}$; elle forme 4 feuilles ; si vous les juxtaposez, vous avez la France dans son ensemble.

24 feuilles sont consacrés à l'Europe ; toutes sont à l'échelle du $\frac{1}{1.500.000}$, de sorte que l'Allemagne, l'Italie, etc., sont présentées à une échelle uniforme, et qu'il est facile de comparer un pays à un autre. L'idéal serait d'avoir toutes les cartes d'un atlas à la même échelle. Il n'en est pas ainsi dans celui dont je parle ; ainsi, pour l'Europe, l'échelle adoptée est celle du $\frac{1}{3.700.000}$, qui est environ deux fois et demie plus petite que celle de la France ; pour l'Asie et les deux Amérique, on a adopté l'échelle du $\frac{1}{25.000.000}$; l'Afrique a fait l'objet d'un ensemble de cartes développées au $\frac{1}{10.000.000}$

Lorsque j'ai soutenu mon idée, la principale objection qu'on m'ait faite était celle-ci : pour beaucoup de régions, vous aurez des vides, des blancs sur la carte ; vous consacrerez une grande feuille à des pays à peine explorés sur lesquels on n'a posé que quelques jalons.

Depuis lors, le temps a marché, et vous connaissez tous, messieurs, la grande carte de l'Afrique au $\frac{1}{2.000.000}$ dressée par le commandant de Lannoy, et vous savez combien chaque feuille est intéressante et remplie de renseignements.

Pour nous en tenir au format de l'atlas de Stieler, si toutes les cartes étaient au $\frac{1}{5.000.000}$, il est bien évident que la carte d'Afrique serait déjà très suffisamment remplie et qu'on serait obligé d'en élaguer bien des noms qui figurent sur la carte de M. de Lannoy.

Une carte de l'Afrique construite dans ces conditions suffirait aux hommes de cabinet.

D'autre part, pour certaines régions de l'Europe et de l'Amérique, on aurait une échelle qui ne serait pas sensiblement inférieure à celle du $\frac{1}{3.700.000}$ adoptée pour l'atlas Stieler.

Resterait à remplir les feuilles des Océans. À cet égard, je me reporte à l'atlas dont je viens de parler. Une des feuilles de l'Amérique du Sud contient un blanc énorme. On en a profité pour y mettre le plan de certaines grandes villes. Ces plans sont si précieux à consulter qu'on cherche aujourd'hui à les introduire dans nos atlas. C'est un excellent moyen de remplir les vides que présenteraient certaines cartes. On aurait ainsi un atlas en soixante-dix-huit feuilles qui donnerait le développement complet de la surface de la terre à l'échelle du $\frac{1}{5.000.000}$, très suffisante pour la plupart des pays et qui permettrait facilement de comparer toutes les contrées du globe. Il est évident que pour certains pays on pourrait faire des cartes spéciales, par exemple une carte de France en plusieurs feuilles, ou la carte de certains États qui offrent pour nous un intérêt particulier ; on aurait alors le soin de prendre une échelle dont le coefficient serait très simple et permettrait facilement la comparaison avec les autres cartes de l'Atlas. Cette échelle pourrait être le $\frac{1}{1.000.000}$, comme dans l'atlas de Schrader.

Je ne dis qu'un mot des projections. Ce qu'il faut rechercher avant tout, c'est la projection qui déforme le moins les continents.

Pour cela j'ai imaginé de partager la surface terrestre par zones coniques de 20° en 20° à partir de chaque pôle, de manière que la zone équatoriale, seule cylindrique, soit comprise entre 10° de latitude nord et 10° de latitude sud, la longueur de la génératrice de chaque tronc de cône ainsi formé étant calculée de la même longueur que la section de chaque méridien comprise entre la latitude extrême de la zone. De la sorte, le profil en coupe de la section totale de la sphère terrestre représente un polygone de dix-huit côtés du même périmètre que la circonférence du globe et entrecoupant celle-ci en deux points pour chaque zone, disposés symétriquement à égale distance des sommets du polygone qui correspondent eux, aux latitudes extrêmes de chaque zone. Il s'explique que ces points d'intersection correspondent, à leur tour et deux à deux, aux parallèles communs à la sphère et à chaque zone conique correspondante.

En conséquence, dans le développement naturel géométrique de chaque zone, toutes les *sections méridiennes* seront exactement de la même longueur que les sections de chaque méridien sur la sphère, et que sur une même zone, il y a deux sections de parallèles rigoureusement de la même longueur que les sections de parallèles correspondants de la sphère, les autres sections en deçà ou au delà de chacun de ces parallèles communs diminuant ou augmentant suivant un coefficient peu élevé et, en tous cas, facile à déterminer.

Je n'entrerai pas dans un examen plus détaillé de ce système ; il me suffira de dire qu'il permet, malgré un morcellement apparent, de présenter sur une même carte une même unité géographique. Ainsi, la région de l'Amazone est tout entière comprise sur une même feuille ; il en est de même pour le bassin du Congo ; pour les Etats-Unis, on a tout le cours du Mississipi et les Etats du versant de l'Atlantique.

Je crois avoir ainsi répondu à l'objection d'un savant qui me disait que je voulais mettre la géographie dans le lit de Procuste. Ceux qui agissent ainsi sont ceux qui se servent de divisions arbitraires et non pas de cadres raisonnés.

Je ne parle pas des gloses qu'on pourrait introduire dans les tranches vides des atlas. L'atlas Schrader s'est efforcé de suppléer dans une certaine mesure à cette lacune, en mettant des annotations au verso des pages. Cela ne me paraît pas suffisant, et à cet égard, Messieurs, j'appelle toute votre attention sur le nouvel atlas de géographie physique de Berghaus, qu'on peut considérer comme un modèle.

En terminant, permettez-moi de signaler une lacune fréquente de nos atlas ; on n'y trouve pas assez de cartes hypsométriques, c'est-à-dire des cartes qui donnent la représentation du relief du sol. L'ancien atlas Stieler contenait une carte hypsométrique de l'Europe, qui était, à l'époque où

elle fut publiée, une petite merveille du genre. Cette carte a disparu depuis, de même, je crois, que la carte des Alpes. Cependant ces cartes sont intéressantes à tous les points de vue.

Messieurs je ne veux pas abuser plus longtemps de vos instants.

Depuis longtemps le Congrès ne s'occupait plus de questions de cartographie. J'ai cru qu'il ne serait pas inutile de vous en entretenir pour que de nouveaux efforts soient faits dans cette voie. En le faisant, je ne crois pas m'être écarté de ce programme. (*Applaudissements.*)

M. LE COMMANDANT MOESSARD. — J'ai l'honneur de déposer sur le bureau du Congrès une brochure contenant la description d'un appareil très utile aux explorateurs, car il permet de faire en même temps la planimétrie et le nivellement des itinéraires.

M. LE COLONEL BLANCHOT. — Je demande au Congrès la permission de lui communiquer l'opinion de la Société de géographie de Toulouse sur le canal des Deux-Mers qui m'a été transmise par le secrétaire général de cette société.

La Société de Géographie de Toulouse entend repousser d'une manière absolue la proposition relative au canal des Deux-Mers qui n'est plus soutenue que par des politiciens, des spéculateurs ou des imbéciles. (*On rit.*) Telle est l'opinion d'un homme qui vit à Toulouse et qui est très bien informé sur cette question. Je me fais un devoir de vous la communiquer.

M. LE COLONEL BLANCHOT dépose sur le bureau du Congrès une brochure de M. le capitaine Delcroix, attaché à l'école spéciale militaire de Saint-Cyr.

M. LE PRÉSIDENT dépose également une notice de M. René Boissier et deux communications de M. Méry.

De l'opportunité de maintenir l'enseignement de la géographie dans les attributions des facultés des lettres ou de le faire passer dans le domaine des facultés des sciences. (*Question proposée par la Société de Géographie de Tours. M. le colonel* BLANCHOT, *rapporteur.*)

M. LE PRÉSIDENT. — L'ordre du jour appelle la question proposée par la Société géographique de Tours, relative à l'opportunité de maintenir l'enseignement de la géographie dans les attributions des facultés des lettres ou de le faire passer dans le domaine des facultés des sciences.

La parole est à M. le colonel Blanchot.

M. LE COLONEL BLANCHOT, *Rapporteur*. — Messieurs, autrefois l'étude de la géographie n'était qu'une nomenclature peu ou prou raisonnée, comportant des noms qui s'appliquaient à des montagnes, à des chaînes de montagnes, à des collines, à des cours d'eau plus ou moins importants...

Un enfant vous demande : Comment se fait-il qu'une île sorte de la mer ? Si vous lui donnez une explication, vous entrez dans un domaine qui n'appartient déjà plus à la géographie pure. Il en est de même pour les marées. Ce même enfant vous dira : Comment se fait-il que je voie la mer ici et que six heures après je la voie gagner du terrain ? Là encore il faut donner une explication scientifique. Ces deux phénomènes, la naissance des îles, les marées, appartiennent au domaine des sciences.

L'ignorance de la géographie, je crois pouvoir le dire, était dans ces derniers temps encore générale en France. Elle diminue un peu aujourd'hui, grâce au grand mouvement qui se produit et surtout grâce à la nécessité qui s'impose à l'humanité de se lancer à la conquête du monde. C'est ainsi que se répand peu à peu le goût de la géographie. Mais l'ignorance est encore grande dans toutes les classes de la société.

On me citait tout à l'heure une personne éclairée qui, se trouvant sur les bords de la Méditerranée, demandait si le port d'Alger n'était pas à 7 à 8 lieues de là ! On m'a demandé à moi-même si l'on ne pouvait pas se rendre au Canada en chemin de fer. (*On rit.*)

On ignore donc la géographie. Cela tient, à mon avis, au mauvais enseignement qui est donné. On remplit trop la mémoire des élèves, et l'on ne s'adresse pas assez à leur intelligence. Je demande au Congrès s'il ne juge pas à propos d'exprimer un vœu pour qu'on modifie l'enseignement des sciences géographiques ou de la géographie, ce qui est la même chose.

Cet enseignement est évidemment connexe avec celui de l'histoire ; je demanderai alors qu'on fasse une disjonction et que l'on divise l'enseignement de la géographie. D'une part la géographie physique, de l'autre la géographie politique. On laisserait l'enseignement de la géographie politique dans les facultés des lettres, et on mettrait l'enseignement de la géographie physique dans les facultés des sciences.

Telle est la proposition que je soumets au Congrès.

M. BOUTROUE. — Je me permettrai de faire observer qu'une satisfaction partielle a été donnée, à Paris tout au moins, au vœu qui vient d'être exprimé.

Il existe en effet aujourd'hui, à l'Académie de Paris, des cours de géographie, tant à la faculté des lettres qu'à la faculté des sciences.

Je me trompe : il y a un seul cours, à la faculté des sciences, qui traite des sciences géographiques, mais il a son importance. A la faculté des lettres, en dehors du *cours de géographie* professé par M. Himly, le doyen de la Faculté, on a, tout récemment, créé un second cours de *géographie coloniale* qui sera professé par M. Marcel Dubois, dont on attend les meilleurs résultats, parce que le professeur est jeune, actif et plein de zèle.

Depuis quelques années déjà, un cours de *géographie physique*, fort bien fait, est professé à la faculté des sciences par M. Vélain, ancien élève de l'école normale, qui a fait partie de la mission de l'amiral Mouchez lorsque celui-ci est allé observer le passage de Vénus à l'île de Kerguélen, dans l'hémisphère austral.

Quand on suit le cours de M. Vélain, on comprend l'utilité qu'il y a à confier l'enseignement de la géographie à un homme de sciences. M. Vélain examine la structure du sol, la formation des continents, les conditions climatériques ; il explique comment se sont formées les falaises qui se trouvent sur le bord de la mer, pourquoi les chaînes de montagnes ont telle ou telle direction, etc. : en un mot, il fait un appel constant aux sciences physiques et naturelles, notamment à la paléontologie et à la géologie.

Je ne méconnais pas l'intérêt qu'il peut y avoir pour les géographes à étudier certaines sciences, surtout pour l'établissement des cartes : mais ce travail est confié à un très petit nombre de personnes, et il est d'une exécution difficile. Pour les cartes marines notamment, nous avons un corps de savants très distingués, celui des ingénieurs-hydrographes de la marine, qui se recrute parmi les premiers élèves de l'École polytechnique, et qui se charge lui-même de former de nouveaux ingénieurs. Les professeurs de géographie n'ont pas besoin de posséder une instruction spéciale aussi complète, et je me demande s'il est véritablement nécessaire, pour enseigner la géographie dans les établissements d'enseignement secondaire et pour former des professeurs, de créer des chaires ayant un caractère purement scientifique.

M. LE COLONEL BLANCHOT. — Ce n'est pas ce que j'ai dit.

M. BOUTROUE. — Je crois que la géographie peut se diviser en géographie historique, géographie politique et géographie physique, et qu'elle s'appuie sur des sciences qui plongent leurs racines dans les deux ordres de connaissances qui ont été classées en connaissances littéraires et en connaissances scientifiques ; mais, malgré l'opinion de l'honorable colonel Blanchot, il me semble que la géographie se rattache plus étroitement à l'enseignement littéraire qu'à l'enseignement scientifique.

Pourriez-vous exiger d'hommes chez lesquels la culture scientifique serait plus développée que la culture littéraire, qu'ils fissent un cours de géographie historique? Or nous avons eu, à une certaine période de notre histoire, des hommes qui se sont illustrés par leurs travaux de géographie historique. Ces connaissances sont plutôt entre les mains des professeurs de lettres, qui connaissent le développement historique de l'humanité et les relations politiques qui ont existé entre les différents peuples.

Si donc nous avons un vœu à formuler, c'est de voir les hommes de science s'occuper d'une façon plus active qu'ils ne le font des sciences géographiques; peut-être pourrions-nous même désirer qu'un cours de géographie physique fût professé dans certaines facultés des sciences de province; mais je crois que nous ne pouvons pas aller plus loin, et que nous dépasserions le but en demandant qu'on fît passer la géographie du domaine littéraire dans le domaine scientifique.

M. LE COLONEL BLANCHOT. -- Je crains que ma parole ait mal traduit ma pensée. Je n'ai pas l'intention de faire apprendre la géodésie à tout le monde, mais je voudrais que les professeurs de géographie physique fussent des hommes de science, ce qui n'est pas la même chose.

Il n'est pas donné à tout le monde de connaître la géologie, la minéralogie, la cosmographie; mais j'estime qu'il faut connaître ces sciences, sur lesquelles s'appuie la géographie, si l'on veut faire comprendre celle-ci au grand public, qui jusqu'ici précisément n'a fait de la géographie que pour mieux connaître l'histoire. Il faut un homme très savant pour donner des notions aussi exactes que simples de la géographie. Un savant seul peut mettre la science à la portée de tout le monde. Je ne demande pas qu'on fasse de tout le monde des géographes, mais je voudrais que tout le monde fût en état de comprendre un cours de géographie. On emploie en géographie des termes que les enfants ne comprennent pas, qu'ils retiennent en quelque sorte mécaniquement. De là vient l'ignorance que nous constatons.

Je reconnais la justesse des observations qui viennent d'être présentées par M. Boutroue; c'est pour cela que je ne veux pas faire enseigner la géographie politique ou historique par des savants et que je propose deux sortes d'enseignements pour la géographie : la géographie physique serait enseignée par les savants, et la géographie historique par les professeurs de lettres. C'est dans ce sens que je prie le Congrès de se prononcer.

M. Barbier. — Messieurs, ce n'est pas la première fois que cette question est soulevée dans nos Congrès. M. Boutroue a rappelé le cours de Géographie qui est professé à Sorbonne. Une tentative du même genre a été faite à la faculté de Nancy ; c'était au moment où M. Vélain inaugurait son cours de géographie physique à la Sorbonne. Le cours fut confié à un homme de haute valeur qui était essentiellement géologue, et géologue distingué, mais que ses études professionnelles mêmes, très étendues, mais d'ordre tout spécial, n'avaient point particulièrement préparé à l'enseignement de la géographie physique. Ce cours, n'ayant pas donné les résultats que l'on en attendait, ne fut pas continué.

Cette discussion me remet en mémoire un vœu qui a été souvent émis dans nos Congrès et qui n'a jamais reçu satisfaction. Il émanait de M. Ludovic Drapeyron. Ce vœu était très juste, bien que, pour diverses raisons, je l'aie combattu : à cette époque, il demandait la création d'une agrégation spéciale de géographie.

Je me demande s'il ne conviendrait pas de rappeler ce vœu plutôt que d'en adopter un nouveau dont je ne saisis pas bien l'importance.

M. le colonel Blanchot. — Je voudrais rectifier les souvenirs de M. Barbier. Ce n'est pas M. Drapeyron qui a proposé ce vœu, mais votre serviteur ; la formule du vœu était plus absolue ; j'avais proposé au Congrès de Nantes la création d'une faculté des sciences géographiques.

M. Barbier. — Mes souvenirs remontent beaucoup plus haut.

M. Doby. — Ce vœu a été émis à Bordeaux en 1889.

M. le colonel Blanchot. — Je dois ajouter qu'un vœu analogue à celui qui est présenté en ce moment a déjà été approuvé par un Congrès : c'est parce que je n'avais pas pu obtenir la création d'une faculté des sciences géographiques que j'ai demandé le transfert à la faculté des sciences de l'enseignement de la géographie, qui jusqu'ici est exclusivement réservé à la faculté des lettres.

Comme l'a fort bien dit M. Barbier, il n'est pas besoin de savoir faire une carte soi-même, mais il faut pouvoir expliquer ce qu'est une projection ; il faut également pouvoir dire ce qu'est un terrain d'alluvion. Pour comprendre ce langage et surtout pour l'expliquer en termes clairs et précis, il faut être un savant.

M. Breittmayer. — Messieurs, il est bien téméraire à moi, peu compétent dans ces matières, de vous présenter une simple observation.

M. le colonel Blanchot a dit — et je suis de son avis — que la géographie est une véritable encyclopédie. Toutefois, si l'on n'admet pas cette idée, il faut forcément poser cette question : La géographie est-elle une science ou une belle-lettre ? Chacun pourra avoir à cet égard une opinion différente ; de même, par exemple, on peut se demander si la photographie est une science ou un art.

La géographie a toujours eu pour auxiliaire l'histoire, et ce n'est qu'au fur et à mesure du développement des sciences que ces dernières en sont devenues pour ainsi dire les outils indispensables. C'est par l'histoire que l'on est arrivé à la géographie première, et la séparation de leur enseignement proposée aujourd'hui me semble ne pas pouvoir être suffisamment étudiée dans le cours de cette session ; pour ma part, je ne saurai la comprendre.

M. le colonel Blanchot. — On me fait dire ce que je n'ai pas dit. Je ne considère pas la géographie comme une encyclopédie ; ce n'est pas un dictionnaire, ce n'est pas un Larousse (*On rit*) ; c'est le résultat de plusieurs sciences, et je me plains justement de ce que les professeurs de lettres ne voient dans la géographie qu'une énumération.

La photographie n'est pas une science, mais l'application de plusieurs sciences, ce qui n'est pas la même chose. On ne peut pas comparer la géographie à la photographie.

Dire que la géographie est un dessin me paraît vraiment surprenant. Qu'est-ce qu'une carte ? C'est l'expression matérielle de la géographie ; mais on peut faire de la géographie sans carte. Pourquoi prend-on des cartes murales ? C'est parce qu'on s'adresse à des auditeurs qui n'ont pas une connaissance suffisante du globe.

On dit que la géographie a son histoire. C'est évident : toutes les sciences ont leur histoire. Mais, parce que la physique a son histoire, on ne dira pas que la physique doit appartenir au domaine des lettres.

Je le répète, je ne demande pas la création d'une faculté des sciences géographiques ; cette proposition a été repoussée, je n'y reviens pas. Je demande simplement qu'on fasse passer l'enseignement de la géographie du domaine des lettres dans celui des sciences.

M. DE VARIGNY. — Permettez-moi de préciser un peu la question. Par un côté, la géographie se rattache aux lettres ; mais elle est évidemment une science, ou plutôt elle résume tout un ensemble de sciences particulières dont chacune contribue à former ce qu'on appelle la science géographique. L'homme qui s'occupe du relief orographique de la terre, de la formation des atolls, de l'exhaussement ou des abaissements du sol, cet homme, qu'il soit hydrographe ou géologue, est, dans sa spécialité, un savant. Que fait-il ? Il fait de l'analyse. L'analyse est un moyen et non un but. Il faut arriver à la synthèse. Il en est de même de l'astronome. Quand on a relevé par l'observation un certain nombre de lois particulières, on en dégage une loi générale et ainsi on arrive à la vulgarisation de la science.

L'enseignement de la géographie relève du domaine des lettres par ce côté : la vulgarisation, qui exige le maniement de la parole, l'art de bien dire et surtout l'art de dire avec clarté, netteté et précision.

Mais, par son point de départ, la géographie est une science.

Étant donné le mouvement qui attire vers l'étude de la géographie non seulement la France, mais toutes les nations du globe, je crois qu'il arrivera un moment où le vœu de M. le colonel Blanchot s'imposera comme une nécessité et où il sera indispensable de créer une faculté des sciences géographiques. Pour le moment, ce qu'il y aurait de mieux à faire serait, je crois, de rattacher l'enseignement de la géographie à la faculté des sciences.

Je ne me dissimule pas le grave inconvénient qu'il y aura à remettre entre les mains d'un homme plus compétent dans l'une ou l'autre des branches distinctes dont l'ensemble constitue la science géographique l'enseignement de cette science. La tendance naturelle de l'esprit humain est d'attribuer à l'objectif relativement restreint sur lequel il se concentre une importance exagérée. L'idéal, ce serait qu'analyse et synthèse fussent enseignées par des hommes compétents en l'une et l'autre. Ainsi posée, la question me paraît difficile à résoudre ; je signale toutefois le danger de la remettre exclusivement aux mains d'hommes spécialisés, en exprimant le désir que l'on n'imprime pas à l'esprit des élèves une direction fâcheuse.

M. Barbier. — Après les observations que vient de présenter M. de Varigny, il y aurait peut-être lieu de reprendre le vœu relatif à l'agrégation de géographie. Ce serait le seul moyen d'avoir des hommes pouvant faire un cours complet de géographie sans sacrifier une science à l'autre. Sans doute l'agrégation de géographie a déjà existé. et l'expérience n'a pas réussi; mais elle a probablement été faite dans des conditions telles qu'elle devait échouer. Je propose de créer une agrégation de géographie et de l'organiser sur un plan bien défini.

M. Maurat. — Messieurs, l'enseignement de la géographie est confié en France à trois ordres de professeurs :

1° Les instituteurs primaires qui enseignent uniquement les premiers éléments ne supposant aucune étude préalable et aucune notion de sciences. Ces maîtres connaissent très bien leur sujet, et il ne semble pas qu'il y ait lieu d'exiger d'eux d'autre garantie que leur brevet, déjà assez difficile à obtenir.

2° Les professeurs de l'enseignement secondaire qui ont pour élèves des jeunes gens de douze à vingt ans se destinant aux divers baccalauréats ou aux écoles du gouvernement. Ces maîtres donnent un enseignement beaucoup plus élevé qui suppose dans les enfants un développement intellectuel déjà assez grand, et dans le professeur des connaissances très variées sur l'histoire naturelle (particulièrement la géologie), la météorologie et la physique du globe. Les professeurs sont des agrégés d'histoire et de géographie dont l'instruction est assurément plus littéraire que scientifique, mais qui sont capables de s'assimiler aisément les notions de science dont ils ont besoin. Ce corps d'agrégés a d'ailleurs rédigé des livres d'enseignement très recommandables, et c'est à lui qu'on doit les progrès récemment réalisés en France dans l'enseignement de la géographie.

3° On enseigne enfin la géographie dans les Facultés ; le caractère de cet enseignement supérieur est assez variable d'une faculté à l'autre, suivant les aptitudes spéciales et le goût de chaque professeur; la plupart des titulaires de ces chaires sont agrégés, tous sont docteurs ès lettres.

On vous propose d'émettre un vœu pour l'institution d'une agré-

gation spéciale de géographie, ce qui implique évidemment la pensée que le corps enseignant actuel serait insuffisant.

Je remarquerai d'abord que cette institution ne profiterait en rien aux écoles primaires où les élèves trop jeunes ne sauraient suivre des cours d'un niveau notablement plus élevé, et où personne d'ailleurs n'a eu l'idée d'exiger l'agrégation pour les maîtres.

Quant à l'enseignement secondaire, si les études premières de nos agrégés actuels les ont peu préparés à traiter avec compétence certains sujets, tels que les systèmes de projection des cartes, la géologie et la physique du globe, cette lacune est comblée par les professeurs de sciences des Lycées, qui traitent dans des cours spéciaux toutes les parties des programmes d'admission aux écoles qui renferment des matières de ce genre, ainsi que cela a lieu en particulier pour l'admission à l'école forestière et à l'école navale.

Je reconnais qu'en ce qui concerne les facultés, l'institution proposée pourrait avoir des avantages et aiderait au progrès de la science même ; il faudrait alors admettre les élèves de la section des sciences de l'École normale et ceux des facultés des sciences au concours spécial pour cette agrégation. Mais, pour obtenir une quinzaine de professeurs particulièrement propres à élever dans nos facultés le niveau de l'enseignement géographique, est-il bien nécessaire d'instituer une agrégation spéciale ? L'agrégation, quelle qu'elle soit, n'a jamais été exigée dans l'enseignement supérieur : elle n'est nécessaire que pour devenir titulaire d'une chaire de l'enseignement secondaire. Est-il équitable d'arracher l'enseignement de la géographie dans nos lycées aux agrégés actuels qui y réussissent très bien, tandis qu'on pourrait obtenir aisément par d'autres moyens les spécialistes utiles à nos facultés !

Il serait facile, par exemple, de choisir à l'École Normale ou parmi nos élèves des facultés des sciences ou des lettres, des jeunes gens ayant des aptitudes marquées, qu'ils développeraient davantage, s'ils avaient en vue une nomination conforme à leurs goûts dans l'enseignement supérieur de la géographie ; il dépend du ministre de l'instruction publique d'encourager et de développer ces aptitudes sans qu'il soit besoin de changer tout notre système d'enseignement historique et géographique.

Je ne suis pas d'ailleurs de ceux qui pensent qu'on ne sait pas la géographie en France, et qu'en particulier cette science était à peine enseignée il y a vingt ou trente ans. Je me rappelle avoir assisté à cette époque à des examens pour l'École de Saint-Cyr, où les candidats faisaient preuve de connaissances très précises et très étendues que leur avaient données l'enseignement du corps d'agrégés que nous avons encore aujourd'hui et qu'on songe à supprimer. Je ne pense pas non plus que les étrangers aient eu ou aient encore aucune supériorité sur nous, si ce n'est sous le rapport des cartes et des atlas, qui ne sont qu'une question de librairie. Qu'on s'adresse aux maîtres de la science, — et ils ne manquent pas dans notre pays, — qu'on les invite à développer un peu plus dans leurs ouvrages les questions qui touchent à la construction des cartes à la géologie, et à la physique du globe ; que, par d'intelligentes subventions, on encourage la publication d'atlas plus complets et mieux gravés, et l'on aura fait tout ce qui me semble possible et même désirable pour dévolopper en France la science et l'enseignement de la géographie.

M. LE COLONEL BLANCHOT. — On vient de dire qu'il ne faut pas envenimer la question ; or ce n'est pas moi qui l'ai envenimée : je n'ai pas attaqué les professeurs de lettres ; j'aime bien mieux les entendre que les professeurs de sciences, ils ont un bien plus beau langage. (*On rit.*) Il s'agit de mettre chacun à sa place, et ce n'est pas commettre une offense que de dire que les littérateurs ne sont pas des savants, de même que les savants n'ont pas la prétention d'être des littérateurs.

On dit que la géographie a toujours été en honneur en France, même avant 1870. Nous n'étions pas ignorants en géographie à ce moment-là, mais nous n'avions pas de cartes. Je prétends que les autres peuples civilisés sont en général plus forts que nous en géographie ; ils n'ont peut-être pas autant de géographes hors ligne, mais la masse de la population est plus instruite en géographie. Je vais plus loin : si nous étions dans une ville d'Allemagne, je suis persuadé qu'un plus grand nombre de personnes assisteraient aux séances de notre Congrès. Pourquoi ? C'est qu'on y aime mieux la géographie que chez nous.

Je me rallie donc à la proposition de M. de Varigny, qui a si bien précisé la question.

M. RAVENEAU. — Je demande la permission de maintenir la question dans ses limites précises qui sont : l'agrégation de géographie et le transfert de l'enseignement de la géographie de la faculté des lettres à la faculté des sciences.

Ceux d'entre vous, messieurs, qui ont suivi l'évolution de l'agrégation dite autrefois d'histoire, qu'on appelle aujourd'hui agrégation d'histoire et de géographie, ont dû être frappés de ce fait que la part de la géographie s'est faite de jour en jour plus grande, que les épreuves de géographie sont plus nombreuses, qu'elles ont surtout une valeur plus considérable dans l'esprit des examinateurs : grâce à l'appoint de la thèse, c'est-à-dire du sujet que le candidat choisit dès le commencement de l'année, auquel il consacre parfois un temps très long, le futur géographe peut donner la mesure de ce qu'il peut et de ce qu'il entend faire.

A la suite de ces efforts nombreux, persévérants, guidés par les maîtres de la science géographique, tels que MM. Vidal Lablache et Marcel Dubois, nos jeunes camarades qui préparent l'agrégation font une part de plus en plus grande à la géographie. Que se passera-t-il dans quelque temps ? Je ne saurais le dire. Il est possible, il est même probable qu'à force d'augmenter la part de la géographie dans l'agrégation d'histoire et de géographie, on arrivera tout naturellement à faire deux agrégations distinctes. Mais, pour ce qui nous concerne, je crois qu'il n'y a pas lieu de s'effrayer de la situation actuelle, puisque l'importance de la géographie est déjà très grande dans l'agrégation actuelle et que, si nous nous en rapportons à ce que nous voyons, elle ne cessera de se développer.

Je voudrais maintenant dire un mot sur la proposition qui a donné naissance à cette discussion : « Doit-on maintenir l'enseignement de la géographie dans les attributions des facultés des lettres ou le faire passer dans le domaine des facultés des sciences ? »

Regardons ce qui se passe autour de nous. Beaucoup de théories ont été émises, beaucoup de systèmes généraux proposés, des réformes intégrales, comme on dit. On a fait des expériences, laissons-leur le temps de montrer ce qu'elles valent. Ne nous pressons pas !

Nous avons à la faculté des lettres de Paris un cours de géographie physique, nous en avons un également à la faculté des lettres de Lyon. Là, le cours est fait par le professeur de géologie. Pourquoi ces cas particuliers ne se multiplieraient-ils pas dans le reste de la France ? Qui empêche de rendre plus fréquents les rapports qui existent entre les facultés des lettres et les facultés des sciences ? Les étudiants de lettres ne pourraient-ils pas suivre les cours de la faculté des sciences ? Il se produit aujourd'hui un mouvement très intéressant dans toutes les sciences, mouvement dont la géographie est appelée à bénéficier. A l'heure actuelle, les géologues s'occupent de géographie, ils nous rendent ainsi d'énormes services. La géographie est entrée également dans le domaine de la zoologie et de la botanique, qui s'occupent de la répartition des espèces à la surface du globe; ce sont là pour les géographes des questions de premier ordre. A cet égard, les travaux de Berghaus, en Allemagne, sont comme la synthèse des connaissances acquises en ce moment.

Vous le voyez, messieurs, la question qui nous est soumise est très grave; il me paraît impossible de la trancher nettement. On ne peut pas attribuer à telle ou telle faculté le monopole de l'enseignement géographique ou même la vulgarisation de la géographie. Il faut laisser au temps, aux expériences qui sont tentées dans nos facultés, le soin de préparer cette fusion intime des sciences géographiques dont l'évolution de notre enseignement supérieur depuis quelques années est la marque la plus saisissante.

La question se résoudra ainsi d'elle-même par le travail coordonné des professeurs et des élèves des facultés des lettres et des facultés des sciences. Je crois que, pour le moment, il n'y a pas lieu de proposer une solution radicale; nous ne demandons qu'une chose, du temps. (*Applaudissements.*)

M. DE VARIGNY. — Je crois que c'est dans les observations qui viennent d'être présentées que se trouve la vraie solution de la question. Il faudrait avoir dans chaque faculté un professeur, à la fois homme de science et homme de lettres, qui répandrait ces idées.

Une grave question me préoccupe dans le débat qui s'agite en ce moment, c'est la question de l'histoire. Sans l'histoire, la géographie ne peut guère m'intéresser. Que me font ces cartes, ces descriptions de pays, si j'ignore ce qui s'est passé dans ces pays, quelles races humaines les ont parcourus ou habités ? Ce qui m'attire vers la géographie, ce qui fait qu'elle parle à mon intelligence, et aussi à mon cœur, c'est qu'elle est l'étude du cadre dans lequel se sont déroulés les grands événements de l'histoire. Or l'enseignement de l'histoire relève bien de la faculté des lettres ; vous ne pouvez pas isoler l'une de l'autre. S'il en est ainsi, que pouvons-nous demander ? C'est que des professeurs de sciences fassent des cours dans lesquels les professeurs d'histoire et de géographie viendraient compléter, fortifier leurs connaissances acquises et s'imprégner d'autant de science qu'en exige l'enseignement secondaire.

Pour l'enseignement supérieur, la question est plus complexe et je crois qu'il faudrait ici l'intervention de la faculté des sciences. Pour cela, il importe que l'opinion publique vienne en aide aux efforts de ceux qui s'intéressent à la cause que nous défendons ici. (*Très bien ! très bien !*)

M. LE COLONEL BLANCHOT. — Nous revenons toujours à notre point de départ, je n'oserai pas dire que nous tournons dans un cercle vicieux. Il faut que le professeur de géographie ait des connaissances scientifiques, et on demande que les professeurs de sciences initient à ces connaissances les professeurs de lettres. Mais il sera loisible et même facile aux professeurs de lettres de subir les épreuves de l'agrégation des sciences géographiques. Combien de jeunes gens ont aujourd'hui les diplômes de bacheliers ès lettres et de bachelier ès sciences? Il en sera de même pour l'agrégation. On pourra exiger des connaissances scientifiques qui donneront plus d'autorité aux professeurs de lettres. C'est par là que je reviens à l'idée d'une agrégation des sciences géographiques.

M. MAURAT. — Nous sommes à peu près tous d'accord sur le but à atteindre ; il s'agit de choisir le meilleur moyen. On demande l'institution d'une agrégation de géographie ; elle n'a qu'un rapport très indirect avec la question.

La véritable solution consiste à laisser les choses marcher comme elles vont en priant le ministre de l'instruction publique de choisir les professeurs de géographie parmi les hommes qui ont des diplômes ou des aptitudes scientifiques.

M. BARBIER. — Je propose un ordre du jour ainsi conçu :

« Le congrès, prenant acte de l'exposé fait par M. Ravenean sur la part faite plus grande de jour en jour à la géographie dans l'agrégation d'histoire et de géographie et souhaitant qu'il soit persévéré davantage dans cette voie, émet le vœu qu'une agrégation des sciences géographiques soit créée en vue de mettre les professeurs chargés d'enseigner la géographie en situation de le faire avec fruit, et passe à l'ordre du jour. »

M. DUMAS. — On demande qu'on donne dans le concours d'agrégation d'histoire et de géographie une part plus grande à la géographie. Ceux qui ont suivi ce concours savent combien il est compliqué ; on a même été obligé, il y a cinq ans, de donner aux candidats à l'agrégation un memento d'histoire contenant tous les faits et les dates. Si vous voulez qu'on ajoute de nouvelles matières en géographie, vous arriverez à ce résultat que les candidats ne sauront plus ni histoire ni géographie.

Il résulte de la discussion que le professeur de géographie doit avoir une foule de connaissances, scientifiques, historiques et géographiques. Toutes ces sciences suffiraient pour créer une agrégation de géographie, à laquelle on pourrait adjoindre des connaissances générales d'histoire, de même qu'on adjoignait des connaissances géographiques à l'ancienne agrégation d'histoire. Vous auriez ainsi une agrégation de géographie pour laquelle les candidats connaîtraient les sciences auxiliaires de la géographie et seraient obligés en même temps d'avoir des connaissances générales d'histoire ; et, à côté, il y aurait une agrégation d'histoire pour laquelle on exigerait des notions de géographie. Je crois que les deux agrégations peuvent exister en même temps.

Je reprends pour mon compte la proposition de M. Barbier, et je demande la création d'une agrégation de géographie qui me paraît indispensable ; car, je le répète, le concours pour l'agrégation d'histoire et de géographie est déjà très difficile, très compliqué et, si vous exigez de nouvelles connaissances, vous n'aurez ni historien ni géographe.

M. Raveneau. — Ce qui me surprend, c'est la façon dont l'ordre du jour est rédigé. Je me suis borné à dire ceci : Par la force des choses, il arrivera un moment où l'on aura exigé tant de connaissances géographiques pour l'agrégation d'histoire qu'on sera obligé de créer deux agrégations ; mais je n'ai pas réclamé telle ou telle solution.

M. Dumas. — Je reprends la proposition pour mon compte, et je déclare qu'il est impossible, dans l'état actuel, d'ajouter de nouvelles matières à l'agrégation d'histoire et de géographie. Je demande donc la création d'une agrégation de géographie, qui me paraît absolument nécesaire.

Vous dites : « A Paris, il y a un cours de géographie physique à la faculté des lettres ; à Lyon, il y en a un également ; — je crois qu'il y en a eu un à Lille pendant un certain temps, — laissons marcher les choses et faire le temps. » Je crois que vous attendrez longtemps.

Si vous pensez comme moi, messieurs, que toutes les connaissances auxquelles on a fait allusion dans ce débat sont utiles au

professeur de géographie, il faut les imposer aux candidats à l'agrégation. Mais les programmes sont déjà surchargés; ce n'est donc pas la solution.

Vous dites : « Pourquoi ne fait-on pas cela dans l'enseignement supérieur? Plus tard, il y aura des spécialistes: les uns étudieront les courants sous-marins, d'autres les montagnes ; les spécialités se créeront d'elles-mêmes, et les professeurs de facultés seront recrutés parmi ces spécialistes. » Je réponds que l'agrégation de géographie meparaît la meilleure solution ; j'ajoute que c'est la solution indispensable. (*Très bien! très bien!*)

M. LE COLONEL BLANCHOT. — C'est bien le sens du vœu que j'ai proposé. Ma pensée était qu'un professeur de lettres peut parfaitement devenir un agrégé des sciences géographiques ; mais, pour cela, il importe d'avoir une agrégation autonome à laquelle professeurs de lettres et professeurs de sciences pourront concourir. Adoptez la formule qui vous conviendra le mieux, et je m'y rallierai ; mais je ne puis adopter l'ordre du jour dont il a été donné lecture.

M. BARBIER. — D'après les observations présentées par M. Raveneau, j'avais cru pouvoir proposer de revenir à l'ancien état de choses, et c'est pour cela que j'ai présenté mon ordre du jour. Mais je n'abandonne pas l'idée de créer une agrégation de géographie, puisque c'est moi qui l'ai proposée.

M. LE COLONEL BLANCHOT. — Je retire toute proposition, parce que la discussion est sortie de son sujet.

M. DUMAS. — J'ai demandé la création d'une agrégation de géographie; je maintiens ma proposition.

M. LE COLONEL BLANCHOT. — Je me rallie à cette proposition :

M. DE PONTEVÈS DE SABRAN. — Je suis de l'avis de M. Dumas: il est indispensable d'avoir des spécialistes en géographie, car cette science prend tous les jours une plus grande importance. On ignore trop la géographie en France. Il faut qu'elle y soit aussi bien enseignée que chez les autres nations.

M. LE PRÉSIDENT. — Voici le vœu proposé par M. Dumas :

« CRÉATION D'UNE AGRÉGATION SPÉCIALE DE GÉOGRAPHIE AVEC CONNAISSANCES D'HISTOIRE. »

Je le mets aux voix.

(Le vœu proposé par M. Dumas est adopté.)

De l'utilité de dresser une carte de France à très grande échelle pouvant servir à tous les services publics. (Question proposée par la Société de géographie de Tours).

M. LE PRÉSIDENT. — L'ordre du jour appelle la question suivante, proposée par la Société de Géographie de Tours : de l'utilité de dresser une carte de France à très grande échelle, pouvant servir à tous les services publics.

Aucun rapporteur n'est indiqué sur le programme.

Quelqu'un demande-t-il la parole ?

M. LE COMMANDANT MOËSSARD. — Messieurs, je vous demande la permission de présenter quelques considérations qui, je l'espère, vous amèneront à adopter un vœu en faveur de la création d'une carte topographique de France à grande échelle.

Il est incontestable que la France, après avoir montré le chemin et avoir longtemps conservé le premier rang dans la confection d'une carte nationale à grande échelle, est en train, en ce moment, non pas de passer à la queue de la colonne, mais de perdre la place qu'elle occupait. Je crois que c'est un devoir pour elle de reprendre la préséance à laquelle elle a droit dans la science géographique comme dans beaucoup d'autres.

Notre carte au $\frac{1}{80.000}$, conçue au commencement de ce siècle, avant que les autres nations songeassent à faire un travail analogue, était inspirée par des préoccupations uniquement militaires. L'origine de cette carte remonte à Napoléon Ier, et ce sont des militaires qui composaient en majorité la commission qui a réglé les conditions de son établissement. Ce n'est que plus tard qu'on s'est aperçu que cette carte pouvait rendre des services à d'autres personnes qu'à des officiers.

Ceux qui peuvent s'en servir sont d'abord les touristes, les voyageurs, je ne parle pas, bien entendu, des explorateurs, mais des personnes qui bornent leur ambition à découvrir la France. Ces touristes ont apprécié les avantages que leur présentait cette carte, qui leur permettait de se diriger à coup sûr et de mieux étudier le terrain qu'ils n'auraient pu le faire avec leurs propres moyens.

Ce sont ensuite les ingénieurs, les industriels, qui ont fait les voies de communication dont le développement a été si considérable en France depuis le commencement de ce siècle ; ils ont demandé à cette carte tous les renseignements dont ils avaient besoin pour préparer leur tracé sur le terrain. C'est ainsi que tout le monde, y compris les pouvoirs publics, a eu recours a cette carte, qui permettait de satisfaire à tous les besoins du moment.

Mais, avec le temps, ces besoins ont été sans cesse en croissant, alors que la carte restait ce qu'elle était au début. C'est même ce qui fait un de ses plus grands titres de gloire : elle a été poursuivie, d'un bout à l'autre, avec la même unité d'esprit, de conduite et d'exécution. Cette œuvre considérable est restée homogène dans son ensemble. Elle fait le plus grand honneur à l'ancien corps d'état-major. (*Très bien ! très bien !*)

Les conditions de la guerre se sont modifiées depuis le commencement de ce siècle ; en même temps que les effectifs des armées devenaient plus considérables, il était nécessaire d'avoir des cartes à plus petite échelle pour faire mouvoir les grandes masses : et, par un phénomène contraire, le rôle des petites unités prenant une importance de plus en plus prépondérante, il fallait des cartes à plus grande échelle qui permissent à leurs chefs de diriger ces unités avec plus de sûreté.

D'autre part, le perfectionnement introduit dans l'armement des troupes a donné du prix au moindre pli de terrain. Il faut donc connaître tous les reliefs du sol soit pour se couvrir contre le feu de l'ennemi, soit pour s'avancer sans trop de danger à l'attaque d'une position.

Les touristes, de leur côté, ces voyageurs, ces explorateurs dont je parlais, n'ont pas tardé, eux aussi, à remarquer que cette carte ne leur donnait pas assez de détails, que certains ravins, certains plis de terrains d'une forme spéciale n'étaient pas rendus avec une précision suffisante.

Il en a été de même pour les ingénieurs. Quand les grandes lignes de chemins de fer ont été construites et qu'il a fallu préparer des tracés sur des terrains plus difficiles, on a constaté qu'il y aurait une grande économie de temps et d'argent à avoir une carte à plus grande échelle sur laquelle on pourrait étudier les tracés sans être obligé de faire des levés coûteux et délicats.

En ce qui concerne le relief, les uns ont dit que la carte ne contenait pas assez de détails, d'autres qu'elle en donnait trop, et à ce sujet on a critiqué les hachures qui, sur certaines feuilles, chargent la carte de noir. Je me rappelle avoir entendu reprocher à ces hachures de salir la carte et d'empêcher de lire la planimétrie, qui présentait seule de l'importance aux yeux de certaines personnes.

On est revenu de ces idées, et l'on pense aujourd'hui que ces hachures offrent un intérêt presque prépondérant, car elles donnent la forme du terrain, c'est-à-dire le côté immuable dans la carte, alors que tout le reste se modifie par suite des travaux des hommes ou de la nature.

On a donc trouvé que ces hachures avaient du bon, on les a mieux appréciées, et on a été satisfait du résultat auquel on était arrivé.

Après avoir pris à la carte tout ce qu'elle pouvait donner, on lui a demandé plus qu'elle ne pouvait donner. C'est à ce moment que nous sommes arrivés. Aujourd'hui la carte ne suffit plus, et l'on veut avoir des renseignements plus complets.

Il faut aussi constater l'usure matérielle de la carte.

Celle-ci a subi la destinée commune à toutes les œuvres humaines : elle vieillit. Les planches de cuivre sur lesquelles elle a été gravée, qui étaient au début des merveilles de gravure par le fini de l'exécution, la netteté des détails et la souplesse avec laquelle le graveur avait su rendre toutes les formes du terrain, ces planches se sont usées d'autant plus qu'on a fait un plus grand usage de la carte, chaque exemplaire représentant une fatigue pour la planche.

On a essayé différents moyens pour prolonger autant que possible l'existence de la carte : on a essayé la reproduction en galvanoplastie, les reports lithographiques et en dernière analyse l'édition zincographique.

On a fait l'édition dite du type 1889 que vous connaissez, qui est en cours d'exécution et qui va bientôt être terminée par toute la France. Après elle on ne voit pas par quel moyen on pourra prolonger de quelques années le service de ces planches, dont quelques-unes sont absolument usées et ont même dû être recommencées.

Pour toutes ces raisons, on a pensé depuis longtemps à refaire la carte d'état-major.

Si vous voulez bien me le permettre, je vais indiquer comment je conçois cette nouvelle carte. Je crois qu'il conviendrait de faire une carte générale de la France à grande échelle, à $\frac{1}{20,000}$, à $\frac{1}{10,000}$, peut-être même à $\frac{1}{5,000}$. On pourrait même concevoir l'existence d'une carte à des échelles variables suivant les régions. Pour les environs d'une ville comme Paris, dans lesquels la planimétrie est chargée de détails et les mouvements du terrain sont difficiles à lire, il est indispensable d'avoir une échelle plus grande que pour la région des Alpes ou pour la plaine de la Crau, qui se présente sous la forme d'une page blanche avec quelques détails et qu'il est facile de représenter même une à petite échelle.

Ce qui importe, c'est que cette carte soit homogène dans son ensemble ; qu'elle s'appuie sur une triangulation d'ensemble et que toutes les feuilles se raccordent exactement les unes aux autres de telle sorte qu'on puisse, en les assemblant, construire d'autres cartes à d'autres échelles.

Je considère que cette carte à grande échelle serait comme une espèce de matière première, d'épure de la France, une sorte de réduction du sol français, dont on tirerait par la suite ce qu'on voudrait suivant les besoins et les circonstances. La guerre en tirerait ses cartes à différentes échelles, les finances pourraient en tirer leur cadastre ; les travaux publics, l'intérieur pourraient en tirer leurs cartes routières ; en un mot cette carte serait le fond commun dans lequel tout le monde pourrait puiser à sa volonté, en réduisant le travail original.

Il y a quelques années, un projet de la loi relatif à l'exécution d'une carte de ce genre fut déposé à la Chambre ; il allait être soumis à une commission parlementaire lorsque le ministre qui l'avait présenté tomba, et le projet disparut avec lui. L'exécution de la carte devait être confiée à des militaires ; la carte devait être à $\frac{1}{20\,000}$: elle devait être comme la continuation des plans directeurs que vous connaissez et qui représentent les environs des places fortes de la frontière de l'Est.

Depuis lors, la question a été abandonnée, officiellement du moins.

Cependant, l'année dernière, un pas a été fait dans la voie de la création de cette carte ; sur l'initiative parlementaire, on a constitué une commission centrale des travaux géographiques, un peu à l'instar de ce qui existe en Prusse. Cette commission, présidée par le chef d'état-major général, comprend des délégués de tous les ministères intéressés à la construction d'une nouvelle carte de France, de la marine, de la guerre, des finances, de l'agriculture, des travaux publics, du commerce, de l'intérieur et des affaires étrangères.

Cette commission, qui s'est déjà réunie plusieurs fois, a pour but d'unir les forces des différents ministères à la fois dans un but négatif et dans un but positif. Le but négatif consiste à empêcher que les ressources budgétaires soient éparpillées à construire des cartes qui feraient double emploi, quand une seule carte pourrait suffire à tous les besoins. Cette commission doit mettre son veto pour arrêter la tendance qu'ont toujours les ministères de faire une œuvre qui leur soit propre.

Cette commission a, en outre, un but positif : c'est de permettre aux différents ministères de réunir leurs efforts pour produire une œuvre utile, c'est-à-dire pour construire cette carte générale dont j'ai tracé les grandes lignes, qui intéresse toute la France et à laquelle tous les ministères devront collaborer.

La commission s'est bornée jusqu'à présent à sa fonction négative ; elle a décidé qu'on n'entreprendrait plus aucun travail et qu'on se bornerait à terminer ceux qui sont en train.

La question de la nouvelle carte de France à dresser est restée en l'air. elle est à l'ordre du jour, mais personne n'a voulu encore attacher le grelot. Par une sorte de méfiance réciproque, personne ne veut se mettre en avant. Vous le savez, messieurs, on a beaucoup de peine à mettre en mouvement un ministre ; mais plusieurs, c'est extrêmement difficile (*On rit*), et cette question dont tout le monde parle n'a pas été soulevée une seule fois devant la commission.

Je demanderai donc — je crois que c'est le rôle des Sociétés de géographie en général et des congrès en particulier — d'émettre un vœu dans le but de forcer dans une certaine mesure la main aux pouvoirs publics sur une question qui intéresse si profondément toute la France. je veux parler de la confection d'une nouvelle carte, qui marquera l'éclosion d'une ère nouvelle dans la science géographique française. Et je vous prie, messieurs, d'émettre dans ce sens un vœu qui sera transmis à qui de droit. (*Vifs applaudissements.*)

M. LE COLONEL BLANCHOT. — Lorsque M. le président a demandé tout à l'heure, en appelant cette question. s'il y avait un rapporteur, je n'ai pas demandé la parole, et voici pourquoi, c'est que, ayant eu des attaches ou pouvant en avoir avec le dépôt de la guerre, je ne voulais pas exprimer mon sentiment sans connaître celui du commandant Moëssard. C'est pour cela que, tout en ayant proposé la question, je me suis abstenu de parler.

Mon camarade ne peut pas, en qualité de délégué du ministre de la guerre, formuler un vœu. Maintenant qu'il nous a fait connaître la pensée du dépôt de la guerre, je ne demande pas mieux que de me faire son porte-plume.

Personnellement, je pourrais faire quelques restrictions sur les résultats de l'œuvre qu'on veut entreprendre ; elle coûtera beaucoup d'argent, et elle ne sera achevée que dans un certain nombre d'années, alors que toutes les grandes entreprises de chemins de fer, de routes et de canaux seront achevées et que, par conséquent, on n'aura presque plus besoin d'une carte à grande échelle pour les avant-projets. Cependant, si le ministre de la guerre demande l'établissement de cette carte, c'est qu'il a de graves raisons pour cela. Je me rallie donc à la proposition de M. le commandant Moëssard. Et je propose le vœu suivant : *Le Congrès émet le vœu que les ministères auxquels se rattachent les diverses branches de la cartographie veuillent bien décider la création d'une nouvelle carte de la France à une plus grande échelle.*

M. MACRAT. — Ne pourrait-on pas se servir des minutes de la carte d'état-major, qui ont été dressées à l'échelle de $\frac{1}{40.000}$?

M. LE COMMANDANT MOËSSARD. Dans une carte, il faut considérer deux choses. Il y a d'abord l'exactitude des points géodésiques. Cette exactitude est absolue et indépendante de l'échelle de la carte. Ces points sont mis en place par la connaissance de leurs coordonnées. Puis il y a le remplissage de la carte. Les détails du terrain sont reproduits avec une précision d'autant plus grande que l'échelle est plus grande elle-même. Or les officiers qui ont levé la carte au $\frac{1}{40.000}$ avaient en vue le dessin d'une carte. au $\frac{1}{80.000}$ c'est-à-dire qu'ils ont supprimé quantité de petits détails, de sorte que les minutes au $\frac{1}{40.000}$ ne sont autre chose que la carte au $\frac{1}{80.000}$ vue à la loupe.

M. LE PRÉSIDENT. — Je mets aux voix le vœu dont M. le colonel Blanchot vient de donner lecture.

(Le vœu est mis aux voix et adopté.)

M. GEORGES CHEVREL, *secrétaire général*, donne lecture de l'ordre du jour de la prochaine séance, qui est fixée à 3 heures.

La séance est levée à 11 heures.

SÉANCE DU COMITÉ DES DÉLÉGUÉS

Samedi 5 août

PROCÈS-VERBAL

La séance est ouverte à 1 heure et demie, sous la présidence de M. le colonel Blanchot.

M. Georges Chevrel, *secrétaire général*, donne lecture des différents vœux qui ont été successivement adoptés en séance plénière du Congrès.

En voici l'énumération :

I. — Vœu relatif à la vulgarisation de la géographie locale proposé par M. Souchon, rapporteur, au nom de la Société de géographie de l'Aisne.

« *Le Congrès invite les Sociétés françaises de géographie qui ne l'ont pas encore entrepris, à réunir les matériaux d'une géographie régionale en s'inspirant de ce qui a été fait ou de ce qui est en cours d'exécution et particulièrement du questionnaire de la Société de Géographie de l'Aisne.* »

Adopté à l'unanimité.

II. — Vœu relatif à la colonisation, proposé par M. Imbert.

« *Le Congrès national des Sociétés françaises de Géographie réuni à Tours engage les Sociétés de Géographie à organiser dans leur sein, dans l'intérêt français, un service de renseignements aux émigrants français.* »

Adopté à l'unanimité.

III. — Vœu relatif à la colonisation proposé par M. Tiétard.

« *Que la création d'un bureau de renseignements officiels sur l'émigration aux colonies françaises auprès de chaque préfecture soit mise à l'étude du prochain Congrès.* »

Adopté à l'unanimité.

IV. — Vœu relatif au chemin de fer transpyrénéen, proposé par M. LE COLONEL BLANCHOT.

« *Le Congrès national de Géographie demande que les pouvoirs publics compétents veuillent bien faire résoudre la question de l'établissement d'une voie ferrée transpyrénéenne, traversant le massif central des Pyrénées, qui est depuis si longtemps l'objet de l'attente des deux nations voisines.* »

Adopté à l'unanimité.

V. — Vœu concernant l'équilibre à établir entre l'écoulement artificiel des eaux pluviales et les ressources que présentent les collecteurs naturels pour l'écoulement de ces eaux, proposé par M. LE COLONEL BLANCHOT.

« *Le Congrès reconnaît que l'équilibre établi par la nature entre le volume des chutes d'eaux pluviales et la capacité des collecteurs naturels n'existe plus suffisamment pour atténuer les conséquences de la sécheresse d'une part et d'autre part pour éviter les inondations ou en atténuer les effets.*

« *En conséquence, et considérant qu'il y a dans cet état de choses de grands intérêts compromis, que la richesse publique est atteinte, émet le vœu : 1° que des mesures soient prises pour éviter à tout prix le comblement du lit des cours d'eau de quelques dimensions qu'ils soient, et surtout des torrents ; 2° que les réservoirs naturels, grands ou petits, soient conservés et qu'on en rétablisse partout où cela sera possible.*

« *Il adresse ce vœu aux pouvoirs publics et engage les Sociétés de géographie à vulgariser par tous leurs moyens, dans leur région respective d'influence, l'intérêt majeur qui s'attache à sa réalisation.* »

M. EDOUARD BLANC propose de remplacer les mots « et surtout des torrents » par ceux-ci : « et surtout de ceux à régime torrentiel » qui sont plus généraux.

M. le Président accepte cette rédaction.

Le vœu ainsi modifié est adopté à l'unanimité.

VI. — Vœu concernant le devoir qui pourrait incomber aux Sociétés de géographie d'appliquer la vulgarisation des sciences géographiques dans le grand public, en vue de l'éclairer sur les résultats à atteindre par les grandes entreprises ayant pour bases des considérations géographiques, proposé par M. LE COLONEL BLANCHOT.

« Que les Sociétés de géographie considèrent comme une opportunité, un devoir même, de vulgariser l'étude des sciences géographiques dans le grand public en vue de l'éclairer sur les résultats à obtenir par les grandes entreprises ayant pour bases des considérations géographiques. »

Adopté à l'unanimité.

VII. — Vœu concernant l'entreprise d'un canal interocéanique entre l'Océan et la Méditerranée, dit: Canal des Deux-Mers, proposé par M. LE COLONEL BLANCHOT.

« Le Congrès demande que la lumière soit faite sur l'entreprise du canal des Deux-Mers afin que le grand public, qui en est saisi, soit éclairé sur le rôle qu'il devra tenir quand une société fera appel à sa souscription. »

Adopté à l'unanimité.

VIII. — Vœu relatif à la frontière franco-siamoise, proposé par M. BARBIER.

« Le Congrès, se renfermant exclusivement dans le domaine des considérations géographiques et des intérêts coloniaux de la France, objet de ses travaux, estime que la frontière occidentale de l'Indo-Chine française, en l'état actuel de la situation, doit être le Mékong à partir de sa sortie du Yun-Nan jusqu'au Cambodge. »

M. EDOUARD BLANC propose d'ajouter les mots « au moins » le Mékong...

Le vœu est adopté avec cette modification.

IX. — Vœu proposé par M. CASTONNET DES FOSSES au sujet de la subvention à l'église de Saint-Julien-le-Pauvre.

« Le Congrès émet le vœu que le ministère des affaires étrangères veuille bien continuer la subvention de 4.000 fr. qu'il accorde annuellement à l'école grecque unie de Saint-Julien-le-Pauvre, à Paris. »

M. MALAVIALLE s'étonne que le Congrès ait émis un vœu sur une question qui n'était pas inscrite au programme.

M. LE PRÉSIDENT fait observer que le vœu a été proposé par M. Castonnet des Fosses à la suite de sa conférence sur « les intérêts français en Syrie. »

Il propose d'ajouter ces mots :

« En vue de soutenir les intérêts français en Syrie. »

Le vœu ainsi complété est adopté par 9 voix contre 1 abstention.

X. — Vœu relatif à l'agrégation de géographie présenté par M. Dumas.

« *Le Congrès demande la création d'une agrégation spéciale de géographie.* »

M. Georges Chevrel propose d'ajouter, ainsi qu'il résultait de la discussion, les mots « *avec connaissances générales* de l'histoire. »

Le vœu est adopté par 9 voix contre 1 abstention.

XI. — Vœu proposé par M. le colonel Blanchot, sur l'utilité de dresser une carte de France à très grande échelle, pouvant servir à tous les services publics.

« *Le Congrès émet le vœu que les ministères auxquels se rattachent les diverses branches de la cartographie veuillent bien décider la création d'une nouvelle carte de la France à une très grande échelle.* »

Adopté à l'unanimité.

XII. — Renouvellement de vœu relatif à l'orthographe des noms géographiques.

M. Barbier propose de renouveler un vœu émis au Congrès de Bourg, en 1890, et ainsi conçu :

« *Que les Sociétés de Géographie maintiennent le plus possible dans leurs publications l'orthographe nationale des noms de pays s'écrivant en caractères latins, sauf, lorsque l'usage a consacré certaines orthographes françaises, à indiquer entre parenthèses l'orthographe nationale.* »

Adopté.

XIII. — Renouvellement du vœu relatif aux caractères spéciaux d'imprimerie.

M. Barbier propose également de renouveler un second vœu émis au Congrès de Bourg et ainsi conçu :

« *Qu'à l'exemple de la Société de Géographie de l'Est, les Sociétés de Géographie prennent telle disposition qui convient avec leurs imprimeurs pour que ceux-ci complètent leur matériel typo-*

graphique par les caractères souvent accentués ou diacritisés qui leur manquent. »

M. Malavialle appuie ce vœu.

Le vœu est adopté à l'unanimité.

XIV. — Renouvellement du vœu relatif à la création de compagnies de colonisation.

M. Merchier propose de rappeler le vœu émis au Congrès de Lille, en 1892, relatif aux compagnies de colonisation.

M. Edouard Blanc fait observer que le vœu tel qu'il est formulé est incompréhensible, parce qu'il manque une phrase commençant par ces mots : « Le 21 janvier 1891. . . »

Le texte adopté à Lille est un amendement proposé par M. Gauthiot aux articles 23 et 24 d'un projet plus complet.

Il faudrait lire : « Le Congrès se rallie au projet du gouvernement relatif à la création de grandes compagnies de colonisation et émet le vœu, etc. »

M. Malavialle dit qu'on ne peut modifier le texte d'un vœu dont on propose le rappel.

Le Congrès de Lille avait adopté un texte qui fut ensuite modifié par le comité des délégués.

M. le Président propose de renouveler le vœu émis par le Congrès de Lille tel qu'il est inscrit au volume du 13ᵉ Congrès.

Cette proposition est adoptée par 7 voix contre 2 et 2 abstentions.

En conséquence le Congrès renouvelle le vœu dont voici le texte :

« *Le Congrès renouvelle le vœu adopté par le Congrès de Lille, réclamant création des compagnies de colonisation, tel qu'il est inscrit au compte rendu du* xiiiᵉ *Congrès national de Géographie.* »

XV. — Renouvellement du vœu relatif à l'émigration.

M. Edouard Blanc propose le rappel du vœu relatif à l'émigration proposé par M. le prince de Cassano, et ainsi conçu :

« *Le Congrès émet le vœu que les pouvoirs publics mettent largement à la disposition des Sociétés de Géographie tous les documents relatifs à l'émigration.* »

Adopté à l'unanimité.

M. le Président demande qu'on inscrive à l'ordre du jour du prochain Congrès la proposition suivante :

« Le Congrès s'assure s'il n'a pas été émis dans une session antérieure de vœux contraires à ceux qu'il adopte lui-même. »

Cette proposition est adoptée.

M. Merchier propose que le bureau du prochain Congrès s'entende avec la Société pour l'avancement des sciences afin que les séances des deux assemblées ne coïncident pas, comme cela arrive fréquemment.

Renvoyé à l'examen du bureau du prochain Congrès.

DÉSIGNATION DE LA VILLE OÙ SE TIENDRA LE PROCHAIN CONGRÈS

M. le Président indique que deux demandes sont faites, l'une par la ville de Lyon, l'autre par la société bretonne de Géographie dont le siège est à Lorient.

M. Gauthiot, par un télégramme, appuie la demande de la ville de Lyon.

M. Edouard Blanc ne croit pas qu'il y ait jamais eu un vote acquis en faveur de la ville de Lorient.

M. Malavialle répond qu'au Congrès de Montpellier, Lorient avait été désigné après Rochefort, mais qu'à Rochefort le débat a eu lieu entre Lille et Tours, Lorient n'ayant pas présenté de demande.

M. Gallet dit qu'à Rochefort il avait sollicité l'honneur de recevoir le Congrès à Saint Nazaire en 1892. Depuis, le Congrès s'est tenu à Lille et à Tours. Il demande que le tour de Saint-Nazaire vienne l'an prochain.

M. Barbier fait remarquer que pour la désignation du siège du Congrès, on doit tenir compte non seulement de la priorité des demandes, mais aussi des convenances. Or, pour Lyon, on se trouve en présence d'un fait unique : la municipalité se joint à la commission d'organisation de l'exposition pour demander la présence du Congrès. Il est difficile de ne pas accueillir favorablement une semblable demande.

M. Gallet répond que Lyon a déjà été le siège d'un Congrès de géographie. Avant de recommencer un nouveau cycle, il faudrait épuiser la liste des villes où peut se tenir le Congrès.

M. Malavialle rappelle que la Société de Géographie languedocienne a été fondée en 1878 et que le Congrès ne s'est réuni à Montpellier qu'en 1890, à l'occasion du centenaire de l'Université. Tours était désigné à ce moment, et il n'a pas hésité à céder la place à Montpellier.

M. Gallet demande s'il est bien de l'intérêt des Sociétés de géographie de faire coïncider leurs travaux avec les fêtes données dans la ville où se tient le Congrès.

M. Barbier répond qu'il ne s'agit pas de fêtes, mais d'une exposition pouvant intéresser les membres du Congrès.

M. le Président dit qu'il doit faire respecter le règlement; il insiste pour que le comité ne se laisse pas guider dans son choix par des considérations de sentiment. Deux demandes ont la priorité : Lorient et Saint-Nazaire, Lyon ne vient qu'en troisième lieu. Il consultera donc le comité sur le choix à accorder à l'une des deux premières villes.

M. Barbier ajoute que les expositions sont un élément de succès pour les Congrès ; que plusieurs membres du Congrès ont l'intention de se rendre à Lyon et qu'ils ne pourront pas se rendre ensuite à Lorient ou à Saint-Nazaire.

M. Malavialle fait observer qu'on ne fait aucune distinction entre les Sociétés de géographie, qu'elles soient grandes ou petites, mais il pense avec M. Barbier qu'on ne doit négliger aucune occasion de donner plus d'éclat au Congrès.

M. le Président rappelle qu'aux termes du règlement, le siège du Congrès doit être désigné deux ans à l'avance. Or, il y a deux ans, on avait accueilli les demandes de Lorient et de Saint-Nazaire.

M. Barbier répond que cette obligation n'a pas un caractère absolu. Le Congrès peut toujours modifier son choix.

M. le Président consulte le comité sur la ville qui sera le siège du Congrès en 1894.

La ville de Lorient obtient une voix, à laquelle M. le président, qui n'avait pas pris part au vote, ajoute la sienne.

La ville de Saint-Nazaire obtient une voix.

La ville de Lyon est désignée par 9 voix.

M. le Président propose au comité de ne pas fixer dès à présent le siège du Congrès de 1895, afin de prévenir le retour d'une discussion semblable à celle qui vient de se produire.

M. Barbier indique que la Société pour l'avancement des Sciences fixe deux ans à l'avance la ville où elle se réunira afin de donner le temps aux comités locaux de s'organiser.

Pour le Congrès de 1895, Bordeaux a déjà fait une demande : il doit y avoir cette année-là dans cette ville une exposition. On pourrait dès à présent désigner la ville de Bordeaux et décider que le Congrès ferait une excursion par mer à Saint-Nazaire, qui recevrait ainsi partiellement satisfaction.

M. Castonnet des Fosses ne croit pas utile de fixer dès à présent le siège du Congrès de 1895.

M. Mercuier demande si l'on peut ainsi modifier le règlement.

M. le Président fait remarquer qu'aux termes du règlement, on doit « autant que possible » désigner deux ans à l'avance le siège du Congrès. Il estime qu'il y a intérêt à ne pas prendre une décision aussi longtemps d'avance.

Par 5 voix contre 4, le comité décide qu'il n'y a pas lieu de désigner cette année la ville où se tiendra le Congrès de 1895.

La séance du comité des délégués est levée à 2 heures et demie.

SÉANCE DU SAMEDI SOIR

5 août 1893

PRÉSIDENCE DE M. LE COLONEL BLANCHOT

La séance est ouverte à trois heures.

Prennent place au bureau MM. Edouard Blanc, Castonnet des Fosses et Barbier.

M. LE PRÉSIDENT. — La parole est à M. de Varigny.

M. de VARIGNY. — Messieurs, quelques instants encore, et le Congrès de Tours sera au nombre des choses qui furent. De ce groupement amical d'hommes et de bonnes volontés, d'expérience et de savoir, et de cette pacifique réunion présidée par M. le prince d'Arenberg et par un de nos colonels dont le savoir égale la bravoure, et dont la courtoisie et le bienveillant accueil laisseront à chacun de nous un reconnaissant souvenir, il restera d'utiles travaux, de sages et nobles paroles, des indications profitables pour l'avenir. Vous avez semé; la récolte viendra à son jour, à son heure. Hier à Lille, aujourd'hui à Tours, demain à Lyon ou ailleurs, vous poursuivrez votre œuvre bonne, utile entre toutes, car elle a pour but l'amélioration de l'humanité, la grandeur de la France, le progrès de la civilisation.

En m'autorisant, à la dernière heure, à prendre la parole parmi vous, votre bienveillance m'impose un double devoir, celui d'être clair. J'y ferai de mon mieux. Je m'adresse à des hommes dont l'expérience et le savoir suppléeront à ce qui me manque et desquels j'ai plus appris qu'ils ne sauraient apprendre de moi. J'entre donc immédiatement dans mon sujet.

Messieurs, deux grands faits historiques et géographiques marquent la fin de ce siècle. Simultanément deux continents s'ouvrent à nous; d'une part, c'est l'Asie avec ses espaces immenses;

d'autre part, c'est le continent noir, la terre mystérieuse, dont les explorateurs nous révèlent chaque jour les secrets.

Il en coûte bien cher rien que pour apprendre à des indigènes, habitués à ne porter aucun vêtement, à se vêtir. J'ai vu dans des archipels où la civilisation était impatiemment, ardemment désirée, où les indigènes se précipitaient au-devant d'elle, accueillant avec acclamation la bonne parole, l'émancipation de la femme, la suppression de l'idolâtrie, l'enlèvement du joug des nobles et des prêtres; j'ai vu dans ces archipels la population décimée uniquement par l'usage des vêtements. Il en a coûté 50,000 hommes ou femmes à Taïti, il en a coûté 140,000 à l'archipel hawaïen pour passer de l'état de nudité, de l'état de nature à l'état civilisé.

Certes, ce sont là des pertes regrettables : mais qu'y faire ? Il faut absolument, semble-t-il, quand la civilisation s'implante quelque part, qu'elle marque la trace de son passage par des victimes. On s'étonnera que le fait d'habiller des gens puisse les tuer. L'explication est très simple. Les indigènes contractent des maladies qui leur étaient inconnues; les affections de la poitrine se multiplient, la rougeole, la variole éclatent au contact des Européens de sorte que dans ces archipels où il existait 100,000 ou 150,000 individus, si vous repassez quelques années plus tard, vous n'en trouvez que quelques milliers tout au plus.

Et puis, il faut bien avouer, la civilisation se présente souvent au sauvage sous un assez triste aspect; elle se présente sous la forme du mercanti, de l'homme qui lui apporte l'eau de vie qui le tue, qui vient greffer sur ses vices naturels les vices d'une civilisation déjà vieille ; elle se présente sous la forme du matelot, qui apporte le désordre, la corruption des mœurs. C'est alors une bien vilaine chose à voir.

Quand le missionnaire se présente, c'est vraiment l'homme civilisé qui arrive ; mais il est déjà bien tard pour réparer les maux précédemment causés : la dépopulation s'est faite, et vous vous trouvez en présence d'une race mélancolique, attristée, dont les chants semblent porter l'empreinte d'une fin future et qui vous laisse dans l'âme un souvenir triste et mélancolique comme celui d'une plante qui s'éteint ou d'un animal qui se meurt. *Applaudissements.)*

Voici donc l'émigrant attendu. Il est attendu en Océanie, il est attendu dans cette Afrique que l'Europe s'est partagée, qu'elle a dépecée. C'est de l'émigrant que je dois vous parler.

Quelles conditions doit-il remplir ? Mais, tout d'abord, quel est-il, cet émigrant? C'est un soldat, c'est un pionnier de la civilisation et du progrès. Qu'il le sache ou qu'il l'ignore, qu'il en ait conscience ou qu'il ne le veuille pas, cet homme est le représentant d'une civilisation. Il est comme nous tous un être essentiellement complexe. Quel que soit le bagage qu'il emporte avec lui, ne vous y trompez pas, cet homme emporte en même temps un bagage considérable d'idées, de traditions et de croyances, et il emporte la patrie à la semelle de ses souliers.

Cet émigrant sera Français, Anglais ou Allemand. J'ai à vous parler de l'émigrant français, je ne puis le faire qu'en établissant des comparaisons qui s'imposent d'elles-mêmes.

Quelles conditions, disais-je, doit remplir l'émigrant? La première de toutes, c'est l'adaptabilité, j'entends l'adaptabilité au milieu dans lequel il va vivre, au climat, au sol, aux coutumes, aux conditions de la vie. Cette adaptabilité, nous disent les biologistes, c'est le signe caractéristique des races supérieures. Celles-là seules survivent dans le combat de la vie, qui savent et qui peuvent modifier leurs conditions d'existence, se plier aux exigences de la nature et à ses lois, qui ne meurent pas de l'excès du froid ou de l'excès de la chaleur, qui résistent à toutes les intempéries des saisons et dont les organes, dans l'ordre animal, s'adaptent à tous les milieux.

Il en est de même de l'homme. De tous les êtres créés, c'est le plus adaptable ; il résiste admirablement; mais ses conditions d'adaptabilité varient suivant les races. J'ai dit que, dans l'ordre de la biologie, l'adaptabilité est le critérium certain, caractéristique de la supériorité d'une race civilisatrice. C'est vrai dans une certaine mesure, mais je vais être obligé de faire des restrictions.

Sans l'adaptabilité, rien n'est possible à l'émigrant ; il faut qu'il s'habitue au climat, au changement de vie et de régime; s'il ne s'y adapte pas, il est condamné à mort. Mais il lui faut autre chose, il lui faut la qualité essentiellement opposée, à savoir la force de résistance, l'endurance, la persistance de l'individualité.

Si vous me permettez de dégager les équations de cette inconnue, voici ce que je constate.

De toutes les races, la plus adaptable c'est de beaucoup la race germanique. Nul mieux que l'allemand ne s'adapte aux milieux, aux conditions modifiées de l'existence. Je l'ai vu en Amérique et dans les archipels de l'Océanie; partout et toujours, l'Allemand s'adapte admirablement. Il n'a ni la morgue, ni la hauteur aristocratique de l'Anglais, il n'a pas de ce dédain pour les races inférieures : il s'abaisse à elles, il les flatte, il est humble au début : il arrive très vite à se faire aux coutumes et à la vie du pays dans lequel il émigre. Ce serait donc le meilleur des émigrants ? Non !

L'Anglais est tout l'opposé. Autant l'Allemand est adaptable, autant l'Anglais l'est peu ; il ne renonce à aucune de ses habitudes, à aucune de ses traditions. Sur ce point, il est inflexible. Il débarque Anglais, il reste Anglais, il meurt Anglais. Ce serait donc le moins qualifié des émigrants ? Non !

Vient ensuite le Français. Ici, je ne voudrais pas faire de chauvinisme sur un sujet qui n'en comporte pas. Mais il est incontestable que le Français réunit les deux qualités dont je viens de montrer la note dominante chez l'Allemand et chez l'Anglais. Il a pour lui l'adaptabilité de l'Allemand et la résistance de l'Anglais. Il n'a ni morgue ni hauteur vis-à-vis des races de couleur : il considère tout homme comme son frère : j'allais dire : toute femme comme sa sœur, mais ce n'est pas exact. (*On rit.*) Chez lui, rien qui puisse offenser ou froisser la race au milieu de laquelle il viendra s'établir. L'Anglais éloignera cette race, il persistera dans son individualité puissante, qui est une partie de son génie, mais il ne se fera ni aimer ni accepter.

L'Allemand est tout autre. Il y a 50,000 Allemands à Chicago : 40,000 sont Américains à l'heure actuelle, ils ont été absorbés par les Anglo-Saxons. Au bout de deux générations, de trois quelquefois — c'est le maximum de la résistance — l'Allemand devient Anglais dans une colonie anglaise, Américain aux États-Unis, Chilien au Chili, Péruvien au Pérou. Il ne résiste pas au contact des autres races, parce qu'il ne possède que la première des deux conditions que je définissais au début, l'adaptabilité. Il n'a pas sa force de résistance. L'Anglais restera Anglais, le Français restera Français, non pas d'une nationalité agressive comme l'Anglais, mais vous retrouverez toujours en lui les traits caractéristique du Français. Il justifie l'assertion que je me suis permis d'émettre à l'une de vos séances en disant que de toutes les races européennes la plus colonisatrice au fond, celle qui réunit au plus haut degré les conditions voulues pour la colonisation, c'est la race française.

Qu'a-t-elle donc contre elle ? Pourquoi ne colonise-t-elle pas davantage ? Je l'ai déjà indiqué et je ne voudrais pas, messieurs, vous fatiguer par des redites. J'ai expliqué que le Français avec toutes ses qualités avait des défauts. Le premier de tous, c'est d'être séden

taire. Il l'est par nature, par goût, par instinct ; il aime sa patrie, il
la quitte difficilement.

Mais il y a autre chose. L'émigrant n'a pas pour lui l'opinion
publique. Quand il s'en va, on le traite d'aventureux, d'aventurier,
de déclassé. Aussi, quand il s'éloigne, a-t-il la conviction qu'il quitte
son pays pour toujours. Il lui faut un grand effort, un effort redou-
table pour le quitter ; il sait qu'il brûle ses vaisseaux derrière lui et,
dans cette lutte morale qu'il est obligé de traverser, il laisse le
meilleur de lui-même. (*Très bien ! très bien !*)

Il appartient aux Sociétés de géographie, il vous appartient à vous,
messieurs, qui êtes les pionniers de la Science et qui la représentez
dans presque toutes nos grandes villes, il vous appartient de faire
tous vos efforts pour redresser l'opinion dévoyée. C'est une des
tâches qui vous incombent le plus légitimement. Vous pouvez
beaucoup. Vous ne devez pas vous borner à répandre les connaissances géographiques, à apprendre à l'homme qui l'ignore l'orographie, l'hydrographie, la topographie d'un pays. Vous devez
aussi lui dire ce qu'il y trouvera, lui indiquer les ressources que le
sol, que le climat peuvent lui offrir. Vous devez surtout l'encourager de tous vos efforts, le soutenir dans la lutte morale que tout
émigrant traverse au moment de s'éloigner de la France. Dites-lui
bien tout ce qu'il faut pour le relever à ses propres yeux ! Peignez-
lui en beau et en grand sa mission, si vous voulez qu'à l'heure
de l'épreuve cet homme se tienne debout ! (*Vifs applaudissements.*)

Et maintenant j'aborde la seconde partie de ma tâche : l'émigration asiatique. Ai-je réussi dans la première à être clair ? je le
souhaite ; à être bref ? je l'espère. L'heure me presse, je me hâte.
Je vous demande de compléter par ce que vous savez tout ce que je
n'ai pas dit.

Messieurs, quand, il y a près de trente ans, la France, l'Angleterre et les États-Unis forcèrent à coups de canon l'entrée du Peïho
et de la Chine et imposèrent à l'Empire du Milieu les traités qui
ouvraient ses portes, ni la France, ni l'Angleterre, ni les États-
Unis ne prévoyaient les conséquences du formidable coup de pied
donné dans cette fourmilière de 250 millions d'êtres humains. On
ignorait ce qu'il y avait derrière cette barrière renversée. Ni les récits
des voyageurs, ni les rapports des diplomates n'étaient pour nous
l'apprendre. On voulait commerce, libre entrée ; on n'admettait pas
isolement. La porte ouverte, quelques négociants, missionnaires,

explorateurs, entrèrent : des millions en sortirent. La vieille Chine s'est ébranlée.

Derrière cette barrière s'agitaient bien des passions, bien des rancunes, bien des colères. A une époque qui remonte au xiie siècle, les idées socialistes que nous croyons avoir inventées existaient déjà en Chine ; un soulèvement formidable avait eu lieu, une lutte meurtrière et sanglante avait décimé cet empire dont nous ignorions alors l'histoire.

Quand la porte fut ouverte, des millions d'hommes se mirent en marche. Que voulaient-ils ? Ils étouffaient dans une enceinte trop étroite, ils voulaient du grand air, ils cherchaient à gagner leur vie ; la famine les décimait. Et l'on vit tout d'un coup un phénomène étrange : on vit les îles de l'Océanie envahies des nuées de Chinois ; on vit l'Amérique envahie, les îles à guano envahies. Au Pérou, au Chili, à Batavia, dans les îles de la Sonde, les Chinois arrivaient nombreux, affamés. Sobres comme ils le sont, attachés au gain, vivant de rien, ils réussissaient à gagner de l'argent là où les blancs mouraient de faim.

Je les ai rencontrés pour la première fois aux mines de la Californie, je les ai retrouvés dans les mines de l'Australie ; je les ai revus au Chili, au Pérou, partout les mêmes.

Ces hommes représentaient une grande chose : ils représentaient à cette époque, comme aujourd'hui encore, un facteur économique puissant, capable à un moment donné de bouleverser toutes nos lois économiques : ils représentaient la main-d'œuvre à bon marché.

On travaillait au grand chemin de fer du Pacifique, on prit des Chinois, on fit le chemin de fer de Panama, on prit des Chinois, ce chemin de fer, dit-on, dont chaque traverse représente la vie d'un habitant du Céleste Empire. Partout où l'Européen ne pouvait travailler que dans des conditions défavorables, le Chinois arrivait, offrait ses bras presque pour rien. Je me souviens — c'est un souvenir personnel — qu'à une époque où je dirigeais les destinées d'un petit État dans le vaste Océan Pacifique, je voulus soustraire à la pêche de la baleine les indigènes des îles Hawaï qui chaque année allaient mourir de froid dans le détroit de Behring, et pour cela je voulus introduire la canne à sucre, — je me souviens, dis-je, qu'à cette époque je fis appel à quelques Chinois. Il se présentèrent au nombre de 10.000.

Ce que je vis alors m'effraya, et je fus, je crois, le premier en France à jeter le cri d'alarme : j'appelai l'attention sur cette exode formidable et sur les conséquences qui pouvaient en résulter. On n'y crut pas beaucoup. On croyait les Chinois très faibles ; on se disait qu'on n'en prendrait que ce que l'on voudrait et qu'on rejetterait le reste. Mais on se trouve en présence d'une question qu'on n'avait pas prévue. Les Chinois sortent de leur pays en vertu de quoi ? En vertu de traités imposés par nos canons, stipulant la libre entrée et la libre sortie : à côté du droit qu'ils nous concédaient d'entrer chez eux, nous nous engagions à les recevoir chez nous. Leur invasion était donc pacifique et légale, la diplomatie n'avait pas à agir, la force n'avait pas à intervenir.

Alors que se passa-t-il ? De tristes choses. Aux États-Unis, les Irlandais employés à la construction du chemin de fer du Pacifique, furent atterrés quand ils virent les Chinois se contenter de vingt francs par mois et se nourrir d'une poignée de riz et de poisson séché. Il était impossible de lutter contre de pareils travailleurs. Telle était leur énergie et leur activité au travail que quand eut lieu cette lutte homérique, qui attira l'attention de tous les États-Unis, d'une équipe d'Européens partant de la Sierra-Nevada, et d'une équipe de Chinois partant de San Francisco, rivalisant à qui avancerait plus vite les travaux, on vit les habitants du Céleste Empire l'emporter de vitesse, de force et d'endurance sur les Européens.

La question devenait grave. Les Irlandais, les Anglais, les Allemands se soulevèrent, et l'on vit ce spectacle attristant d'Européens fusillant à bout portant de malheureux Chinois qui n'avaient qu'un seul tort : celui de chercher à gagner leur vie, et déclarant qu'ils ne cesseraient que le jour où ces derniers auraient disparu.

A Batavia, il y avait plus de 100,000 Chinois. Le gouvernement fit une loi d'après laquelle le nombre des Chinois ne pouvait pas excéder 25,000 ou 30,000. Mais allez donc faire observer la loi ! On ne le peut que par la force. Partout où les Chinois s'étaient étendus comme une tache d'huile, les gouvernements alarmés n'eurent plus qu'une idée, s'en débarrasser et les rejeter. Aux États-Unis, on fit une loi non pas pour arrêter les mesures de violence, mais pour les régulariser. Cette loi était inique, cependant les États-Unis ont la légagalité pour eux. Nous luttons pour nous, disent-ils, et nous ne pouvons pas supporter plus longtemps une invasion qui finirait par nous amener aux conséquences les plus redoutables.

Ce Chinois, qu'est-il vis-à-vis de nous ? Il est humble, il est obéissant, mais il nous hait, il nous déteste, et il nous méprise. Nous sommes des parvenus d'hier pour ces hommes dont l'origine remonte à cinquante siècles et dont les traditions se perdent dans la nuit des temps, qui avaient tout connu, tout vu, tout inventé avant que nous ne fussions nés. Ils ont un suprême et profond dédain pour nous tous, et cette haine, ce dédain, s'incarnent dans un grand homme d'État qui a nom Li-Hung-Chang, qui est président du Tsong-Li-Yamen, vice-roi du Pé Tchi-Li, et le bras droit de l'Empire.

Cet homme nous regarde avec une indifférence profonde ; pour lui nous existons à peine, et il semble perdu, pour l'avenir de son pays, dans un rêve de prodigieuses destinées.

Cette race nous hait donc, et elle peut à un moment donné, comme je le disais, provoquer dans les conditions économiques de la vieille Europe des bouleversements dont on ne saurait mesurer l'importance. (*Applaudissements.*)

Voilà où nous en sommes aujourd'hui. Grâce aux mesures prises par le gouvernement des États-Unis, aux mesures prises par le gouvernement de Batavia, par le Pérou, par le Chili, par le gouvernement hawaïen, par tous les autres États dans lesquels l'émigration chinoise avait profondément pénétré, le mal est sinon complètement arrêté, du moins enrayé. Mais, suivant moi, ce n'est qu'une trêve, et nous n'en avons pas encore fini avec les Chinois.

Sur ce point encore, messieurs, vos études et les travaux de vos sociétés peuvent et doivent être utiles. Ces questions techniques et économiques vous sont familières.

Vous m'excuserez d'avoir signalé celle-ci à votre attention. Un mot, et je termine. Il est bien vaste, le champ de nos travaux : ils sont bien rares, les ouvriers à l'œuvre. Il importe d'en recruter de nouveaux, d'en accroître le nombre. Travaillons et bon courage ! Travaillons et inspirons à ceux qui nous entourent, à ceux qui, demain, remplaceront ceux d'entre nous qui auront disparu, et qui continueront notre œuvre. la foi qui nous anime, l'espérance qui nous soutient, le culte de la science, l'ardent, le passionné amour de notre chère France où les cœurs vibrent encore aux grand mots de progrès et d'humanité. (*Applaudissements et bravos répétés.*)

M. LE PRÉSIDENT. — Messieurs, c'est une tâche très lourde pour votre président que d'exprimer les sentiments de gratitude et d'admiration que le Congrès éprouve pour M. de Varigny. Il n'était venu que pour quelques heures : nos discussions l'ont séduit et captivé, et il est resté à Tours pendant toute la durée de nos travaux. Nous devons en féliciter le Congrès. C'est en son nom, au nom de la Société de Géographie de Tours, que j'adresse tous nos remerciements à ce vaillant explorateur qui, pendant trente ans, a parcouru tous les points du globe et qui par le charme de sa parole a su donner tant d'attraits et tant d'intérêt à nos débats. (*Vifs applaudissements.*)

Messieurs, le Congrès a terminé ses travaux. Il nous reste à en faire connaître le résultat aux personnes qui ont bien voulu assister à nos séances. Je prie M. le secrétaire général de vouloir bien donner connaissance des questions que nous avons examinées, des sujets que nous avons traités, et des vœux qui en ont été la sanction.

M. Georges Chevrel, *secrétaire général.* — Mesdames, messieurs, aux termes de l'article 18 du règlement des Congrès nationaux des Sociétés françaises de Géographie, toute question admise au Congrès sera traitée en séance de discussion générale. Les vœux qui pourront être formulés seront tous renvoyés au Comité, composé uniquement des délégués spéciaux des Sociétés de géographie à raison de un par Société. La décision du Comité pour l'acceptation ou le rejet des vœux sera souveraine.

En séance générale de clôture, le Président du Congrès fera connaître les vœux que le comité aura maintenus.

Conformément à cet article du règlement, je dois vous faire connaître les vœux que le Congrès a adoptés et ceux dont le Comité des délégués a décidé le rappel.

Vœux adoptés par le Congrès

1° Le Congrès national de Géographie invite les Sociétés françaises de géographie qui ne l'ont pas encore entrepris, à réunir les matériaux d'une géographie régionale en s'inspirant de ce qui a été fait ou de ce qui est en cours d'exécution et particulièrement du questionnaire de la Sociétés de géographie de l'Aisne.

2° Le Congrès national des Sociétés françaises de géographie engage les Sociétés de géographie à organiser dans leur sein, dans l'intérêt français, un service de renseignements aux émigrants français.

3° Le Congrès national de Géographie demande que la création d'un bureau de renseignements officiels sur l'émigration aux colonies françaises, auprès de chaque préfecture, soit mise à l'étude du prochain Congrès.

4° Que les pouvoirs publics compétents veuillent bien faire résoudre la question de l'établissement d'une voie ferrée transpyrénéenne, traversant le massif central des Pyrénées, qui est depuis si longtemps l'objet de l'attente des deux nations voisines.

5° Le Congrès reconnaît que l'équilibre établi par la nature entre le volume des chutes d'eaux pluviales et la capacité des collecteurs naturels n'existe plus suffisamment pour atténuer les conséquences de la sécheresse d'une part et d'autre part pour éviter les inondations ou en atténuer les effets.

En conséquence, et considérant qu'il y a dans cet état de choses de grands intérêts compromis, que la richesse publique est atteinte, émet le vœu : 1° que des mesures soient prises pour éviter à tout prix le comblement du lit des cours d'eau, de quelques dimensions qu'ils soient, et surtout de ceux à régime torrentiel ; 2° que les réservoirs naturels, grands ou petits, soient conservés et qu'on en rétablisse partout où cela sera possible.

Il adresse ce vœu aux pouvoirs publics et engage les Sociétés de Géographie à vulgariser par tous leurs moyens, dans leur région respective d'influence, l'intérêt majeur qui s'attache à sa réalisation.

6° Le Congrès émet le vœu que les Sociétés de Géographie considèrent comme une opportunité, un devoir même, de vulgariser l'étude des sciences géographiques dans le grand public, en vue de l'éclairer sur les résultats à obtenir par les grandes entreprises ayant pour bases des considérations géographiques.

7° Le Congrès demande que la lumière soit faite sur l'entreprise du canal des Deux-Mers, afin que le grand public, qui en est saisi, soit éclairé sur le rôle qu'il devra tenir quand une société fera appel à sa souscription.

8° Le Congrès, se renfermant exclusivement dans le domaine des considérations géographiques et des intérêts coloniaux de la France, objet de ses travaux, estime que la frontière occidentale de l'Indo-Chine française, en l'état actuel de la situation, doit être au moins le Mékong à partir de sa sortie du Yun-Nan jusqu'au Cambodge.

9° Le Congrès émet le vœu que le ministère des affaires étrangères, en vue de soutenir les intérêts français en Syrie, veuille bien continuer la subvention de 4.000 fr. qu'il accorde annuellement à l'école grecque unie de Saint-Julien-le-Pauvre, à Paris.

10° Le Congrès demande la création d'une agrégation spéciale de géographie avec connaissances générales de l'histoire.

11° Le Congrès émet le vœu que les ministères auxquels se rattachent les diverses branches de la cartographie veuillent bien *décider la création d'une nouvelle carte de la France à une très grande échelle.*

Les délégués officiels ont maintenu les vœux suivants, émis par les Congrès précédents :

Premier vœu :

1° Que les Sociétés de géographie maintiennent le plus possible, dans leurs publications, l'orthographe nationale des noms des pays s'écrivant en caractères latins, sauf, lorsque l'usage a consacré certaines orthographes françaises, à indiquer entre parenthèses l'orthographe nationale ;

2° Qu'à l'exemple de la Société de géographie de l'Est, elles prennent telles dispositions qu'il leur convient avec leurs imprimeurs pour que ceux-ci complètent leur matériel typographique par les caractères souvent accentués ou diacritisés qui leur manquent.

Deuxième vœu :

Le Congrès renouvelle le vœu adopté par le Congrès de Lille, réclamant création des compagnies de colonisation, tel qu'il est inscrit au compte rendu du XIIIe Congrès national de géographie.

Troisième vœu :

Que les pouvoirs mettent largement à la disposition des Sociétés de géographie tous les documents relatifs à l'émigration. (Congrès de Lille.)

ALLOCUTION DE M. LE PRÉSIDENT

M. LE PRÉSIDENT. — Mesdames, messieurs, le comité des délégués officiels de toutes les Sociétés de géographie représentées au Congrès, qui avait seul le droit de délibérer sur les questions intéressant l'administration privée du Congrès, s'est réuni avant la séance ; il a ratifié tous les vœux formulés par le Congrès après discussion en séances générales, et il a désigné la Société de géographie qui, l'an prochain, aura l'honneur de recevoir le Congrès.

Le comité des délégués ferme, ainsi que l'a dit d'une manière si juste M. Merchier, le 14e anneau de la chaîne des Congrès des Sociétés de géographie. Le 15e anneau est désormais rivé à la Société de géographie de Lyon ; nous serons tous heureux de vous retrouver dans un an dans la seconde ville de France.

Vous avez déjà constaté, messieurs, le grand empressement que mettent les Sociétés de géographie à recevoir le Congrès et à le fêter. Celui de Tours en est une nouvelle preuve. C'est qu'il y a tout profit à retirer de ces grandes assises nationales, tant au point de vue de la vulgarisation des Sciences géographiques qu'au point de vue de l'étude de la géographie locale. J'espère que le grand enseignement que vous nous avez donné à Tours ne sera pas perdu.

Mesdames, messieurs, vous avez bien voulu assister à nos séances, suivre nos discussions, entendre nos conférences. Votre exemple ne manquera pas d'entraîner les personnes qui n'ont pas en encore une confiance absolue dans les résultats de notre œuvre.

Au nom du Congrès, je vous remercie profondément de l'honneur que vous nous avez fait. Votre présence nous a soutenus, stimulés dans la discussion de questions souvent arides. Encore une fois, merci ! (*Vifs applaudissements.*)

Au nom de tous mes collègues de la Société de géographie de Tours, je remercie du fond du cœur tous les membres du Congrès d'avoir bien voulu, des points les plus éloignés de la France, se réunir autour de nous et de nous avoir fait entendre de bonnes paroles, des paroles réconfortantes pour l'avenir.

A tous, je dis : Merci et au revoir ! (*Applaudissements prolongés.*

Je déclare clos le XIVᵉ Congrès national des sociétés françaises de géographie.

La séance est levée à 5 heures moins le quart.

ANNEXES

RÉCEPTION DU CONGRÈS

Le lundi 31 juillet, à 9 heures du soir, les membres du Congrès ont été reçus par la Société de géographie de Tours dans les salons de l'hôtel du Faisan.

Dès l'arrivée, la plus franche cordialité s'est établie entre tous dans cette réunion où se retrouvaient en présence les premiers fondateurs des Congrès nationaux de géographie et de nombreuses notabilités géographiques.

Après un punch confortable et savamment servi, M. le colonel Blanchot, président de la Société de géographie de Tours, a souhaité la bienvenue en ces termes aux membres du Congrès :

TOAST DE M. LE COLONEL BLANCHOT

Messieurs, il est usage de porter un toast à la fin des réunions comme celle-ci ; je vous demande la permission de commencer par là.

Je bois tout d'abord au Gouvernement, qui entoure de toute sa sollicitude les pionniers de la Géographie (*Très bien ! très bien !*), qui les aide par ses subventions — quand on les lui demande (*On rit*), — et qui nous montre tout l'intérêt qu'il porte à nos Congrès en y envoyant chaque fois des délégués qui, par leur amabilité, par l'étendue de leurs connaissances, par les relations charmantes qu'on entretient toujours avec eux, représentent de la façon la plus parfaite les ministères qui les envoient auprès de nous. (*Applaudissements.*)

Je bois donc à M. Ricard, délégué du ministre de l'intérieur ; à mon camarade, le commandant Moëssard, délégué du ministre de la guerre ; à M. du Boys, délégué du ministre des affaires étrangères ; qui n'a pu malheureusement assister à notre réunion de ce soir ; à M. Sevin-Desplaces, délégué du ministre de l'instruction publique ; et à M. Turquan, délégué du ministre du commerce, de l'industrie et des colonies. M. Orfila, délégué du ministre de l'agriculture, qui devait être des nôtres, a été retenu par la maladie.

Messieurs les délégués, permettez-moi de vous exprimer au nom du Congrès tout le plaisir que nous éprouvons à vous voir, au milieu de nous, prendre part à nos travaux et nous remettre dans la bonne voie, si nous étions parfois tentés d'en sortir. *Rires et applaudissements.)*

Et vous, mesdames, qui représentez dans nos sociétés le sexe le plus charmant, en nombre trop restreint malheureusement, nous vous devons la plus grande reconnaissance pour le bon exemple que vous donnez. *(Vifs applaudissements.)*

Mes chers camarades des Congrès, je viens également, au nom de la Société de géographie de Tours, vous dire combien nous sommes heureux de votre présence parmi nous. Nous espérons que vous garderez la meilleure impression de votre voyage dans la Touraine : vous pouvez être assurés d'avance que votre visite laissera des souvenirs ineffaçables dans nos cœurs. *(Bravos et applaudissements.)*

Messieurs, au Congrès national de géographie de Tours ! *(Nouveaux applaudissements et bravos répétés.)*

M. Le Commandant Moëssard, délégué du ministre de la guerre a répondu au nom des délégués ministériels.

TOAST DE M. LE COMMANDANT MOËSSARD

Messieurs, MM. les délégués des ministères ont bien voulu me charger de prendre la parole en leur nom pour répondre à l'aimable souhait de bienvenue de M. le colonel Blanchot. Je ne m'attendais pas à cet excès d'honneur, aussi n'ai-je pas préparé le moindre discours. *(On rit.)*

Je remercie d'un mot M. le colonel Blanchot et la Société de géographie de Tours de l'accueil si aimable qu'ils nous ont réservé à notre arrivée dans ce beau pays, des paroles si bienveillantes que M. le colonel Blanchot nous a adressées, enfin de la belle réception de ce soir et des surprises diverses qui nous attendent. *(Très bien ! très bien !)*

Soyez persuadés, messieurs, que nous en garderons un profond souvenir. *(Vifs applaudissements.)*

Divers membres du Congrès ont ensuite pris la parole dans l'ordre suivant.

TOAST DE M. GAUTHIOT

Messieurs, je prends à témoin mon voisin que l'invitation de M. le président à prendre la parole me surprend dans une conversation aussi amusante qu'intéressante. *(On rit.)*

Je suis pris au vert. (*Nouveaux rires.*)

M. LE COLONEL BLANCHOT. — Vous êtes toujours vert. (*Rires et applaudissements.*)

M. GAUTHIOT. — Mon collègue M. de Varigny me disait tout à l'heure qu'il appartenait à un vieux lutteur comme moi de prendre la parole pour vous remercier du toast que vous avez porté aux délégués des sociétés de géographie. Il paraît que cette charge incombe aux vieux. (*On rit.*) J'avoue que je l'aurais volontiers passée aux jeunes. (*Nouveaux rires.*) Je m'en acquitterai cependant avec plaisir, car je suis de ceux qui ont assisté à l'inauguration de ces Congrès.

Il y a quatorze ans, lorsque pour la première fois nous avons tenu séance dans la salle de la Société de géographie de Paris, nous n'avions certainement pas en vue un avenir aussi grand, aussi prospère, aussi agréable que celui dont je suis aujourd'hui témoin. Nous étions alors, si je m'en souviens bien, huit dans la salle : le président, deux vice-présidents et deux secrétaires. (*On rit.*) Vous devinez le rôle que jouaient les trois autres personnes. (*Nouveaux rires.*)

Malgré ces débuts modestes, le Congrès a siégé cinq jours, et à la dernière séance, si mes souvenirs sont encore fidèles, nous étions soixante-quatre dans la salle. (*Applaudissements.*)

Depuis cette époque, nous avons voyagé à travers la France ; j'ai pris à cœur, pour ma part, de ne pas abandonner la création de l'année 1878. (*Nouveaux applaudissements.*) Toutes les fois que je l'ai pu, je me suis rendu à la convocation que m'adressait une des Sociétés de géographie.

Il y a eu dans cette pérégrination, comme en toutes choses, des hauts et des bas, et j'ai gardé le souvenir d'une séance, qui n'est pas très éloignée de nous, où j'ai vu de nouveau trois membres — seulement ce n'était pas les mêmes que ceux dont j'ai parlé — assister à la première séance d'un Congrès.

Malgré tout, la base était si solide, le règlement, — que nous devons au régulateur par excellence, à mon voisin M. Barbier, — si bien fait, l'organisation si puissante, que nos Congrès ont résisté aux attaques fort habiles et très adroites qui étaient dirigées contre eux.

Et, chose plus rare ! cette institution des Congrès de géographie, qui est une œuvre française, a été imitée à l'étranger. Tour à tour, les Allemands, les Anglais, les Suisses et, en dernier lieu, les Italiens ont organisé des Congrès analogues à celui qui nous réunit en ce moment. (*Applaudissements.*)

Une telle institution, dont les étrangers reconnaissent eux-mêmes l'utilité et l'importance, ne doit pas, à mon avis, péricliter chez nous. (*Très bien! très bien!*) Nous sommes liés à l'institution des Congrès nationaux et j'aurai, je l'espère, l'assentiment de tous ceux qui m'écoutent, en disant que chacun de nous doit faire tous ses efforts pour rendre cette œuvre plus féconde encore. (*Vives marques d'approbation.*)

Je ne saurais mieux terminer ces quelques mots qu'en vous proposant, messieurs, de boire à la santé de celui qui a si bien organisé le XIVᵉ Congrès national des Sociétés françaises de géographie. (*Applaudissements prolongés.*) Nous le remercions de ses efforts, et nous lui disons que, s'il y a une satisfaction pour les vieux comme moi, c'est de voir les civils et les militaires fraternellement unis dans une même pensée, celle du développement de la géographie dans notre pays. (*Nouveaux applaudissements.*)

Nous avons eu le plus grand soin, au début de ces réunions, d'en exclure la politique, car on peut dire que c'est elle qui nous divise le plus ; mais, en revanche, on peut ajouter que c'est la géographie qui nous réunit le plus. (*Très bien! très bien!*)

Je bois donc à la prospérité du Congrès et à la santé du président du Congrès actuel. (*Double salve d'applaudissements.*)

TOAST DE M. PERCHER (Harry Alis).

Messieurs, mes aimables voisins m'imposent l'obligation de prendre la parole. Je n'ai vraiment aucun titre à le faire dans la circonstance, car je ne suis même pas délégué d'une société de géographie, et je n'ai aucune compétence scientifique. (*Vives protestations.*)

Ce que je représente ici, c'est une idée que vous me permettrez d'indiquer en deux mots ; elle justifiera, je l'espère, le désir qu'ont manifesté mes voisins de me voir prendre en ce moment la parole.

Les sociétés de géographie comprennent des personnes qui, en France, s'intéressent non seulement au côté scientifique de la géographie, mais, je puis le dire, à son côté patriotique, c'est-à-dire à l'expansion de l'influence française dans le monde. Toutefois, les sociétés de géographie, étant par essence des sociétés scientifiques, ne sont pas outillées pour se constituer en comités d'action chargés de poursuivre la réalisation des idées que chaque Français porte au fond du cœur.

Un certain nombre de personnes de bonne volonté, sans la moindre prétention scientifique, mais ayant conscience de la nécessité qui s'imposait de faire passer dans l'ordre des faits accomplis les pensées que nourrissaient les Sociétés de géographie, ces personnes, dis-je, se sont mis en tête de constituer des comités d'action pour travailler au développement de l'influence française, partout où cela était nécessaire et surtout en Afrique. (*Applaudissements.*)

Telle est la pensée qui a présidé à la création du Comité de l'Afrique française. (*Très bien ! très bien !*)

Vous savez quelle œuvre il a accomplie. Ce comité a cherché à étendre l'influence française sur le plus grand nombre de pays possible. Nous avons à cet effet employé toutes les ressources dont nous pouvions disposer, ressources qui sont à notre honneur et qui proviennent pour la plupart de souscriptions publiques.

Nous avons ainsi donné un grand élan à l'initiative privée en France, grâce au concours de la presse, qui nous a été tout entier acquis, j'ai bien le droit de le déclarer, bien que j'en fasse partie. Mais c'est surtout à l'opinion publique que nous devons les résultats obtenus.

Ces résultats, vous les connaissez ; je n'ai pas à insister.

En terminant, vous me permettrez de porter un toast à tous ceux qui, dans le continent africain, ont travaillé au développement de l'influence française et spécialement à ces pionniers, à ces soldats inconnus qui ont su mourir bravement là-bas pour agrandir le domaine sacré de la patrie. (*Bravos et applaudissements répétés.*)

RÉPONSE DE M. LE COLONEL BLANCHOT

Messieurs, après les paroles que vient de prononcer notre très distingué confrère, je dois porter une santé qui nous est chère à tous, celle de M. le président du XIV° congrès, de cet homme de cœur, de ce vaillant, qui a dirigé tout le grand mouvement qui s'est produit vers l'Afrique centrale : je bois à la santé de M. le prince d'Arenberg. (*Applaudissements prolongés.*)

Permettez-moi de m'associer à deux toasts qui viennent d'être portés à ceux qui représentent la vie de la Géographie, son progrès, son mouvement en avant.

Je bois donc aux éclaireurs de la Géographie, aux explorateurs qui, comme on vient de le dire, trouvent une mort glorieuse au sein de l'Afrique centrale ; je bois aussi à la presse de France, qui nous fait connaître les actes d'héroïsmes de nos explorateurs et répand partout le goût de la Géographie.

Messieurs, aux explorateurs français ! A la presse française ! (*Vifs applaudissements.*)

TOAST DE M. BARBIER

Messieurs, j'appartiens à une confrérie qui n'a rien de monacal. (*On rit*), celle des Secrétaires généraux des sociétés de géographie. (*Nouveaux rires.*)

Tout à l'heure, on a porté la santé de notre honorable président, qui est précisément un ancien secrétaire général : il est monté en grade, il montera encore, je l'espère. (*Applaudissements.*)

Nous sommes un peu, comment dirais-je ?... la cheville ouvrière des congrès. (*On rit.*)

C'est à ce titre que je porte la santé de notre charmant collègue et excellent ami, M. Georges Chevrel, qui représente si dignement la corporation dont j'ai l'honneur de faire partie et qui s'est montré l'égal, dans l'organisation du congrès de Tours, de tous ceux de ses prédécesseurs qui ont préparé des congrès.

A M. Georges Chevrel ! (*Applaudissements répétés et bravos prolongés.*)

TOAST DE M. GEORGES CHEVREL

Messieurs, M. Gauthiot parlait tout à l'heure d'un temps qui est déjà loin de nous, et M. le colonel Blanchot lui adressait à cet égard un amical reproche.

Qu'il soit maintenant permis à un jeune, peut-être au plus jeune d'entre vous, de prendre la parole pour remercier un de ses maîtres, M. Barbier, du toast qu'il a bien voulu lui porter !

Il est certain que si, comme le déclarait tout à l'heure notre président, le Congrès a pu s'organiser sur de bonnes bases, nous le devons aux excellents conseils que les anciens ont bien voulu donner aux jeunes.

Je vous propose, messieurs, de porter la santé de M. Barbier. (*Applaudissements.*)

TOAST DE M. MERCHIER

Messieurs, les vieux ont parlé tout à l'heure ; les jeunes viennent de parler ; je demande la parole pour les moyens. (*On rit.*)

M. LE COLONEL BLANCHOT. — Oui ! la parole est au moyen âge. (*Nouveaux rires.*)

M. MERCHIER. — Les moyens, bien que récemment entrés dans la carrière, ont déjà vu un certain nombre de Congrès, et ce qu'ils ont remarqué surtout, c'est que toutes les notions de la latitude sont renversées dans ces Congrès par la chaleur du cœur ; en un mot, qu'il n'y a pas de latitude pour les géographes. (*Rires et applaudissements.*)

Permettez-moi ici un souvenir personnel : J'ai l'honneur d'être professeur du cours de Saint-Cyr au lycée de Lille, et un certain nombre de mes élèves appartiennent à l'armée française. Je me rappelle qu'au Congrès de Rochefort je voyais de très loin un jeune vélocipédiste courant après la voiture qui nous menait vers Royan et qui nous rejoignit dans cette ville morte appelée Brouage, dont Richelieu voulait faire un grand port de mer. Ce jeune homme était un de mes élèves, alors lieutenant d'infanterie de marine à Rochefort, aujourd'hui au Tonkin. Un autre de mes élèves m'écrivait tout récemment encore du Dahomey.

L'armée, messieurs, c'est le collaborateur de la géographie : en Asie, en Afrique, nous la retrouvons partout ; elle fait la plus belle des géographies, parce que cette géographie, elle l'écrit avec son sang. (*Applaudissements et bravos.*)

Je vous demande la permission, dans cette réunion de géographes, de boire à ces géographes par excellence qui portent l'épaulette. Il y en a parmi nous qui ont parcouru l'Afrique et l'Asie et qui ont inscrit en lettres d'or le nom de la France dans ces terres nouvelles. Messieurs, je bois à l'armée française ! (*Vifs applaudissements et bravos répétés.*)

M. LE COLONEL BLANCHOT. — Ce toast nous va au cœur. Je remercie, au nom de mes camarades, celui de nos collègues qui vient de le porter. (*Nouveaux applaudissements.*)

TOAST DE M. LE CHEF D'ESCADRONS DE PONTEVÈS DE SABRAN

Messieurs, on vient de porter un toast aux explorateurs. Bien que je sois indigne de ce titre, je tiens à le relever.

Cette après-midi, comme le disait un de nos collègues, nous avons parlé le cœur sur la main ; ce soir, c'est la main sur le cœur que je tiens à vous remercier. (*Applaudissements.*)

TOAST DE M. LE COMMANDANT BONNETTI

Messieurs, bien que je sois ici un des plus anciens par l'âge, je ne suis pas l'un des plus anciens dans les Sociétés de géographie ; je ne voulais donc pas prendre la parole. Mais, puisqu'on vient de porter la santé de l'armée, vous me permettez d'adresser tous mes remerciements à l'orateur.

Je saisis cette occasion pour porter un toast à mon tour.

Je vous propose, messieurs, de boire à nos conférenciers, qui vont, avec beaucoup de zèle et de dévouement, faire connaître sur tous les points de la France les remarquables résultats de leurs découvertes. (*Très bien ! très bien !*)

La ville de Bordeaux est très favorisée à cet égard. C'est là que débarquent, en général, les voyageurs au retour de leurs périlleuses entreprises ; c'est là qu'ils donnent la primeur de leurs découvertes. Je remplis donc le plus agréable des devoirs en vous proposant de boire à nos conférenciers. (*Applaudissements.*)

TOAST DE M. LE CAPITAINE DE VAISSEAU MARQUER

Messieurs, je me suis associé tout à l'heure de tout mon cœur au toast qui a été porté à l'armée de terre. Je désire en porter un à mon tour à l'armée de mer. Elle a fait preuve, vous le savez, d'une bravoure extraordinaire dans toutes les circonstances. Partout, en Chine, au Tonkin, au Dahomey, elle s'est montrée la digne émule de l'armée de terre. (*Applaudissements.*)

Je bois donc à l'armée de mer et en particulier à M. le commandant de Marolles, un des plus anciens membres de nos Sociétés, qui y représente si bien le corps dont il a fait partie si longtemps. (*Applaudissements répétés.*)

M. LE COLONEL BLANCHOT. — Aucune distinction n'avait été faite dans les toasts précédents. C'est que la France n'a qu'une armée, qu'elle soit à cheval, à pied ou en bateau. *Rires et Applaudissements répétés.*

Je désire toutefois porter un toast spécial aux deux valeureux marins, qui commandent dans l'Extrême-Orient l'*Inconstant* et la

ERRATA

Page 320 : Le toast attribué à **M.** le Capitaine de vaisseau Marquer a été prononcé par M. Dupin de Saint-André, président honoraire de la Société de Géographie de Tours.

Page 321, 7ᵉ ligne : au lieu de : « Je remercie M. le Commandant Marquer », lire : « Je remercie M. Dupin de Saint-André ».

Comète et qui, sous le feu des canons siamois, ont remonté le Ménam jusqu'à Bangkok. (*Applaudissements répétés.*)

Messieurs, je vous propose en l'honneur de ces deux braves officiers un fort ban. (*Rires et applaudissements.*)

M. MERCHIER. — Un haut ban. (*Nouveaux rires. Double ban.*)

TOAST DE M. LE COMMANDANT DE MAROLLES

Messieurs, je remercie M. le commandant Marquet des paroles si courtoises qu'il a bien voulu adresser à un représentant de l'ancienne marine, et je vous propose à mon tour de boire à la santé du vaillant officier qui commandait récemment notre marine au Dahomey. (*Applaudissements et bravos répétés.*)

M. LE CAPITAINE DE VAISSEAU MARQUET. — Messieurs, qu'il me soit permis de remercier M. de Marolles du toast qu'il a bien voulu me porter.

Nous sommes des géographes de profession, et nous subissons comme d'autres l'attirance de ces pays souvent mortels pour des Européens, mais qui ont néanmoins un grand charme; et, lorsque nous y allons, nous tâchons de faire profiter la géographie des découvertes que nous avons pu faire.

C'est ainsi que, dans ma dernière campagne, je ne suis pas allé seulement au Dahomey et que j'ai parcouru, en géographie, toute la côte occidentale d'Afrique.

Nos instructions sur le Congo étaient assez vagues : on semblait croire qu'à partir de Boma les navires ne pouvaient plus le remonter. Or, grâce aux hautes eaux, j'ai pu aller jusqu'à Matadi, où commence le chemin de fer belge : j'ai pu débarquer à terre et suivre la route de Stanley jusqu'à Issanghila. J'ai eu ainsi la bonne fortune de monter le premier bâtiment de guerre qui ait pénétré dans le Congo jusqu'aux pieds des rapides. (*Applaudissements.*)

Malheureusement je n'ai pas eu le temps, depuis mon retour en France, à cause de mon état de santé, de préparer les éléments d'une conférence ; je suis heureux de pouvoir aujourd'hui en quelques mots vous rendre compte du résultat de mon exploration. (*Nouveaux applaudissements.*)

TOAST DE M. GAUTHIOT

Messieurs, vous savez tous combien les dames se passionnent volontiers pour toutes les grandes idées. Je voudrais que partout on leur demandât de nous aider à répandre le goût de la géographie. (*Très bien! très bien!*)

Et pour terminer cette série de toasts sur un ton un peu plus léger, — j'en demande pardon à mes auditrices, — je rappellerai qu'au Congrès de géographie économique tenu à Bruxelles, en 1879, se trouvaient de fort aimables, de « gracieuses dames », comme on disait au moyen âge. A la fin du banquet, un des assistants se leva et dit : « Qu'il me soit permis de boire aux dames qui ont fait l'ornement de notre réunion et qui nous ont prêté l'appui de leur talent. Je bois à la beauté des deux hémisphères. » (*Rires et applaudissements.*)

Un autre assistant se leva à son tour et, fort simplement, avec une grande dignité qui arrêta tout commentaire, demanda la permission de boire aux deux hémisphères. Personne n'y mit obstacle, loin de là ; et les Français présents au Congrès firent accepter un ban aux deux hémisphères de la beauté.

Je rappelle ce souvenir, messieurs, pour dire que, quand il s'agit du développement de notre chère patrie, nous devons demander aide et appui à toutes les bonnes volontés. Je voudrais que ceux qui m'écoutent n'oubliassent pas un de nos aides les plus actifs, les plus efficaces, je veux parler de ces jolies femmes que nous avons vues aujourd'hui à l'inauguration de nos séances : enthousiastes des belles et des bonnes idées, elles mettent le plus grand empressement à les répandre. Je vous demande donc d'avoir recours à l'appui des femmes, parce que, si vous les avez avec vous, vous serez assurés du succès. (*Applaudissements.*)

EXCURSION A LANGEAIS ET A CHINON

Jeudi 3 août

Dans le programme du Congrès, la journée du jeudi 3 août avait été réservée pour une excursion aux châteaux des bords de la Loire et à Chinon.

Les excursionnistes embarqués de bonne heure à Tours, par un temps splendide, sur un charmant bateau à vapeur, ont eu à regretter que le mauvais état du lit navigable de la Loire ne leur permit pas d'effectuer le trajet aussi rapidement que les organisateurs l'avaient prévu.

Mais il ne fallait pas compter sans la gaieté et la verve des membres du Congrès, qui ne permit à personne de trouver trop longues les stations sur le fleuve ou la lenteur de la marche.

D'ailleurs un déjeuner superbement servi par M. Audiau, de l'Hôtel du Faisan, a comblé toutes les lacunes et n'a pas peu contribué à maintenir l'entrain et la bonne humeur parmi les congressistes.

Enfin dans la soirée on arrivait à Langeais, où M. Siegfried fit avec une courtoisie particulière les honneurs de son château merveilleusement restauré ; puis le chemin de fer conduisit à Chinon, un peu avant l'heure du dîner, les promeneurs ravis de leur journée.

A l'hôtel de France, un repas attendait les membres du Congrès qui, après avoir réparé leurs forces un peu épuisées par les fatigues de l'excursion, l'heure du dessert arrivant, prononcèrent les toasts suivants:

TOAST DE M. MERCHIER

Messieurs, je remercie la Société de Géographie de Tours de la délicieuse journée qu'elle nous a fait passer, bien qu'elle ait été marquée par de nombreux naufrages, par des noyades, heureusement suivies de la mort de personne. (*Rires et applaudissements.*)

Je vous demande la permission de lever mon verre à la santé de M. le colonel Blanchot, le digne président de la Société de géographie de Tours, à la santé de mon collègue M. Chevrel, qui s'est donné tant de peine pour organiser cette excellente journée, et de son voisin M. Chauvigné. (*Nouveaux applaudissements.*)

Je les réunis tous dans un toast unique, et je dis à la Société de Géographie de Tours, en votre nom à tous : grand merci ! (*Applaudissements répétés.*)

TOAST DE M. LE COLONEL BLANCHOT

Messieurs, je remercie notre collègue des agréables paroles qu'il vient de nous adresser. Quant à la Société de géographie de Tours, je lui adresse l'expression de toute ma gratitude pour l'empressement qu'elle a mis à répondre à notre appel ; je remercie enfin tous nos invités pour leur bonne humeur, leur grâce charmante dans cette journée, je ne dirai pas néfaste, mais panachée ; car nous avons eu toutes les péripéties.

Je regrette que les nobles étrangers qui étaient venus admirer les châteaux de la Touraine n'aient pu en contempler que quelques-uns.

Je porte la santé de tous nos excellents confrères qui ont fait contre fortune bon cœur et qui nous ont charmés par leur humour pendant cette journée.

A nos amis étrangers ! A la Société de géographie de Tours ! (*Bravos et applaudissements.*)

TOAST DE M. MALAVIALLE

Messieurs, en ma qualité de Montpelliérain, et à raison de notre présence à Chinon, je propose qu'on boive à Rabelais. *Applaudissements.*)

TOAST DE M. BREITTMEYER

Messieurs, il est bien tard pour prendre la parole, surtout après les émotions que nous avons éprouvées dans cette journée.

Nous avons pu doubler cependant le cap des Tempêtes, devenu le cap de Bonne-Espérance.

Si nous en croyons l'histoire, lorsque Vasco de Gama partit pour les Indes en faisant le tour de l'Afrique, par qui fut-il conseillé ? Par une femme.

Aujourd'hui même, qui nous a charmés par leur bonne humeur et fait trouver trop courtes les heures de ce voyage ? Ce sont les dames ici présentes. *Vifs applaudissements.*

Je vous propose, messieurs, de porter la santé des dames qui assistent à ce banquet. *Applaudissements et bravos répétés.*

BANQUET D'ADIEU

Le samedi 5 août, à 7 heures du soir, les membres du Congrès étaient réunis dans la salle Gagneux, à Tours, pour assister au banquet d'adieu, clôturant définitivement le congrès.

Le souvenir des remarquables conférences, de la gaieté des excursions à Chinon et dans la ville de Tours, ont fait les frais des conversations les plus animées.

Au dessert, M. le colonel Blanchot, président de la Société de géographie de Tours, a pris la parole en ces termes:

TOAST DE M. LE COLONEL BLANCHOT

Messieurs, les habitants de Tours qui nous ont vus pénétrer dans ce lieu se sont peut-être dit : ils vont rompre le pain ensemble pour oublier leurs dissensions intestines, et ils vont tâcher de noyer leurs chagrins et leurs amertumes dans des flots de vin. (*On rit.*)

Si telle a été leur pensée, ils se sont gravement trompés ; ils ne comprennent pas nos Congrès, et ils ne savent pas ce que sont les géographes.

Sans doute, nous avons eu des discussions, mais nous sommes les meilleurs amis du monde (*Vive adhésion*) ; et, après l'orage, nous sommes toujours rayonnants comme le soleil. (*Rires et applaudissements.*)

Et nous sommes tous heureux de nous retrouver à cette table et de boire de ce vin. Il n'y a que la France qui en fait, de celui-là : ils n'en ont pas en Angleterre. (*Nouveaux applaudissements.*) Ils n'en ont pas de l'autre côté du Rhin. (*Vifs applaudissements.*) Ils voudraient bien le prendre, mais ils ne l'auront pas. (*Bravos répétés.*)

C'est avec ce petit vin de France que je bois au bonheur et au plaisir de nous retrouver dans un an au XIVe congrès...

PLUSIEURS MEMBRES. — Pardon ! au XVe.

M. LE COLONEL BLANCHOT. — Je voulais nous rajeunir. (*Rires et applaudissements.*)

Messieurs, au revoir et à Lyon ! (*Double salve d'applaudissements.*)

TOAST DE M. BARBIER

Messieurs, ce n'est pas sans émotion que je prends la parole
dans cette circonstance. Voilà déjà quatorze ans que nous nous
retrouvons ensemble. Ceux qui sont absents sont remplacés par de
nouveaux amis ; mais nous sommes toujours heureux, les uns et
les autres, d'être dirigés dans nos Congrès par de bons pilotes.
Nous en avons beaucoup connu depuis 1878. C'était M. Poncin, qui
nous présidait à Paris; ce furent, depuis, MM. Levasseur et Bouquet de La Grye. Nous avons toujours trouvé en eux des guides
éclairés. (*Applaudissements.*)

Cette année-ci, nous avons eu pour guide un homme dont la
haute personnalité a rejailli sur le Congrès tout entier. Aussi
avons-nous toujours discuté très amicalement, malgré les diver-
gences d'opinion qui nous séparent sur certaines questions.

Messieurs, nos Congrès ne comptent pas seulement des géographes, mais aussi des explorateurs, comme mon ami Edmond
Blanc et M. de Varigny, qui écrivent la géographie avec leur sang :
ceux-là, en deçà comme au delà de nos frontières, la patrie française a le droit de les revendiquer.

Quand je parle des explorateurs, je ne puis m'empêcher de me
rappeler un homme, un Lorrain lui aussi, dont je fus l'ami et le
collaborateur. je veux parler de l'explorateur de la Guyane, d'Henri
Crevaux. Permettez-moi, messieurs, d'associer à nos grands explorateurs le nom d'un homme qui est mort pour la science française
et dont le pays natal appartient aujourd'hui à l'étranger. (*Mouvement.*)

On a parlé dans notre séance de ce matin des fleuves qui servent
de frontière entre deux pays. Eh bien! qu'il me soit permis d'exprimer que, comme autrefois, de Wissembourg à Schlesstat et à la
Suisse, le Rhin redevienne notre frontière. (*Applaudissements.*)

Messieurs, je bois à votre santé à tous ! (*Nouveaux applaudissements.*)

TOAST DE M. CASTONNET DES FOSSES

Messieurs, au nom de la Société de Géographie commerciale de
Paris, dont j'ai l'honneur d'être le vice-président. je porte un toast
à la Société de Géographie de Tours. à la Société de géographie de
la France centrale car Tours est bien la capitale de la France cen-

trale), dont l'un des fondateurs, il m'en souvient, est M. le colonel Blanchot, aujourd'hui son président.

Cette Société mérite bien son nom, car la Loire est un fleuve bien français ; il a vu repousser l'invasion sarrazine, repousser l'invasion anglaise ; vous me permettrez de ne pas parler de la dernière.

Cette Société, comme les autres d'ailleurs, ainsi que le disait ce matin M. de Varigny, a pour mission de diriger l'opinion publique, de former les générations qui grandissent, de leur inspirer l'amour de la patrie et du dévouement.

Personne ne pourra mieux se consacrer à cette grande tâche que la Société de géographie de la France centrale, dont le président a su donner sa vie à la défense du pays. (*Vifs applaudissements.*)

Mon cher collègue, à votre santé ! (*Nouveaux applaudisse-ments.*)

M. LE COLONEL BLANCHOT. — Mon cher camarade, que je connais depuis longtemps, je vous remercie de tout mon cœur.

TOAST DE M. MERCHIER

Ce n'est pas une histoire :
Il est de constantes amours
Au milieu de la Loire,
Tout près de Tours.

C'est une vieille chanson, Messieurs, qui dit cela. Cette vieille chanson me revenait à l'esprit lorsque, jeudi dernier, je barbottais dans les flots de la Loire. (*Rires et applaudissements.*)

Après avoir échappé aux périls du naufrage, je me disais que véritablement la vieille chanson avait raison.

Il est de constantes amours
Tout près de Tours.

Pour moi, croyez-le bien, l'accueil si rempli de sympathie et de cordialité que nous avons reçu à Tours laissera dans mon esprit un souvenir ineffaçable, tant et si bien que, l'année prochaine, j'espère revenir au milieu de vous à la tête d'une escouade, peut-être d'une compagnie, peut-être même d'un bataillon de Flamands qui viendront admirer à Tours toutes les beautés que j'ai pu apprécier moi-même sous la conduite d'un guide aussi aimable que savant, M. Palustre. (*Applaudissements.*)

Je bois donc à la santé des Tourangeaux et, vous me permettrez d'ajouter, des Tourangelles. (*Nouveaux applaudissements.*)

TOAST DE M. MALAVIALLE

Messieurs, je me bornerai à vous présenter tous nos remercîments pour la réception que nous avons reçue ici de la part de notre excellent ami M. le colonel Blanchot, que je connais depuis trois ans, de la part M. Chevrel, que je ne connaissais que par correspondance et dont j'ai été très heureux de faire la connaissance, ainsi que de la part de M. Chauvigné, dont j'ai eu l'occasion d'apprécier non seulement l'amabilité, mais les travaux.

Je remercie donc simplement la Société de géographie de Tours de la réception très aimable qui nous a été faite, et je souhaite que des circonstances semblables à celles-ci nous permettent de renouer les relations trop courtes qui se sont établies entre nous. (*Applaudissements.*)

Je bois à la Société de géographie de Tours. (*Nouveaux applaudissements.*)

TOAST DE Mme LÉRIGET

Messieurs, permettez-moi de vous remercier de l'amabilité, de la complaisance, des égards que vous m'avez témoignés pendant toute la durée du Congrès.

Au revoir, Messieurs, et merci! (*Applaudissements et bravos.*)

TOAST DE M. BARBIER

Messieurs, je tiens à réparer un oubli, et je vous propose de porter un toast à l'armée française, qui est représentée ici d'une façon si distinguée dans la personne de M. le colonel Blanchot, notre président, et dans la personne de M. le commandant de Sabran. (*Applaudissements répétés.*)

Je bois à leurs santés. (*Bravos.*)

TOAST DE M. LE CHEF D'ESCADRONS DE PONTEVÈS SABRAN

Messieurs, je suis d'autant plus touché de ce toast porté à l'armée française que c'est un Lorrain qui l'a porté.

On a dit autrefois de nous que nous n'avions rien appris ni rien oublié, je crois qu'aujourd'hui l'on peut dire que si nous n'avons rien oublié, nous avons un peu appris et que l'armée française ne demande qu'à faire ses preuves. (*Applaudissements prolongés.*)

MÉMOIRES ET CONFÉRENCES

De la nécessité d'étudier à nouveau les moyens de pénétration dans le Gougara, le Touât et le Tidikelt.

Par M. PRIVAT-DESCHANEL.

Chargé d'une mission de la Société de géographie commerciale de Paris (1).

Le Touât proprement dit n'est qu'une étroite plaine bordant à l'est le lit de l'oued Saoura, Messaoura ou Messaoud, en amont de l'endroit où son cours se perd dans les sables ou les gorges des montagnes, mais, dans le langage ordinaire, le nom de Touât — mot berbère qui signifie « les Oasis » — est appliqué à l'ensemble des palmeraies qui sont parsemées dans le désert entre le pays des Touareg et la région des grandes dunes occidentales. Le Gourara, que ces montagnes de sable enveloppent au nord en un vaste amphithéâtre, est une partie du Touât : de même la bande de terre humectée par les eaux souterraines du Saoura, de Karras à Taourirt ; enfin les oasis de Tidikelt, constituant le groupe le plus considérable des cultures, appartiennent également au pays de Touât. On peut dire, d'une manière générale, que le Touât est la région d'alluvions quaternaires — remarquablement fertiles quand l'eau ne manque pas, — se développant en forme de croissant à l'ouest et au sud du grand plateau crétacé de Tademayt ; au nord les dunes de l'Erg occidentale ; à l'ouest, de l'autre côté de l'oued Saoura, la mer des sables d'Ignidi ; au sud le plateau dévonien de Monidir, sont les limites naturelles des plaines du Touât (E. Reclus.)

HISTORIQUE

Le premier Européen qui pénétra dans ce pays est le major anglais Gordon Laing, en 1826. S'il ne rencontra que peu de difficultés, c'est que l'Afrique du Nord était vierge de toute conquête européenne et que les

(1) M. Privat-Deschanel, n'ayant pu assister au Congrès, a fait déposer sur le Bureau le Mémoire ci-après.

Roumi ne menaçaient pas encore l'indépendance des peuples du désert. Mais des circonstances aussi heureuses ne se retrouvèrent plus. H. Duveyrier, en 1859-1860, ne put pénétrer dans le Touât, malgré la protection du cheikh Si-Othman, le même qui avait guidé Laing en 1864. Colonieu et Burin durent s'arrêter à la frontière de la terre promise. Si, en 1864, Gerard Rholfs put séjourner un mois dans le Tidikelt, c'est en qualité de musulman et d'envoyé du chérif d'Ouezzan ; encore courut-il plus d'un danger. Mais, depuis, les tentatives se comptent par les échecs : Soleillet en 1874, Largeau en 1876, sont obligés de reculer précipitamment. Puis les échecs deviennent plus graves encore : en 1876, les PP. Paulmier, Bouchamp et Minoret en 1886, le lieutenant Palat en 1889, Camille Doubs, sont assassinés.

Tous ces désastres, la supériorité incontestable du tracé oriental du transshaarien, les efforts un peu exclusifs d'hommes de grand talent, MM. Georges Roland, le général Philibert, Albert et Fernand Foureau, la constitution du Syndicat d'Ouargla au Soudan, si utile aux voyageurs, les belles espérances rapportées par M. Gaston Mery, ont détourné l'attention du public et même des Sociétés savantes des oasis du Sud-Oranais. J'estime cependant que cet oubli est immérité et que trois grands intérêts militent en faveur d'une nouvelle étude de ces régions : intérêt scientifique, intérêt commercial, intérêt politique. Ils vont être ici examinés sommairement.

INTÉRÊT SCIENTIFIQUE

J'insisterai peu sur ce point, parce que nul n'ignore que la science a toujours beaucoup à gagner à des expéditions faites, même dans les pays les plus connus : on sait que la connaissance du relief de la Russie a été complètement renouvelée il y a deux ans, que les Pyrénées viennent d'être l'objet d'une savante étude qui a modifié en beaucoup de points les données que l'on avait sur ces montagnes, en un mot qu'il n'y a pas de région, si connue soit-elle, où l'on ne trouve beaucoup à apprendre. A plus forte raison, cela est-il vrai de pays aussi peu visités que le Touât et les régions environnantes.

Sans doute, les relations de commerce sont si fréquentes entre la Berberie et le Touât que l'on a pu obtenir facilement d'informateurs indigènes un grand nombre de renseignements. Le Dépôt de la guerre a même, sur ces données, dressé de cette région une carte fort remarquable. Cependant la géologie, la météorologie, le régime des vents, des pluies, des eaux, souterraines ou non, l'origine et surtout la destination des ouâdi Touatia, les communications physiques entre les oasis et le bassin du Niger, la détermination exacte du relief avoisinant, l'ethnographie, l'origine, les croisements, l'histoire des populations du Touât, voilà bien des questions sur lesquelles les données recueillies sont contradictoires et auraient besoin d'être étudiées complètement à nouveau. Les renseignements les plus récents, recueillis dans le pays même, proviennent en effet du journal de route, fort incomplet, de Palat ; quant aux travaux de C. Doubs, nous ne les avons pas, au moins pour la plus grande partie. Et, pour ce qui est des questions économiques, quel fonds peut-on faire sur les évaluations indigènes ? Ne croyait-on pas, il y a encore peu de temps, aux relations fréquentes et à l'importance des échanges entre le Touât et Timbouctou ? Il a fallu les rapports de M. Lacoste, consul à Mogador, publiés par le Bulletin consulaire, il y a trois ans, pour apprendre au grand public combien on errait sur ce point. Et encore peut-on dire que la légende de Timbouctou soit définitivement enterrée ? Mais, si nos connaissances ont encore beaucoup à gagner en ce qui concerne le Touât, elles ont pour ainsi dire à se créer pour ce qui est des vastes régions situées au sud-ouest et au sud-est. Une seule source de renseignements existe : le voyage de Laing ; et l'on sait assez que les papiers du voyageur sont, comme lui-même, restés ensevelis dans le grand désert. Or l'Ahaggar paraît être un pays fort curieux : les renseignements recueillis des indigènes semblent même en faire une sorte de région alpestre, riche par sa faune et sa flore, toutes choses auxquelles il est assez difficile de croire. En tout cas, le rôle de l'Ahaggar dans l'orographie et, si l'on peut dire, l'hydrographie du Sahara est considérable. Plus considérable encore est l'importance des terres immenses qui s'étendent entre le Touât et le Niger moyen. L'attribution à tel ou tel versant africain n'en est même pas faite. Où va l'oued Messaoud et jusqu'où s'étend l'important bassin qui fut jadis arrosé par les eaux abondantes de ses affluents ? Se perd-il dans une dépression saline, comme les Touatia le dirent à Rholfs ? Rejoint-il l'oued Teghazert, fleuve du versant méridional de l'Ahaggar ? Ou bien, comme les indigènes le racontèrent à MM. Pouyanne et Sabatier, ce cours d'eau, interrompu seulement par un cordon de dunes, franchissables en moins de deux heures, appartiendrait-il au bassin fluvial du Niger et s'unirait-il à lui par des marais, vides ou emplis tour à tour ? — Bien d'autres desiderata seraient encore à formuler. Le peu que nous avons voulu signaler, dans cette note sommaire, suffit à montrer quels nombreux et importants problèmes géographiques et scientifiques sont encore à résoudre, avant que nous connaissions suffisamment la région centro-occidentale du Sahara.

INTÉRÊT COMMERCIAL

Les promoteurs les plus ardents du tracé occidental du transsaharien (Oran, Saïda, Mecheria, Aïn-Sefra, Figuig, Igli, le Touât, Timbouctou) ont accrédité une erreur que trop de personnes partagent encore et qu'il serait bon de détruire définitivement. Ils ont cru que le commerce de transit

entre la Berbérie et Timbouctou par le Touât était assez considérable.
C'est là une erreur. Mais, par contre, il faut grandement mettre en
lumière l'importance de ces oasis en elles-mêmes : lorsqu'on en aura
tiré tout le parti possible, elles seraient à la fois des centres de production et de précieux débouchés pour notre commerce algérien. Il faut
insister un peu sur ces deux points.

Le Touât n'a plus, nous l'avons dit, qu'une part restreinte au commerce
de transit du Sahara. Les caravanes ne vont plus, comme jadis, porter
les produits du Soudan à Ouargla, à Constantine, à Tlemcen. Elles
évitent même le Mzab, depuis que les roumis y ont interdit la vente des
esclaves. Quant aux marchands mzabites, il ne vont pas au Touât, et
c'est à peine si leurs commissionnaires chaâmba y apportent un peu
d'épicerie et quelques lainages de fabrication indigène, en échange d'un
peu de henné, de plumes d'autruche et de quelques cuirs (Soleillet,
Algérie, Mzab, Tidikelt, p. 164.) La route du Maroc par l'oued Saoura est
presque tout aussi délaissée, tant on redoute les coups de main des Beni-
Mguil, des Douï-Menia et des Beraber. Seuls les marabouts de Kerzas sont
à l'abri du pillage et escortent trois ou quatre fois par an un convoi au
Tafilelt ou à Figuig (Rholfs, *Reise durch Marokko, die grosse Wüste*, etc.,
pp. 121-122). Il ne vient plus au Touât par cette route que du thé, des coton-
nades anglaises et quelques fusils ; quant aux produits soudanais que
le Maroc reçoit en échange, ils méritent à peine une mention d'après
nos idées européennes : environ cinq cents esclaves, cinquante livres
d'or, quelques dépouilles d'autruche, un peu d'ivoire, c'est tout ce qui
reste aujourd'hui de l'antique commerce de Fez et du Tafilelt avec ce
pays (*ibid.*, p. 74, 166 et suiv.). En somme, il n'y a plus de relations
suivies qu'entre Timbouctou, Rhât et Ghadamès : le Gourara et le Touât
proprement dit restent, pour ainsi dire, en dehors du grand commerce.
On ne trouve quelques traces de celui-ci que dans le Tidikelt et dans sa
capitale In-Salah. Là non plus cependant le trafic n'est pas grand.
In-Salah est plutôt une étape qu'une place munie de grands capitaux.
« Il est à noter, écrivait déjà Barth en 1855, que les marchands d'In-Salah,
« bien qu'entreprenants et habiles, n'arrivent jamais à la véritable fortune.
« Presque tout l'argent avec lequel ils opèrent appartient aux gens
« de Ghadamès, et leur bénéfice personnel leur permet seulement de
« vivre largement, ce à quoi ils tiennent beaucoup. » — Barth, *Reisen*,
I, pp. 435 et 436). In-Salah envoie à Timbouctou du tabac du Touât, des
denrées coloniales, du calicot, du drap, de la poudre et des armes ;
elle en reçoit des plumes d'autruche, un peu d'or et surtout des
esclaves. (*Ibid.*, IV, p. 528. — Rholfs, ouv. cit., p. 189. — H. Schirmer, *le
Sahara*.)

Bien autre est — et surtout sera — l'importance du Touât en lui-
même. Nous insisterons un peu sur ce point qui, à notre connaissance,

n'a jamais été mis suffisamment en lumière (1). La faute en est aux enthousiastes du Transsaharien suivant le tracé, Oran, le Touât, Tim-bouctou. Le prix d'un tel travail, en égard au médiocre commerce de transit à en espérer, a détourné complètement l'attention publique de la ligne de pénétration du Sud-Oranais. La section de Mecheria à Aïn-Sefra n'a guère été construite que sous l'empire de considérations stra-tégiques. Et cependant, au point de vue du seul commerce, si la ligne de Timbouctou nous paraît devoir être reléguée au rang des chimères, la prolongation de la ligne d'Aïn-Sefra jusqu'au Touât (après l'occupa-pation française, bien entendu) ne saurait être trop recommandée. Elle aurait, à ce qu'il nous semble, une valeur supérieure au tronçon décidé entre Biskra et Ouargla, dont l'importance est seulement d'amorcer le problématique transsaharien oriental. Cf. Deporter, premier et dernier chapitre.) Nous pouvons, pour le prouver, nous appuyer sur des documents de premier ordre : au point de vue technique, sur les études faites par les missions Pouyanne et Choisy ; au point de vue économique, sur les statistiques dressées avec soin par les bureaux arabes et que nous trou-vons resumées surtout dans le Bulletin trimestriel de la Société de Géo-graphie d'Oran et dans les notes manuscrites de MM. les ingénieurs Manger et Foussel.

Les avantages d'un chemin de fer tracé par Aïn-Sefra, Figuig, Igli, l'oued Messaoud jusqu'à Taourirt, sont incontestables. En premier lieu, le travail ne serait pas fort difficile. En effet, la ligne est amorcée sur 455 kilomètres d'Arzen-le-Port à Aïn-Sefra; cette dernière ville est à 250 kilomètres plus au S. que Biskra; ce tracé suit sans interruption des lignes d'eau réelles et même, en certaines parties, de véritables rivières : il évite absolument les grands amoncellements de sables mouvants ; Aïn-Sefra étant déjà sur le versant des eaux sahariennes, il ne reste plus qu'à descendre les ouâdi Zouashana, Saoura, Messaoura, Messaoud. D'ailleurs la voie qui aboutit à Aïn-Sefra (voie étroite, 1 m. 055) tra-verse déjà 250 kilomètres de déserts. Cependant la construction en a été facile et prodigieusement rapide. Le chemin de fer fait largement ses frais et, s'il ne donne de Kralfallah à Aïn-Sefra qu'un faible trafic (1,900 fr. par kil. en moyenne en 1889), cela tient à ce qu'il n'aboutit pas à une région agricole ou commerçante. Il aura une bien autre valeur quand il atteindra le Touât, seul pays un peu favorable et riche du Sahara septentrional. Il ne faut pas oublier qu'il est constaté que les terres des oasis sont des alluvions quaternaires d'une bonne valeur naturelle, par-tout où l'eau ne manque pas. L'infériorité relative qu'accusent encore ces pays vient seulement de l'indolence des populations, qu'il faudra sti-

---

(1) Exception doit être faite pour le très bel ouvrage du commandant Deporter, où l'on trouve sur ce sujet des vues à la fois originales, justes et remarquablement documentées.

muler comme on a stimulé les Rouara, et à l'absence des travaux de
captage des eaux artésiennes. La richesse en eaux souterraines paraît plus
considérable dans la forte dépression touâtienne que dans l'oued Rirh, et
l'on sait assez que les ingénieurs et les officiers français, depuis M. Jus
jusqu'à M. Georges Rolland, ont quintuplé en trente années la richesse
du pays de Rhirha. Il faut ajouter que le Touât a une étendue beaucoup
plus considérable que l'Oued-Rirh, que le Gourara, le Touât proprement dit et le Tidikelt s'allongent sur une longueur de 350 kilomètres
et couvrent une superficie égale à celle de dix départements français ; somme toute, c'est une région d'avenir. La population est dès
à présent nombreuse. Si nous supposons faite la ligne d'Aïn-Sefra à
Timadinim (Touât), le tableau suivant donne une idée du nombre
des villages et des populations directement desservis par le chemin
de fer.

DÉSIGNATION DES KSOUR	NOMBRE DES KSOUR	POPULATION
Groupe des Beni-Goûrmi. . . .	40	26.650
— de Figuig.	40	40.000
— de Tafilalet..	366	402.600
— de Gourara..	142	107.350
— de l'O. Massaoud, du Thouat et du Reggan.. . . .	252	144.400
— du Tidikelt.	40	30.000
Population approximative si-tuée dans le rayonnement de la voie ferrée.	..	135.000
Tribus nomades intéressées.. .	..	10.000
	850	915.900

En divisant la population de Ksour par la longueur de la voie ferrée
entre Aïn-Sefra et le Touât, on obtient 1,130 habitants par kilomètre de
voie, chiffre à peine inférieur à ce que donne l'Algérie entière.

Les mêmes renseignements (on ne saurait trop dire d'ailleurs qu'il ne
s'agit ici que d'une approximation fort générale) nous donnent une idée du
commerce probable avec le Touât. Les produits que nous allons citer sont
ceux qui actuellement sortent du Touât ou viennent d'Angleterre par le
Maroc et particulièrement par Mogador. Il n'y a donc aucun rêve dans
les indications qui vont suivre ; il n'y a qu'à détourner du courant commercial déjà existant.

Les importations seraient : céréales, sel, tissus, quincaillerie, bimbloterie, graisse, beurre, huile, sucre, café, savon, anis, chèvres, moutons, viandes sèches, etc.

Les exportations, de leur côté, consisteraient en : dattes, épices, henné, gomme, burnous, haïk, peaux, tabac, opium, etc. Les dattes surtout pourraient, comme dans l'Oued-Rirh, donner lieu à un commerce notable. Voici, à ce sujet, les renseignements recueillis par la mission Pouyanne, renseignements qui datent de douze ans et ne sauraient par conséquent constituer qu'un minimum.

Nombre des palmiers existant le long du tracé jusqu'à Timadinim 5.400.000

Nombre des palmiers existant à une distance de 2 à 5 jours de marche. 2.700.000

Nombre des palmiers existant à une distance de 5 à 8 jours de marche. 3.000.000

11.100.000

Le rendement moyen par pied de palmier est d'environ 40 kilog. Les chiffres précédents donneraient donc 444.000 tonnes. Or le prix moyen du kilog. de dattes comestibles en Algérie étant de 1 fr. 50, on voit qu'il peut y avoir là matière à un trafic qui n'est pas négligeable.

Ajoutons que plus d'un pays dépendant du Maroc, comme le Figuig et le Tafilalet, pourra s'alimenter un jour au commerce français, tandis qu'aujourd'hui les objets manufacturés surtout, presque tous de provenance anglaise, sont apportés par des caravanes qui viennent de Mogador. Ajoutons encore que les oasis du Sud-Oranais seront un sérieux et facile débouché pour les céréales du Tell.

La possibilité pour les Français de faire le commerce avec le Touât est démontrée par un exemple assez récent. Malgré l'échec de Soleillet, un grand négociant de Saïda, M. Solary, put organiser au Gourara un dépôt de marchandises (sucre, thé, café, bougie, tissus, etc). Ce commerce était en pleine prospérité, quand l'insurrection de Bou-Amama le fit cesser. Depuis, rien n'a été tenté de ce côté.

Nous en avons assez dit sur ce sujet pour démontrer que, malgré les idées courantes, la création possible d'un commerce français avec les oasis du Sud-Oranais et le développement de ces oasis par un chemin de fer d'intérêt local, sont des questions qui méritent d'être examinées de très près.

INTÉRÊT POLITIQUE

Malgré l'importance des problèmes scientifiques à résoudre et des avantages commerciaux à gagner dans une nouvelle exploration du Touât et des pays environnants, il ne faut pas se dissimuler que l'intérêt politique doit tenir le premier rang dans nos préoccupations relatives à ces pays.

Mais, il y a ici peu de choses à en dire, la résolution de tels problèmes ne dépendant pas d'un voyageur, mais bien de l'administration des affaires étrangères et de l'armée. Cependant nous en dirons quelques mots, parce qu'après tout ce sont les voyageurs qui sont la seule source sérieuse de renseignements sur ces pays.

Depuis un demi-siècle au moins, les Européens ont cherché à nouer par le nord des relations commerciales avec les États du Soudan. De grands efforts ont été faits en ce sens, ainsi, pour prendre un cas particulier, que pour étendre l'influence française au sud de l'Algérie. Jusqu'ici rien n'a abouti. A quoi faut-il attribuer ce fait décourageant ? On a souvent invoqué le fanatisme religieux et l'influence des confréries musulmanes. Il y a beaucoup à dire contre cette manière de voir. Les Sahariens, notamment ceux de race berbère, sont peu zélés. Beaucoup ont, par protestation contre les arabes, adopté les hérésies kharedjites. La tiédeur des Ghadamésiens est bien connue (Duveyrier, *les Touareg du N.*, p. 255). Les Touareg n'ont ni mosquée ni mufti. Du temps de Duveyrier une trentaine au plus avaient fait le voyage de la Mecque, et les Ahaggar ne se faisaient pas scrupule de piller les caravanes qui s'y rendaient. (Bou-Derba, Voyage à Rhât, *Revue alg. et col.*, 1859, p. 272). Les Ida-Ou-Blal maltraitent les marabouts qu'ils emmènent pour protéger leur rhezou, quand l'expédition n'a pas réussi (De Foucauld, *Renaissance au Maroc*, p. 167). La vérité est que c'est surtout le fanatisme de l'indépendance qui s'oppose aux progrès des Européens. « On craint le conquérant bien plus qu'on ne hait le chrétien, » dit justement M. de Foucauld. Ce sentiment est si fort que les chefs religieux eux-mêmes ne peuvent rien contre lui. Le crédit des marabouts tidjaniya s'est ainsi usé à notre service. Aujourd'hui leur influence ne s'étend guère au delà du Sahara de Constantine. Les gens du Tidikelt se sont affiliés à l'ordre des Senousiya. Quant aux Touareg, ils ont même massacré le marabout de l'ordre des Tidjaniya qui accompagnait Flatters. Les grands seigneurs religieux du Sud-Oranais, les Ouled-Sidi-Cheïkh Cheraga, ont connu des revirements semblables. Tout-puissants au Gourara et au Tidikelt tant qu'ils ont combattu la France, ils ont vu diminuer leur prestige lorsqu'en 1881 ils sont restés inactifs pour faire leur soumission peu après (L. Rinn, *Nos Frontières Sahariennes*, Alger, 1886, p. 76). C'est Bou-Amama qui exerce aujourd'hui le plus d'influence au Touât. Bien plus, lorsque le grand chérif d'Ouezzan, le descendant le plus direct du Prophète, est venu au Touât pour gagner ses serviteurs religieux à la cause française, il n'a trouvé que froideur et attitude hostile. Aujourd'hui les seuls ordres religieux qui soient en progrès au désert sont ceux qui flattent ce sentiment d'indépendance. Rien n'est caractéristique comme l'extension de la Confrérie des Senousiya, qui, fondée il y a 40 ans à peine, s'est répandue du Barka au Ouadaï et de l'Égypte au Sénégal et compte aujourd'hui environ 150,000 Khouan ou membres réguliers de

l'ordre, tandis que le nombre des musulmans qui le soutiennent s'élève-
peut-être à 2 ou 3 millions (Rholfs. *Die Snussi und die Derwische, Garten-
laube*, 1889 p. 425). Ajoutons l'hostilité des marchands d'esclaves, que
notre politique menace. Les Touatia sont peut-être ceux qui nous
détestent le plus. Ils ont donné asile à tous les Algériens ennemis de la
France. Ils ont contribué à l'assassinat de Flatters, de Palat, de Doubs
(Harry Alis, *A la conquête du Tchad*, Paris, 1891, p. 185 et 186. H. Schirmer,
le Sahara).

Il n'y aura qu'une politique à suivre vis-à-vis de tels ennemis : c'est
l'annexion militaire. Alors seulement le Sahara pourra s'ouvrir à l'Orient
comme à l'Occident. M. Gaston Méry, pourtant fort optimiste, a dit lui-
même que nous n'avancerions sûrement qu'après la destruction de ce
foyer anti-européen (Conférence à la Société de Géographie). La création
d'un fortin au Khassi-Inifel et l'établissement d'un détachement monté à
Mehara, à El-Goléa, semble en indiquer que le gouvernement songe à une
telle éventualité. La réalisation de ce projet n'appartient pas à l'initiative
privée, mais le gouvernement devra se guider sur les renseignements fournis par les voyageurs. Or il y a si longtemps que ces pays sont négligés
que de nouvelles études méritent d'être encouragées. On ne peut que s'en
remettre à ce sujet à la haute compétence de M. le Gouverneur général de
l'Algérie.

CONCLUSIONS

Tels sont, en aperçu fort général, les problèmes de tout genre que nous
avons à résoudre pour acquérir la connaissance scientifique et pour tirer
parti du Sahara centro-occidental.

On voit en même temps qu'une fois cette région rangée dans notre
sphère effective d'influence, notre domination politique aussi bien que
notre science et notre commerce se développeraient plus vite dans toute
l'Afrique du Nord. C'est donc avec raison que plusieurs voyageurs ont
essayé d'atteindre et d'étudier ces pays; c'est donc à tort que depuis
quelques années ces voyages ont été négligés au nom d'une politique
grandiose, mais dont les heureux résultats sont encore nécessairement
fort éloignés. Nous voudrions, sans faire tort aux remarquables études
qui se poursuivent d'un autre côté. attirer l'attention sur les régions du
Sud-Ouest algérien et montrer qu'il faudrait étudier les moyens de repasser
de nouveau, et avec plus de chance qu'autrefois, à la phase d'action. Notre
science. notre commerce et notre influence politique ont tout à gagner
de ce côté.

NOTE

—

Nous espérions pouvoir insérer ici une série de mémoires portés au programme du Congrès, mais des lenteurs et des retards regrettables se sont produits, malgré de nombreuses lettres de rappel, et nous ont obligé à passer outre pour arriver à publier le présent compte rendu en temps utile.

Le même obstacle s'est présenté pour la conférence de M. de Béhagle, dont nous devions donner ci-dessous le texte ; nous sommes donc forcé, bien à regret, de ne publier ci-après que l'énumération des grandes conférences qui ont été faites le soir pendant le Congrès.

CONFÉRENCES

Mardi 1er août, à 8 h. 1/2 du soir.

L'Algérie à travers les âges, conférence avec projections, par M. Alex. Boutroue.

Mercredi 2 août, à 8 h. 1/2 du soir.

La Géographie de Tours et de ses environs à l'époque romaine conférence avec projections, par M. l'abbé L. Bosseboeuf.

Vendredi 4 août, à 8 h. 1/2 du soir.

De l'Oubanghi au Niger, conférence avec projections, par M. de Béhagle, de la mission Maistre.

FIN DU COMPTE RENDU DU XIVe CONGRÈS.

TABLE DES MATIÈRES

PROCÈS-VERBAUX DES SÉANCES

SÉANCE D'OUVERTURE DU CONGRÈS (31 Juillet).

SÉANCE DU MARDI MATIN (1ᵉʳ août).

SÉANCE DU MARDI SOIR.

SÉANCE DU MERCREDI MATIN (2 août).

SÉANCE DE CLOTURE DU SAMEDI SOIR.

ANNEXES

MÉMOIRES ET CONFÉRENCES.

TABLE DES CARTES

Carte accompagnant « la Géographie de Rabelais » par M. Ph. Ducrot.

Carte des variations du lit de la Loire à son passage en Touraine,
par M. Aug. Chauvigné.

Carte du nouveau canal de Nantes à la mer, par M. V. Doby.

Tours, imp. E. Arrault et Cⁱᵉ, 6, rue de la Préfecture.